중국경제전략

이명성 지음
황용균 외 옮김

지식산업사

李明星

中国经济战略

北京 : 中共中央党校出版社

Copyright ⓒ 李明星

중국경제전략

초판 1쇄 인쇄   2006년 5월 20일
초판 1쇄 발행   2006년 5월 25일

지은이   이명성
옮긴이   황용균 외
펴낸이   김경희
펴낸곳   (주)지식산업사
　　　　　서울시 종로구 통의동 35-18
　　　　　전화 (02)734-1978(대)   팩스 (02)720-7900

인터넷 한글문패   지식산업사　　　　.
인터넷 영문문패   www.jisik.co.kr
전자우편   jsp@jisik.co.kr

등록번호   1-363
등록날짜   1969. 5. 8.

ISBN 89-423-3064-9 93320
책값은 뒤표지에 있습니다.

이 책을 읽고 저자에게 문의하고자 하는 이는
지식산업사 전자우편으로 연락 바랍니다.

한국어판 서문

　20세기 1970년대 말부터 시작된 개혁개방정책 이후 성공적인 경제체제 전환으로 말미암아 중국은 세계 각국의 주목을 받고 있다. 이에 따라 비관론과 낙관론을 포함하여 다양한 측면에서 중국경제의 성과를 분석하는 연구사례들이 지속적으로 나오고 있다. 비록 일부 연구기관이 끊임없이 "이러한 체제전환이 낙관적인 것만은 아니다" "경제위기는 불가피하다" "환율위기가 날로 심해질 것이다" 등등 많은 비관론들을 쏟아내고 있음에도 중국경제는 지속적으로 건전한 발전을 해오고 있다. 이러한 상황에서 나를 포함한 중국경제 전문가들은 항상 "사회주의와 시장경제의 융합을 어떻게 이해할 것인가?" "중국경제를 어떻게 총체적이면서도 정확하게 이해할 것인가?"와 같은 질문을 받게 되었다.

　나는 중국경제에 대한 이해는 개별적인 현상이나 단순한 경제원리에서 출발할 것이 아니라, 중국의 사회운영 메커니즘과 국가의 전체적인 발전전략체계에 기초해야 한다고 생각한다. 그러기 위해서는 급속한 경제발전에 따른 부작용과 그에 대한 사회적 해결능력을 충분히 고려한 동태적인 시각으로 중국경제의 전체 모습을 관찰하는 것이 더욱 적합하다. 그 주된 이유는 다음과 같다. 첫째, 자원의 배분방식을 결정하는 경제체제는 경제발전전략의 근본수단이며, 경제발전 효율은 경제발전전략의 결과물로서 경제체제와 발전효율은 모두 경제발전 전략체계 가운데 아주 중요한 구성부분이라고 할 수 있다. 둘째, 신중국 건설 이래 계획경제시기 혹은 개혁개방시기를 가리지 아니하고 중국정부는 경제발전전략을 명확하게 제기하였으며 경제발전방향과 자원배분방식을 확실하게 천명하였다. 셋째, 개혁개방 이래의 중국경제는 지속적으로 수많은 요소들의 상호작용 아래서 운영되고 있는 것과 달리, 중국경제 비관론들은 흔히 특정한 불량요소만을 가지고 독립적으로 상황을 분석하였다. 그러나 결국 현재의 양호한 거시적 현상은 다양한 요소들의 종합적인 결과로 나타났다. 대표적인 예로, 중국 속의 각 은행들의 비교적 많은 부실자산과 같은 낙관적이지 못한 상황은 지속적인 경제발전과정에서 자연스럽게 해결되고 있으며 최종적으로는 양호한 거시적 동태로 나타날 것이다.

이 책은 신중국이 건설된 이후의 중국경제를 중공업 우선 발전전략(1949~1979년), 균형발전전략(1980~2000년), 과학발전전략(2001~2020년)의 세 단계로 나누어 중국정부의 중국경제 발전전략 배경에 관한 인식, 전략목표 설정, 전략수단 조합 등을 주요내용으로 하는 전략체계를 관찰하였다. 또한 경제체제와 발전방면의 논리체계에 바탕을 두어 다량의 객관적인 데이터 분석을 통해 여러 종류의 전략실천에 따른 성과와 그 한계성을 살펴보았다. 나는 개인적으로 중국이 성공적으로 계획경제체제에서 시장경제체제로 전환한 것을 역사상 위대한 성과라고 보며, 북한을 포함한 전통적인 사회주의 계획경제체제의 길을 걷고 있는 국가들에게 시장개혁과 경제발전에 필요한 고귀한 경험과 주춧돌을 놓아주었다고 생각한다.

    끝으로, 본서를 추천해주신 유한대학 학장이자, 전 산업자원부 장관 김영호 교수님과 힘든 출판을 기꺼이 맡아준 지식산업사에 큰 고마움을 느낀다. 또한 이 책이 한국에서 나올 수 있도록 바쁜 와중에도 번역에 힘써준 포스코의 황용균 씨를 비롯한 공동번역자들에게 깊은 감사를 전한다. 이 책이 독자들에게 중국경제체제의 전환과 발전을 관찰하는 데 새로운 시각을 갖게 하고, 중국경제를 이해하는 데 조금이나마 도움이 된다면 나로서는 더 바랄 것이 없겠다.

2006년 3월

이 명 성 (李明星)

옮긴이의 말

　무더위가 한창 기승을 부리던 2003년 늦여름, 우연히 이 책의 원저자
인 이명성 박사와 함께 한국을 방문할 기회가 있었다. 공식적인 일정을
마치고 상쾌한 광양만의 바닷바람을 맞으며 저녁산책을 하다가, "만약
중국이라는 거대한 대륙을 20년간 움직였던 개혁개방 경제전략을 북한
에 적용할 수만 있다면 머지않아 4, 5년 안에 북한을 성공적으로 발전시
킬 수 있을 것이다"라는 이박사의 말을 들을 수 있었다. 그로부터 2년
남짓 흘렀고, 결론적으로 이 짧은 대화가 이 책을 한국에서 번역, 출간
하게 만든 시발점이 되었다.

　수많은 중국 관련 서적들이 넘쳐나는 현 상황에서도, 이 책은 중국 정
부의 과거, 현재, 미래의 거시적인 경제전략을 간결하게 보여줌으로써
나름의 존재가치를 가질 수 있을 것이다. 서방의 수많은 전문가와 서적
들이 중국경제를 곧 무너져내릴 것만 같은 탑으로 비평하고는 하지만
그들은 그 이면에 버티고 있는 중국의 진정한 힘을 잘 모르거나, 혹은
애써 무시하는 듯한 인상을 지울 수가 없다. 백보 양보하여 그들의 비평
을 있는 그대로 모두 받아들인다면, 과연 그들이 속한 기업, 국가로부터
매년 중국으로 유입되는 천문학적인 금액의 외국인직접투자(FDI)는 도
대체 어떻게 설명할 수 있을까?

　중국문제 나아가 동북아 경제문제와 관련하여 서방세계의 시각보다
는 좀더 공식적인, 그리고 지역적인 시각의 분석이 필요한 이유가 여기
에 있다.

  끝으로 이 책의 한국어판이 나오기까지 많은 도움을 주신 포스코차이나(POSCO-China) 김동진 사장님 이하 임직원 여러분께 감사드리며, 격무와 바쁜 학업 속에서도 늦은 새벽까지 최선을 다해 번역해준 공역자 전광표, 정선의 씨에게 모든 공을 돌린다.

북경에서

황 용 균

차 례

1부
중공업 우선 발전전략과 계획경제체제
(1949~1979)

2부
균형발전전략과 개혁개방
(1980~2000)

3부
과학발전전략과 전면적인 혁신
(2001~2020)

1부

중공업 우선 발전전략과
계획경제체제
(1949~1979)

1장
중공업 우선 발전전략

    1949년 신중국 성립 이후 20세기 1970년대 말까지 중국은 중앙집권식의 계획경제 메커니즘에 바탕을 두고 중공업을 우선으로 하는 발전전략을 강력하게 추진하였다. 중공업 우선 발전전략체계는 그림 1-1에서

그림 1-1 | 중공업 우선 발전전략체계

전략배경			
제2차 세계대전 이후 세계적인 냉전체제로 말미암은 자위능력 강화 필요		취약한 경제여건으로 말미암은 독립, 자주, 경제건설의 어려움	
냉전 위협에 따른 중국 내 중공업 우선 발전 필요	고립으로 말미암은 자체적인 경제구조 수립 필요	취약한 경제 여건으로 중공업을 우선적으로 발전시키기 어려웠다.	취약한 체제기초로 경제발전 촉진에 어려움이 있다.

전략조치					
중앙집권식 계획경제체제			중공업을 우선으로 하는 발전 메커니즘		
시장 메커니즘을 따르지 않는 정부계획	정부 계획만을 집행하는 미시적 주체	피동적으로 계획 배치되는 주민가계 (住民家計)	자금의 축적을 최대한 추진	중공업에 수요되는 자원을 계획적으로 배치	중공업에 관련되는 전후방 산업들을 계획적으로 조절

전략목표	
계획경제체제를 수립하고 이러한 체제 면에서 '영국과 미국을 추월'	중공업을 신속하게 발전시키고 국력에서 '영국과 미국을 추월'

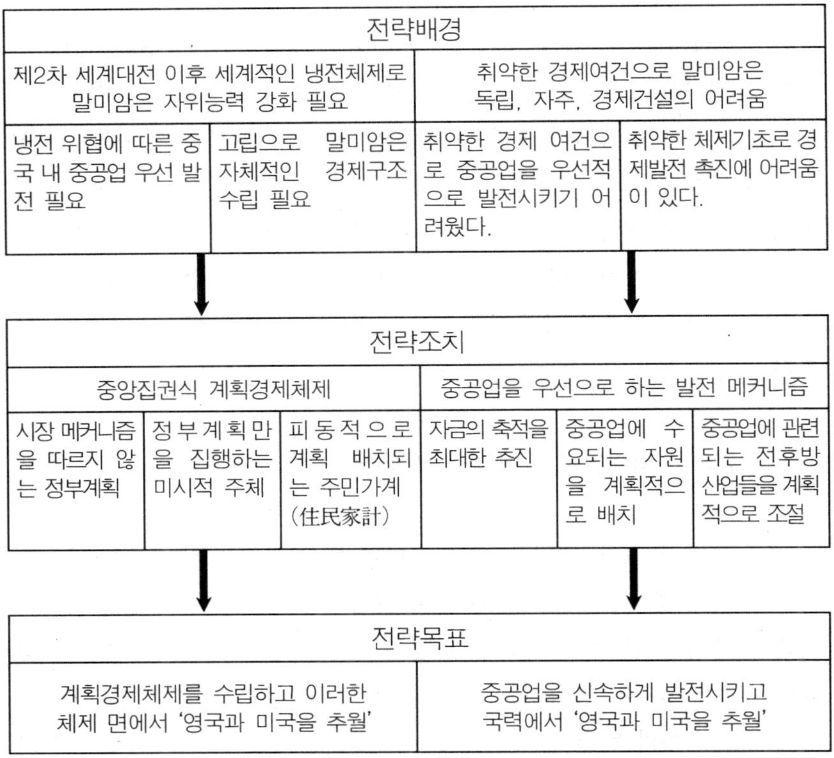

볼 수 있듯이 전략배경·전략조치·전략목표를 유기적으로 결합하여 만든 것으로 이 장에서 상세히 분석할 것이다.

제1절 전략배경 :
세계적인 냉전체제와 취약한 경제기초

1. 냉전체제 때문에 자위능력 강화 필요

1) 냉전 위협과 중국 중공업 우선 발전 필요

제2차 세계대전이 끝난 뒤 형성된 냉전체제는 중국의 경제발전전략 선택에 큰 영향을 주었다. 당시 중국은 사회주의 대국으로서 정치·경제·군사 등의 영역에서 서방 자본주의 진영과 전면적으로 대립하는 상황이었으며 대만의 국민당 정부와는 군사적인 대치상태였다. 1950년 6월, 한국전쟁이 발발한 뒤 중국은 여기에 휩쓸렸으며 서방진영과 전면적인 충돌이 증가하였다. 이러한 군사적인 위협 상황 속에서 중국은 군수공업을 위주로 하는 중공업을 신속히 발전시켰으며 이로써 자국을 보호하고 정권을 안정시키고자 하였다.

2) 고립으로 말미암은 자체적인 경제구조 수립 필요

신중국 건국 초기, 미국을 대표로 한 서방 자본주의 국가들은 공산당이 이끄는 신중국을 적대시하여 국제정치적 고립, 군사적 대치, 경제봉쇄라는 조치를 취하였다. 특히 '50년대 말부터 중국과 소련(소비에트연합) 두 국가 사이에 정치적인 논쟁이 심해졌으며 그로 말미암아 중국은 경제적인 소련의 원조와 지지를 잃게 되었다. 이른바 '서방진영의 제국

주의와, 소련의 수정주의(마르크스의 이론을 개량해서 해석하는 형식을 취한, 마르크스주의에 적대하는 모든 학설과 운동)에 반대'했던 당시 중국의 상황은 정상적인 대외경제활동의 폭을 엄격히 제한하였으며, 이로 말미암아 중국은 서방과 소련이라는 '두 가지 자원, 두 가지 시장'을 충분히 이용하기가 어려워졌다. 이렇게 고립된 국제정치, 경제환경은 중국이 자급자족하는 경제와 공업구조를 신속히 건립하도록 하는 구실을 하였으며 이로써 정치의 자주성, 군사의 자위능력, 경제의 자립을 실현하도록 하였다.

2. 경제건설을 저해하는 취약한 경제의 기초

1) 취약한 체제 기반과 국민경제의 바람직한 순환

여러 해 동안의 대규모 혼란상태는 취약한 중국의 사회경제체제와 생산력을 저해하였으며 이로 말미암아 건국 초기 중국의 사회경제운영은 '빈곤의 악순환'에 빠지게 되었다(그림 1−2 참조). 극도로 빈곤한 국

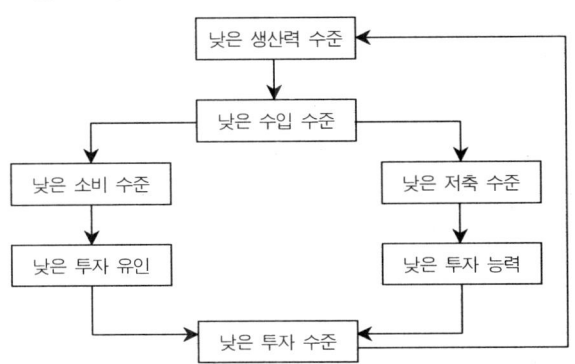

그림 1−2 | 건국 초 중국 사회경제운영의 '빈곤의 악순환'

민 수입과 '겨우 굶주림을 면하는' 정도의 소비구조로는 대규모 투자자본을 흡수할 만큼 시장수요를 형성할 수 없었다.

또한, 극히 한정된 잉여자본축적과 거의 마비된 금융기구로 말미암아 광범위하게 분산된 사회자본을 모아서 강력한 투자능력을 형성하는 것은 매우 어려웠다. 당시 중국은 현대 중공업의 발전에 필요한 자본의 축적능력과 산업기초를 갖추지 못하였을 뿐만 아니라 고효율의 현대 경제체제와 선순환의 메커니즘이 전혀 없어 국민경제의 튼튼한 발전을 보장하기 어려웠다.

2) 취약한 생산력 기반과 중공업 우선 발전전략

신중국이 성립된 1949년 이전, 중국은 반봉건·반식민지의 낙후된 농업국 가운데 하나로서 여러 해 동안 전쟁을 치렀으므로 기초생산력이 매우 약했다. 1949년 중국의 1인당 식량 생산량은 약 200kg으로서 자본축적으로 전환될 수 있는 잉여생산량이 극히 제한되어 있었고, 그로 말미암아 중공업을 발전시키는 데 필요한 자본축적이 부족하였다.

표 1-1 | 1949년 중국·미국·인도의 주요 공산품 생산량 비교
자료출처 :《중국통계연감 1983》, 국외경제통계자료, 1949~1978.

생산품	중국(A)	미국(B)	B/A	인도(C)	C/A
섬 유 (억 미터)	18.9	76.8	4.05	34.6	1.83
설 탕 (만 톤)	20	199	9.95	118	5.9
석 탄 (억 톤)	0.32	4.36	13.63	0.32	1
원 유 (억 톤)	12	24,892	2,074.33	25	2.08
발전량 (백 GW)	43	3,451	80.26	49	1.14
철 강 (만 톤)	15.8	7,074	447.72	137	8.67
시멘트 (만 톤)	66	3,594	54.45	214	3.24
황 산 (만 톤)	4.0	1,037	259.25	10	2.5

5억 4천만의 인구와 1억 8천만의 사회노동력 가운데서 농촌노동력이 91.5%를 차지하고 있었으며, 농공업 총생산액 557억 위안 가운데 근대의 공업 생산액이 차지하는 비중은 매우 낮았다. 주요 공산품의 생산량은 미국 등 서구 선진국에 견주어 훨씬 적었을 뿐만 아니라 인도와 같은 개발도상국보다도 적었다(표 1-1 참조). 이렇듯 극도로 취약한 기초생산력과 산업구조로는 중공업의 양성발전을 계속하기가 힘들었다.

제2절 전략목표 :
영국과 미국을 추월해야 한다

신중국이 풀어야 할 시급한 과제는 극도로 빈약한 경제기초 위에서 경제적인 낙후상황과 세계 정치무대 속의 고립을 극복하고 자주적으로 신속한 공업화·현대화를 실현하는 것이었다. 이러한 국가적 과제를 완성하기 위하여 모택동을 대표로 하는 신중국의 제1세대 지도자들은 "중국을 농업국에서 공업국으로 전환시키고, 신민주주의 사회[1]로부터 사회주의 사회로 전환시킨다"는 전략을 내놓게 되었다. 또한 경제발전과 체제혁신을 결합하는 역사적인 실천을 시작하였으며, 점진적으로 '영국과 미국을 추월'하는 것을 신조로 하는 전략목표를 수립하였다.

1. 계획경제체제의 수립과 '영국과 미국을 추월'

건국 초기, 중국사회의 경제발전 수준은 공업이 발달한 국가들보다 훨씬 뒤떨어져 있었다. 뿐만 아니라 산업기초, 1인당 평균소득, 교육수

---

[1] 역주_ 신민주주의 사회 : 손중산(손문)의 '신민주주의 혁명'에서 나온 개념. 봉건사회에서 사회주의로 넘어가는 과도기의 사회를 일컬음.

준 등이 매우 뒤떨어져 노동력의 기초가 약하고 자본이 매우 부족하여 중공업을 신속하게 발전시키는 데 필요한 사회경제 인프라(산업기반시설)가 부족했다.

중공업 우선 발전정책에 필요한 자원과 메커니즘의 부족을 효과적으로 극복하기 위하여 신중국은 과감하게 중앙집권식 계획경제체제의 혁신을 연구하였고 체제상에서 '영국과 미국을 추월'하는 것을 목표로 정하였으며, 이로써 공업화의 신속한 진행을 효과적으로 추진하였다.

1958년 6월 21일, 《인민일보》에 실린 〈빠른 속도[高速度]를 추구하자〉라는 기사를 보면 다음과 같다.

> 사회주의의 우월성은 생산수단의 개념으로 자본주의 사유제도의 속박 아래 있는 생산력을 해방하고, 이러한 생산력을 어떠한 장애나 위기에도 가장 빠른 속도로 발전할 수 있도록 한다는 데 있다. 사회주의혁명을 기본적으로 완성한 이후 우리 인민들의 가장 간절한 요구는 바로 전 국민경제를 완전 현대화된 대량생산 궤도로 진입시키고, 역사가 우리들에게 남겨준 가난과 낙후함을 철저히 신속하게 떨쳐버리는 것이다. 그래서 최고의 속도로 가능한 한 가장 짧은 시간 안에 우리나라를 경제·문화가 고도로 발전한 사회주의 강국으로 만드는 위대한 목표를 달성하는 것이다. 이러한 방법만이 최종적으로 우리의 사회주의제도를 굳건히 할 수 있다.

이는 신속한 공업화 실현에 필요한 경제체제를 절실히 희망하고 있는 당시 상황을 표현하였다.

2. 중공업을 신속하게 발전시켜 국력에서 '영국과 미국을 추월'

100여 년의 역사경험과 심각한 냉전체제로 말미암아 신중국의 첫째

과제는 국방력의 신속한 확충이 되었다. 현대 군사력은 대규모 중공업에 바탕을 두고 있으므로 필연적으로 군수공업을 위주로 하는 중공업의 발전이 사회경제발전의 주요 방향이 되었다.

1952년에 제정된 중국의 '일오계획(一五計劃 : 제1차 5개년계획)'으로 이론과 실천에서 중공업을 우선으로 하는 발전전략이 집중적으로 전개되었다. 일오계획에 따르면 "사회주의 공업화는 우리나라가 신민주주의 사회로부터 사회주의로 넘어가는 과도기의 중심 임무이며 사회주의 공업화의 핵심은 중공업을 우선적으로 발전시키는 것이다."

일오계획이 계획한 중대형 건설 프로젝트는 921개에 달하며 그 가운데 156개의 핵심 프로젝트(실제 시공은 150개)들은 당시 소련의 지원 아래 건설되었다. 실제 시공된 150개의 프로젝트 구성을 살펴보면, 군사공업 44개, 금속공업 20개, 화학공업 7개, 기계가공업 24개, 에너지공업 52개, 경공업과 의약공업 3개로서 주로 군사공업을 위주로 하는 중공업에 집중되었으며 소비오락, 의료보건, 사회서비스업 등 산업들은 아주 적었다.

일오계획 이후에도 중공업은 여전히 우선 발전대상 분야였고 개혁개방 직전의 '오오계획(五五計劃 : 제5차 5개년계획)'까지도 중공업은 여전히 공업부문의 기초건설 투자비율의 85% 이상을 유지하였다.

제3절 전략조치 : 계획경제체제와 중공업 우선 발전 메커니즘

고립된 데다 원조도 없는 국제경제환경과 가난하고 낙후한 국내경제조건 아래 독립·자주적으로 신속하게 중공업을 발전시키면서, 중국은 전에 없었던 새로운 장애와 모순에 부딪혔다.

중국은 이 모순들을 극복하기 위하여 '영국과 미국을 추월'하는 것의 전략목표를 철저히 내세웠고, 중앙집권식 계획경제체제와 중공업을 우

선 발전시키는 메커니즘을 마련하였으며, '70년대 말 개혁개방을 실시
하기 전까지 중국경제건설을 추진하였다.

1. 중공업 우선 발전전략이 직면한 세 가지 어려운 문제

1) 생산요소의 모순 돌출

신중국 건국 초기 중국 안의 생산요소 상황은 극도의 자본결핍과 상대
적인 잉여노동력으로 표현될 수 있다. 그러나 산업 특성상 중공업은 비
노동집약, 자본집약적 산업으로서 당시 중국이 진행한 중공업 우선 발전
전략은 중국 안 생산요소의 수요공급상 모순을 더욱 심화하는 결과를
가져왔다.

자본의 수요공급 모순 심화 1949년 중국의 1인당 연평균소득은 주민들
의 생계유지에 급급한 정도인 66위안밖에 안 되어 국내 자본축적의 규
모가 아주 작았다. 외자도입 측면에서는 서방국가의 대(對)중국 봉쇄조
치로 경제상 지지를 거의 받지 못하였으며, 중·러 관계가 악화된 이후
에는 소련이나 동유럽 같은 사회주의 진영의 경제원조 또한 급속히 떨
어졌다.

이러한 상황에서 외국의 투자는 눈에 띄게 줄어들었다. 세계은행 전
문가의 통계에 따르면 1978년 기타 저소득 개발도상국 투자액의 약
25%는 외국의 투자가 차지하고 있는 데 반해, 당시 중국의 외국투자 비
율은 총투자액의 3%밖에 안 되었다. 중국이 추진한 자본집약형 중공업
우선 발전전략과 중앙집권식 계획경제체제가 가져온 낮은 투자효율은
자본 수요공급상의 모순을 심화하게 되었다.

노동력의 수요공급 모순 심화 1952년 중국은 총인구가 5.7억 명으로 이
미 전 세계에서 인구가 가장 많은 국가였으며 그뒤 연평균 인구증가율

은 계속 2% 안팎이었다. 방대한 인구와 비교적 높은 인구증가율 속에 새로 늘어난 인원을 끊임없이 사회에 진출시켰지만 중공업을 우선으로 하는 발전전략이 제공할 수 있는 취업기회는 몹시 제한되었으며, 상대적으로 느리게 발전하는 경공업이 제공하는 취업기회도 많지 않았다. 또한 농촌의 경작지 확대 속도 역시 농촌 노동력의 증가 속도에 미치지 못하였다. 이러한 노동력 과잉의 모순은 경제발전의 제약요소가 되었을 뿐만 아니라 더 심하게는 사회안정을 위협하는 민감한 문제가 되었다.

2) 산업간 조정기능의 어려움

건국 초기 중국은 전형적으로 낙후된 농업국이었으므로, 중공업 발전에 필요한 도시주민을 위한 농산품의 공급 그리고 그와 관련된 공업체계는 중공업을 우선시하는 발전을 지탱해줄 힘이 없었다.

농공업 상호 조절 부족 일반적으로 농업과 공업은 균등하게 발전해야 하며 상호 시장이 되고 보완이 되어야 한다. 농업부문의 잉여식량 규모는 비농업부문 발전의 규모와 속도를 결정하는 데 가장 중요한 요소이다. 그러나 당시 중국의 낙후된 농업은 공업, 특히 군수공업을 위주로 하는 중공업의 유효한 시장이 될 수 없었으며, 극히 유한한 농업의 잉여 농산품도 중공업의 큰 발전에 필요한 자본의 축적과, 중공업에 종사하는 인구의 농산품 수요를 만족시킬 수 없었다. 인구가 끊임없이 증가함에 따라 1인당 평균 경작지 면적은 점점 감소되었고 공급할 수 있는 상품화한 양식의 비율도 점차 줄어들었다. 따라서 어떻게 농업의 발전을 강화하고 어떻게 양식의 공급과 자본의 축적을 신속하게 증가시키는가 하는 것이 중공업 우선 발전전략의 성공 여부를 판단하는 기본조건이 되었다.

중공업 발전에 필요한 보조산업의 취약한 기초 중공업의 순조로운 발전은 그를 뒷받침하는 성숙된 기술과 보조산업이 있어야만 가능하다. 그러나 당시 중국의 공업은 대부분 수공업 형태의 낙후된 공업이었으며, 현대 군수공업에 필요한 설비와 첨단기술, 부품들을 공급하기는 어려웠다. 중국은 중공업 발전을 공업화의 핵심으로 정하면서, 필연적으로 대규모 기계설비 수입 등 거액의 외화 지불이 필요하게 되었다. 그러나 당시 중국경제는 기본적인 자급자족의 반(半)봉건상태에 있었으며, 수출할 수 있는 상품의 규모는 한정되어 있었고, 외환보유나 운용능력이 아주 약하였다. 더구나 당시 중국과 서방 선진국의 경제관계는 정상적이지 못했으므로 중공업 발전에 필요한 설비와 필수 부품을 수입할 경우 문제가 많았으며 이는 중국이 중공업을 발전시키는 데 드는 자본을 간접적으로 증가시켰다.

3) 취약한 경제운영 메커니즘

신중국이 이어받은 것은 반식민지, 반봉건의 경제기초체제로서 이에 따른 운영 메커니즘은 중공업 발전에 필요한 자본을 동원하고 공급할 수 있을 만한 능력을 갖추지 못하였다. 중공업은 자본집약형 산업에 속하여 투자규모가 클 뿐만 아니라 장기간의 회수주기와 비교적 긴 보조투자가 필요한 부문이다.

신중국 초기 소규모의 잉여경제능력이 대부분 농촌의 농민들에게 분산되어 있어, 이것을 투자가 가능할 정도의 수준으로 이끄는 데는 어려움이 아주 컸으며, 이를 실행하기 위하여 드는 비용 또한 매우 컸다. 1950년 중국의 재정소득은 겨우 65.2억 위안밖에 안 되었고, 이는 그해 국민소득의 15.3% 정도였다. 1952년에 이르러서도 국가은행의 연말 자산총액이 겨우 118.8억 위안밖에 안 되었으며, 저축액이 93.3억 위안이었고 각각 그해 국민소득의 20.2%와 15.8%밖에 안 되었다. 이렇듯 한정된 자본축적 능력으로 중공업을 우선 발전시키는 데 필요한 큰 자금

을 투자하기에는 문제가 많았다. 이는 중국 정부가 해결해야 할 큰 난
제였다.

2. 체제수립의 목표—구조적인 모순 극복과 중공업의 발전 추진

이상의 세 가지 문제를 극복하고 중공업 우선 발전전략을 확실하게
추진하기 위하여, 중국은 그 실천방법으로 고도로 집중된 계획경제체제
를 수립하였다. 그 이론적인 배경은 다음과 같다.

첫째, 국가 주도로 국민경제 운영계획, 재정과 투자체제를 수립하고
생산원자재와 생산제품을 계획적으로 배치한다. 이를 통하여 자본의 축
적을 실현하고 필요한 자원이 중공업으로 우선 투입되어 중공업 우선
발전 메커니즘이 지속적으로 운영될 수 있도록 한다.

둘째, 저물가, 저환율정책과 저원자재 가격정책을 실행하여 저원가 구조
의 바탕에서 중공업 발전이 가능한 거시적 환경을 마련한다.

셋째, 중앙집권식 계획체제에 부합하는 농업·공업, 금융과 대외경제
무역 등 미시경제의 주체를 확립한다. 이로써 중앙정부의 계획을 주도
로 하고 기타 미시경제의 주체를 통합하는 중공업 우선 발전전략체제의
기초를 확립한다.

전쟁 이후 중국경제발전에서 직면한 어려움들을 효과적으로 극복하
고 중공업을 우선 발전시키는 전통적인 계획경제체제를 확실하게 추진
하기 위한 정부계획의 강제성 즉 시장 메커니즘을 배척하는 정부계획체
계, 미시경제주체에 대한 이러한 정부계획의 강제성으로 말미암아 피동
적으로 정부계획을 따르는 주민들의 생계와 3대 경제주체 사이의 상호
작용이 필요했다.

표 1-2와 그림 1-3에서 표시한 바와 같이, 정부는 사회자원을 계획
적으로 배치하고 사회생산을 계획적으로 조직하며 산업물자를 계획적

정부와 기업	정부와 기업의 관계	기업은 정부의 계획에 완전히 따르는 공장 구실 (정부와 기업의 구분이 없음)
	생산과 판매	정부가 '임의적으로 계획하고 일률적으로 조절'
	수익과 투자	정부가 '일률적으로 거두고 일률적으로 지불'
기업과 주민	임금의 분배	'철밥통'2) '큰 가마솥 밥'3)
	각 부문별 복리후생	해당 기업이 전반적으로 분배
	소 비	공급판매부문이 계획에 따라 공급하며 도시 시민들은 양표4)를 갖고 소비
정부와 주민	공공 서비스 비용	정부가 '전반적으로 계획하고 수령'
	각 부문별 보험	정부가 '임의적으로 배분'
	노동취업	정부가 '독점 배치'

표 1-2 | 전통적인 계획경제체제 아래 경제주체 사이 상호관계

으로 분배하여 수요공급 구조를 계획적으로 관리하는 경제의 총체적인 주체였다. 도시의 기업과 인민공사는 다만 정부계획이 제정하여 준 임무를 집행하는 미시경제의 단위에 불과하였으며 경영자원을 조직하여 이윤을 추구하는 독립적인 시장의 주체는 결코 아니었다.

주민의 생계 역시 단지 정부계획에 따라서 피동적으로 노동력을 제공하고 정부가 배급하는 유한한 소비를 진행하는 고객이었으며, 다양한 가치관을 가지고 업종을 선택하고 개별성 소비를 추구하는 자주적인 주체는 결코 아니었다.

20세기 '50년대 초부터 '70년대 말까지 30년 동안 중국이 진행한 공업화는 국가가 주체가 되어 고도로 집중된 계획체제를 수립하고, 재정적으로 '일률적으로 거두고 일률적으로 지불하는 정책'을 주요 수단으로

---

2) 역주_ (면직될 염려가 없는) 확실한 직업, 평생직업(특히 국영기업체의 직무를 가리킴).
3) 역주_ (업적이나 능력에 상관없이) 똑같이 대우하다.
4) 역주_ 양표(糧票)란 일종의 식량배급표로서 화폐와 동일한 기능을 하였으며, 식량구매 때 필수적이었다. 양표는 개혁개방 이후 1993년 3월 전국인민대표대회[全人大]의 결정에 따라 폐지되었다

하는 중공업 우선 발전의 체계였다.

3. 전통적인 계획경제체제

1) 정부의 기능 : 국민경제 운영의 '총사령'

(1) 시장 메커니즘을 배제한 정부계획체계

중공업 우선 발전전략을 확실하게 추진하기 위하여 신중국은 계획, 재정, 투자 등 모든 방면에서 중앙집권 계획경제체제의 틀을 확립하였다. 그 주요 내용은 다음과 같다.

첫째, 직접계획(강제성 계획)과 간접계획[지도(指導)성 계획]을 유기적으로 결합시켜 시장 메커니즘을 배제하는 중앙집권적 계획관리체제를 수립한다.

정부는 전 인민소유제 경제에 대하여 강제성 계획을 실행하고, 집단소유제 경제에 대하여 지도성 계획을 실행하였으며, 기업경영에 대하여 '일률적으로 계획하고 등급을 나누어서 관리'[정부의 통일적 계획 아래 국민생활에서 차지하는 중요도에 따라 상품을 세 가지로 나누어 통제관리하고, 1·2류 상품이 국가계획에 포함된다]하였다.

중요한 생산원자재의 경우, '일률적으로 배치'하는 집중관리체제와 상업유통체제의 실행을 통하여 전국적으로 대규모 자원을 동원하고 중공업 우선 발전에 필요한 전략적 자원을 조절 배분하였다.

1953년부터 1957년까지 국무원[5] 각 부문에서 직접 관리한 공업기업은 2천 8백여 개에서 9천 3백여 개로 증가하였고, 국가계획위원회에서 직접 분배한 공업품은 110여 종류에서 300여 종류로 증가하였으며, 공

---

5) 역주_ 중화인민공화국의 최고 행정기관(중화민국 초기의 내각).

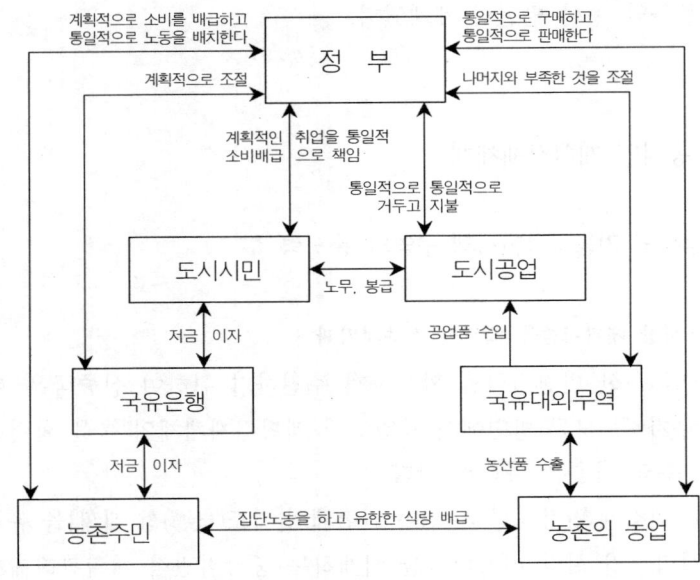

계획적으로 소비를 배급하고 통일적으로 노동을 배치한다

통일적으로 구매하고 통일적으로 판매한다

정 부

계획적으로 조절

나머지와 부족한 것을 조절

계획적인 취업을 통일적
소비배급 으로 책임

통일적으로 통일적으로
거두고 지불

도시시민

도시공업

노무, 봉급

저금 이자

공업품 수입

국유은행

국유대외무역

저금 이자

농산품 수출

농촌주민

집단노동을 하고 유한한 식량 배급

농촌의 농업

그림 1-3 | 계획경제체제 아래 경제주체 관계

업 총생산량에서 차지하는 비율은 60%나 되었다.

둘째, 중앙에서 고도로 집중된 국가재정체제와 높은 강도로 축적된 시스템을 확립하여 최대의 사회축적을 동원한다. 국민소득분배 가운데 국가재정소득이 약 3분의 1을 차지하고 그 가운데 75%는 중앙정부가 차지하였다.

셋째, 재정의 '일률적인 지출'을 기초로 하는 계획투자체제를 확립하고 자원은 중공업에 우선 투입되도록 보장하는 동시에 그 생산능력을 조절한다. 국가는 중공업 우선 발전전략을 기초로 대부분의 투자를 중공업에 하며, 이러한 투자가 다시 중공업에 대한 투자를 유발하는 순환적 메커니즘을 형성시킨다.

이상의 부문별 계획체계에 기초하여 정부는 높은 강도의 사회축적을 최대한 동원하여 관련 산업을 조정하고, 재력을 집중 투입하여 중공업을 우선 발전시키는 메커니즘을 형성시킨다.

(2) 정부계획과 결합한 미시경제의 기반

중국정부는 중공업 우선 발전전략을 효과적으로 추진하기 위하여, 거시적인 계획체제를 따르는 미시경제주체 체계를 수립하고, 동시에 일련의 정책, 환경과 이에 상응하는 운영 메커니즘을 통하여 이러한 미시경제주체들이 유기적으로 조정되고 상호작용하도록 하였다. 농촌의 농업, 도시의 공업, 국가소유은행, 대외무역기구 등 주요 미시경제주체의 정책환경, 체제기반, 경영관리의 틀은 아래와 같이 정리될 수 있다.

표 1-3 | 전통적인 계획경제체제 아래 주요 미시경제주체 운영 패턴

미시적 주체	정책환경	체제기초	경영관리
농촌의 농업	낮은 가격으로 '일률적으로 구매하고 일률적으로 판매'	인민공사[6]	일률적으로 계획하고 집단 노동을 한다
도시의 공업	낮은 원가, 높은 이윤	일대이공[7]	일률적으로 거두고 일률적으로 지불한다.
국가소유은행	낮은 이자율	국유독점	일률적으로 거두고 일률적으로 지불한다
대외무역기구	수입대체, 낮은 환율	국유독점	일률적으로 조절하고 독점 경영을 한다

2) 농촌농업 : '일률적인 구매와 '일률적인 판매로 농업의 잉여를 동원

자본의 축적은 당시 중국이 중공업 우선 발전전략을 추진하는 데 핵심적인 전제조건이었다. 그러나 당시 중공업은 겨우 걸음마를 시작한 단계였으며, 필요한 투자규모는 당시 중국이 공급할 수 있는 자본축적

---

6) 역주_ 중화인민공화국의 과거 농촌조직(1958년 농촌에 설립됨).

7) 역주_ 一大二公 : 첫째로 규모가 크고 종합적 생산 건설이 편리할 것, 둘째로 집단소유제가 더욱 진전될 것(인민공사의 주요 방침).

수준보다 훨씬 높았다. 또한 경공업은 그 규모가 작았고 기술장비가 낙후하였으며 국민경제 비중이 비교적 낮았고 공업화를 뒷받침할 수 있는 능력이 매우 제한되어 있었다. 이러한 이유로 당시 공업화를 위하여 자본축적을 제공해야 하는 임무는 불가피하게 농민들에게 전가되었다.

그러나 당시는 농업의 기초가 빈약했고, 농업노동생산력 또한 매우 낮았으며 대부분의 농산품은 농민이 자급자족할 수 있는 수준밖에 생산되지 않았기 때문에 축적할 수 있는 잉여 농산품은 극히 제한되어 있었다. 또한 각 농민이 약간의 축적을 제공할 수 있다 하더라도, 1억이 넘는 농민들로부터 이러한 잉여부분을 효과적으로 수집한다는 것도 현실적인 어려움이 될 수밖에 없었다.

'중국은 이 문제를 해결하기 위하여 농산품을 낮은 가격으로 '일률적으로 구매하고 일률적으로 판매하는' 정책에 인민공사 관리체제를 유기적으로 결합한 농촌경제운영 모델로서, 이를 통하여 최대한 농업 잉여부분을 동원하여 정책환경과 체제기반을 굳혔다.

(1) 정책환경 : 낮은 가격으로 '일률적으로 구매하고 일률적으로 판매'

공업화 발전을 촉진하기 위하여 중국은 공업원자재와 노동력 원가를 낮추는 농산품 저가(低價)정책을 실시하였다. 그러나 이러한 농산품 저가정책은 농민의 적극적인 생산성과 국가에 대한 농산품 판매욕구를 감소시켰다. 당시는 공업화 속도가 빨라짐에 따라 도시의 농산품 수요가 급증함으로써 농산품 공급부족현상이 일어나 실제 농산품 가격은 상승하는 추세였다.

국가에서는 낮은 가격의 식량, 솜, 기름 등 농산품의 충분한 생산을 통해, 도시주민의 생활소비와 가공기업의 원료제공을 보장하고자 주요 농산품에 대해서도 일률적으로 구매하는 제도를 실시하였다.

1953년 10월 16일 중앙정치국을 통과한 〈중공중앙이 양식을 일률적으로 구매하고 일률적으로 판매하는 데 관한 결의〉와 1953년 11월 19일제194차 정무원 정무회의에서 통과한 〈양식의 계획적인 구매와 계획적인 공급 실행에 관한 명령〉은 양식에 대하여 일률적으로 구매하고, 계획적으로 공급하며, 일률적으로 관리하는 '양식의 일률적 구매 및 판매 모델'을 만들어냈다.

1958년 국무원에서 발포한 〈농산품 및 기타 상품에 대한 분급(分級) 관리방법8)〉은 농산품의 일률적인 구매와 일률적인 판매정책을 한층 구체화하였다. 일률적 구매 및 판매의 실체는 농촌 – 구매, 도시 – 판매의 농산품 유통망을 국가가 독점하는 것이다.

공업화 추진에 따라 이러한 농산품의 일률적 구매 및 판매 제도는 끊임없이 강화되었고 이 제도에서 다루는 농산품의 종류는 '50년대 중반의 20여 개로부터 '70년대 말에는 230여 개로 계속 증가되었다.

(2) 체제기반 : 인민공사를 정비하여 조직의 기반을 다지다

1958년 중국은 '대약진(大躍進)운동9)'을 진행하여 기초건설의 규모가 급격히 증대하였다. 이에 따라 전 인민 소유제 단위의 근로자 수는 85%로 증가하였으나 식량 생산량은 겨우 2.5%밖에 증가하지 않아 식량공급이 수요를 따라가지 못하는 모순이 심화되었다.

중국정부는 낮은 가격으로 일률적으로 구매하는 상황에서, 농민이 공업화에 필요한 농산품을 생산하도록 유도하고, 광활하게 분산된 농민들의 잉여부분을 효과적으로 모으기 위하여 국가의 행정정책으로 직접 농업생산과 분배를 통제할 수 있는 인민공사체제를 확립하였다.

인민공사체제는 생산과 수익의 분배를 직접 관리함으로써 농업부문

---

8) 역주_ "첫째로 사회주의 성격상 인민공사의 규모는 크면 클수록 좋으며, 둘째로 공유제를 최대한 실시해야만 한다"는 의미다.

9) 역주_ 1958년부터 1960년까지 중화인민공화국에서 전개한 대규모 수리(水利)시설 건설과 공업의 기본 건설운동으로, 1959년 후반기부터 차츰 쇠퇴하여 1961년 1월 중공 중앙전체회의(中共中央全體會議) 즉 구중전회(九中全會)에서 "조정(調整)하고 공고(鞏固)히 하며 충실히 하고 향상시킨다"는 새로운 방침을 채용하여 이 운동은 크게 전환되었다.

연 도	토지정책의 주요 내용
1950~1953	농민이 토지를 소유하고, 소량의 식량을 국가에 낸 뒤, 나머지 농업수확을 자유롭게 관리한다.
1953~1954	토지의 농민소유제 방침 아래 생산을 서로 도와준다
1955~1956	일반가정과 개인토지의 초급 협동조합의 결합
1957	비교적 많은 가정과 결합하여 고급 협동조합을 설립하고 토지는 집단소유로 하며 가정에서는 작은 일부분의 토지를 경작한다.
1958~1962	토지는 국가소유로 하며, 인민공사제도를 수립하여 농산품은 정해진 양을 배급한다.
1963~1978	인민공사제도를 조정하고 토지의 인민공사, 대대(大隊), 소대(小隊)로 되는 3급 소유를 실시하며 일부 가정에서 개인소유의 땅[自留地]을 남기는 것을 허용한다.
1978년 후	'가구단위 생산도급제'(토지와 생산도구를 각 가구에 분배하여 농업경영을 각 가구가 책임지도록 하는 농업경영 청부제) '도급생산성과를 농민들한테 돌리는' 정책과 향·촌 체제가 인민공사체제를 대체하였다.

표 1-4 | 1953~1978년 중국 토지정책의 변화

의 자원을 충분히 동원하여 계획에 따라 생산하고 농업 잉여부분을 '일률적으로 구매하고 판매하는' 조직의 기초를 확립하였다.

1958년 말에 이르러 인민공사에 참가한 농민의 수는 농민 총인구의 99%인 1.27억 명에 달하였다. 신중국 건립시기부터 20세기 '70년대 말까지, 중국의 농촌 토지정책은 여러 번의 변화를 거쳐 토지사유제에서 토지공유제로 완전히 전환되었다(표 1-4 참조).

(3) 경영관리 : 계획생산, 집단노동

인민공사제도는 정권조직의 경제화, 행정활동의 정치화와 관리방식의 군사화를 통하여 국가가 농업생산에 대한 통일적인 계획, 농촌노동의 통일적인 조직, 농산품 분배의 일률적인 조절을 실현하였다. 또한 식량과 솜 등 전략적인 농산품의 우선 생산과 농산품에 대한 낮은 가격의 국가구매를 보증하였으며, 구매과정 중의 복잡한 부분이나 약점들을 감소시

커 궁극적으로 효과적인 '일률적 구매와 일률적 판매'를 실현하였다.

'일률적 구매와 일률적 판매' 정책과 인민공사제도는 한편으로는 농민이 '생존임금' 이외의 잉여농산품을 최대한도로 동원하여 국고에 넣도록 하였고, 다른 한편으로는 이러한 저가격 농산품의 계획적인 배급을 통하여 공업 노동력과 공업 원자재를 낮은 원가로 공급할 수 있도록 하였다.

국가의 공업독점과 낮은 공업원가정책으로 공업부문이 획득한 높은 독점적인 이윤은, 재정경로를 통하여 새로운 공업화 투자로, 한 걸음 나아가 일률적인 구매와 일률적인 판매정책으로 하여금 중국 공업화 초기의 '자본축적 전환기기'로 되게 하였다.

3) 도시공업 : 국유공업관리를 강화하고 '일률적으로 거두고 일률적으로 지불'하는 기초를 굳히다

(1) 정책환경 : 저원가, 고이윤

중국은 공업기업의 이익율과 축적률을 높이고, 중공업의 지속적인 우선 발전을 효과적으로 추진하기 위하여 저 에너지, 저원자재가격과 저이자율, 저화폐임금정책을 실행하였다. 이러한 자본, 노동, 에너지 등의 원가항목 관리에 힘입어 공업기업은 비교적 높은 이익을 달성할 수 있었다.

동시에 한 생산품과 부품을 계획적으로 생산, 공급하는 연쇄산업의 조화로운 메커니즘의 계획을 세웠고 산업구조의 모순을 완화시켰으며 중공업 우선 발전의 양호한 환경을 조성하였다.

(2) 체제기초 : '일대이공(一大二公 : 첫째는 규모를 크게, 둘째는 공유제일 것)'

최대의 이윤창조를 경영목표로 하는 사기업들의 경영을 통제하지 않는다면 정부가 추구하는, 즉 경영자원이 중공업에 집중적으로 투입되는

것은 쉽지 않을 것이다. 국가가 잉여축적의 지배권을 최대한으로 장악
하고 이를 국가가 추구하는 발전목표에 집중적으로 사용하기 위하여,
사기업을 억제하고 국가계획에 따르는 공기업의 비율을 최대한도로 높
일 필요가 있었다. 이렇게 절대적으로 늘어난 공기업 비율을 기초로 하
여, 명령형의 생산계획체제와 일률적으로 거두고 일률적으로 지불하는
재무체제가 확립되었다.

이를 위하여 중국은 "상당히 긴 시간 동안 민족자본주의 상공업과 사
회주의 상공업을 장기적으로 공존시킬 것"이라던 건국 초기의 이념과
약속을 지키지 못하면서, 1954년부터 규모가 비교적 많은 큰 사기업들
을 공사합영(公私合營 : 공기업과 사기업의 합작경영)의 범위로 점차 끌
어들였다.

또한 이들에 대해서는 투자 확장과 개선을 해나갔으며, 중소 사기업
에 대해서는 개별기업의 공사합영으로부터 전 산업을 공사합영으로 전
환시키는 시책을 통하여 전체 산업에 대한 조직개편을 진행하였고, 새
로운 공유제 혹은 공사합영기업을 형성하였다.

전 업계가 공사합영으로 된 뒤 분배방식이 개별 기업별로 독립적으
로 계산하던 방식(독립채산제)에서 전 산업이 일률적으로 계산하는 방
식(정액이윤제도)으로 변하게 됨에 따라, 원래 기업 소유자는 기업의 관
리권을 잃게 되었고 실질적으로 기업은 국영경제에 속하게 되었다.
1956년에는 국영 공업기업의 생산액은 공업 총생산액에서 차지하는 비
율이 67.5%에 이르렀으며, 공사합영 공업기업의 생산액은 32.5%를 차지
하였고, 사영 공업기업은 거의 사라졌다.

(3) 경영관리 : '일률적으로 거두고 일률적으로 지불'

국가는 국영기업에 여러 가지 강제적인 지표를 내리며 직접적인 계
획관리를 실시하였다. 국가는 생산소재를 계획에 따라 공급하였고 생산
제품을 일률적으로 책임지고 판매하여 배정하였으며, 재무는 국가가 세

입세출의 전권을 중앙으로 집중시켰다.

기업의 이윤과 감가상각 충당금(Depreciation funds)은 전부 국가의 예산으로 귀속되었으며, 기업이 필요로 하는 고정자산투자(고정자본재의 투자), 새롭게 바꾸는 것에 대한 필요한 자금, 신상품 시험제작 비용과 소량의 고정자산 구입비 등은 모두 국가재정에서 일률적으로 배정하였다. 기업의 유동자금도 재정부문에서 정해진 액수를 지불하였으며 계절적, 임시적인 정액 외의 유동자금은 은행 대출로 해결하였다.

기업의 고용과 임금 지불은 완전히 국가가 계획에 따라 배정하였고, 전통적인 계획경제체제 아래서 도시 국유경제는 하나의 큰 '트러스트(기업합동)'였으며 개별 기업은 독립적인 경영주체가 아닌 '트러스트'에 속한 하나의 가공공장 혹은 생산현장일 뿐이었다.

그 주요 특징은, 생산과 판매의 중요한 부분에서 국가가 '일률적으로 계획하고' '일률적으로 조절'하였으며, 수익과 투자 측면에서 국가가 '일률적으로 거두고 일률적으로 지불'하였고, 국가와 기업의 관계 위에서 '정치와 기업이 미분리'된 것이었다. 이렇듯 국가는 기업의 일체 활동을 계획에 따라 배치하였으며 기업에 대하여 손익을 일률적으로 책임졌다.

4) 금융체제 : 국가 독점경영에 따른 사회 자본의 흡수와 중공업에 투입

(1) 정책환경 : 낮은 이자율

자본축적이 유한하고 자금공급이 부족한 조건 아래서 중공업 발전에 필요한 자본의 원가를 낮추기 위하여 중국 정부는 자금시장의 공급과 수요관계를 조절할 수 있는 저금리 정책을 실시하였다.

자금공급이 수요를 따라가지 못하는 상황에서 저금리 정책은 국민들의 저축의욕을 낮추고 대출자금의 사회적 원천을 감소시키는 한편, 기업들의 자금수요를 증가시켜 자금의 공급과 수요의 모순을 심화시켰다.

많은 자금을 필요로 하는 수요자와 한정된 자본축적으로 말미암아,

또한 한정된 자금을 국가발전 전략목표에 부합하는 기업과 부문에 배분하기 위하여 효과적인 자금 배분제도가 필요하였다.

(2) 체제기반 : 국유독점

저금리 정책 환경 아래에서 최대이윤을 목표로 하는 민간 금융기관의 존재를 허용한다면, 저축자금이 분산되어, 이들 금융기관의 대출금은 상대적으로 회수기간이 길어지고 이윤획득이 낙관할 수 없는 중공업에 투입될 가능성이 적었다. 따라서 중국정부는 중공업 우선 발전전략에 유리한 저금리 정책에 부합하는 금융독점 경영체제의 수립이 필요하게 되었다. 그리하여 대부분의 큰 금융기관과 융자의 원천을 통제할 필요가 있었다. 또한 한정된 자금이 중공업 우선 발전목표에 부합하는 곳에 사용될 수 있도록 금융기구의 국유독점과 자금의 계획적 배분정책을 실시하였다.

1949년부터 1952년까지 중국은 중국인민은행을 중심으로 한 금융제도와 은행업의 기본적인 국유화를 점진적으로 실행하였다. 그리하여 자본집약도가 높으며 투자규모가 크고 건설주기가 긴 중공업을 비교적 낮은 자금원가로 신속히 확장하기 위하여 정부는 독점적인 금융체제를 수단으로 하여 안정된 저금리 정책을 철저히 강제하였다.

(3) 경영관리 : '일률적으로 거두고 일률적으로 지불'

중국인민은행은 전국의 현금과 결산, 신용대출의 중심으로서 금융업무 전체를 장악하였다. 따라서 중공업 우선 발전이라는 공업화 목표와 그 목표를 구체적으로 드러낸 첫 번째 5년 계획을 실현하기 위하여 1953년 중국인민은행은 산하 각급 은행에 신용대출 계획관리기구를 설립하였으며 종합적인 신용대출 계획을 편성하고 실시하였다.

은행 내부에서는 적절하게 '일률적으로 거두고 일률적으로 지출'하는 신용대출금관리제도를 실시하였다. 곧 분점은행에서 흡수한 모든 예금은 은행 본점에 보내야 했으며, 대출금은 은행본점에서 일률적으로 계획지표를 정하여 분점은행이 실시하게 하였다. 저축과 대출금에 대한 이자율은 중국인민은행에서 통일적으로 정하였다.

이러한 고도로 집중된 금융체계와 단일한 금융 루트를 통하여 한정된 자금을 우선적으로 국민경제의 중점산업과 프로젝트에 배정하였으며 이로써 자금배분과 발전전략목표, 저이자율 정책의 유기적인 통합을 실현하였다.

5) 대외경제 : 대외무역경제의 독점과 중공업 발전을 위한 과부족의 조절

(1) 정책환경 : 수입대체와 낮은 환율

중공업의 순조로운 발전에는 그에 상응하는 성숙한 기술과 지원산업의 기반이 필요하다. 건국 초기 중국 공업은 대부분 반(半)수공업 형태의 낙후한 상태였으며 근대적인 군수공업에 필요한 설비와 고급기술 그리고 높은 정밀도의 부품들은 대규모로 수입해야 했다.

수출할 수 있는 상품이 한정된 상태에서 외화는 공급이 수요에 못 미치는 희소한 자원이 되었으며, 고환율수준은 수입 의존형의 중공업 발전을 제약하였다. 따라서 중국은 비교적 낮은 가격으로 중점 프로젝트에 수요되는 중요 설비들을 수입할 수 있도록 정부가 직접 환율을 결정하였고 인민폐[元]의 가치를 높이고 저환율정책을 실시하였다. 이런 것들이 중공업 우선 발전을 보장하는 중요한 조치가 되었다.

1950년 3월에 열린 '전국재경(재정과 경제)사업'회의 시점부터 1951년 5월까지 1년 남짓한 기간 동안 인민폐는 연속적으로 15차에 걸쳐 정책적으로 조정되었다. 이에 따라 달러 대비 인민폐의 환율은 1950년 3월 13일의 1 : 4.20에서 1951년 5월 23일에는 1 : 2.23으로 결정되었으며, '70년대 중기에서 말기까지 이 환율은 줄곧 비교적 낮은 수준에서 안정되었다.

(2) 체제의 기반 : 국유독점

외화가격이 시장의 평균가격보다 낮은 저환율정책은 한편으로는 수출경쟁력과 수출욕구를 저하시켰고 다른 한편으로는 상대적인 염가로 외국상품을 수입하고자 하는 요구를 자극하였다.

만약 국유 대외무역 외화업무 기구와 민영업무 부문의 상호경쟁을 자유롭게 허용한다면, 이는 대량의 사회 외화자원을 흡수할 것이며 그 수입은 투자부분에 쓰일 것이다.

외화의 공급이 수요를 따라가지 못하는 심각한 모순을 해결하기 위하여 국가에서는 고도로 중앙집권적인 대외무역 외화관리체제를 수립하였다. 1950년 2월 정무원이 공포한 〈전국무역통일 실시방법에 관한 결정〉에서는 중앙무역부에서 대외무역업무를 일률적으로 관리하고 많은 수의 전국적인 대외무역 전문 총공사를 설립하여 수출입 업무를 독점적으로 담당할 것을 규정하였다. 1952년에 대외무역부가 성립된 이래 개혁개방에 이르기까지 중국은 국가독점 대외무역체제를 계속 유지시켰다.

(3) 경영관리 : 독점경영

1958년부터 국무원은 대외무역은 통일된 정책·계획·대외원칙에 따라 대외무역 부문에서 독자적으로 경영한다는 원칙을 규정하였으며, 환율은 중국인민은행에서 일률적으로 결정하고 외화는 중국인민은행, 대외무역부, 재정부에서 집중적으로 관리하고 이를 통해 저환율정책에 부합하는 대외무역 외화관리체계를 형성하였다.

첫째, 보호관세와 수출입허가제도를 실시하였다. 그 목적은 수출입상품의 수량·가격·무역방식에 대하여 일률적으로 관리하도록 하여 수출에 따른 외화 획득과 수입에 따른 외화 사용을 통일하여 조정하는 데 있었다. 1980년 국가계획위원회에서 책임지고 조정한 수출 공급 상품은 900여 종류에 달하였으며 수출허가증 관리를 실시한 상품은 수출총액 가운데서 차지하는 비율이 66%에 달하였다.

둘째, 외화관리와 저환율정책을 실시하였다. 희소한 외화자원을 통일적으로 조정하기 위해 사회단체와 기업, 개인은 일체의 외화 수입을 반드시 국가가 규정한 환율에 따라 국유은행에 판매해야 하며, 일체의 외화 지출과 사용은 주관 부서의 승인을 거쳐 국유은행에서 구매해야만 한다고 규정하였다.

6) 주민의 가계 : 계획적 배분에 따르는 피동적인 객체

(1) 노동력요소의 계획배분

도시노동력에 대하여 '일률적으로 책임지고 분배하는' 정책을 실시하였고 '농업인구에서 비농업인구로 바뀌는 것(농민 호적에서 도시주민 호적으로 전환하는 것을 일컬음)'을 제외한 농촌 노동력은 기본으로 농업에 종사하도록 제한되었다. 도시에서는 계획적으로 노동력을 배분하고 전국의 노동임금계획은 국가계획위원회에서 책임지고 편제하는 책임을 지며 국가기관과 사업단위 및 기업의 임금지표를 받아들여 임금을 일정량으로 규제하는 제도를 실시하였다.

'50년대 초기부터 시작하여 중국은 일률적인 임금제도를 실시하였다. 국가기관과 기업의 사업단위별 임금표준, 임금등급 제정, 승급방법과 증가범위는 중앙에서 보통 일률적으로 규정하였으며 지방정부와 기업은 이를 조정할 권리가 없었다.

일률적으로 규정한 임금수준은 아주 낮았기 때문에 공업부문의 노동력 원가를 효과적으로 제어할 수 있었으며, 이는 중공업 우선 발전전략의 필요한 정책환경이 되었다. 도시공업 발전으로 제공되는 제한된 취업기회와 잉여농산품으로 농촌인구가 도시로 쉽사리 이동할 수 없게 되었으며 엄격한 호적관리제도로 인구유동이 더욱 제한되었다.

1958년 1월 9일 모택동이 선포한 〈중화인민공화국 주석령(主席令)〉

은 '농업인구에서 비농업인구로 바뀜'에 관하여 명령적인 계획관리를 실시하였고 인구유동을 엄격히 제한하는 호적제도를 통하여 중공업이 우선 발전하는 데 필요한 안정된 도시사회환경을 만들었다.

(2) 주민의 금융자산 선택의 제약

계획경제체제가 확립된 이후, 중국에는 사기업의 설립투자를 위한 정책환경이 없었을 뿐만 아니라 주민들을 대상으로 한 국채(國債)와 사채(社債), 주식시장과 신탁투자업무, 금융보험상품도 없었다. 개인 금융자산에 대한 선택의 폭도 좁았으며, 다만 이자율을 아주 낮은 수준으로 일률적으로 규정한 국유은행에만 저금할 수 있었다.

국가의 강제적인 저축 메커니즘 아래에서 주민들의 화폐저축은 극도로 제한되어 1978년 도시 주민들의 화폐저축은 그해 국민소득의 1.36%에 해당되는 41.1억 위안에 지나지 않았다. 이것은 2002년 말 도시와 농촌의 주민저축이 GDP의 84.9%를 차지한 것과는 아주 대조적이었다.

(3) 주민 가계소비의 범위 제한

국가가 일률적으로 구매하고 통일적으로 판매하는 제도를 통하여 농산품시장을 독점하였고, 농산품과 대부분의 생활필수품, 공업품의 구입과 유통, 판매를 완전히 통제하였다. 이로써 도시주민의 생활필수품도 통제하게 되었다.

개혁개방 이전에 도시주민들이 소비하는 식량, 식용기름, 고기, 달걀, 물고기, 천, 가루비누 등을 포함한 생활필수품들은 거의 모두 배급표에 따라 공급되었다. 그리고 오직 정식 도시호구를 가진 공민만이 식량표와 상품표를 이용하여 국가 계획에 따른 공급을 받을 수 있었다.

농촌에서 도시로 이사온 공민은 정식으로 호구이전 수속을 밟아야만 식량과 부식 공급에 대한 이전증명을 받아 식량표와 상품표를 얻을 수 있었으며, 이 표들을 이용하여 식량과 기타 상품을 공급 받을 수 있었다. 농촌에서는 기본적으로 '생존임금(노동자의 재생산에 필요한 임금)' 표준에 따라 양식 등 실물을 얻었으며 농업 잉여는 국가에 의하여 '일률적으로 구매'되어 중공업 발전에 필요한 자원축적으로 사용되었다.

4. 중공업 우선 발전 메커니즘

건국 초기부터 개혁개방 전까지, 중국은 앞서 설명한 계획경제체제를 바탕으로, 최대한의 자본축적, 중공업에 편향된 자원투입, 산업 사슬(체인)의 계획적인 조절을 통하여 중공업 우선 발전 메커니즘을 형성하였으며(그림 1-4 참조) 중공업 주도형의 경제발전을 추진하였다.

그림 1-4 | 중공업 우선 발전 메커니즘

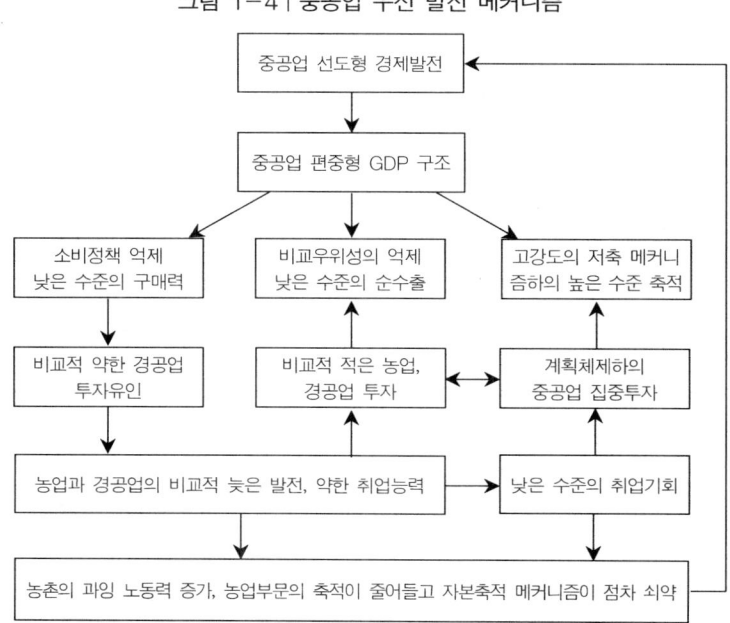

1) 경제운영의 조정에 따른 자본축적의 최대화를 실현

(1) 농산품의 '통일적 징수, 통일적 구매'와 '최저소비 · 최고축적'을 실현

1953~1978년, 주민 소비는 매년 평균 4.3% 증가하였는데, 이는 같은 시기 국민소득이 매년 평균 6.0% 증가하는 속도보다 늦은 것이다. 소비형 고강도의 축적 메커니즘을 억제하여 비교적 높은 축적률을 실현하였다. 1952~1978년의 37년 동안 축적률이 20%보다 높은 해가 24년이었고 30%보다 높은 해가 13년이었으며, 축적률이 가장 높은 1959년에는 43.8%에 달하였고 제일 낮은 1962년에도 10.4%에 달하였다.

(2) '협상가격차'[10] 가격으로 공업이윤의 최대화를 실현

중공업 우선 발전정책의 환경 아래에서 공업제품의 소매가격은 지나치게 높은 반면 농산품 수매가격이 지나치게 낮아 농공업 생산품의 거래에서 가격의 협상가격차가 보편적으로 존재하였다.

표 1-5에서 표시된 바와 같이 농산품의 경우 전국 농산품 수매가격은 비교적 적절하게 시장의 공급과 수요 관계를 반영하는 시장무역가격의 90% 수준밖에 되지 않았으며 '60년대 초기는 겨우 56%였다. 그 밖에 낮은 임금과 저에너지 · 원자재가격정책에 따라 공업부문의 원가를 낮추어 공업이윤을 높였으며 재정의 통일 수입 규모를 확대하였다.

(3) 공업수익의 '일률적 징수'에 따른 공업부문의 높은 이윤을 동원

축적할 수 있는 자본을 우선 발전시킬 산업부문에 사용하기 위하여 중국정부는 재정과 금융 메커니즘을 통하여 사회적 축적을 집중적으로 관리하였으며 일률적으로 배분하였다.

재정 메커니즘에서 볼 때, 정부는 전 인민소유제기업에 대하여 일률

---

10) 역주_ 鋏狀價格差 : 독점 가격과 비독점 가격의 지수를 도표로 나타내었을 때 나타나는 가격 차이

연 도	전국(A)	시장무역(B)	비교비율(A/B)
1952	121.6	111.0	1.10
1957	146.2	120.9	1.21
1962	200.1	354.8	0.56
1965	187.9	192.3	0.98
1970	195.1	197.7	0.99
1975	208.7	259.5	0.80
1978	217.4	246.0	0.88

표 1-5 | 개혁개방 전의 농산품 전국 수구가격과 시장무역가격 비교
1950년 물가를 100으로 한다.
자료 출처 :《중국통계연감 1990》, 250, 268쪽 관련 자료를 바탕으로 계산

적으로 거두고 일률적으로 지불[중앙집권적 재정제도]하고, 일률적으로 이익과 손실을 책임지는 규칙을 실시하였으며, 이로써 공업부문의 고이윤과 농업부문으로부터 전이되는 이윤을 최대한도로 흡수하였다. 또한 기업이윤과 감가상각비의 대부분은 재정부문으로 들어갔으며, 기업의 지출과 적자는 역시 재정부문에서 일률적으로 조절하고 책임졌다. 금융 메커니즘에서 보면, 주민이 선택할 수 있는 금융자산의 범위를 제한하였고, 사회의 유휴(遊休) 자금은 낮은 이자로 국유은행에 집중시킨 뒤 그 자금을 계획에 따라 다시 중공업 프로젝트에 대출하였다.

2) 자원의 계획적 배분에 따른 자원이 중공업에 우선 투입

(1) 재정 지출을 중공업에 집중

중공업 우선 발전전략 아래서는, 국민소득을 분배하는 기본원칙은 생활보다 생산을 중시하고 비생산적인 항목보다 생산적인 프로젝트를 중시하는 것이었다. 재정지출에서는 도시 인프라, 교육, 의료보건 등 직접 생산적이지 않은 분야에 대한 투자를 억제시켜 최대한도로 생산적 투자

에 대한 투자를 확대하고 그 가운데서도 중공업에 유한한 자금을 우선 투자하여 농업과 경공업에 대한 투자는 억제하고자 했다.

(2) 금융체제는 사회의 자금을 중공업에 집중적으로 투입

중국인민은행은 금융체제의 핵심이자 기초이며 현금, 결제 등 신용대출의 중심이었다. 고도로 집중된 금융체제를 이용하여 일체의 금융업무를 독점하였고, 금융업무에 대한 결정적인 큰 권한은 이곳에 집중되어 있었다. 이는 국가재정 밖에서 운영되던 지방정부, 기업과 주민가계가 점유하고 있던 대부분의 자금을 국가 계획의 컨트롤 범위 안으로 거두어들이도록 보증했다. 또한 정부의 고도로 집중된 외화관리는 부족한 외화자원을 중공업으로 집중 투입하는 것을 보장하였다.

(3) 공업부문의 노동력을 '일률적으로 책임지고 일률적으로 배분'

자본집약형 중공업이 흡수할 수 있는 노동력은 극히 한정되어 있었으며, 농촌의 잉여노동력을 대량으로 흡수할 수 없었을 뿐만 아니라 날로 늘어나는 도시노동력도 충분히 소화하기 어려웠다.

도시노동력의 취업 압력을 완화하기 위하여 한편으로는 엄격한 호적관리제도로 농촌의 잉여노동력이 도시로 대규모 이동하는 것을 방지하였고, 다른 한편으로는 도시의 청년 노동력에 대해 '산상하향(山上下鄕)'[11] 제도를 통하여 끊임없이 증가하는 도시 잉여노동력을 농촌으로 이동시킴으로써 도시공업부문에 양호한 사회환경을 만들었다.

20세기 '60년대 초 국민경제 조정시기에 전국적으로 약 2천만 명의 도시근로자들이 농촌에 내려갔으며 '60년대 말 '70년대 초 '문화대혁명' 시기에는 약 4천만 명이나 되는 도시 지식청년과 주민들이 시골과 농촌에 내려갔다.

---

11) 역주_ 중화인민공화국에서 기관의 간부나 청년지식인들이 지방으로 내려가[下放] 노동자·농민과 노동을 함께하고 이로써 사상성을 높이고자 하는 것을 일컫는 표어이다.

3) 산업구조의 계획적 조정으로 중공업 우선 발전을 보증

(1) 경제시책의 중심을 식량증산에 두고 '일률적으로 구매하고 판매'하며 중공업발전에 필요한 식량공급을 보증

농업생산력이 매우 낮고 식량공급능력이 비교적 박약한 조건 아래서 중공업 우선 발전전략에 필요한 농산품 축적의 공급을 보장하기 위하여 중국은 '경제시책의 중심을 식량증산에 둔다'는 구호 아래 농업식량 생산을 대대적으로 발전시켰고 식량공급능력을 확대하였다. 국가는 '일률적인 구매와 일률적인 판매' 정책과 자원의 계획적인 배분 메커니즘을 통하여 도시공업의 발전에 필요한 식량공급과 공업원자재의 공급을 보증하였다.

(2) 계획적인 물자 배분을 통하여 산업구조의 모순을 완화

고도로 집중된 물자관리체제를 수립하고, 물자가 질서 있게 유통하는 기초를 마련하였다. 공업에 투입되는 품목의 가격을 인위적으로 낮추는 상황 아래, 수요는 인위적으로 증가하였지만 공급의 적극성은 오히려 낮아졌다. 이로써 공급과 수요의 갭이 깊어졌다.

공급과 수요의 불균형이 보편적인 현상이 되어버린 상황에서 물자를 중공업발전의 수요에 우선적으로 충족시키도록 하기 위하여 중국은 고도로 집중되고 계획에 따라 운영하는 물자관리체계를 수립하였다.

이로써 국가가 경제건설에 필요한 물자의 직접적인 배분을 실현하였고 산업구조의 모순을 완화하였으며, 중공업의 우선 발전을 보장하였다.

(3) 대외무역 경영의 독점과 중공업 발전에 필요한 수입상품을 우선 보증

낙후한 공업의 기초 위에서 중공업 우선 발전전략을 추진하기 위하여 비교적 많은 고정밀 기술설비와 부품의 수입이 필요하였고 이를 위하여 대량의 외화지출이 필요하였다.

중점 프로젝트에 필수적인 설비와 부품을 비교적 낮은 가격으로 수입할 수 있도록 하기 위하여, 정부는 외환의 가격형성에 개입하였다. 즉 중국인민폐의 화폐가치를 높이고 낮은 환율정책을 실시함으로써 낮은 원가에 따른 중공업의 발전을 추진하였다.

국유독점인 대외무역전업공사는 필요한 외화를 벌어들였으며 이를 중공업 발전에 필요한 물품의 수입에 사용하였다.

2 장
중공업 우선 발전전략의 실제효과

제1절 거시경제 :
계획경제체제를 수립하고 신속한 공업 성장을 실현

1. 계획경제체제 수립과 중공업 우선 발전의 효과적인 추진

　건국 후 경제건설 기간 동안에 중국은 국가의 계획체계를 점차 정비하
였고, 국가계획을 집행하는 미시경제의 주체와 피동적으로 계획 배치하
여 주민들의 생계를 끊임없이 규제하였으며, 최종적으로는 비교적 정비
된 중앙집권적 계획경제체제를 확립하였다.

표 2-1 | 개혁개방 전 기본건설 투자구조의 변화(단위 : 억 위안, %)
축적률=축적액/국민소득사용액
자료출처 : 《중국통계연감 1985》, 40, 422, 424쪽과 《중국통계연감 2001》, 246쪽을 바탕으로 작성.

시 기	재정소득 /GDP	축적률	기본건설투자 총액	기본건설 투자구조(%)			
				농 업	경공업	중공업	기 타
1953~1957	27.5	24.2	588.47	7.1	6.4	36.2	50.3
1958~1962	32.1	30.8	1,206.09	11.3	6.4	54.0	28.3
1963~1965	27.6	22.7	421.89	17.7	3.9	45.9	32.6
1966~1970	26.5	26.3	976.03	10.7	4.4	51.1	33.8
1971~1975	29.1	33.0	1,763.95	9.8	5.8	49.6	34.8
1976~1980	27.8	33.3	2,342.17	10.5	6.7	45.9	36.9

이 체제는 비록 장기적인 우월성을 충분히 발휘하지 못하였지만 특수한 역사적 배경 아래서 짧은 시기 안에 사회의 분산된 자본을 효과적으로 집중시켜 중공업 발전에 투입할 수 있도록 하여 성공적으로 중공업의 우선 발전을 가능케 했다.

계획경제체제와 고강도의 축적 메커니즘을 추진하는 가운데 중국의 축적률은 여전히 비교적 높은 수준을 유지하였고(표 2-1 참조) 1953~1978년 동안에는 연평균 축적률이 29.5%에 달하였다. 이는 세계 평균 수준보다 높을 뿐만 아니라 비교적 빠른 경제성장을 실현한 대다수의 개발도상국가들보다도 높았다.

그러나 이 시기의 축적은 주로 고강도의 국가 축적에 따른 것이었으며 주민들의 가처분소득 가운데서 자발적으로 투자하여 형성된 축적은 극히 미미하였다. 개혁의 개방 전 중국경제의 잉여부분이 상당히 제한되었다 하더라도 국민소득의 배분은 국가에 치우쳐 재정소득은 여전히 GDP의 30% 안팎의 높은 수준을 유지하였다.

그러나 도시와 농촌 주민들의 소득은 제한되었다. 1978년 도시와

표 2-2 | 도시와 농촌주민들의 화폐소득, 평균소비와 저축경향(단위 : 억 위안)
자료출처 : 장쉬헝(臧旭恒)이 쓴 《중국소비함수분석》, 116, 118쪽을 바탕으로 정리

연도	주민화폐소득		평균소비추세		평균저축추세	
	도시주민	농촌주민	도시주민	농촌주민	도시주민	농촌주민
1952	127.2	149.5	0.953	0.965	0.047	0.035
1955	177.8	190.9	0.987	0.996	0.013	0.004
1960	367.4	232.5	0.961	1.009	0.039	−0.009
1965	357.7	275.7	0.972	0.970	0.028	0.030
1970	419.9	335.1	1.010	1.011	−0.010	−0.011
1975	590.7	462.5	0.985	0.981	0.015	0.019
1978	751.6	553.3	0.970	0.997	0.030	0.003

농촌 주민들의 평균 화폐 저축성향은 각각 0.03과 0.003이었으며(표 2
-2 참조), 도시와 농촌 주민들의 저축총액은 당해년도 국민소득의
1.37%인 41.1억 달러, 재정소득은 국민소득의 32.9%인 1103.3억 위안
이었다.

중공업 우선 발전전략 아래서 국가는 고강도 축적 메커니즘이 실현
한 고비율의 축적을 이용하여 중공업 우선 투자를 하였다. 이오계획
(二五計劃 : 제2차 5개년계획) 시기부터 개혁개방 전까지 기본건설 투
자 가운데 중공업에 대한 투자가 여전히 50% 정도의 높은 수준을 차

표 2-3 | 개혁개방 전 국민경제와 공업 생산치의 연평균 증가 속도(단위 : %)
자료출처 :《중국통계연감》1985년판, 21, 34쪽.

시 기	1953~1957	1958~1962	1963~1965	1966~1970	1971~1975	1976~1980
국민소득	8.9	-3.1	14.7	8.3	5.5	6.0
사회총생산액	11.3	-0.4	15.5	9.3	7.3	8.3
공업총생산액	18.0	3.8	17.9	11.7	9.1	9.2
야금공업	29.2	7.4	20.4	8.8	8.3	8.3
전력공업	20.4	20.7	12.8	11.6	8.6	8.6
석탄공업	17.1	11.8	0.1	8.8	4.8	4.8
석유공업	32.7	22.2	27.4	18.5	7.0	7.0
화학공업	31.2	14.4	23.9	17.3	11.3	11.3
기계공업	29.7	7.6	21.8	15.9	7.4	7.4
건자재공업	20.0	-4.5	30.0	9.4	12.7	12.7
삼림공업	13.7	-4.9	8.1	-1.9	7.2	7.2
식품공업	13.2	-1.7	11.4	2.4	8.4	8.0
방직공업	8.6	-3.1	21.7	8.0	4.2	13.2
종이공업	19.1	2.5	12.1	3.3	6.4	9.1

지하였으며 이는 농업과 경공업에 대한 투자보다 훨씬 높았다(표 2-1 참조).

2. 비교적 빠른 공업 성장과 종합국력의 증가

건국 초기부터 1979년까지 중국은 '영국과 미국을 추월한다'는 목표를 정하고 계획경제체제와 중공업 우선 발전 메커니즘을 수단으로 하여 30년 동안 높은 경제건설을 하였으며 비교적 빠른 공업 성장을 실현하였고 종합국력의 폭을 높였다.

거시적인 지표의 경우 1953~1978년 사이에 비교 가능한 가격에 근거하여 계산한 중국사회의 총생산액과 국민소득의 연평균 증가율은 각각 7.9%와 6.0%에 달하였다. 산업체계 면에서 중국은 빈곤하고 낙후한 농업 약국(弱國)의 기초 위에서 에너지, 원자재, 경공업방적, 건축자재, 중화학공업 등 다양한 부문에서 독립적인 공업체계를 확립하였고 공업의 총생산능력과 경제의 독립자주능력을 현저히 제고시켰다(표 2-3 참조).

그러나 발전기반, 발전단계, 발전환경 등 여러 방면의 제약으로 말미암아 중국은 경제규모 면에서 영국과 미국을 결국 초월할 수 없었는데, 1980년의 경우 미국과 영국의 GDP 규모는 각각 그해 중국 GDP의 13.4배와 2.7배였다(표 2-4 참조).

표 2-4 | 1980년 중국과 주요 서방선진국의 GDP규모 비교(단위 : 억 달러)
자료출처 : 중국통계출판사에서 펴낸 《국제통계연감 2000》, 74~76쪽을 바탕으로 작성.

국가	중국	미국	일본	프랑스	영국	이탈리아
GDP규모	2,016.9	2,7090.0	10,592.5	6,646.0	5,373.8	4,499.1
해외/중국	1.0	13.4	5.3	3.3	2.7	2.2

제2절 구조특징 :
국유중공업의 큰 발전은 총체적 구조상의 비정상을 초래

1. 소유구조 : 공유경제는 신속히 발전, 사영경제는 대폭 하강

개혁개방 전 중공업 우선 발전전략에 발맞추기 위하여 중국정부는 '일대이공(一大二公)'을 특징으로 하는 소유제 구조를 수립하는 데 힘을 쏟았다. 30년 이래 자본의 재편과 증가량 조절의 촉진 아래 국유경제는 신속히 발전하였고, 집단적인 경제가 강대해진 반면 사부문 경제는 대폭 하락하였다. 자본의 재편 방면에서 개인과 민영경제들은 대규모로 집단·국유경제로 재조직되었고 '일대이공'의 소유제 구조가 추구되었다. 농촌에서는 국가가 전쟁 기간과 건국 초기에 농민들에게 나누어준 토지가 합작사 혹은 인민공사 소유로 전환되었고, 도시에서는 해외자본과 관료자본이 몰수되어 국가 소유로 귀속되었으며, 개인 수공업기업은 사회주의적으로 개조되어 공유제의 경제비중이 대폭 상승하였다.

'대약진(大躍進)'이나 '문화대혁명' 시기에는 도시와 농촌의 개인, 사영경제, 나아가 정기시장 거래까지도 '자본주의 꼬리'로 판단되어 중단되었으며 집단경제 또한 끊임없이 국영경제로 전환이 요구되었다. 이로써 국유경제가 주도적 지위를 차지하였고 개인경제가 급속히 하강하였으며 사영경제가 거의 종적을 감추었고 공유제경제가 '천하를 지배하는' 전체 사회적인 국면이 초래되었다. 1980년 중국 도시의 개인 상공업자는 겨우 81만 명밖에 되지 않았으며 그 경영범위는 엄격히 제한되어 아주 제한된 소수의 몇몇 업종에만 국한되었다(표 2-5 참조).

증가율에 대한 조절에서 건국 이후 정부에서는 대규모 건설투자계획을 추진하였고, 국유기업과 국유자산을 대규모로 형성하였다. 30년 동안 정부는 약 7천억 위안에 달하는 자금을 투입하여 3천여 개의 중대형 프로젝트들을 수립하였으며 새로운 공업기지를 대규모로 형성하였고

경제유형	공업 총생산치 비율			업무에 종사하는 인원		
	1952	1957	1980	1952	1957	1980
국영경제	41.5	53.6	78.7	1,187	2,103	8,019
집단경제	3.3	19.0	20.7	23	650	2,425
사인 및 공·사 공동경영	34.6	26.4	0.0	393	348	0.0
개인경제	20.6	0.8	0.6	883	104	81

표 2-5 | 1952~1978년 도시의 서로 다른 경제요소의 국면 변화(단위 : %, 만 명)
자료출처 :《중국통계연감 1985》, 216, 235, 308쪽 관련 데이터를 바탕으로 작성.

시 기	1953~1957	1958~1962	1963~1965	1966~1970	1971~1975	1976~1980
농 업	4.5	−4.3	11.1	3.9	4.0	5.1
경공업	12.9	1.1	21.2	8.4	7.7	11.0
중공업	25.4	6.6	14.9	14.7	10.2	7.8

표 2-6 | 개혁개방 전 농업·경공업·중공업 총생산액의 연평균 증가율(단위 : %)
자료출처 :《중국통계연감 1987》, 45쪽을 바탕으로 작성.

부문별로 완전히 갖추어져 중공업을 중요시 여기는 비교적 강한 공업의
기초를 닦았다.

1978년에 와서 전국 공업기업은 35만 개에 달하였고 전인민소유제 기
업의 고정자산은 3천 2백억 위안가량 되었다. 이는 구중국이 약 백 년
동안 축적한 공업 고정자산 총액의 25배 정도 규모로서 국유경제는 절
대적인 우위를 차지했다.

2. 산업구조 : 공업성장이 빠르고 농업발전이 느렸다

중공업 우선 발전전략의 추진 아래 정부는 중공업에 편중되게 투자
를 하였고 군수공업을 위주로 하는 중공업의 증가속도가 농업과 경공업

연 도	1949	1953	1957	1962	1965	1970	1975	1978
농 업	70.0	53.1	43.3	38.8	37.3	33.7	30.1	27.8
경공업	22.1	29.4	31.2	28.9	32.3	30.6	30.8	31.1
중공업	7.9	17.5	25.5	32.2	30.4	35.7	39.1	41.1

표 2-7 | 개혁개방 전 농업·경공업·중공업 총생산액의 구성변화
자료출처 :《중국통계연감 1987》, 46쪽을 바탕으로 작성.

의 증가속도보다 분명하게 빨랐는데, 이는 경제발전을 이끄는 주도적인 원동력이 되었다(표 2-6 참조).

중공업 생산액이 농공업 총생산액에서 차지하는 비율은 1949년 7.9%에서 1978년에는 41.1%로 높아져 33.2% 증가하였으나 당시 경공업 생산액이 차지하는 비율은 22.1%에서 31.1%로 상승하여 9% 증가하는 데 그쳤고, 농업 생산액의 비율은 70.0%에서 27.8%로 낮아져 42.2%나 하락하였다(표 2-7 참조).

3. 도시와 농촌의 구조 : '공업국가, 농업사회'

중공업 우선 발전전략 아래서 중공업 위주의 공업부문은 신속한 발전을 이루었다. 그러나 중공업은 자본집약형 산업으로서 흡수할 수 있는 노동력이 상대적으로 한정되어 취업구조 조정력을 약화시켰다. 이로써 공업 생산액이 크고 농업노동력은 많은 '공업국가, 농업사회'의 구조를 이루었다.

공업 생산액이 농공업 총생산액에서 차지하는 비율은 1949년의 30.3%에서 1978년에는 72.2%로 높아져 42.2% 증가하였으나, 도시노동력이 전 사회 노동력에서 차지하는 비율은 1949년의 8.5%에서 23.9%로 높아져 다만 15.4%밖에 증가하지 않았다. 이와 대조적으로 농업 생산액이 농공업 총생

연도	전 국		생산액구조		노동력구조	
	농공업 총생산액	노동자 총계	공업생산액 비율	농업생산액 비율	도시노동력 비율	농촌노동력 비율
1949	466	18,082	30.0	70.0	8.5	91.5
1952	810	20,729	43.1	56.9	12.0	88.0
1957	1,241	23,771	56.7	43.3	13.5	86.5
1962	1,504	25,910	61.2	38.8	17.5	82.5
1965	2,235	28,670	62.7	37.3	17.9	82.1
1970	3,138	34,432	66.3	33.7	18.3	81.7
1975	4,467	38,168	69.9	30.1	21.5	78.5
1978	5,634	39,856	72.2	27.8	23.9	76.1

표 2-8 | 개혁개방 전체 농공업 생산액과 도시·농촌 노동력의 비율(단위 : 억 위안, 만 명)
자료출처 :《중국통계연감 1987》, 43, 46, 115쪽을 바탕으로 작성.

산액에서 차지하는 비율의 하락속도가 농촌 노동력이 전체 사회 노동력에
서 차지하는 비율의 하락속도보다 훨씬 빨랐다(표 2-8 참조).

제3절 성장요인 :
경영요소의 분할 지원, 중공업 투자의 단독 촉진

1. 공급분석 : 자본과 노동이 농공업 부문에서 분할 지원

고강도의 축적 메커니즘과 중공업 우선 발전전략의 추진 속에서 중
국의 자본과 자원은 최대한도로 중공업을 위주로 하는 도시공업에 투입
되었고, 대량의 노동력은 오히려 농촌 농업부문에 머물러 있었다.
자본과 노동력요소가 만족스런 유기적 결합을 못하였고, 오히려 상대

국가와 지역	연 도	경제성장률	경제성장 중 노동의 공헌비율
중 국	1969~1975	9.6	11.67
	1977~1990	8.5	16.94
아르헨티나	1950~1962	3.19	49.53
브라질	1950~1962	5.49	26.23
칠 레	1950~1962	4.2	25.00
콜롬비아	1950~1962	4.79	49.06
에콰도르	1950~1962	4.72	31.14
온두라스	1950~1962	4.52	48.01
대 만	1950~1965	8.5	20.0
미 국	1948~1969	—	32.5
멕시코	1950~1962	5.97	40.37
태 국	1950~1962	6.3	42.9
페 루	1959~1962	5.63	24.87
베네수엘라	1950~1962	7.74	33.46
말레이시아	1950~1962	3.5	58.00
그리스	1951~1961	5.29	52.93
인 도	1950~1960	4.47	41.61
이스라엘	1950~1965	11.0	31.79
일 본	1952~1967	8.97	27.31
필리핀	1947~1965	5.95	37.65
한 국	1950~1965	6.2	46.77
파키스탄	1950~1965	3.7	45.95
독 일	1950~1962	—	21
캐나다	1948~1969	—	37.37

표 2-9 | 경제성장에 대한 노동 공헌도 국가별 비교(단위 : %)

자료출처 : 조우티엔용(周天勇)이 쓰고 1994년 상해인민출판사에서 펴낸 《노동과 경제성장》, 120쪽 내용을 바탕으로 작성.

적으로 분할되어 도시공업과 농촌농업에 투입되었다. 도시공업부문은 주로 대량의 자본투입에 의존하여 확장되었으며, 농업은 주로 노동력의 대량 투입에 따라 성장했다.

자본과 노동력의 생산요소의 불합리한 배분은 도시공업부문의 자본 한계생산성을 농업부문보다 훨씬 낮추고, 농촌농업부문의 노동 한계생 산성을 도시공업부문보다 훨씬 낮추었으며, 생산요소를 시장 메커니즘 의 배분 아래 생산요소의 한계생산력이 균등을 지향하는 상태에서 괴리 되었다. 그러나 규칙을 위반하는 등의 부적합한 상황을 초래했다.

자본축적이 제한되고 노동력이 풍부한 중국의 경제발전에서는 본래 노동의 기여율이 높았어야 하지만, 자원의 행정적인 계획배분 추진 때 문에, 중공업 부문이 주로 자본투입의 증대에 힘입어 농촌의 노동집약 형 기술이 충분히 진보 발전하지 못한 상황에서 중국 경제성장 가운데 노동력 기여율은 대다수의 발전도상국들보다 낮았을 뿐만 아니라 대다 수의 선진국들보다도 낮았다(표 2-9 참조).

2. 수요분석 : 소비는 기초, 투자가 견인, 대외무역은 '과부족의 조정'

1) 소비비율이 비교적 크나 그 증가량에 따르는 기여율은 낮았다

개혁개방 전 중국은 식량 규모를 제한하고 임금을 낮게 책정하는 등 의 방식을 통하여, 소비 증가를 제약하였고, 최대한도로 확대된 축적을 중공업 발전에 투입하였다. 그러나 사회생산력이 낙후하고, 산업의 잉 여부분이 유한한 조건 아래서 많은 인구가 생계를 유지하는 데 필요한 소비의 총량은 여전히 전체 GDP의 최고 수준을 차지하였다.

건국 초기 소비비율은 80%에 가까웠으나, 소비수준이 정지상태에 있는 가운데 경제총량이 증가함에 따라 소비가 차지하는 비율은 1978

년 61.8%로 하락하였다. 개혁개방 이후 인민의 생활수준 개선이 더욱 중시되자 소비비율은 다시 늘어나기 시작하였다. 수요면에서 보면, 소비는 중국 GDP 가운데서 여전히 아주 중요한 기초적 지위를 차지하고 있었다.

2) 투자의 비율이 점차 커졌고, 그 증가량을 돕는 것이 뚜렷했다

개혁개방 전 중국은 고강도 축적 메커니즘 아래서 축적을 최대한도 동원하여 중공업 발전에 투입하였다. 중국의 낙후한 생산력 아래서 잉여의 축적은 제한적이었지만 축적률과 투자율은 여전히 높은 수준을 유지하였으며 중국 경제발전에 적극적인 견인작용을 했다.

중공업 우선 발전전략 후반부에까지 경제성장은 하나의 중공업 투자가 다른 중공업 투자를 견인하는 순환적 메커니즘에 상당히 의존하였다. 투자가 GDP 가운데서 차지하는 비율은 1952년의 11.7%에서 1978년에는 29.8%로 높아졌는데, 이것이 국민경제발전 중에서 증가량의 주도적 위치를 충분히 드러냈다. 계획경제체제 아래서 시장의 수요는 고려하지 않은 채 생산량의 증가만 추구한 기업의 생산경향은 6~10% 정도의 비교적 높은 재고수준을 가져왔으며, 이는 경제성장의 효율과 질에 영향을 주었다.

3) 대외무역의 비율은 한정되었고 그 증가량에서 기여율도 약했다

개혁개방 전 중국 대외무역 규모와 수익은 한정되었으며 국민경제발전에서 대외무역의 지위는 '과부족의 조정' 구실에 지나지 않았다. 대외무역이 국민경제성장에 공헌하는 것에는 한계가 있었으며, 이는 다음의 세 가지 원인에서 주로 말미암았다.

첫째, 고립된 국제정치경제 환경이 중국의 정상적인 대외경제무역 관

연도	GDP 증가율	소비	투자	재고	순수출
1952		78.9	11.7	10.5	−1.1
1955	6.8	77.3	15.6	8.1	−1.0
1960	−0.3	61.8	31.4	6.8	0.0
1965	17	71.1	21.5	6.9	0.5
1970	19.4	66.1	24.7	9.0	0.1
1975	8.7	64.0	29.8	6.2	0.0
1978	11.7	61.8	29.8	8.4	−0.3
1979	7.6	64.9	28.3	7.9	−0.5
1980	7.8	65.9	29.0	6.0	−0.3

표 2-10 | 개혁개방 전 중국 GDP(전년도 대비) 증가율과 각 요소들의 구성비율
자료출처 : 바이허쩐(白和金)이 책임편집하고 2000년에 중국계획출판사에서 출판한 《21
세기 초 중국사회와 경제발전 전략》, 161쪽을 바탕으로 작성.

계를 제약하였으며, '두 가지 자원, 두 가지 시장'을 충분히 이용할 수
없게 만들었다. 둘째, 중국은 독자적인 시스템에 따른 공업구조를 신속
하게 확립하기 위하여 중공업 우선 발전전략과 수입대체전략을 추진하
고 자원을 자본집약형 중공업에 집중적으로 투입하였으나, 비교우위를
가지고 있던 노동집약형 산업은 자원 공급의 부족을 심각하게 겪음으로
써 국제적인 우위성을 충분히 발휘할 수 없었으며 제품 수출 역시 강한
제약을 받았다. 셋째, 중공업 우선 발전전략하의 수입대체와 저환율정
책은 이러한 비교우위를 적극 활용할 수 있는 산업구조를 확립하지 못
하였으며 대외경제무역 발전을 제약하였을 뿐만 아니라 국제무역수지
적자가 증가하는 결과를 가져왔다.

3 장
중공업 우선 발전전략의 한계

제1절
기형적인 경제구조가 발전을 제약

1. 왜곡된 산업구조는 산업 사슬의 협조적인 발전 메커니즘을 약화시켰다

시장경제 아래에서 산업경제발전이 이루어지기 위해서는 일반적으로 시장수요가 각 산업의 생성과 발전을 이끌고, 자본 등 생산요소가 최대이익을 추구하는 방향으로 투입되어야 한다. 또한 각 산업은 산업 사슬(체인)을 통하여 서로 협조하는 밀접한 의존관계를 형성하고, 전체 산업경제는 유기적인 상호작용 속에서 발전한다.

그러나 중국은 중공업 우선 발전전략을 강력하게 추진하기 위하여 시장 메커니즘을 배척하는 중앙집권식 계획경제체제를 수립하고, 중공업을 위주로 하는 산업발전을 유도하였기에 산업사슬의 자연적인 성장과 상호협조적인 발전은 제약받았다.

국민경제의 전체 구조적인 면에서 보면, 중국은 경제건설의 중점을 공업, 농업 등 '물질생산부문'에 두었고 상업, 금융보험, 사회 서비스업, 문화교육, 위생 등의 '비물질생산부문'은 부차적인 지위에 두었다. 이런 비물질생산부문의 구실들은 정부의 계획에 따라 그 기능이 대체되는 경우도 있어 충분히 발전하지 못하였다.

기본건설투자에서 생산적 건설투자의 비율은 70% 이상이었으며 제3차 5개년계획 시기(1966~1970)에는 83.8%에 이르렀다. 물질생산부문에서 일하는 노동자가 전 사회노동자 총수에서 차지하는 비율은 약 95%였다. 개혁개방 전 교통·체신(郵電)·창고·급배수(給配水)·상업·위생보건·문화교육 등 제3차산업과 도시의 인프라는 공급이 수요를 심각하게 따라가지 못하여 날로 확대되는 사회발전의 수요를 충분히 만족시킬 수 없었다.

공업 내부구조를 보면 '생산을 중시하고 생활을 경시하는' 사상 속에서 소비를 제약하고 축적을 강화하는 정책을 채용하였고 상대적으로 빠르게 성장하는 국민소득 규모에 견주어 주민의 가처분 소득의 수준은 제자리를 맴돌면서 오를 줄 몰랐다. 따라서 주민의 소비와 밀접한 관계가 있는 경공업은 별다른 중시를 받지 못한 채 발전하지 못하였다.

1949년의 공업 총생산액 가운데 경공업과 중공업의 비율은 각각 73.6%와 26.4%였으나 1978년에는 양쪽의 비율이 각각 43.1%와 56.9%로 되어 경공업의 비율이 30.5% 하락하였다(표 3-1 참조).

중국이 강력하게 추진한 중공업 우선 발전전략은 경영자원의 시장 메커니즘에 따라 배분되면서 그에 따라 다양한 산업이 유기적으로 협조하며 발전해나가는 일반적인 경제규칙을 위반하는 것이다. 중공업에 대한 집중투자는 점차 경제성장을 견인하는 단독의 힘이 되어, 산업 사슬(체인)의 균형을 이루는 발전 메커니즘을 약화시켰고, 총체적인 산업의 성장공간과 협조적인 발전의 활력을 속박하였다.

2. 단일한 소유제 구조가 경쟁의 활력을 제약

서로 다른 생산력 발전수준과 서로 다른 성격의 산업형태는 그에 따른 여러 가지 소유제 형태와 서로 다른 경영관리 모델을 요구한다. 여러 가지 소유제 형태와 이와 상응한 경영관리 모델은 마땅히 '장점을 발휘하고 단점을 극복해야 하며' 각자의 비교우위를 충분히 발휘해야 하고,

연도	농 업	경공업	중공업	건축업	운수업	상 업
1949	58.5	18.5	6.7	0.7	3.4	12.2
1955	40.6	22.4	15.4	6.1	3.5	12.0
1960	17.1	20.4	40.7	9.2	4.9	7.7
1965	30.9	26.7	25.3	6.6	3.4	7.1
1970	27.8	25.3	29.5	7.1	3.1	7.2
1975	23.4	26.3	33.3	8.1	3.0	5.9
1980	22.6	28.5	31.8	9.0	2.9	5.2

표 3-1 | 개혁개방 전 사회 총생산액 부문 구성(단위 : %)
자료출처 : 《중국통계연감 1987》, 39, 44쪽을 바탕으로 작성.

연도	전인민소유제	집단소유제	공·사 공동경영	사영경영	개인
1949	26.2	0.5	1.6	48.7	23.0
1952	41.5	3.3	4.0	30.6	20.6
1957	53.8	19.0	26.3	0.1	0.8
1979	81.0	19.0	0.0	0.0	0.0

표 3-2 | 공업생산액 가운데 부동한 유형의 소유제 경제가 차지하는 비율(단위 : %)
자료출처 : 《중국통계연감 1985》, 308쪽을 바탕으로 작성.

시장에서 충분한 경쟁과 밀접한 협력을 통하여 생산력 발전에 활력을 가져다주고 산업조직의 합리적인 분업에 의한 협력과 건전한 발전을 실현해야 한다.

　개혁개방 전 중국은 중공업 우선 발전전략을 효과적으로 추진하기 위하여, 특별히 '일대이공'을 주요 특징으로 하는 소유제 형태를 추구하면서 도시에서는 국유화를, 농촌에서는 인민공사정책을 실시하였다. 그 결과 전인민소유제 공업이 공업 총생산액에서 차지하는 비율이 1949년의 26.2%에서 1979년에는 81.0%로 증가하였고, 1979년에 이르러 공·사

공동경영공업, 사영공업, 자영공업은 거의 완전히 사라지고 집단경제를 포함한 공유제 경제가 '천하를 지배하였다'(표 3-2 참조).

'일대이공'이라는 단일 소유제 구조는 서로 다른 소유제와 서로 다른 경영관리 모델 사이의 경쟁과 협력 메커니즘을 엄격히 통제하였고, 사회 전체 경쟁활력과 경영관리면의 혁신능력을 심각하게 손상시켰다.

첫째, '일대이공'의 소유제 형태는 제도측면에서 생산재와 생산요소에 대한 민간주체의 점유·사용·교환·수익 등 각 방면에 대한 권리를 심하게 제약하였고 기업·주민 등 미시경제주체의 적극적인 경영과 가치창조력을 극도로 손상시켰다. 둘째, '정치와 기업이 분리되지 않은' 대규모 공유제 조직경영은 심각한 '관료주의' 풍토와 '권리와 책임이 불분명한' 폐단을 가져왔으며, 높은 관리원가로 말미암아 경제효율이 낮아지는 결과를 초래하였다. 셋째, 시장 메커니즘을 배척하는 계획관리 모델과 단일 공유제는, 강자가 살아남고 약자가 도태되는 자연적인 메커니즘과 사회경쟁의 활력도를 한층 떨어뜨렸으며 거시경제의 발전 동력을 심각하게 훼손시켰다.

3. 이원(二元)경제구조가 사회경제의 양성(良性)적인 발전을 방해

건국 초기의 중국경제는 낙후한 전형적인 이원경제로서, 도시의 현대 경제부문이 약하였고 농촌의 전통경제부문이 방대하였으며, 도시와 농촌의 발전단계에 차이가 있었다. 또한 도시와 농촌의 주민생활이 다른 성격의 두 경제사회에 속해 있었다.

이원경제발전의 일반적인 법칙에 따르면, 농업부문의 잉여축적을 끊임없이 경제이익이 비교적 높은 현대산업부문에 투입된다. 현대산업부문은 농업부문의 축적과 더불어 자신의 발전과정에서 생성된 축적을 지속적으로 투입하면서 발전을 확대한다. 이 순환의 과정에서 현대산업부

문이 국민경제 가운데 차지하는 비율이 커지게 되는 반면, 농촌의 전통
경제부문의 비율은 점차 작아지게 된다. 이러한 개조를 거쳐 생산력과
수익이 점차 현대산업 부문에 집중되면 도시가 전통 농업부문으로부터
오는 노동력을 끊임없이 흡수할 수 있어 도시와 농촌 사이의 노동력 유
동(流動)이 가능해진다. 이를 통해 분리되었던 도시와 농촌이 융합되고
각 유형의 산업들이 서로를 보완하면서 국민경제가 유기적 전체로 융합
될 수 있다.

그러나 중국은 건국 후 중공업 우선 발전전략 때문에 사회경제 전
체가 시장 메커니즘이 바탕이 된 이원경제발전 법칙에 따라 발전하지
못하였고 계획경제체제에 기초하여 중공업 부문만 우선적으로 발전
하였다.

따라서 중공업을 위주로 하는 도시의 현대산업부문은 많은 발전을
한 반면 농촌의 전통산업부문은 그에 상응한 발전을 이루지 못했다. 그
결과 공업생산액 비율은 대폭 제고되었지만, 농촌인구는 그에 맞추어
충분히 흡수되지 못하여 도시와 농촌의 차이가 확대되었으며 이원경제
구조의 모순이 심화되었다.

1) 도시·농촌의 이원경제구조가 고착되고 두 가지 시장이 형성됨

중공업 우선 발전전략 아래서 중국의 도시·농촌의 경제협력은 주로
계획적 배분 아래 공업·농업 생산품의 교환에 국한되었다. 농촌은 도
시에 식량·면화·기름·과일·채소 등 농산품을 제공하였고, 도시는
농촌에 비료·농약·농업기계 등 농업용 생산재와 농민의 일상생활에
필요한 경공업 제품을 제공하였다. 이러한 도시·농촌 사이의 생산품
교환은 시장 메커니즘에 따라 이루어진 것이 아니고 농업·공업 생산품
에 대한 국가의 '협상가격차' 정책에 따라 진행되었다.

중국정부는 농산품 가격 인상을 억제한 반면 공산품 가격은 인상함

연 도	소비지출			저축규모		
	농민(A)	도시주민(B)	B/A	농민(C)	도시주민(D)	D/C
1953	69	181	2.6	0.02	15.6	780
1957	79	205	2.6	1.33	28.0	21.1
1962	88	226	2.6	1.74	26.9	15.5
1965	100	237	2.4	2.17	40.1	18.5
1970	114	260	2.3	2.19	44.7	20.4
1975	124	324	2.6	4.58	71.5	15.6
1978	132	383	2.9	7.05	89.9	12.7

표 3-3 | 개혁개방 전 도시주민 소비와 저축수준 비교(단위 : 위안)
자료출처 : 《중국통계연감 1993》, 280쪽을 바탕으로 계산.

으로써 농업부문의 잉여부분 흡수를 더욱 가속화하여 도시 국유공업 경제발전에 사용하였다. 따라서 도시와 농촌의 경제격차는 더욱 심화되었고 이원경제구조가 고착되었다. 또한 도시·농촌 주민 사이의 소득차이로 말미암아 도시와 농촌의 소비시장은 전혀 다른 성격을 띠게 되었다. 개혁개방 전 광대한 농민은 자주적인 토지경영권과 생산품 지배권이 없었을 뿐만 아니라 자신들의 노동력을 도시와 농촌 사이에 자율적으로 유동시킬 수 있는 조건과 환경도 없었다.

중공업 우선 발전전략으로 자본집약형 중공업구조는 편중되었으며 농촌노동력을 흡수하는 능력 또한 제한되었다. 이에 따라 농촌에서는 상대적으로 부족한 토지자원에 견주어 노동력이 남아도는 모순이 발생하여 농민의 연평균 생산량이 오히려 감소했다. 이는 필연적으로 농촌의 빈곤화를 초래하였고 도시·농촌 주민 사이의 소득차이는 계속 확대되었다.

도시 주민의 소비지출과 저축액이 각각 농촌대비 2.9배와 12.7배에 이르렀던 1978년 당시 농촌 가정의 평균소득과 생활비 지출은 각각 134위안과 132위안에 지나지 않았다(표 3-3 참조).

1인당 평균 GNP	도시인구/총인구	제조업의 증가액/GDP 비율
100보다 낮음	12.8	12.5
200	22.0	14.9
300	43.9	25.1
400	49.0	27.6
500	52.7	29.4
800	60.1	33.1
1,000	63.4	34.7
1,000보다 큼	65.8	37.9

표 3-4 | 도시화와 공업화 비율의 모델 예측(단위 : 달러, %)
자료출처 : 체너리가 책임편집하고 1998년 경제과학출판사에서 출판한 《발전의 형태(1950~1970)》, 31~32쪽을 바탕으로 작성.

2) 도시화 수준이 낮고 도시·농촌 상호 양성적인 발전이 제약됨

도시화는 공업화와 함께 생겨난 경제현상이다. 체너리(H. B. Chenery)와 시르퀸(M. Syrquin)의 연구 모델에 따르면, 공업화 초기에는 도시화 수준과 공업화 수준이 대체로 비슷하지만 공업화의 추진과 더불어 제3차산업(서비스업)이 함께 발전함에 따라 도시화가 점차 가속하여 도시화 수준이 공업화 수준보다 선명하게 높아졌다(표 3-4 참조). 월터(Walter)가 정리한 미국 사례 실증연구도 동일한 규칙을 보여주고 있다(표 3-5 참조).

중국은 중공업 우선 발전전략 아래서 도시와 농촌의 분리 발전정책을 실시하였기에 대량의 노동력이 농촌에 머물러 도시화 과정을 저해하였다. 건국 초기 중국의 공업화 수준은 비교적 낮았으며 도시화 수준 역시 별로 높지 않았다.

1949년 공업의 증가액이 GDP에서 차지하는 비율은 12.6%였으며 이에 상응하여 도시인구가 총인구 가운데 차지하는 비율도 17.9%밖에 안 되었다. 세계은행의 관련 통계에 따르면 1980년 중국인의 평균 국민생

	중 국			미 국	
연도	도시화 비율	공업화 비율	연도	도시화 비율	공업화 비율
1949	10.64	12.6	1870	26	15.9
1952	12.46	17.6	1880	28	14.5
1965	17.98	31.8	1890	35	21.1
1970	17.38	36.8	1900	40	19.6
1975	17.34	41.5	1910	46	20.1
1978	17.92	44.3	1920	51	25.8
1980	19.39	44.2	1930	56	26.2
1985	23.71	38.5	1940	56	30.3
1990	26.41	37.0	1950	64	31.4
1995	29.04	42.3	1960	70	30.0
2000	36.22	44.3	1970	74	26.0

표 3-5 | 중·미 양국의 공업화와 도시화 비율 비교(단위 : %)
도시화 비율은 총인구에서 도시인구가 차지하는 비율이고 공업화 비율은 GDP에서 공업 증가액이 차지하는 비율이다.
자료출처 : 중국의 데이터는 《중국통계연감 2002》, 120쪽을 바탕으로 계산, 미국의 데이터는 월터(Walter). 윌콕스(Wilcox)가 쓰고 1979년에 농업출판사에서 펴낸 《미국농업》을 바탕으로 작성.

산 총액이 약 204.3달러로 체너리 모델 가운데 200달러 시점으로 비교할 수 있다.

그해 중국공업 증가액은 GDP에서 차지하는 비율이 14.9%에서 29.3% 증가하였으나, 그해 중국 도시화 수준은 겨우 19.39%로서 체너리 모델의 22.0%에도 미치지 못하였다(표 3-4 참조). 공업화 비율과 도시화 비율에 근거한 중국과 미국의 사례를 비교할 경우, 개혁개방 전 중국의 도시화 수준은 공업화 수준보다 훨씬 뒤떨어졌다(표 3-5 참조).

도시·농촌의 이원적인 구조와 도시와 농촌의 분할체제가 끼친 악영향 가운데 하나는 도시화를 지연시키고 농촌구조의 개선을 막아 농업 현대화의 진전과 농업생산의 향상을 제약했다. 더구나 이러한 체제는 국

민경제의 균형을 잃게 하여 공업과 농업의 산업구조, 도시와 농촌의 인
구구조에서 심한 왜곡을 초래하였으며 '공업국가, 농업사회'라는 기이한
구조를 낳았다. 이러한 구조는 노동생산성과 경제효율 모두를 하락시켰
다. 또한 낮은 도시화 수준은 제3차산업의 발전을 심하게 방해하였고 결
과적으로 제3차산업이 전체 경제구조 가운데 당연히 차지해야 할 비율
을 당연히 있어야 할 수준보다 훨씬 밑돌게 했다.

제2절
점점 약해진 축적이 메커니즘 발전의 원동력을 약화

1. 농업 잉여가 낮아져 축적의 원천이 정체

　중공업 우선 발전전략 아래서 신속한 공업화를 뒷받침하기 위하여
중국정부는 '식량증산을 시책의 중심에 둔다'라는 농업발전원칙을 제기
하였지만, 실제 결과는 '식량증산은 시책의 치우친 발전으로 되었다'고
할 수 있었다. 농업 총생산액 가운데 농작물 재배업의 비율이 1952년의
73.54%에서 1978년에는 76.71%로 증가하였으나 임업, 목축업, 어업 등
의 업종 발전은 상대적으로 부진한 상태였다.
　농작물 재배면적 가운데, 식량작물 파종면적이 총파종면적 가운데서
차지하는 비율이 1952년 87.8%에서 1978년 90.3%로 증가하였다. 농촌의
비농업산업 발전은 줄곧 제약을 받았고, 1980년 농촌사회 총생산액 가
운데 공업·건축업·운수업·요식업이 차지하는 점유율은 고작 31.14%
밖에 안 되었다.
　중공업은 자본집약적 산업이어서 노동력 흡수능력이 약하다. 편중되
게 발전함에 따라 농업 노동력이 제2, 3차산업으로 바뀌는 속도는 느렸
다. 엄격한 호적제도(농촌 주민호적에서 도시 주민호적으로 전환하는

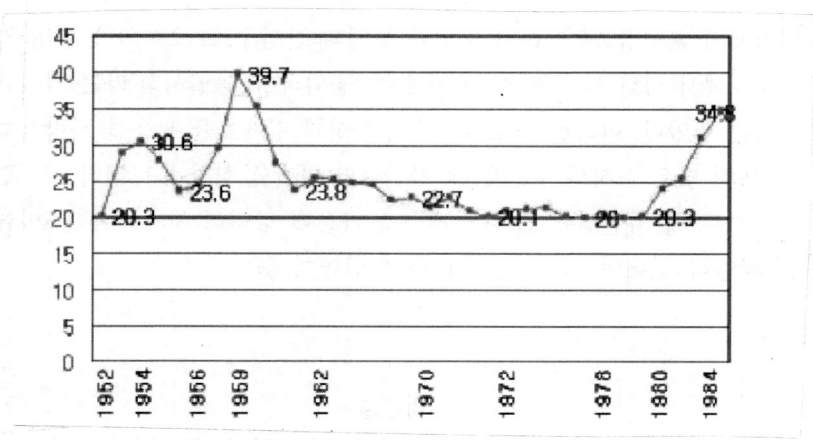

그림 3−1 | 생산량 가운데 식량 수매량의 비율 변화(단위 : %)
자료출처 :《중국통계연감 1990》, 620쪽 관련 데이터를 바탕으로 작성.

것을 엄중히 규제)는 대규모의 노동력을 농촌에 머물도록 하였으며 농업 노동인구의 1인당 평균 경작지 면적을 점차 감소시켰다. 비록 식량 재배업을 대대적으로 발전시키고 농촌 1인당 평균소비를 억제했지만, 1인당 평균 경작지 면적의 감소는 식량 상업화의 비율을 하락시켰으며, 농촌의 축적능력을 점차 약화시키게 되었다(그림 3−1 참조).

개혁개방 전 '식량증산을 시책의 중심에 둔다'는 구호 아래서 파종농작물의 단위면적당 생산량이 제고되긴 하였지만 그 효과는 농업노동력의 평균 경작지 면적의 감소로 말미암은 마이너스 영향으로 모호하게 되었으며 최종적으로 농업노동력 생산율이 정체되는 상태에 처해 있었다.

파종농업의 생산량, 노동력, 토지면적을 각각 Y, L, R로 한다면 노동생산성(Y/L)은 토지생산성(Y/R)과 노동력 1인당 평균 토지면적(R/L)을 곱한 값이 된다. 즉 (Y/L)=(Y/R)×(R/L), 노동생산성의 증가율[G(Y/L)]은 토지생산성의 증가율[G(Y/R)]과 노동력 1인당 평균 토지면적 증가율[G(R/L)]의 합과 같다. 즉 G(Y/L)=G(Y/R)+G(R/L)이다.

1950년부터 1977년까지 이 등식의 실제 계산결과는 0.97%=2.75%−

1.78%였고, 이는 이 기간 동안 토지생산성 향상효과가 노동력의 1인당 토지면적의 감소로 말미암아 상쇄되었으며, 농업 총노동생산성의 증가 속도가 1%도 되지 않는 정체상태에 있었다는 것을 설명한다. 농업의 잉여부분이 증가하지 못하고 오히려 잉여축적의 원천이 고갈되는 상황에서 고강도의 축적 메커니즘은 점차 약해졌고 이는 근본적으로 중공업 우선 발전 메커니즘을 지속적으로 운영하기 어렵게 만들었다.

2. 거시적 체제의 폐단이 점차 드러나고 경제운영 효율을 엄격히 제약

계획경제체제의 주요 특징은 다음과 같다.

첫째, 정부는 전체 경제운영을 주재하는 총사령인 반면 기업과 주민은 국가계획 아래서 피동적으로 경제활동에 참여하는 객체이다. 정부는 국가 거시경제정책의 제정자일 뿐만 아니라 국유자산의 소유자, 관리자, 경영자이기도 하며 거시경제의 운영을 계획, 관리하며, 미시적 경영활동에도 직접 참여한다. 둘째, 정부의 계획이 경제운영을 결정한다. 정부의 정책과 계획은 자원의 배분과 이윤의 흐름의 방향을 결정하는 결정적인 요인이다. 국가계획은 각종 제품의 생산·유통·분배·소비라는 실물유통과 그 수급의 균형을 직접 조정한다. 셋째, 정부의 계획은 자원을 배분하는 주요 수단이다. 자원의 배분은 주로 행정부문과 행정구역 등 행정기구에 따라 진행되며 계획에 따라 운용되고 행정의 분배와 행정의 조절에 따라 실현된다.

전통적인 계획경제체제에서는, 재정은 '국가계획에 따라 일률적으로 거두고 일률적으로 지불한다'는 방침을 따랐으며, 은행은 사회 각 부문이 하는 자금계획을 관리하는 출납기구가 되었다. 국가계획은 거시경제의 운영을 결정할 뿐만 아니라 기업의 경영관리에도 직접 참여하였다. 국가계획은 예측적 또는 지도적인 것이 아니라 지령적인 것이었다. 이러한 환경에서 기업은 독립적인 경제주체가 아닌 정부의 관리를 받는 부속물로서 국가계획지표가 하달될 경우 참고정보가 아닌 필수적으로 집행해야 할 행정임무로 받아들이게 되었다. 중국의 전통적인 중앙집권식 계획경제체제는 제한된 자원에 대한 중점 프로젝트들을 보증하고 비교적 정비된 공업화의 기초를 신속히 수립하고, 구중국의 낙후한 경제상황을 변화시키는 데에는 중요한 기초적 작용을 하였다.

그러나 끊임없는 사회적 실천에 따라 계획경제체제의 폐단이 나날이 드러나게 되었다. 계획경제체제는 소유제 방면에서는 공유제 경제, 특히 국유경제의 구실만을 일방적으로 강조하였고, 비공유제 경제의 발전을 배척하고 제한하였다. 이로 말미암아 소유제 형태가 국유경제부문만으로 단일화하여 있었고 거시경제의 활력을 억제했다. 기업관리 방면에서는 '정부와 기업의 직책이 분리되지' 않았으며, 중앙정부가 공업부문에서 직접 관리하는 기업이 너무 많았다. 이로 말미암아 미시적 주체의 활력이 제약을 받았다.

재정부문에서는 중앙이 지배하는 비율이 너무 높고 지방과 기업의 권한이 너무 작아 운영효율을 심하게 제약했다. 물자분배 부문에서는 정부에서 평균적으로 배급하는 물자가 너무 많아 시장에서 유통되는 물자의 양이 아주 적어졌다.

분배제도 면에서는 평균주의가 성행하였고 기업이 국가의 '큰 가마솥 밥'을 먹고 근로자들이 기업의 '큰 가마솥 밥'을 먹는 국면[업적이나 능력에 상관없이 똑같이 대우하다]과 '철밥통(면직될 염려가 없는 확실한 직업, 평생직업)'의 '나쁜 평등' 노동임금제도를 조성하였다. 대외경제관계 면에서는 '두 가지 자원' '두 가지 시장'을 충분히 이용할 수 없었고 국제적인 분업의 이익을 충분히 향유할 수 없었다. 또한 중앙집권적 계획경제체제 아래서 행정효율은 낮았으며, 경제성장은 주로 자본, 노동력 등 생산요소의 투입에 따라 실현되는 것인데, 현대적인 관리기법과 기술적인 진보에 따른 공헌도는 상대적으로 한계가 있었다.

3. 미시적 경영 효율이 낮고 경제활력이 약화됨

'정치와 기업의 직책 구분이 없는' 전통적인 계획경제체제 아래서는 국가계획체계가 기업의 관리·재무·간부·물자와 복리시설 등을 결정하였다. 기업은 하나의 독립적인 경제주체와 법인으로서 시장에서 주체적인 작용을 충분히 발휘할 수 없었다. 중앙정부는 행정부문을 통하여 소속기업을 직접 관리함으로써 각 부문 각 기업 사이의 시장경제적 연계를 단절시켰으며 전문화한 분업협조체계의 형성과 발전을 막았다.

기업 리더가 기업에서 가진 경영관리권의 권한은 극히 한정되어 있었으며, 기업운영의 원가는 증가하였고, 기업운영의 효율을 엄격한 선에서 제약하였다. 또한 유동자금의 수요량이 비교적 컸다.

표 3-6에서 표시한 바와 같이 개혁개방 초기 중국기업의 자산 대비 유동자금 비율은 영국, 일본 등 시장경제가 발달한 국가들보다 높았을 뿐만 아니라 인도, 소련 등 당시 시장경제가 덜 발달한 국가들보다도 높았다. 생산에 필요한 요소를 일률적으로 조절하고 생산품의 전부를 정부에서 조절하면서 생기는 원가는 일률적으로 정산하여 창출한 이윤

표 3-6 | 유동자금이 자산총량 가운데 차지하는 비율 국제적 비교(단위 : %)
자료출처 : The World Bank, China : Economic Structure in Industrial Perspective, Annex 5 to China : Long-term Issues and Options(World Bank Country Study) Washington D.C., 1985.

국가별	연도	유동자금이 자산총량 가운데 차지하는 비율
중 국	1981	32.7
인 도	1979	27.9
한 국	1963	7.0
일 본	1953	19.9
영 국	1970	12.6
소 련	1972	29.5

을 전부 정부에 바치는 기업운영 모델을 실시하였기에 기업의 발전이
나 경제이익과 노동자 소득 사이의 연계는 완전히 단절되었다. 이러한
상황은 노동자들의 노동 의욕을 심각하게 떨어뜨렸을 뿐만 아니라 기
술혁신과 원가절감에 대한 동기부여 메커니즘을 약화시켰다. 또한 단
위 당 국내의 총생산액과 각 단위 당 생산품에 필요한 투입원가를 증
가시켰다.

4. 폐쇄적 경제운영으로 말미암아 개방형 발전의 이익 전무

건국 초기 중국은 노동력이 상대적으로 풍부하고 자본이 심각하게
부족한 낙후한 농업국이었다. 국제분업상의 측면에서 중국의 노동집약
형 생산품은 비교우위를 가지고 있었으나 자본집약형 생산품은 상대적
으로 비교열위 상태에 처해 있었다. 그러나 중국은 중공업 우선 발전전
략을 수행했기 때문에 유한한 자원을 상대적으로 열세에 처해 있던 중

표 3-7 | 개혁개방 전 중국 대외무역 개황(단위 : 억 위안, %)
자료출처 : 《중국통계연감 1987》, 50, 591쪽 데이터에 따라 계산.

연도	수출액	수입액	순수출	대외무역총액 (B)	국민소득 (A)	B/A
1952	27.1	37.5	−10.4	64.6	589	11.0
1957	54.5	50.0	4.5	104.4	908	11.5
1962	47.1	33.8	13.3	80.9	924	8.6
1965	63.1	55.3	7.8	118.4	1,387	8.5
1970	56.8	56.1	0.7	112.9	1,926	5.9
1975	143.0	147.4	−4.4	290.4	2,503	11.6
1978	167.6	187.4	−19.8	355.0	3,010	11.8

공업에 집중적으로 투입하여 국제무역에서 차지하는 노동력자원의 비교우위를 억제하였으며, 국제무역에서 국제분업상의 비교우위를 충분히 끌어올릴 수 없었고, 대외무역의 건전한 발전 또한 억제했다(표 3-7 참조).

개혁개방 전 중국은 전통적인 계획경제를 바탕으로 국가가 대외무역 경영관리를 독점하는 고도로 집중된 대외무역체제를 형성하였고, 정치와 기업을 분리하지 않은 상태에서 국가재정이 기업의 적자든 흑자든 모든 것을 책임졌다. 이러한 체제는 비교적 간단히 국제수지의 균형을 유지하고 국가계획을 관철시키고 집행하기에는 유리하였으나, 그에 따른 역사적인 한정성과 결함들도 뚜렷하였다.

첫째, 국가의 독자적 경영은 다양한 방면에서 적극성을 끌어내는 데 불리한 요소였다. 국가는 대외무역 전업공사를 통하여 통일적으로 대외무역을 경영하였으나 무역경로와 경영방식을 단일화함으로써 각 지방과 각 부문 및 관련 기업이 대외무역에서 지도력과 적극성을 발휘하는 데 나쁜 영향을 주었다. 이는 공업과 무역 사이의 격리, 생산과 판매 사이의 연관 상실을 조장했으며 기업이 국제적인 시장을 위한 우수한 수출상품을 개발하기 어렵게 만들었다.

둘째, 지나친 통제는 대외무역 기업이 자주경영의 활력을 발휘하는 데 불리하였다. 국가는 정치와 기업의 직책을 분리하지 않은 채 각종 명령적인 계획과 행정수단을 통하여 기업의 경영활동을 간섭하였다. 특히 대외무역기업은 국가에 의해 경영자주권을 엄격하게 제약당했기 때문에 리더십을 가지고 적극적으로 국제적인 시장경쟁에 참여하기 어려웠다.

셋째, 대외무역 재무는 '큰 가마솥 밥'[대우가 일률적이었다]을 먹었고 기업은 경제효율을 추구하는 동력이 모자랐으며, 대외무역의 수출잠재력 또한 충분히 발굴되지 못하였다.

제3절
불합리한 자원배분은 경제효율을 제약

1. 생산요소 배분의 불합리

중공업 우선 발전전략 아래 취해진 도시와 농촌의 분할상태와 자원의 계획배분은 자본과 노동력의 극단적인 모순을 만들어놓았다. 즉 자본투입이 거대한 노동절약형 중공업부문에서는 노동자본 장비율은 비교적 높았으나, 자본투입이 비교적 적고 노동력이 밀집된 농촌농업부문의 노동자본 장비율은 비교적 낮았다.

표 3-8에서 표시한 바와 같이 1차 5개년계획(1953~1957)에서 3차 5개년계획(1963~1965)까지의 기간, 공업부문에서 신규로 증가된 노동력의 자본장비수준은 같은 시기 농업부문에서 신규로 증가된 노동력의 자본장비수준의 몇 십 배에 달하였다. 그리하여 도시공업의 발전은 주로 대규모 자본투입에 따라서 추진되었고 농촌농업의 성장은 주로 대규모

표 3-8 | 자본과 설비수준의 비교(단위 : 만 위안, 만 명, 위안/명)
자료출처 : 《중국통계연감 1985》, 213, 422쪽 데이터를 바탕으로 계산.

시 기	공 업			농 업			C/F
	새로 증가한 투자(A)	새로 증가한 노동력(B)	C=A/B	새로 증가한 투자(D)	새로 증가한 노동력(E)	F=D/E	
1953~1957	2,502,600	155	16,145.8	418,300	1,993	209.9	76.9
1958~1962	7,283,000	304	23,957.2	1,357,100	1,968	689.6	34.7
1963~1965	2,101,800	123	17,087.8	744,600	2,120	351.2	48.7
1966~1970	5,415,100	981	5,520.0	1,042,700	4,416	236.1	23.4
1971~1975	9,779,700	1,475	6,630.3	1,730,800	1,646	1,051.5	6.3
1976~1980	12,317,100	1,316	9,359.5	2,460,800	761	3,233.6	2.9

노동력투입에 거의 의존하게 되었다.

2. 노동력자원의 배분효율

시장 메커니즘이 자원 배분에서 기초적 기능을 충분히 기능하는 경우에는 각 산업 사이 노동의 한계생산력은 균등한 상태에 도달하며 노동력도 노동의 한계생산성이 균등한 상태에서 합리적으로 배분될 수 있다. 그러나 개혁개방 전 중국은 계획경제체제와 중공업 우선 발전전략 아래서 사회노동력이 국가계획에 따라 불합리하게 배치되었으며, 다양한 산업 사이의 한계노동생산력은 큰 차이가 있었다.

공업과 농업 두 부문의 노동력 배치 측면에서 도시 중공업발전의 양호한 환경을 창조하기 위하여 정부가 농업노동력이 도시로 유동하는 것을 엄격히 제한하였기 때문에, 많은 과잉노동력을 갖고 있던 농업부문의 노동한계생산력은 낮은 수준에 머물 수밖에 없었다.

3. 자본자원의 배분효율이 낮아짐

앞에서 설명한 노동력배분의 원리와 마찬가지로, 시장 메커니즘이 각 산업 사이의 자본배분을 조절하는 경우에는 각 산업 사이의 자본한계생산성은 점차 같아지며 비교적 이상적인 경제수익을 가져올 수 있다. 그러나 개혁개방정책을 실시하기 전 중공업을 우선적으로 발전시키기 위하여 중국정부는 대량의 자본을 중공업에 투입하였으며, 이로 말미암아 공업부문의 자본한계효율은 상대적으로 낮은 상태였다. 반면 농업 등 비중공업부문은 장기적으로 자본에 '굶주린' 상태였으며 이로 말미암아 높은 잠재자본의 한계생산성이 충분히 실현되지 못하였다.

2 부

균형발전전략과 개혁개방
(1980~2000)

4 장
균형발전전략

    1978년에 열린 중국공산당 제11기 3중전회(三中全會)[12] 이후의 개혁 개방정책에 기초하여 중국산업경제는 균형적으로 발전하였다. 개혁개방 전 중공업에 치우친 발전에 견주면 이 시기의 산업발전은 각 부문 사이에 균형과 협조라는 특징을 지녔기에 균형발전전략이라고 불린다. 균형발전 전략체계는 주로 그림 4-1에 표시한 바와 같이 전략배경 · 전

그림 4-1 | 균형발전 전략체계

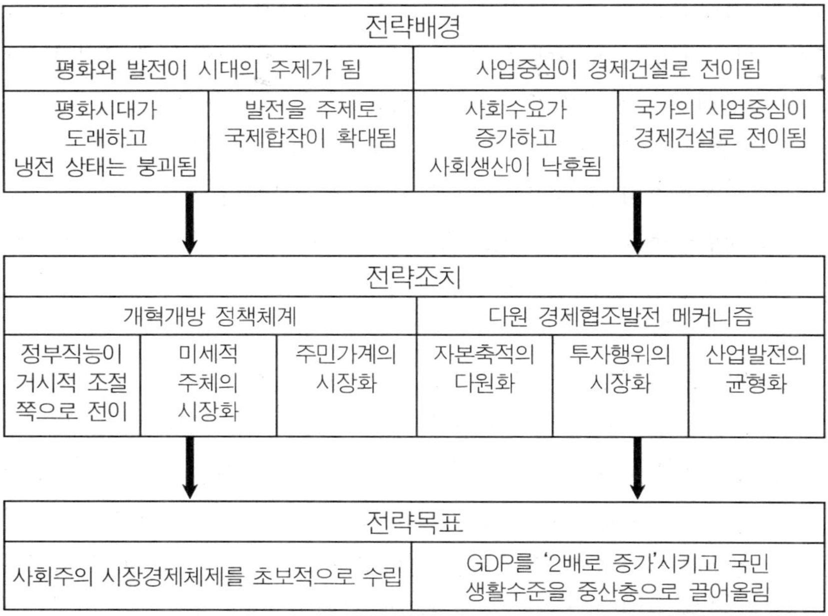

전략배경			
평화와 발전이 시대의 주제가 됨		사업중심이 경제건설로 전이됨	
평화시대가 도래하고 냉전 상태는 붕괴됨	발전을 주제로 국제합작이 확대됨	사회수요가 증가하고 사회생산이 낙후됨	국가의 사업중심이 경제건설로 전이됨

전략조치					
개혁개방 정책체계			다원 경제협조발전 메커니즘		
정부직능이 거시적 조절 쪽으로 전이	미세적 주체의 시장화	주민가계의 시장화	자본축적의 다원화	투자행위의 시장화	산업발전의 균형화

전략목표	
사회주의 시장경제체제를 초보적으로 수립	GDP를 '2배로 증가'시키고 국민 생활수준을 중산층으로 끌어올림

---

12) 역주_ 5년에 한 번씩 열리는 중국공산당 중앙위원회의 공산당 후보 선출 회의.

략목표·전략조치의 유기적인 결합으로 이루어졌다. 이 장에서는 3절에 걸쳐서 균형발전 전략체계의 틀과 운영 메커니즘을 분석할 것이다.

제1절 전략배경 : 평화적인 발전환경과 경제건설

1. 평화와 발전이 시대의 주제

1) 평화시대가 도래하고 냉전 국면이 붕괴

제2차 세계대전이 끝난 뒤 민족독립국가 수립 열망에 따라 많은 신흥 개발도상국가들이 수립되었다. 이 국가들은 평화적인 국제 정치경제 환경을 강렬히 바랐으며 국력을 집중하여 경제발전을 추구하고자 하였다. 이러한 끊임없는 노력에 힘입어 평화시대가 도래하였으며 국제정치에서 초강대국들 사이의 군사패권체제는 점차 약화되었다.

바야흐로 국제정치의 다원화와 세계경제체제의 협조가 중요한 사안으로 떠올랐으며, 20세기 '80년대 이래 '경제분야의 평화경쟁'이 '군사적인 대립충돌'을 대체하였고 세계는 긴장된 동서진영의 냉전체제에서 평화적 공존의 발전국면으로 점차 전이되었다.

2) 발전을 주제로 한 국제협력을 촉진, 심화시킴

이러한 많은 개발도상국가들과 신흥 사회주의국가들을 포함한 많은 나라들은 신속하고 안정된 경제발전을 실현하기 위하여 효과적인 발전모델을 적극적으로 찾아 나섰다. '80년대 초에 이르러 경제전략 이론과 실천은 풍부하고 다양한 모델들을 탄생시켰는데, 그 가운데 '동아시아 신흥공업화 모델'과 '구소련 계획경제 모델'이 대표적이었다. 이 두 모델은 발전전략, 우선발전영역, 경제체제, 국제합작, 실천효과 방면에서

	아시아 NIES의 공업화 모델	구소련의 공업화 모델
발전전략	'수출주도형' 발전전략	중공업 우선 발전전략
우선 발전산업	경공업 등 국제적인 비교우위산업	군수공업 위주의 중공업
경제체제	시장경제체제	계획경제체제
국제합작	개방형	폐쇄형
경제효과	바람직한 고속 발전	발전 메커니즘이 점차 약화

표 4-1 | 구소련과 아시아 NIES[14]의 공업화 모델 비교

선명한 대조를 보였다(표 4-1 참조).

2. 중공업발전 메커니즘의 쇠약, '경제건설 중심'으로

1) 중공업 우선 발전 메커니즘의 쇠약

20세기 '70년대 후반기 중국에는 중공업 우선 발전전략의 장기적인 실천으로 생긴 경제구조의 불균형, 발전 메커니즘의 점차적인 쇠약, 생산요소의 효율저하 등을 초래하여 종합적인 '후유증'이 계속 나타났다.

도시 인프라 시설 건설이 도시발전의 수요를 만족시키지 못하였고 기초산업 발전은 가공공업 발전보다 훨씬 낙후하였으며, 산업구조의 모순은 날로 심각해졌다. 주민생활은 장기적으로 '겨우 먹고살 수 있는' 낮은 수준에서 헤매었고 사회노동의 적극성과 창조력은 찾아볼 수 없었다. 또한 중공업 투자에 공급할 수 있는 축적규모는 이미 정체상태에 이

---

13) 역주_ 신흥공업경제지역(NIES) : 한국, 대만, 싱가포르, 홍콩을 비롯하여 멕시코, 브라질, 아르헨티나, 포르투갈, 그리스 등

르러 중공업 우선 발전전략은 심각한 도전에 직면하게 되었다.

한마디로 전체 사회경제운영은 극도로 피로한 상태에 처해 있었고, 이전의 중공업 우선 발전전략 아래서 경제수익과 장기적인 이익의 희생을 대가로 하는 초고속 공업화 발전을 계속 지탱하기 어려웠다. 따라서 새로운 경제발전 모델을 탐색하는 것이 가장 긴급한 현실적인 과제가 되었다.

2) 국가의 사업중심이 경제건설로 전이

냉전체제의 점차적인 붕괴와 국제적인 경제합작의 발전에 따라 세계 각국은 상호 밀접하게 연계되었으며, 서로의 영향이 점점 세계 정치경제체제 가운데 개방된 국제사회의 중요한 구성부분이 되었다. 등소평을 대표로 하는 중국 제2세대 영도집단은 세계 정치경제 발전의 새 추세와 '평화와 발전'이라는 시대주제를 정확하게 분석·파악하고 중국과 세계의 전형적인 국가들의 경제발전의 사례와 교훈을 과학적으로 검토한 뒤 다음과 같은 결론을 이끌어냈다.

현 단계 중국사회의 주요 모순은 날로 증가하는 인민의 물질문화 수요와 낙후한 사회생산 사이의 모순이며 계급모순은 아니다. 이 사회적인 주요모순을 해결하는 경로는 당연히 사회생산력을 대대적으로 발전시키는 것이어야 하며, 계급투쟁이 아니다.

이로써 중국공산당과 국가의 사업중심은 '계급투쟁을 근본으로 함'에서 '경제건설을 중심으로 함'으로 분명히 전이하였고, 발전전략은 '중공업 우선 발전'에서 '균형발전'으로 전이하였다. 그리고 시장화 개혁과 대외개방의 확립이 장기적 기본국책으로 되어 강력하게 추진되었다.

제2절 전략목표 :
국민생활수준을 중산층으로 끌어올린다

중공업 우선 발전전략 시기에 '생산을 중시하고 생활을 경시하며, 축적을 중시하고 소비를 경시하는' 지도사상 아래서 최대한의 자원을 중공업생산부문에 배분하여 소비재 생산과 공급의 증가를 억제하는 한편, 도시 취업자들은 저임금정책의 제약을 받았고 소비수준은 느린 증가상태를 지나 거의 정체상태에 이르렀다. 농촌 주민들은 엄격한 호적관리정책에 따라 도시 이동을 강력히 통제받았으며 농업노동생산성의 증가가 낮아 소득증대와 생활수준 향상의 기초조건을 잃고 있었다. 그 결과 소비재공업의 발전 부족과 도시 주민에 대한 농산품의 총공급량 부족으로 말미암아 일용 소비용품과 식품의 장기적인 부족현상이 발생했다. 대부분의 기본 생활필수품은 장기적으로 배급표에 따라 공급되었으며, 20여 년 동안 중국 인민의 생활수준은 거의 개선되지 않았다.

이렇게 장기간 '겨우 먹고 사는' 상태에서 생활해온 중국 인민에게는 중산층생활을 실현하는 것이 간절한 바람이었으며, 등소평을 대표로 한 제2세대 중앙영도집단에게는 역사적인 임무이기도 하였다. 이 역사적 사명을 완성하기 위하여 개혁개방의 실천 가운데 '중산층을 실현하자'는 구호를 중심으로 중국 사회주의 경제건설의 단계적 전략목표가 형성되었다.

그 주요 내용은 다음과 같다. 첫째, 적극적으로 개혁개방을 추진하고 단호하게 경제체제의 궤도 전환을 강력히 추진하며, 20세기 말에는 사회주의 시장경제체제를 제대로 수립하여 중국경제의 지속적이고 안정적인 발전을 위하여 견실한 체제기초를 굳힌다. 둘째, 1981년부터 20세기 말까지 20년 동안 중국경제건설의 중점목표를 '경제이익을 끊임없이 제고하는 전제 아래서 국내생산을 4배로 늘리는 데 노력하는 한편, 도시와 농촌 인민의 소득을 2배로 증가시키고, 물질문화 생활에서 중산층 상태를 달성한다'는 것에 둔다.

제3절 전략조치 : 개혁개방정책과 조화로운 발전의 메커니즘

1. '시장 지향'을 주축으로 하는 경제체제 개혁의 과정

1) '계획경제를 위주로, 시장조절을 보조로' 하는 단계

1978년 12월 중국공산당 제11기 3중전회에서 제기한 개혁개방이 1984년 10월 중국공산당 제12기 3중전회에서 채택한 〈중공중앙의 경제체제 개혁에 관한 결정〉까지는 '계획경제를 위주로 하고 시장조절을 보조로 하는' 원칙이 서서히 시장 메커니즘으로 들어가는 단계였다.

중국공산당 제11기 3중전회는 개혁개방의 새 국면을 열었고, 가정연합생산 전면청부제(농가가 생산·경영에 관련된 일을 모두 떠맡는 것)를 주요 내용으로 하는 농촌개혁은 시장 메커니즘의 작용을 차츰 증가시켰다. 1982년의 중국공산당 12차 대표대회 보고에서 '계획경제를 위주로 하고 시장조절을 보조로' 하는 방침을 정식으로 제기하였고 일부 생산품의 생산과 유통을 시장에서 조절하도록 허용하였다.

"계획경제를 위주로 하고 시장조절을 보조로 하는 원칙을 정확하게 관철하는 것은 경제체제 개혁을 위한 하나의 근본적인 문제이다. 우리는 당연히 강제성계획과 지도성계획 및 시장조절의 각각 범위와 한계를 정확하게 구분해야 하며, 물가의 기본안정을 유지하는 조건 아래에서 가격체계와 가격관리방법을 단계적으로 개혁하고 노동제도와 임금제도를 개혁해야 하며, 우리나라의 상황에 맞는 경제관리체계를 수립하여 국민경

제의 건강한 발전을 보장해야 한다." [12차 대표대회 보고서 가운데]

이는 계획경제체제 가운데 점차 시장원리를 받아들이며 시장에 의한 조절이 국민경제 가운데 작용하는 구실의 방식과 그 경로를 모색하기 시작하였음을 말해준다. 그러나 '계획경제를 위주로 하고 시장조절을 보조로' 하는 이론은 실제로는 여전히 계획경제를 사회주의경제의 본질적인 특징으로 하여 계획의 기본적인 작용을 강조하였고 시장 메커니즘을 보조적 지위로만 국한시켰다.

2) '국가는 시장을 조절하고 시장은 기업을 이끄는' 단계

1984년 10월 중국공산당 제12기 3중전회에서 〈중공중앙의 경제체제 개혁에 관한 결정〉이 통과된 데 이어, 1992년 10월 중국공산당 14차 대표대회에서는 중국경제체제 개혁의 목표는 사회주의 시장경제체제의 확립이라고 명확하게 설정하였다. 이 시기는 계획경제이론 지도 속에서 '국가가 시장을 조절하고 시장이 기업을 이끄는' 단계에 속하였다.

중국공산당 제11기 3중전회와 제12회 당대회 이후의 개혁개방의 실시 경험을 토대로, 1984년 10월 20일 중국공산당 제12기 3중전회는 〈중공중앙의 경제체제 개혁에 관한 결정〉을 채택했는데, 사회주의경제는 '공유제를 기초로 한 계획적인 상품경제이다. 상품경제의 충분한 발전은 사회경제발전의 불가피한 단계이며 우리나라 경제 현대화를 실현하는 필요한 조건이고 … 계획경제를 실시한다는 것과 가치법칙을 운용하여 상품경제의 발전을 함께 운영하는 것은 서로 배척되는 것이 아니고 서로 통일되는 것이다'라고 명확히 지적했다.

이로써 상품경제이론의 기초가 확립되었고 중국의 개혁은 새로운 단계에 들어서게 되었다. 1987년 중국공산당 13차 대표대회 보고는 다음과 같이 강조하였다. "계획과 시장이 기능하는 범위는 아무래도 전체 사회를 지배한다. 새로운 경제운영 메커니즘은 종합하여 말하면 당연히

'국가가 시장을 조절하고 시장이 기업을 이끄는' 메커니즘이어야 한다."
이는 이론과 실천 모든 면에서 중국경제체제 개혁의 목표를 적극적으로
모색할 수 있는 더욱 광범위한 공간을 제공하였다.

이 시기 이론과 실천은 이미 너무 단순하여 시장 메커니즘을 일종의
보조수단으로만 인식하였고 시장 메커니즘을 사회주의경제의 내재적
운용 메커니즘으로 보았으나, 사회주의경제는 시장의 가치법칙과 분리
될 수 없었고, 시장원리는 전 사회를 지배했으며 다만 계획체제의 보조
구실로만 존재하는 것은 아니었다.

3) 사회주의 시장경제체제를 초보적으로 창립하는 단계

1992년 10월 중국공산당 14차 대표대회에서는 중국의 경제체제 개혁
목표는 사회주의 시장경제체제를 확립하는 것이며, 20세기 말까지 사
회주의 시장경제체제를 초보적으로 창립하는 단계라고 명확히 제기하
였다.

사회주의 시장경제체제의 핵심 내용은 다음과 같다. 시장이 국가의
거시적인 조절 아래서 자원배분에 대하여 기초적인 구실을 하고 가격
과 경쟁 메커니즘의 기능을 통하여 사회자원 배분의 효율을 높인다.
또한 강자가 살아남고 약자가 도태되는 자연법칙을 실현하며 기업에
압력과 원동력을 부여하여 미시 경제주체의 활력을 자극한다. 국가는
거시적 경제조절능력을 강화하고 개선하며 국민경제의 건전하고 안
정된 지속적인 발전을 보장한다. 이를 위해 전국적으로 통일된 시장
체제를 강력히 정비하고 시장 메커니즘의 기능을 더욱 강화하며, 객
관적인 법칙의 요구를 바탕으로 경제정책·경제법규·계획지도와 필
요한 행정관리를 유기적으로 조정하여 시장의 건강한 발전을 이끌어
야 한다.

중국헌법 제15조에 "중국은 사회주의 시장경제를 실시한다"고 명확

히 규정하여 사회주의 시장경제체제를 건립하는 것을 중국경제체제 개
혁의 전략목표로 삼았다.

2. 사회주의 시장경제체제 개혁의 목표

중국 사회주의 시장경제체제의 기본 틀은 다섯 가지 부문으로 구성
되어 있다. 첫째, 시장경제 요구에 맞는 현대 기업제도를 수립하고 공유
제를 주체로 하여 여러 가지 소유제 경제가 함께 발전할 수 있는 활력이
넘치는 거시적 기초를 형성하는 것이다. 둘째, 전국적으로 통일된 시장
체계를 확립하고 도시와 농촌 시장의 밀접한 결합을 실현하며 국내외
시장을 서로 연결하여 자원의 최적배분을 촉진하는 것이다. 셋째, 완벽
한 거시적 조절체계를 확립하고 정부가 경제를 관리하는 기능도 점점
변화시켜 국민경제의 건전한 운용을 보장하는 것이다. 넷째, 노동에 따
른 분배를 주로 하되 원칙의 효율을 우선으로 하고, 아울러 공평에도 배
려하는 수입배분제도를 확립하며, 일부 지역과 일부 사람이 먼저 부유
해진 다음 전체가 공동으로 부유해지는 길로 나아가는 것을 장려한다.
다섯째, 여러 단계의 사회보장제도를 확립하고 도시와 농촌 인민에게
중국의 상황에 맞는 사회보장을 제공하며 경제와 사회의 안정을 촉진하
는 것이다. 이러한 주요 부문들은 서로 연계되며 제약하는 유기적인 총
체이며 사회주의 시장경제체제를 구성하는 기본 틀이다.

1993년에 열린 중국공산당 제14기 3중전회에서 〈사회주의 시장경제
체제를 확립하는 데 대한 약간의 문제에 관한 중공중앙의 결정〉이 통과
되어, 사회주의 시장경제체제의 틀 체계를 전면적으로 계획하였다. 여
기에는 정부의 기능도 점점 바뀌면서 건전한 거시적 경제조절체계를 확
립하자는 요구가 제기되었다.

거시적 조절의 주요 임무는 경제총량의 기본적인 균형을 유지하고

		전통적인 계획경제체제	사회주의 시장경제체제
정부와 기업	정부와 기업의 관계	정부와 기업이 미분리	정부와 기업이 분리
	생산과 판매	국가가 '일률적으로 계획하고 조절'	시장상황에 따라 기업이 '자주경영'
	이익과 투자	'일률적으로 거두고 일률적으로 지불'	기업이 세금을 납부하고 국가가 공공 서비스를 제공
기업과 주민	임금분배	'철밥통(면직될 염려 없는 확실한 직업)', '큰 가마솥 밥(업적이나 능력에 관계없이 똑같이 대우하다)'	효율을 우선으로 공평하게 노동에 따라 분배
	각항 복리후생	기업이 일률적으로 분배	사회복지체계
	소비	계획에 따라 공급하고 소비	시장공급, 개성화한 소비
정부와 주민	공공 서비스 비용	국가가 '일률적으로 계획하고 일률적으로 지불'	주민이 세금을 납부하고 정부가 공공 서비스를 제공
	사회보장	국가가 일률적으로 계획하고 분배	정부와 주민 합작 형식의 사회보장
	노무취업	정부가 취업을 책임짐	시장이 취업을 조절하고 정부가 취업을 촉진함

표 4−2 | 계획경제체제와 사회주의 시장경제체제의 경제주체 관계 비교

경제구조의 개선을 촉진하며 국민경제의 지속적이고 신속하며 건강한 발전을 유도하고 사회의 전면적인 진보를 추진하는 것이다. 거시적 조절은 주요한 경제수단을 근거로 계획·금융·재정 사이의 상호배합과 제약의 메커니즘을 확립하며 경제운용에 대한 종합조정을 강화한다.

정부의 계획은 국민경제와 사회발전의 목표·과제 및 계속해서 일어날 걸맞은 일련의 대응과 경제정책을 제기하였다. 중앙은행은 화폐가치의 안정화를 첫째 목표로 하여 화폐공급의 총량을 조절하고 국제수지 균형을 유지하였으며, 재정은 예산과 세금을 거두는 수단을 이용하여 경제구조와 사회배분의 조절에 중점을 두었다. 정부는 통화정책과 재정

정책을 운영하여 사회의 총수요와 총공급의 기본적인 균형을 조절하였고, 나아가 산업정책과 서로 짝을 지워 국민경제와 사회의 조화로운 발전을 촉진하였다.

계획경제체제에서 사회주의 시장경제체제로 전환하는 과정에서 정부·기업·주민 등 경제주체는 각각의 구실을 변화시킬 필요가 있었으며, 경제주체 사이의 상호 관계도 그에 걸맞은 조정이 필요하였다. 정부는 계획경제체제 아래 경제운영 '총사령'에서 시장경제체제 아래 거시적 조절 주체로 전환하였다. 인민공사, 국유기업, 국유은행, 대외무역기구 등 미시적 주체는 계획경제체제 아래 정부의 계획을 따르기만 하던 부속기구에서 시장경제조건 아래 독립적인 시장주체로 변화하였다. 주민가계는 계획경제체제 아래 피동적으로 배분된 객체에서 시장경제조건 아래 자유로운 시장주체로 변화하였다(표 4-2 참조).

3. 개혁개방정책 아래 궤도전환

1) 정부기능 : 계획경제의 '총사령'에서 거시적 조절의 주체로 변화

(1) 거시적 체제개혁 : 시장경제체제의 틀과 운용 메커니즘을 초보적으로 수립

시장경제체제와 행정체제의 개혁에 기초하여 시장경제체제의 틀은 점차 확립·정비되었으며 정부의 경제운용에 대한 구실에 큰 변화가 있었다. 즉 전통적인 계획관리 모델에서 이율과 환율, 세율을 주요 도구로 사용하였으며, 금융정책과 재정정책을 운영하여 시장을 유도하는 거시적인 조절 패턴으로 전환했다.

연도별 경제발전계획과 중·장기 경제발전계획에서 전략적이고 총체적인 발전계획으로 전환되었으며, 이것은 수량만 추구했던 기존의 관념을 약화시키고 새로운 아이디어를 추구하는 데 중점을 두었다. 또한 지역과 부문의 분할과 봉쇄를 타파하고 시장행위를 제도화하며, 시장의 감독관리를 강화하고 평등한 경쟁환경을 창조하는 면에서 중대한 성과를 거두었다. 또한 일률적, 개방적, 경쟁적인 질서 있는 시장체계가 점차 형성되었다.

(2) 계획체제 개혁 : 고도로 집중된 관리체제를 개혁하고 행정을 간소화하며 권한을 하부기관에 이양했다[중국 정치 · 경제 관리체제 개혁에서 하나의 중요한 조치다]

정부는 고도로 집중된 계획관리체제를 개혁하고 사회주의 시장경제 체제의 요구에 걸맞은 새로운 계획체제와 계획내용, 계획방법을 확립하였다.

이러한 계획사업의 임무는 국민경제와 사회발전전략, 거시적 조절 목표를 조정하여 합리적으로 확정하고 경제예측을 정확히 함으로써 중대한 경제구조, 생산력 배치, 국토의 정비와 중점 건설 등을 기획하는 것과 중점을 중 · 장기적인 계획에 두어 거시적 경제정책과 경제적 운용을 전면적으로 조절하므로 거시적 작용과 전략적 작용, 지도적 작용을 두드러지게 하였다.

계획관리체제 면에서도 중대한 개혁이 있었다. 첫째, 명령형 계획을 없애고 시장조절을 보급하였다. 둘째, 계획지표체계를 개혁하였고 거시경제조절의 목표를 확정하였으며, 일부 주요한 경제 및 사회발전계획 지표를 예측지표로 변경하였다. 셋째, 경제사회 발전전략과 거시경제정책을 두드러지게 하였고, 중장기 발전계획과 중대한 경제조절 방안을 제정하였다. 넷째, 거시경제추세에 관한 검사분석과 예측 · 예비경계제도를 확립하였고 거시적인 조절을 강화하였으며, 시장의 정상적인 운영과 국가의 거시적 조절목표의 순조로운 실현을 보장하였다. 다섯째, 계획의 민주화, 과학화, 법제화를 촉진하였다.

(3) 가격체계개혁 : 시장가격 형성 메커니즘이 정부 계획을 대체하여 가격을 결정

가격과 유통체제 개혁은 주로 시장이 가격을 결정하는 메커니즘의 확립을 목표로 한다. 가격 총수준의 상대적 안정을 유지하는 전제 아래서 경쟁력 있는 상품과 서비스의 가격을 자유화하며, 정부가 가격을 정하는 상품과 서비스를 감소시켰다. 생산재의 이중가격제도를 없애며, 생산요소의 가격이 시장에 의해 결정되는 범위의 확대를 가속화하고, 국가 경제와 국민 생활에 관련된 소수의 중요한 상품의 비축제도를 확립 정비했다.

1994년 이후 중국은 가격유통체제 개혁을 강화하여 정부가 직접 가격을 제정하는 범위를 더욱 축소하였으며, 시장을 바탕으로 한 가격형성 메커니즘을 기본적으로 수립하였다. 중요한 중앙비축재화(中央備蓄財貨)와 국가가 전매(專賣)로 경영하는 담배 유통 등 극소수의 상품 말고는 대부분의 상품과 서비스 가격이 이미 자유화되었으며, 가격체계가 날로 합리화하고 완벽해졌다.

(4) 재정세금체제 개혁 : 합리적인 세금제도를 통해 '일률적으로 거두는 것'을 대치

국민소득 분배정책의 끊임없는 조정을 통하여 합리적인 세금제도가 계획경제체제 아래 '일률적으로 거두고 일률적으로 지불하는' 제도를 대체하였고, 사회주의 시장경제체제 아래에서의 세금체제의 기초를 다졌다. 이를 위하여 중국 정부는 첫째, 시장경제의 수요에 부합하는 국가와 기업, 개인 사이의 새로운 형식의 이익분배관계를 확립하였고, 사회주의 시장경제체제의 수립과 발전을 촉진하였다. 둘째, 사회주의 시장경제의 수요에 적응하는 세금분리제도의 틀을 수립하였고 중앙과 지방의 재정분배관계를 정비하였으며, 이를 통해 중앙과 지방 두 부문의 적극성을 촉진시켰다. 셋째, 중앙과 지방의 재정수입의 조정·안정·성장의 틀을 확립하였다. 2002년 전국의 재정수입 규모는 1조 8914억 위안에 달하였다. 이는 역사상 가장 높은 신기록을 이룬 것이었다. 1994년부터 2001년에 걸쳐 국가재정수입은 2.14배로 늘어났다. 이는 연평균 17.8%씩 증가한 것으로서 역사상 재정수입 증가가 가장 빠른 시기였으며, 증가도 가장 안정된 시기였다. 지방재정수입도 지속적이고 빠르게 증가하여 1994년부터 2001년에 걸쳐 연평균 21.2%씩 증가하였다. 넷째, 중앙의 거시적 조절 능력을 증가시켰다. 2001년 중앙재정수입 9147억 위안 가운데 지방 투자에 사용한 금액은 6002억 위안으로서 1994년 대비 2.5배였다. 이는 지역경제의 협조적인 발전을 집중적으로 촉진하는 구실을 했다.

(5) 투자체제 개혁 : 시장화한 투자의 메커니즘을 통해 '일률적인 지불'을 대체

첫째, 재정에서 배당금으로 받던 무상자금의 사용을 고쳐 투자효율이 낮아지는 국면을 타개했다. 1979년 기초적인 실험을 시작한 이래, 1984년부터 국가예산 안의 기본건설자금은 재정에서 발급받는 자금 형식에서 은행대출금 형식으로 바뀌었다. 이러한 변화 뒤에 국가예산을 직접 배분하는 투자경로가 없어지게 되면서 건설 프로젝트의 관할관계와 배당계획에 근거하여 권한이 분배되었다. 중앙과 지방 정부는 각각의 재정예산을 건설은행에 해당부문의 자금으로 저축하였고, 건설은행이 이들을 대신하여 건설을 집행하는 기업에 대출금을 주었으며, 이후 거둬들인 대출금은 중앙과 지방재정에 다시 납입되었다.

둘째, 고정자산 투자의 강제성 계획의 범위를 축소하였고 지도(指導)적인 성격과 시장조절의 범위를 확대하였다. 1984년 10월 국무원은 국가계획위원회가 올린 〈계획체제 개혁에 관한 약간의 임시규정〉을 비준(하급 기관의 보고에 회답을 해주는 동시에, 이 보고를 해당 기관으로부터 다시 다른 기관으로 전달시키는 일)하였고, 고정자산 투자 프로젝트의 심사권을 갖도록 하였으며, 그 프로젝트들의 심사 내용을 간략하게 하면서 지방정부와 기업의 투자결정권을 한층 확대하였다. 그뒤 국무원은 투자심사권을 점차 확대하되 그 강도는 완화하였으며 부분적인 건설업무

프로젝트의 투자기준액을 조정하였다.

셋째, 건설자금의 사용 효율을 높이고, 투자 프로젝트 실행주체의 경영책임제를 실시하였다. 1983년 3월 〈기본건설 프로젝트의 투자 도급책임제 시행규칙〉을 공포하였고, 1984년 9월부터 건설 프로젝트 투자 도급책임제의 전면적 추진을 시작하였다.

넷째, 중점적인 건설의 안정적인 자금원천을 확보하기 위하여 기본건설기금제도를 수립하였다. 기본건설기금은 경영적 기금과 비경영적 기금으로 나뉘며, 경영적 기금은 또 국가정책에 대한 투자와 이익을 보장하고 높일 수 있는 프로젝트에 대한 투자로 나뉘었다.

2) 농촌개혁 : 계획적인 축적의 기초를 타파하고 새로운 축적 메커니즘을 수립

(1) 체제의 기초 : 가정도급제(가족단위 농업생산 책임제)가 인민공사(중화인 민공화국의 과거 농촌 조직)를 대체

1979년 중국공산당 제11기 3중전회 이후 농촌은 가정생산 도급책임제를 주요 내용으로 하는 경제체제 개혁을 시작하였다. '가정단위 도급생산제(농업생산 청부제의 한 가지. 토지소유권은 집단에 있고 경영권은 개인이 가짐)'와 '가구단위 생산도급제(토지와 생산도구를 각 가구에 분배하여 농업경영을 각 가구가 책임지도록 하는 농업경영 청부제)'를 주요 내용으로 한 전면청부제의 보급과 추진은 농촌의 소유제구조, 경영관리체제, 분배제도 면에서 거대한 변화를 일으켰으며 농촌의 경제발전을 크게 촉진하였다.

1985년 중공중앙 1호 문헌에서 다음과 같이 선포하였는데, '전면청부제와 가정단위 도급생산제는 장기적으로 변하지 않으며' 중국 농촌경제체제 개혁에 결정적인 의의를 갖는 첫걸음을 디뎠다.

전면청부제의 실시와 발전은 '일대이공'의 인민공사체제를 타파하였고, 계획경제체제 아래 농산품을 '일률적으로 구매하고 일률적으로 판매하는' 농촌사회의 조직을 변화시켰다. 새로운 농촌생산관계의 확립은 농촌경제에 새로운 발전을 가져오게 하였고, 중국의 농촌을 자급에서 반(半)자급상태로 나아가게 해 상품화, 전문화, 현대화할 수 있도록 전환시켜 농업발전의 새로운 길이 서서히 열리기 시작하였다.

(2) 정책환경 : '자주경영, 이익과 손실은 스스로 책임지다'

중국공산당 제11기 3중전회에서 통과한 〈농업발전 가속화에 관한 약간의 문제점에 대한 규정〉에서 식량구입에 관하여 '일류적인 구매수량을 대폭 감소시키고, 구매가격을 대폭 인상시키는' 정책이 제정되었다.

이러한 새로운 정책환경과 농업가정 도급경영이 결합되어, 농민들에 대해 일률적인 구매 후 지속적인 초과구매로 이어지는 임무를 초과 달성하는 효과를 이끌어내면서, 식량 총공급량을 신속히 증가시켜 공급이 수요를 충족시키지 못했던 상황을 근본적으로 해결하였다. 1985년부터 국가는 과거 식량의 일률적인 구매제도를 대체하여 식량 계약구매제도를 도입하였고, 1992년부터 전국적으로 식량 통일판매제도와 식량표를 취소하였다. 이러한 개혁과정의 한편으로는 시장교역을 통하여 식량의 공급균형을 실현하였고, 다른 한편으로는 '농민이 자주적으로 경영하고 손익은 스스로 책임지는' 메커니즘을 통하여 농촌경제의 조화로운 발전과 농민소득의 증대를 추진하였다.

(3) 발전 메커니즘 : 축적을 확대하여 조화롭게 발전

농촌개혁은 농촌의 경제발전에 왕성한 활력을 주었으며 바람직한 발전 메커니즘을 만들어냈다. 첫째, 가정도급경영과 농공업생산품 협상가격차(서로 관련을 가진 물건 2종의 가격이 균형을 잃고 차이가 생기는 일)의 감소는 농민의 상대적 소득 증대와 농촌의 잉여축적 증가로 나타났고, 농민 개인과 농촌 집단경제조직에는 비농업산업에도 투자할 수

연도	재배업 비율		임업 비율		목축업 비율		어업 비율	
	생산액	노동력	생산액	노동력	생산액	노동력	생산액	노동력
1980	75.6	91.8	4.2	1.1	18.4	5.3	1.7	1.8
1985	69.2	86.7	5.2	1.3	22.1	8.9	3.5	3.1
1990	64.7	91.5	4.3	1.1	25.6	6.3	5.4	1.1
1995	58.4	90.6	3.5	1.3	29.7	6.8	8.4	1.3
2000	55.7	86.9	3.7	1.8	29.7	9.4	10.9	1.9
2003	50.1	—	4.2	—	32.1	—	10.6	—

표 4-3 | 농업 총생산액과 노동력의 구성(단위 : %)
자료출처 :《중국통계연감 2001》, 306쪽 데이터를 바탕으로 계산.

있는 경제력을 형성하였다.

둘째, 손익을 스스로 책임지는 자주경영은 농민이 경영자원을 이익이 비교적 높은 산업에 투자하도록 만들었으며, 재배업·임업·목축업·어업의 균형발전과 규모가 작은 향진기업(규모가 작은 지방도시의 기업)의 발전을 활발하게 했다(표 4-3 참조).

셋째, 농업생산성의 향상은 농업 잉여노동력을 비농업 분야로 이동하도록 촉진하였다.

넷째, 공유제 경제를 주체로 하고 여러 가지 소유제 경제가 공동 발전하도록 하는 정책은 규모가 작은 향진기업과 비농업 개인기업 발전에 효과적인 정책환경을 제공하였다. 새로운 체제, 새로운 정책, 새로운 메커니즘의 조건 아래, 농업은 균형적인 발전이 가능했으며, 자본축적과 잉여노동력의 유기적인 결합은 규모가 작은 기업이라는 '새로운 세력의 돌연한 출현'을 촉진시켜 농촌경제의 바람직한 발전을 이끌어냈다.

3) 국유기업개혁 : 전통적인 '이윤 제조기'가 독립된 시장의 주체가 됨

(1) 체제기초 : 현대 기업제도를 확립하여 견실한 미시적 경제의 기초를 닦음

① 정부와 기업의 분리를 추진하며 개혁에 필요한 조건을 마련하였다. 중국공산당 14차 대표대회의 개혁목표는 사회주의 시장경제체제를 수립하는 것이라고 명확히 제시하였다. 또한 중국공산당 제14기 3중전회는 현대 기업제도를 확립하는 것이 중국국유기업의 개혁방향이라고 제시하였다.

이로부터 재산권리가 분명하고, 권한과 책임이 명확하며 정부와 기업의 직책이 분리되고 과학적으로 관리하는 현대 기업제도를 점차 확립하였고, 기업을 자주경영과 이익과 손실을 스스로 부담하게 하면서, 스스로 발전하고 스스로 제한하는 독립적인 법인실체와 시장경쟁의 주체가 되도록 촉진되었다.

개혁개방 이래 중국은 정부와 기업의 분리를 적극적으로 추진하는 동시에 정부와 기업의 관계를 바로잡아 정돈하였으며, 나아가 여러 차례에 걸친 정부의 기구개혁을 통하여 계획경제체제 시절의 전문화한 산업관리 분야를 서서히 없애면서, 많은 직능을 기업과 중계조직, 지방정부에 맡겼다.

군대와 무장경찰, 정치법률기관에서 경영하던 6408개의 경영성 기업과 군대가 뒷받침하는 297개 기업이 지방으로 넘겨졌으며, 1조 2436억 위안의 자산과 338만 명의 근로자를 거느렸던 중앙당 정부기관의 530개 기업은 그동안의 문제점들을 해결하면서 민영화하였다.

이로써 한 방면으로는 분할된 기업경영체제와 시장분할 상황의 변화에 유리하였고, 다른 한 방면으로는 일부 기업의 기초적인 시장행위와 불평등한 경쟁의 감소에 따라 완벽하게 개방되고 통일된 시장체계가 여러 종류의 소유제 경제요소들 사이의 공정한 경쟁을 촉진하였다.

국유자산에 대한 효과적인 관리방식을 적극적으로 연구하고 국유기

업에 대한 감독을 강화하기 위하여 중국공산당 16차 대표대회와 10차
전국인민대회 1차 회의의 결의에 따라 국유자산감독관리위원회가 특별
히 설립되었다.

② 현대적인 기업제도를 확립하고 국유기업을 활발한 시장의 주체로
만들었다. 회사제(비교적 규모가 큰 국영기업체)의 제도개혁을 적극적
으로 추진하고 법인의 관리구조의 규준을 명확하게 하였다. 소유권과
경영권을 서로 분리시켰고, 국가라는 소유자는 주주의 방식으로 권리를
행사하고 기업은 독립적인 법인으로 실체화하였으며, 그리하여 과학적
인 법인 관리구조와 기업 내부의 인센티브와 제약의 메커니즘을 형성하
였다.

현대 기업제도는 정부와 기업을 분리하는 조직적 수단으로서 소유
권 관계를 순리에 따라 처리하는 조직형식이며, 기업이 독립적 법인조
직이 될 수 있도록 보장한다. 또한 현대 기업제도는 기업경영체제를 변
화시키고 관리를 강화하는 데 중요한 수단이며, 국유기업이 국가의 부
속품 제조공장으로부터 독립적인 시장경쟁의 주체로 변화하는 기본과
정이었다. 국무원과 각 지방이 확정한 2500여 개의 시범기업은 대부분
'공사법(회사법)'의 요구에 따라서 기업제도개혁을 진행하였다. 1998년
부터 2001년 말까지 증권시장에 상장된 국유 및 국유지주(國有持株)기
업(과반수 출자)은 406개가 되었으며, 외국 증권시장에 상장된 기업은
22개였다.

③ 국유기업의 전략적인 조직개혁을 추진하고 산업조직 구조를 정비
하여 건전하게 하였다. 계획경제체제와 분할된 행정 모델 아래에서 빈
약한 경제를 배경으로 '큰 것은 크지 않고, 작은 것은 전문화하지 않으
며', 아울러 '크고도 모든 것이 갖추어져 있고, 작으면서도 모든 것이 갖
추어져 있다'[대기업이나 소기업에서도 필요한 설비·기술·인원·자
재의 확보에 힘쓰는 것]는 산업조직구조를 형성하였고, 큰 것의 미완성
규모의 경제, 작은 것의 부족한 시장의 활력 등, 기업 사이에 전문화한

분업이 부족하였으므로, 전체적인 경쟁 능력과 효율, 수익이 아직 발달하지 못하여, 중국의 산업[농·광·공·상]과 일반 기업의 경쟁력은 엄중히 제약받고 있었다.

거기에 '큰 것을 움켜쥐고 작은 것을 놓아주는[대형기업은 철저히 관리하되, 소형기업은 자유화] 방침'은 대기업과 중소기업 사이에 전문화생산과 사회적인 협업에 부합되는 기업의 구조를 형성하면서 전체적인 운용효율을 높이게 되었다.

'대형기업을 관리'하는 방면에서는 국유기업에 대한 전략적인 조직개혁을 실시하고, 국가경제의 운명이 걸린 중요한 요소인 소수의 기업을 중점적으로 관리하며, 시장을 통하여 자원을 모으고, '규모의(스케일 메리트)' 생산과 경영을 형성하여, 이들로 하여금 국민경제의 중요한 업종과 그 핵심 영역의 기둥으로 만들어 경제구조 조정의 주도력으로 삼고, 국제경쟁에 참가하는 대표팀으로 만들어 나라가 경제를 조정하는 거점으로 삼았다.

'소형기업을 자유화'하는 방면에서는 조직개혁, 연합, 흡수, 합병, 주식합작제도(일종의 종업원 지주제), 리스(임대), 도급경영, 매각 등 여러 형식으로 자유화하여 활력을 불어넣었다. 많은 중소기업들이 시장으로 나오게 하고, 메커니즘을 전환하여 활력을 증가시켰다. 정부는 중소기업의 발전을 위하여 생산(제품) 전, 생산 중, 생산 후의 사회적 서비스체계를 정비하며 중소기업의 생존환경을 개선하였다.

④ 민영경제를 발전시키고 국유기업의 시장화 개혁을 촉진하였다. 여러 방면의 노력으로 계획경제체제 아래서 전통적인 국유기업을 사회주의 시장경제조건 아래의 독립적인 법인실체와 시장의 경쟁주체로 개혁하였다. 다른 한편 '회사법' '기업법' 등 시장경제 법규체계를 확립, 정비하고, 여러 가지 소유제 경제요소를 제도화하였고 사회주의 시장경제체제를 위하여 충실한 미시적 기초를 닦았다(그림 4-2 참조).

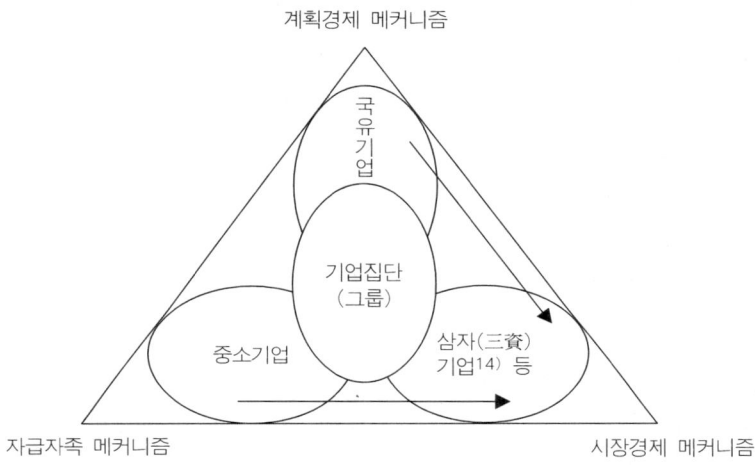

그림 4-2 | 여러 가지 소유제 기업의 시장화 개혁
자료출처 : 가토 호로유키가 쓴 《중국경제발전과 시장화》, 11쪽.

(2) 정책환경 : 국유기업의 부담을 경감하고 평등한 경쟁조건을 마련함

① 국유기업의 부담을 감소시켜 자유롭게 경쟁하게 하였다. 계획경제 체제 아래 기업자금 투자가 부족하고, '기본건설부문의 수요자금을 정부의 재정지원금에서 전부 은행 대출로 바꾸는' 등의 시장화 개혁 가운데 형성된 높은 부채율은 기업재무의 원가를 직접적으로 증가시켰다. 또한 이전부터 있었던 과잉 노동력에 대한 문제는 당장 사회에서 해결이 어렵고, 기업의 노동력 원가에 중압감을 주고 있었다. 정부와 기업의 직책이 분리되지 않고 있음과, 사회적 서비스 체계가 발달하지 않은 가운데 국유기업이 경영하는 학교, 병원 등은 기업경영관리에 무거운 사회부담을 주었다.

역사적으로 형성된 이러한 사회부담은 국유기업이 직접 시장으로 진출하는 데 장애가 되었고, 개혁개방정책 아래 형성된 '역사적 부담이 없

---

14) 역주_ (외자도입을 위하여 설립되는) 합병기업, 공동경영기업, 100% 외자기업의 세 종류.

는' 다른 기업과의 평등한 경쟁을 하기 어렵게 만들었다. 따라서 중국 정부는 자금을 늘리고, 부채를 줄이며, 인원을 감소시켜 이익을 높이고, 세 가지 난[亂 : 요금, 벌금, 작업분담에 일정한 기준이 없는 작태]을 바로잡는 것을, 국유기업의 사회부담을 감소시키고 시장경쟁 조건과 경제이익을 개선하는 효과적인 탈출구로 삼고 힘껏 추진하였다.

또한 '채권의 주식전환' 등의 정책으로 기업의 재무부담을 감소시켰고, 사회보장체계 확립으로 '과잉'노동력을 노동력시장으로 이끄는 등의 방식으로 노동원가의 상승압력을 감소시켰다. '정부와 기업의 직책분리'와 기업이 스스로 학교와 병원을 운영하게 했던 것을 기업에서 떼어내 버리는 방식으로 사회부담을 감소시켰다. 이로써 국유기업이 부담 없이 평등하게 경쟁할 수 있게 하였고, 공유제를 주체로 하는 여러 가지 소유제 경제가 공평한 조건에서 경쟁하고 함께 발전할 수 있도록 촉진하였다.

② 세율의 통일, 자주적인 경영, 손익의 자체부담 등을 통해 국가와 기업의 분배관계는 나날이 제도화하였다. 국유기업 개혁 초기, 정부가 '일률적으로 거두고 일률적으로 지불하는[중앙집권적 재정체제]' 제도는 기업이윤을 남기는 제도로 조정되었으며, 이로써 기업은 초보적이긴 하지만 일정한 이익을 내는 경제주체로 변화되었다. 그뒤 두 번에 걸친 '이익을 세금으로 변경시키는[국영기업에 대하여 종래에 취했던 이윤상납제도에서 법인세를 징수하는 제도로 바꾸는 것]' 개혁을 통하여 기업이 이익을 상부에 납입하던 기존의 방식은 기업이 세금을 직접 납부하는 방식으로 완전히 전환되었다.

이러한 바탕에서 1994년에 부가가치세 도입을 핵심으로 하는 새로운 국세제도가 제정되었으며, 국유기업·집단기업·사영기업 각각의 소득세는 통일적인 33% 세율의 기업소득세로 일원화하였다. 또한 세법에서 기업소득세 납부 전의 지불항목과 공제표준을 규정하였다. 이로써 국가와 기업 사이의 분배관계는 일률적인 세율과 평등한 세금 지불을 통하여 기본적으로 조정되었다.

(3) 발전 메커니즘 : '세 가지[설계. 일의 끝처리. 설비]를 개혁하고 한 가지를 강화하는 것'을 실시하여 조직의 수준을 전면적으로 향상시킴

① 사회주의 시장경제체제를 수립하는 것은 거대하고도 복잡한 공정이며 특히 국유기업 개혁은 중국경제체제 개혁의 핵심으로서 다른 여러 개혁부문들과 수천 수만 갈래로 연계되어 있다. 따라서 국유기업 개혁을 중심으로 보조개혁을 점차 추진하고 국유기업 개혁에 양호한 사회환경을 조성하고자 중국은 다음과 같은 조치들을 취했다.

첫째, 사회보장체계 수립을 서두르는 한편 여러 방면에서 최대한의 능력을 동원하여 취업과 재취업 사업을 실시하였다. 1998년부터 2001년 말까지 2550만 명에 이르는 국유기업 퇴직 직원들의 절대 다수가 재취업 서비스센터에 들어갔으며 기본생활비를 지급받았다. 이들 가운데 1865만 명가량의 퇴직 직원들이 여러 경로를 거쳐서 재취업하였으며, 이러한 결과 기업 개혁과 구조조정의 강도가 증가되었음에도 기업과 사회는 총체적 안정을 유지할 수 있었다.

둘째, 시장경제질서를 정립하고 제도화하는 노력을 강화하였다. 이러한 노력이 단계적인 성과를 거둠에 따라 경제영역에서 위법과 범죄활동이 감소되었으며 국유기업을 포함한 여러 기업들이 발전할 수 있는 더욱 좋은 조건이 마련되었다.

셋째, 기업에 대한 강제성 비용 징수, 벌금 부과, 각종 균등할당(임무, 기부금 따위를 분담)을 조정하여 기업의 부담을 덜어주었다. 1997년 7월 당중앙과 국무원에서 〈기업에 대한 강제성 비용 징수와 벌금 부과, 각종 균등할당을 정리하기 위한 결정〉을 선포하였고, 국무원은 기업부담에 관한 회의제도를 만들고 사무국을 개설하여 이 사업에 대한 지도감독, 검사와 그 조직에 대한 협조를 책임졌다.

② 기술혁신을 추진하고 기업경쟁력을 강화하였다. 국유기업은 장기간 내부발전보다는 외형성장을, 실제적인 효율보다는 발전속도를 중시해온 까닭에 맹목적인 투자와 중복된 건설을 많이 초래하였고, 생산액만을 중시하는 등 큰 부작용이 발생했다. 이러한 상황에서 기술개조와 기술혁신의 선순환 메커니즘 역시 확립되지 못하였다. 따라서 시장요구의 끊임없는 변화와 과학기술의 신속한 발전에 따라 국내외시장 상품의 새로운 세대교체 등 산업의 변화추세는 계속 빨라졌다. 이와는 상대적으로 많은 국유기업들은 기술설비가 낡고 생산제품의 경쟁력이 부족했기 때문에 시장경쟁에서 피동적인 경영환경에 처할 수밖에 없었다.

이러한 악순환을 끊기 위하여 국유기업은 생존능력과 발전능력을 높이면서 기술개조와 기술혁신 메커니즘 확립을 적극적으로 추진하였으며, 삼자기업(三資企業)과 동등한 수입면세정책에 따라 최신 기술과 설비를 도입했다. 또한 산학연(산업계·학계·연구소) 연합을 적극적으로 추진하였으며 기업 내 연구개발(R&D) 센터를 설립하였다.

중소기업이 집중된 일부 중심도시에 기업의 서비스를 위한 과학연구 개발 센터를 세우도록 격려하였으며 중소기업을 도와 기술의 진보를 가속화하였다. 최근 여러 해 동안 중국은 신과학기술에 투입을 증가시킴에 따라 과학연구성과의 산업화와 기업기술의 진보가 촉진되었으며, 이로써 국유기업의 창의력과 자아발전의 메커니즘을 점차 확립해나갈 수 있었다.

③ 관리부문을 혁신하고 경영수준을 향상시켰다. 국유기업의 시장개혁이 점진적으로 추진되고 시장경제 질서가 어느 정도 형성됨에 따라 기업의 생존과 발전은 더욱 자체적인 경영능력과 관리수준에 달려 있게 마련이다. 국유기업 개혁이 가져온 기업소유구조 변화와 기업지배구조의 변화도 기업에 관리의 혁신을 요구하였다.

중국정부는 사회주의 시장경제 아래에서 관리개념의 변경, 관리내용의 정비, 관리방법의 개선을 도모하기 위하여 아래 다섯 가지 방면의 사업을 촉진하였다. 첫째, 기업을 지도하는 그룹의 설립을 기업관리를 강화하는 중요한 방법으로 삼고 이들에 대하여 제도화한 심사·평가를 실시하였으며, '능력이 있는 자가 오르고 없는 자는 내려가는' 철저한 능력위주 인재선발 메커니즘을 확립하였다.

둘째, 국유기업 감사회제도를 만들어 정비하였으며, 국유기업의 경영그룹의 업무와 기업의 재무상태 등에 대한 감독, 심사와 필요한 지도를 실시하였다. 감사업무와 기업의 제도를 만드는 것은 정부와 기업의 직책을 분리시키는 중요한 방법이며 국가의 국유기업 관리방식에 관한 중대한 변화로서, 이는 또한 기업 경영자에 대한 심사, 표창과 처벌, 임명제도의 개선이기도 했다.

셋째, 기업 경영관리자들에 대한 육성훈련을 강화하고, 현대 경영관리 이론과 수단, 방법을 이해할 수 있도록 하였으며 기업의 관리를 새로운 수준으로 이끌었다.

④ 국유경제의 파탄을 조정하고 전체적인 구조 수준을 높였다. 국유기업은 국민경제 가운데 여전히 주도적인 지위에 있었고 비교적 강한 영향력과 통제능력을 가지고 있었다. 2001년 말까지 중국 안의 국유지주회사[과반수 출자] 상장사는 903개에 달하였고 그것을 통제하고 이끌 수 있는 자본은 약 6300억 위안이었다. 국외의 국유지주[H주식, 홍콩 시장에 공개된 내륙기업의 주식]회사는 52개에 달하였고 거기에 국유지주[레드칩(紅籌股) : 중국계 홍콩 기업주]회사까지 합치면 통제하고 이끌 수 있는 자본은 약 380억 달러에 달하였다. 국유경제는 석유화학, 석유, 전력, 야금(冶金) 등 국가의 혈맥에 관계되는 중요한 핵심산업 분야에서 지배적 지위를 차지하면서 전체 사회경제 발전을 지탱하고 이끌어나갔다.

1989년부터 2001년까지 국유기업은 10만 2300개에서 4만 6800개로 감소하였지만 이익은 743억 위안에서 2,388.56억 위안으로 증가하였다.

이는 국유경제의 형편이 좋아진 동시에 전체적인 수준과 경쟁력이 명확히 제고되었음을 충분히 설명해준다.

또한 부실기업 정리 면에서 1997년 이래 중국정부는 장부처리은행을 배치하여 흑색 명단에 있는 장부들을 심사한 뒤 장부처리하기 위해서 1409억 위안의 금액을 투자하였고, 2075개 항목에 대하여 정책적인 폐쇄파산을 실시하였으며, 다수의 장기결손기업, 채무초과기업, 적자를 해소할 희망이 없는 부실기업과 자원이 말라버린 광산들을 시장에서 퇴출시켰다.

이로써 기업의 우승열패 메커니즘이 진일보하게 되었으며, 국유기업의 전략적인 조직개혁과 양성발전궤도 진입을 위한 조건이 갖추어졌다.

4) 금융체제 개혁 : 자본의 시장화 배분을 촉진

(1) 체제의 기초 : 새로운 거시적 관리체제와 다원적인 미시적 경영주체를 형성

① 거시적 금융체제를 정비하였다. 수 년 동안의 개혁으로 중국은 초보적으로 〈중국인민은행법〉〈증권법〉〈보험법〉 등 금융법을 핵심으로 하는 금융감독관리 법률체계의 틀을 형성하였다. 이에 따라 중국인민은행, 중국증권감독관리위원회, 중국보험감독관리위원회, 중국은행업감독관리위원회가 탄생했으며 서로 업무가 분업화하고 조정되었다. 이들 기관이 은행, 증권, 보험업에 대한 관리감독을 실시함으로써 금융감독업무가 분명하게 강화되었으며 전반적인 금융체제가 순조롭게 운영되었다.

— 1983년에 중국인민은행을 중앙은행으로 고친 뒤 1995년에 〈중국인민은행법〉을 반포하여 시행하였다. 법률상으로 중국인민은행은 금융업에 대한 지도와 관리의 지위를 확립하였다. 〈중국인민은행법〉의 규정에 따라 중국인민은행의 직책은 11가지가 있으며 대체로 6가지 방면으

로 종합될 수 있다.

- 통화정책을 제정하고 실시하며 통화가치의 안정을 유지해야 한다.
- 법에 따라 금융기구에 대한 관리감독을 실시해야 한다.
- 금융업의 합법적이고 안전하고 건강한 운영을 유지해야 한다
- 지불과 결제 시스템의 정상적인 운영을 유지해야 한다.
- 국가의 외화 준비와 금을 비축하고 보관, 관리·운영해야 하며 국고와 기타 금융업무를 대리해야 한다.
- 중국정부를 대표하여 그와 관련 있는 국제금융 활동에 참가해야 한다.

— 1999년 7월 1일 실시된 〈중화인민공화국증권법〉은 증권시장의 행위규칙을 확립하였다. 국가의 의지를 구체적으로 보인 것으로서, 투자자·경영자·발행인 모두의 공동이익에 합치하며 각 증권시장에 참가하는 모든 사람들에 대하여 구속력을 가지고 있다.

증권시장의 발전은 사회주의 시장경제체제를 수립하기 위한 필연적인 선결 요구였다. 질서 있고 운영이 안정된 양호한 증권시장을 확립하고 정비하는 것은 자원의 최적배치, 경제구조의 조정, 사회자금의 배분효율을 높이며 국민경제의 발전을 촉진하는 데 중요한 구실을 하였다. 관리감독을 강화하는 것은 증권시장이 건강하게 발전할 수 있도록 한 보장조치였다. 중국은 이렇듯 증권감독관리체제에 대하여 중대한 개혁을 하였고, 전국적으로 통일된 증권, 선물 감독체제를 수립하였다. 중국증권감독위원회가 전국의 증권, 선물업에 대한 감독을 통합적으로 책임진다.

— 1998년 11월 18일 중국보험감독관리위원회가 성립되었고, 국무원의 권리부여에 근거하여 보험업 행정관리기능을 수행하였으며, 법률 및 법규에 근거하여 전국보험시장을 통일적으로 관리감독하고 있다.

예컨대 보험업의 정책방침과 발전전략, 직업기획을 검토하고 제정하며 보험업의 법률·법규를 작성하고 보험업의 규칙을 제정하였으며, 법에 따라 전국 보험시장에 대하여 집중되고 통일된 관리감독을 실행한다.

또한 보험회사와 그 지점(Branch), 중외합자보험회사, 국외 보험기관의 대표처 설립을 심사, 허가하고, 국가의 통일적인 재무·회계제도에 따르는 상업보험회사의 재무회계 실시관리규칙을 제정, 조직, 실시, 감독한다.

또한 법에 따라 보험회사의 지불능력과 경영현황을 관리 감독하며 보험보장기금과 보증금의 관리를 책임진다. 이렇듯 전국 상업성보험 주관부문으로서 중국보험감독관리위원회의 성립과 운영은 보험시장의 건전한 운영을 위한 바람직한 기초를 마련해주었다.

② 중국인민은행의 일대통일(一大統一) 구조를 버리고 다원화한 금융조직체계를 수립하였다. 1994년 이후 중국은 전면적으로 사회주의 시장경제체제의 요구에 적응하면서 금융체제 개혁을 대폭 강화하였다. 중국 금융체제 개혁의 지도이념은 사회주의 시장경제 확립의 수요에 적응하고 공유제를 주체로 하며, 여러 가지 소유제 경제가 공동으로 발전하는 중국 기본경제제도에 적응한다. 그리고 중국경제 발전과정에서 나타나는 여러 지역 사이의 경제발전 불균형과 중층적인 구조에 대처하고, 금융이 국민경제 속에서 거시적 조절이나 자원배분을 최적화하는 기능을 더욱 잘 발휘하도록 하고, 또한 금융위기의 관리와 금융질서의 안정에 유리하고, 현재의 금융 글로벌화 추세에 적응하는 데 유리하여 국민경제의 지속적이고 신속하며 건강한 발전을 촉진하는 것이다.

이러한 사상을 바탕으로 한 금융체제 개혁의 목표는, 국무원 지도 아래 통화정책을 독립해서 집행하는 중앙은행(중국인민은행)의 거시적 조절체계를 수립하고, 정책적 금융과 상업적 금융이 분리되고 국유상업은행을 주체로 여러 금융기구가 병존하는 금융조직체계를 수립하여 일률적으로 개방하고 질서 있는 경쟁을 하며, 엄격히 관리하는 금융시장체제를 수립하는 것이다. 중국정부는 이상의 목표에 근거하여 기존의 금융체제에 대하여 대대적인 개혁을 진행하였다.

먼저 1995년에 〈중국인민은행법〉을 선포하고 실시함으로써 중국인민은행이 법적으로 중국 금융업에 대한 지도적, 관리적 지위를 확립하였다. 이어서 4대 국유 전문은행이 선후로 부활하거나 독립하여 중국 내 신용대출의 주요 경로가 되었다. 또한 주식제도와 지역 상업은행의 수는 크게 증가하였다. 3개 정책성 은행의 설립은 신탁투자회사 등 비은행 금융기구[보험회사, 신탁투자회사, 증권회사, 재무회사, 사설 신용기금조직 등]의 움직임은 기업융자 경로를 다원화하였으며 금융업 전반에 걸쳐 활력을 증가시켰다.

현재 중국은 중국인민은행을 중앙은행으로 하여 정책적 금융[일반적으로 정부 설립으로, 국가산업정책과 지역발전정책을 목적으로 한 비영리 금융기관]과 상업적 금융[영리 금융기관]이 분리하고 국유 독자상업은행을 주체로 하여 주식제도와 지역성 상업은행과 신탁투자회사, 기업과 재무회사 등 여러 가지 금융기구가 병존하는 다원화한 금융조직체계를 이미 형성하였다.

— 정책적 은행을 설립하였다. 국무원의 관련 규정에 근거하여 중국 정책적 은행을 '독립법인'으로 하고 '독립 채산(採算)'을 실행하여 자주적이고 원금보증 경영으로 기업화 관리를 한다.' 정책적 금융은 정부의 거시적 경제조절의 중요한 도구로서, 정부의 거시적 조절기능을 실행하고 책임지는 중요한 주체인 동시에 통화경영업무인 미시적 시장의 주체이기도 하다.

정책적 금융은 시장 메커니즘을 파괴하지 않는 것을 전제로 전통적인 계획금융체제 아래의 일부 특징을 계승하면서 상업금융의 간극을 메우고 시장의 약점과 마이너스 면을 보완하는 작용을 하였다.

정책적 금융의 운영 메커니즘은 정부에 완전히 종속되거나 행정적인 제한을 받지는 않으며, 거시적 조정으로 서로의 요구에 부응하면서 금융의 촉매제가 되었다. 정책적 금융은 관련 법규에 따라 상업성 금융과 평등하지만 실제 금융체제 면에서는 상업적 금융이 주체적인 위치에 있고 정책적 금융은 보조적인 위치에 머물러 있다.

— 국유독자은행15)을 상업은행으로 전환하였다. 정책적 업무가 분리되어 나간 뒤 원래의 국유독자은행을 상업은행16)으로 전환하였다. 이러한 현대적인 상업은행을 설립하기 위한 요청에 따라 중국정부는 내부관리를 강화하여 금융위기를 방지하였으며, 법인체제와 본점의 업무활동을 일률적으로 엄격하게 감독하는 등 경영집약화로 중요한 발걸음을 시작했다.

상업은행 개혁의 핵심은 자주적으로 경영하고 손익을 책임지며, 스스로 발전하고 스스로 통제하는 운영 메커니즘을 확립하는 것이었다. 1994년 이후 국무원은 국유독자상업은행17)에서 다시는 정책성 대출금을 발급하지 않는다는 점을 이미 여러 차례에 걸쳐 명확히 하는 동시에 국유독자상업은행 개혁을 위한 조건을 만들었다.

국유독자상업은행은 법에 따른 경영, 수입 증가와 지출 절약 등으로 이익수준을 높이는 데 노력하지 않으면 안 되었다. 중국농업은행을 제외한 나머지 은행들은 도시에 중심을 두었다. 이들 은행은 업무량이 비

---

15) 역주_ 국유독자은행에는 중국공상은행, 중국농업은행, 중국은행, 중국건설은행 등이 있는데, 중국의 금융개혁이 점점 심화됨에 따라 그 은행들의 전통적인 분담업무의 형태가 엇갈리면서 분담업무는 희미해졌다.

16) 역주_ 상업은행의 주요 업무는 저축, 대출, 대체결제 등이다(주로 기업이나 회사를 상대). 영리를 주요 목적으로 하는 금융기업이라 할 수 있다. 국유독자은행, 주식제 상업은행, 도시 합작은행 등이 상업은행에 속한다.

17) 역주_ 국유독자상업은행은 중국금융체계의 주체이다. 1960년대까지 이 은행의 자산은 국내 모든 은행의 70%를 차지하고 있었다. 그러나 이후에 점점 하향 추세를 보여, 현재는 중국농업은행을 제외한 국유독자상업은행의 업무는 점점 큰 도시에만 집중되어 있으며, 주요 업무는 국유기업과 중소기업 등 대형 건설 프로젝트 등에 있다.

교적 적고 장기적으로 손실을 보는 지점들을 철수, 합병하여 인원과 경비를 삭감했다. 일급법인관리(一級法人管理)를 강화하였고 내부의 통제 메커니즘을 건전히 하였으며 다양한 경로로 자본금을 증가시켜 자본금의 충족률을 높이고 지속시켰다.

또한 서서히 심사한 뒤 장부에서 불량채권을 일차적으로 삭제하여 이미 발생된 일부 신용불량 대출금을 전문기구에서 처리하도록 하는 동시에 엄격한 대출금 관리제도를 수립하여 은행자산의 질과 건전성이 세계 중진국 수준이 되도록 하였다.

— 합작제도의 원칙에 따라 농촌신용조합 관리체제를 개혁하였다. 농촌신용조합은 중국 농촌금융의 기초로서 이 개혁은 중국농업경제의 발전과도 크게 연관된다. 합작제도는 중국 농촌이 가정도급 경영제도를 장기적으로 실시하는 데 적합할 뿐만 아니라 농촌현대화 상품생산의 요구에도 적합하다. 단기간 안에 중국 농민이 농산품 가격을 인상하여 소득을 증대시키는 것이 어렵고, 농민의 소량 생산품과 대량 시장소비 사이에 큰 모순이 있음을 고려할 때 합작제도라는 형태가 필요하다. 합작제도는 농산품의 생산가동과 판매, 금융 서비스를 밀접하게 연결하며 농민가정 생산경영과 국내 큰 시장의 모순을 극복하였으며, 농산품의 가공과 판매의 이윤을 농산품 판매량에 따라 농민들에게 돌려주었다. 이로써 농민의 소득을 증가시켰으며 결과적으로 공산품에 대한 농민의 구매력을 높였다.

이에 따라 농촌신용협동조합에 농민이 스스로 가입하게 하고, 사원들이 합리적으로 관리하며, 가입사원을 위해 봉사하는 합작금융조직으로 되도록 하여, 농촌합작 경제발전을 촉진해야 한다.

— 비은행금융기구를 양성하였다. 보험회사, 증권회사 등은 중국 금융체계의 중요한 구성부문이다. 특히 증권회사와 신탁투자회사는 중국

자본시장 발전에 중요한 작용을 하고 있다. 중국 자본시장은 무에서 유를 낳아 발전하게 되었고, 증권융자가 매년 증가하는데 이는 금융개혁의 중대한 성과이기도 하다.

직접융자 비율의 크기는 주로 기업의 신용상태, 경영업적과 사회에 대한 자금조달 능력에 따라 결정된다. 상업은행은 관련 부문과 계속 협조하여 기업주식제도 개혁을 추진하고 자본시장의 발전을 촉진시켜 직접융자 비율을 서서히 확대하고 있다.

'80년대 초기 지방재정과 기업이 자체적으로 통제할 수 있는 자금이 증가하였고 그에 상응하는 금융기구가 대신하여 자금을 관리할 것을 요구하였으며 자금의 수익을 높였다. 중국은 외국의 경우를 참고하여 신탁투자회사 타입 등 비은행금융기구를 설립하였다. 그러나 신탁업무에 대한 높은 수요는 많은 신탁투자회사의 설립으로 이어졌고, 이들 신탁투자회사들은 흡수한 단기 신탁저축금을 부동산에 집중 투자하였다. 이는 신탁투자회사에 대한 감독 관리에 문제점이 있음을 나타내는 것으로, 현재의 많은 신탁투자회사가 곤경에 처하는 상황을 초래하였다.

신탁투자기구는 어디까지나 '고객의 위탁을 받아 재산을 대신하여 관리하는' 경영원칙을 끝까지 견지해야 하고 신탁업무와 증권업무의 철저한 분리를 통해 경영수준 규모를 제고하며, 엄격한 감독관리를 당연히 실행해야 한다.

신탁투자회사는 '신탁을 주업무로 하며 업무관리, 규모경영, 엄격한 감독'의 원칙에 따라 개혁을 진행한다. 기업 그룹의 재무회사는 자금조달 기업 그룹 성원들이 장기유휴 자금에 기초를 두었고 기업 그룹의 기술 개조 수준을 높여 재무의 효율을 높이고 있다.

— 금융의 대외개방을 점차 확대하여 중국의 국제금융업무의 지위는 확연히 높아지게 되었다. 현재 중국 안에는 외국투자 운용 금융기구가 총 200여 개 있고 총자산이 380여 억 달러에 달한다.

외환관리체제는 개혁기간 동안 지속적으로 정비되어 중국자본의 금융기구의 해외업무도 신속하게 발전하고 있다. 1994년 이래 중국은 시장의 공급과 수요를 기본으로 하여 일률적이면서 체계적인 변동환율제도를 성공적으로 도입하였다. 1996년 12월에는 인민폐를 외화로, 외화를 인민폐로 교환할 수 있는 작업을 순조롭게 실현하였으며, 현재 자본항목에 대하여 부분적인 현금교환을 이미 실현하였다.

양호한 중국 국제수지와 인민폐 교환율이 지속적으로 유지되면서 중국의 외환보유는 꾸준히 증가하며 인민폐의 국제적인 지위가 현저히 높아졌다. 그 결과, 국제통화기금[18]에서 순위가 종래의 11위에서 8위로 상승하였다. 동시에 동남아시아국가연합(ASEAN)에 중국·일본·한국이 참가한[10+3] 2국 사이 화폐호환 등 금융협력에 적극적으로 참가하고 추진하였다. 특히 아시아 금융위기 기간 동안 중국은 인민폐 가치를 안정시켰을 뿐만 아니라, 금융위기가 발생한 국가에 대하여 자금원조를 제공하여 아시아의 금융시장이 안정을 유지하는 데 중요한 구실을 하였다.

③ 금융조직체계가 점차 건전해졌고 중국경제의 지속적이고 신속하며 건전한 발전을 강력하게 지지해주었다.

국유독자상업은행은 화폐를 관리하는 현대금융기업으로 점차 변화하였다. 잇달아서 120여 개의 주식제 중소상업은행을 증설하여 편제를 바꿨다. 농촌신용조합은 이미 농촌금융 서비스의 주체가 되어 증권형과 보험형의 금융기구는 더 제도화하고 발전되었다.

현재 중국의 금융기구는 이미 각종 상업은행과 증권회사, 보험회사로 구성되어 있고, 다양한 기능을 가진 금융조직체계를 대체적으로 수립하였다. 2002년 6월 말 중국의 전체 금융기구의 총자산은 이미 24.4조 위

---

18) 역주_ 1994년의 브레튼우즈협정에 따라 협정 가맹국의 출자로 1947년에 발족한 국제 금융 결제기관(I.M.F).

안에 달하였다. 1990년부터 2001년까지 중국 은행의 각종 대출금은 매년 평균 19.2%씩 늘어나 총 10.2조 위안 증가하였다. 조사에 따르면 2002년 6월 국유 및 국유주주 이외의 경제대출금은 이미 전체 대출금의 63%에 달하였다. 이렇듯 금융부문은 경제개혁, 개방과 발전을 지지하는 과정에서 중요한 작용을 하였다.

(2) 정책환경 : 금융의 거시적 조절을 정비하고 금융의 시장화 경영을 추진하였다

① 중국인민은행 통화정책위원회를 설립하여 중국인민은행이 통화정책을 독자적으로 제정하고 실행하는 기능을 강화하였으며 통화정책체계를 개혁, 정비하였다. 중국공산당 제14기 3중전회에서 통과된 〈사회주의 시장경제체제를 건립하는 데 대한 약간의 문제에 관한 중공중앙의 결정〉은 다음과 같은 사안을 제기하였다. 중앙은행(중국인민은행)이 주로 신용대출 규모의 관리에 따랐던 것을, 예금준비율, 중앙은행의 재대출금 이율[이자의 원금에 대한 비율, 기한에 따라 연리·월리·일변 등으로 나뉨], 공개시장조작 등의 통화정책수단의 운용으로 전환하여, 통화공급량을 조절하도록 제기하였다.

통화정책의 최종 목표는 인민폐 화폐가치의 안정을 유지하고 인플레이션을 억지하며 경제발전을 촉진하는 것이다. 최근의 실천 효과를 놓고 보면, 금융의 거시적 조절수준이 분명하게 높아졌다. 대출 규모의 제한을 폐지하였으며, 이율 등 통화정책수단을 운용하여 화폐공급량을 조절하였고, 금융의 거시적 조절을 직접적인 제한에서 간접적인 통제로 전환한 근본적인 개혁을 실현하였다. 1993년 하반기부터 1996년까지 중국은 적절한 통제로 화폐정책을 실시한 결과 인플레이션을 효과적으로 방지할 수 있었다. 1997년 이후에는 내수를 확대하는 방침을 실시하고 안정적인 화폐정책을 실행하였다. 또한 아시아 금융위기 상황 속에서도 중국 내 금융위기를 방지하는 동시에 디플레이션을 예방하여 인민폐 가치가 대내외적으로 모두 안정을 유지할 수 있도록 하였다.

② 금융질서를 정돈하고 제도화하였다. 1993년 이래 자금의 무분별한 대출, 콜 자금 대출, 높은 이율 등의 경영규칙을 위반하는 행위를 전면적으로 정리하였고, 금융규율을 엄격하게 세워 금융질서의 혼란한 국면을 바로잡으면서 여러 해 동안 쌓인 금융부문의 문제들이 점차 해소되었다.

자산관리회사(투자신탁회사)를 설립하고 일부 불량채권과 자산의 운영을 책임지고 관리하였다. 또한 4개 국유독자상업은행의 불량 대출금 잔액이 전체 대출금에서 차지하는 비율이 점차 낮아졌다. 각종 중소금융기구를 전면적으로 정리하여 분리 처리했다. 금융질서를 위반하고 기한이 만료된, 즉 채무를 상환할 능력이 없는 소수의 금융기구는 법에 따라 취소시키는 한편, 전국 2만여 개 농촌합작기금회에 대한 정리합병사업도 완료하였다. 이러한 조치들로 말미암아 금융위기는 해소하였고 저축하는 사람들의 이익은 보호하였으며 금융과 사회의 안정은 유지되었다.

(3) 발전 메커니즘 : 현대금융체제를 바탕으로 한 시장화 운영

1979년 중국인민은행은 신용대출자금을 '일률적으로 거두고 일률적으로 지불하는 것[중앙집권적체제]'을 변화시켜 '통일성 있는 계획으로 급을 나누어서 관리하며 예금과 대출업무가 서로 연관하여 차액을 규제하는' 관리체제를 실험적으로 시행하였다.

1981년 '차액 컨트롤 제'를 '차액도급체제'로 변경할 것을 결정하였고, 신용대출자금의 공급제와 '큰 가마솥 밥[나쁜 평등]'을 극복하였으며, 전문은행들이 적극성을 이끌어내는 데 기여하였다. 그러나 중앙은행이 저축과 대출의 차액만 통제하는 업무로는 거시적 조절수단이 미비하였으므로 신용대출 부분이 통제능력을 잃어버리는 상황을 가져오기가 쉬웠다. 중국인민은행은 1985년 선포한 〈신탁자금관리 실행방법〉에서 종래의 '차액도급'을 '통일계획, 자금획분(자금전체를 여러 부분으로 나누어 구분), 실수요자 대출과 실수요자 예금, 상호 융통'의 관리체제로 바꾸었다.

이는 구체적으로 다음과 같은 내용들을 포함한다. 각 전문은행의 인민폐 신용대출자금은 모두 국가계획에 들어가야 중앙은행이 종합적인 균형을 맞춘다. 또한 전 사회의 예금을 종류별로 구분하여 재정적 예금은 중앙은행에 돌리고, 기업과 주민의 예금은 전문은행에서 관리한다. 계획적인 지표에 따른 통제를 고쳐, 중앙은행의 전문은행에 대한 신용대출은 '위에서는 대출해주고 아래는 맡기는', 곧 전문은행은 중앙은행으로부터 자금을 빌리고 전문은행의 하부 조직들은 중앙은행에 예금하는 관계이다. 각 전문은행 사이에서 발생한 자금의 과부족은 각 은행, 각 지역 사이에서 자금을 융통하며 서로 단기간의 융통을 해도 좋다.

이러한 규칙의 실행은 오랜 동안 실시해왔던 '일률적으로 거두고 일률적으로 지불'하는 신용대출자금의 전권을 중앙에 집중하는 제도, 본점에서 지점으로 지표를 하달하게 하는 관리방식을 타파하였고, 이전의 '차액도급' 결점을 극복하였다. 그러나 신용대출체제 자체가 갖고 있는 깊은 모순은 해결하지 못하였는데, 중요한 문제는 자금관리상의 지나친 집중이었다. 그 결과 반대로 중앙은행이 전문은행에 대해 공급제(중화인민공화국 초기에 중국공산당 군대에 대해 시행한 현물임금제도)를 형성하고 말았다. 금융기구 사이에 서로 융통이 제도화하지 않았기 때문이다.

총체적으로 보면 이 단계의 신용대출자금 관리체제의 개혁방향은 정확하였으니, 기본적으로 신용대출자금 관리방식에 따라서, 신탁자금관리를 공급형에서 신탁형으로 바꾼 것이었다. 1994년 이래 예금준비율제도를 개혁하여 국유상업은행에 대한 대출금 규모의 제한이 없어졌으며, 자산부채총합 관리와 위기관리를 추진하였다. 국유상업은행 대출금 규모의 관리를 개선한 것은 중국금융의 거시적 조절이 시장경제의 요구에 따라 내디뎌야 할 중요한 첫걸음이었다.

국무원의 승인을 거쳐 중국인민은행(중앙은행)은 1998년 1월부터 국유상업은행의 대출금 규모와 관련, 그 금액의 제한을 없애기로 결정하였고, 자산부채총합 관리와 위기관리를 점차 추진하였다. 이에 따라 최종적으로는 미시적 금융주체가 자산부채총합 관리와 위기관리의 메커니즘을 기본으로 하여 시장화 운영에서 더욱 발전하고 강대해지는 메커니즘을 굳히게 되었다.

5) 체제개혁 : 중국의 개방형 경제발전을 추진

(1) 체제기초 : 국가의 독점경영을 타파하고 다원화한 대외무역주체를 형성

① 거시적 관리체제 개혁. 1978년 중국공산당 제11기 3중전회는 대외개방을 실행하고, 폐관자수(閉關自守)[19] 정책을 타파하며, 경제발전전략을 조정하고, 대외무역이 경제발전과 구조조정에서 미치는 작용을 중시해야 한다고 제기하였다. 이러한 방침 아래 중국의 대외경제무역 이론과 실천은 모두 새로운 발전을 가져왔다. 특히 1994년 이래 외환체제 개혁을 핵심으로 한 대외무역체제의 종합적인 보조개혁을 가속화하였다. 1994년 이래 대외개방이 확대되고 개혁이 심화되는 새로운 상황에 적응하기 위하여 중국공산당 제14기 3중전회의 〈사회주의 시장경제체제를 건립하는 데 대한 약간의 문제에 관한 중공중앙의 결정〉 가운데 제기한 "통일적인 개혁을 고수하고, 개방적인 경영을 하며, 평등한 경쟁과 손익을 스스로 부담하고, 공업과 무역을 결합하여 대행제도를 추진하는" 개혁방향을 근거로 하여 대외무역체제는 또 새로운 개혁을 진행하기 시작하였다.

거시적으로는 행정관리체제 개혁과 함께 경제와 법률수단을 중심으로 한 국제적인 규범을 바탕으로 진행하는 거시적 관리를 강화하였다. 또한 복수관리를 폐지하고, 각종 투기[증권시장 따위에서 시세가 오를 것을 예상하고 다량으로 주식을 구매]를 관리, 통제하고 이탈되는 수출

---

19) 역주_ 관문을 닫고 외부의 왕래를 끊다. 쇄국정책.

입관리의 모순을 해결하여 환율, 관세, 세금징수, 신용대출 등의 수단을 위주로 하는 새로운 형식의 국제수지와 수출입의 균형 메커니즘을 형성하였다.

미시적으로는 수출입연합회가 대외무역 경영활동 가운데 조정, 지도, 자문 등의 서비스 기능을 충분히 발휘하였다. 또한 사회의 중계 서비스 체계를 확립하고 각종 연구자문기구와 학회·협회에 정보 서비스 기능을 발휘하도록 하여 전국에 건전한 정보 서비스망을 형성하였다. 필요한 법률·회계·감사 사무소를 설립하였고, 기업을 위하여 관련 대외무역 방면의 서비스를 제공하였으며, 기업의 경영에 대한 사회적 감독을 진행하였다. 이러한 개혁을 통하여 중국은 관세 등을 주요 조절수단으로 삼아, 국제통상 관례에 따라 수입을 관리하는 새로운 체제를 점차 수립하고, 중국시장 진입조건을 대폭 개선함으로써 더욱 경쟁력 있는 외국 상품이 진입할 수 있는 좋은 조건을 갖추게 되었다.

② 대외무역 경영기업을 확대하고 강화했다. 여러 해 동안 개혁을 통하여 전국의 각 성, 자치구, 직할시 및 정령지정(政令指定) 도시와 경제 특별구는 모두 대외무역항구를 건설하였고, 승인된 권한에 따라 수출입 무역업무를 다루었으며, 국가의 수출입계획업무를 책임졌다.

또한 야금(冶金)·비철금속·석탄·전자·선박·석유화학·농업기계 등 십여 가지 부문에 속하는 공업무역총공사는 설립하여 수출입업무를 진행하였으며 해당 기업에서 생산한 상품을 직접 대외로 수출하고 그에 필요한 생산자재를 수입하였다.

수출상품을 생산하는 기술조건이 비교적 좋은 중대형 생산기업에는 대외무역 경영권을 주었다. 장기간의 대외무역 수급제도 실시로 말미암아 형성된 공업과 무역의 분리, 생산과 판매의 분리, 생산기업의 대외무역 적극성 부족 등 여러 가지 문제들을 해결하기 위하여 공업과 무역의 결합, 기술과 무역의 결합 등 새로운 방식의 개혁적 실험을 추진하였다.

더욱이 생산기업과 세계시장 사이의 거리를 단축했으며, 수출상품의 품질과 기술 그리고 국제경쟁력을 높이기 위하여 일부 상품에 대해서는 대리수출제도를 실시하였다.

대외무역경영을 더 자유화하고, 조건에 부합하는 더욱 많은 생산기업과 과학연구기관에 대외무역 경영권을 부여하였으며, 대외무역 경영권을 심사허가제도에서 법률에 따른 등록제로 점차 전환하였다.

(2) 정책환경 : 환율 시장화 메커니즘과 대외무역관리 시장화

① 외환체계를 개혁하고 대외무역구조를 조정했다. 전통적인 계획경제체제 아래 수출입무역은 국가에서 일률적으로 관리하고, 대외무역 시스템은 일률적으로 정산하여 환율로 조절할 필요가 없었고 다만 인민폐의 환율은 계획적인 정산의 도구에 지나지 않았다.

장기간 높이 설정된 환율과 외환의 계획관리체제는 대외개방의 새로운 형세와 발전을 촉진하는 대외무역에 적응할 수 없었다. 개혁개방 상황에 충분히 적응하기 위하여 중국은 여러 가지 관련된 환율제도개혁을 추진하였다. 중국은 1980년부터 외화보유제도와 결합하여 외화조절업무를 시작하였으며 외환의 과부족류 기업은 외환조절시장을 통하여 조정할 수 있도록 허용하였다.

1993년 11월 〈사회주의 시장경제체제를 건립하는 데 대한 약간의 문제에 관한 중공중앙의 결정〉은 다음과 같은 사항을 제시하였다. 시장을 기초로 하여 관리를 받는 유동환율제도와 일률적이고 제도화한 외환시장을 설립하고 점차 중국의 인민폐를 현금교환을 할 수 있는 화폐로 규정해야 한다고 밝혔다.

중국은 시장의 공급과 수요를 근거로 한 관리체제 아래의 유동환율제도를 견지하며, 인민폐가 세계의 주요 화폐 종류들 사이에서 평균환율을 높일 수 있는 위치를 확보하였다. 1994년 중국 외화관리체제에는 중대한 개혁이 진행되었고 환율 일원화가 순조롭게 실행되었다. 1996년

12월에는 인민폐가 경상(經常) 항목에서 현금교환이 가능한 목표를 앞당겨 실현하였다.

국가는 외환수지에 관한 지령적 계획을 취소하고, 경제와 법률수단을 운용하여 국제수지의 거시적 조절을 하고, 외화권의 사용을 정지하였다. 또한 은행 사이 외환시장을 설립하고, 은행에서 외환을 결제하는 제도를 실행하였으며, 도급경영 책임제를 과세제로 변경하여 대외무역기업이 자체로 손익을 부담하는 메커니즘을 강화하였고, 대외무역에 대한 환율의 조절기능을 강화하였다.

동시에 자본항목에서 외환수지 관리를 더욱 강화, 정비하였다. 자본항목 아래서 외환관리제를 점차 완화하였고, 마지막에 자본 거래에서 현금교환 가능성을 포함한 인민폐의 외화와 현금교환 자유화는 중국외환체제 개혁의 최종 목표였으나 이는 체계적인 계획과 그에 맞는 과정이 필요하였다. 현실적으로 증명된 바와 같이 안정된 외환체제 개혁은 중국이 외채의 총량과 구조를 통제하는 데 유리하였고 외국 투자자들에게도 유리하였으며, 중국의 대외경제무역 발전을 효과적으로 추진하면서 국제사회의 신용을 얻었다.

② 대외무역의 거시적 관리를 정비하여 대외무역의 건전한 발전을 촉진하였다. 중국경제체제 개혁의 부단한 노력에 따라 대외무역의 거시적 관리는 직접적인 행정규제에서 경제를 지렛대로 하는 간접적인 조절을 위주로 전환되었다. 또한 정부의 대외무역활동 관리는 주로 경제, 법률, 정책수단을 운영하는 것으로 바뀌었으며 기업운영에 대한 행정간섭은 점차 감소하였다.

주요 내용은 다음과 같다. 법규의 정비를 서두르고, 대외무역의 관리를 법률의 궤도 위에 올리며, 국가 수출입은행을 설립하여 수출에 필요한 자금을 중점적으로 보장하고, 수출세를 돌려주는 정책과 수출 확대에 유리한 신용대출정책을 계속 실행한다. 수출상품 발전기금과 위험기금을 설립하고 국제시장 가격파동이 비교적 심한 상품에 대하여 보전이나 손익을 스스로 부담하는 방식을 채택하여 새로운 상품을 끊임없이 개발하는 작업을 촉진한다. 수출입관리를 정비하고 완벽한 조건을 구비한 생산기업, 과학연구단위, 상업물자기업에 신속한 대외무역 경영권 부여를 촉진하여 수출입상품의 경영을 최대 개방하며, 수량을 제한하는 일부 수출입상품에 대하여는 효율, 공정, 공개(公開), 평등경쟁의 원칙에 따라 배당액 지표의 경매 혹은 분배의 규칙화를 실시한다.

③ 외자정책을 정비하고 '두 가지 자원, 두 가지 시장'을 충분히 이용한다. 중국은 발전도상의 큰 국가로서, 외자를 끌어들여 부족한 자본축적을 보완하고 외국의 선진기술과 관리체험을 들여와 두 가지 자원과 두 가지 시장을 충분히 이용하는 것은 중요한 의의가 있다. 1978년 개혁개방을 기본으로 하는 국가정책을 확립한 이래, 중국은 '첫째는 내부 부채가 없고, 둘째는 외채가 없다'는 전통적 사상의 속박을 버리고, 좀더 외자를 적극적이고 효과적으로 이용하여 외자를 흡수하는 정책을 끊임없이 정비해왔다. 현재 중국은 이미 외자를 가장 많이 이용하는 국가들 가운데 하나로 되었고, 외자를 적극적이고 효과적으로 이용하는 것은 이미 중국대외개방전략의 중요한 일환으로 되었다. 외자경제는 중국 국민경제발전 가운데 경시할 수 없는 중요한 자리를 차지하였으며 중국경제발전을 촉진하는 중요한 추진력이 되었다.

(3) 발전 메커니즘 : 비교우위를 발휘하고 대외경제무역의 효율을 높이다

① 비교우위를 발굴하고, 대외무역구조를 개선했다. 대외무역체제 개혁은 국가가 일률적으로 손익을 부담하는 '큰 가마솥 밥' 체제를 타파하였고, 관세를 대폭 낮추고 수입허가증관리 품종을 줄였으며, 대외무역제도의 투명성을 높였다. 현대 기업제도에 따라 국유대외무역기업의 조직을 개혁하였고, 소유권과 경영권을 서로 분리하는 원칙에 따라 '자주경영, 손익 자주부담'의 대외무역 경영책임제를 추진하였다. 대외무역체제의 시장화 개혁은 대외무역기업으로 하여금 각종 방법을 모두 동원

해 중국산업의 국제화 비교우위를 발굴하게 하였으며, 대외무역의 구조
를 끊임없이 개선하여 대외무역경영의 효율을 높였다.

② 손익을 스스로 부담하는 메커니즘을 기본으로 대외무역효율을 높
였다. 대외무역 재무체제의 시장화 개혁과 외환관리체제 개혁은 오랫동
안 형성되어온 외화획득과 그 사용이 서로 엇갈린 상황, 즉 외화사용의
효율이 낮은 상황을 완전히 변화시켰다. 또한 대외무역 재무체제를 한
걸음 더 개혁하고, 국가의 대외무역기업에 대한 수출보조금을 없애면서
대외무역기업들이 자주적으로 경영하고 손익을 스스로 부담하는 능력
을 증가시켰으며 또한 경영에 대한 적극성을 불러일으켰다.

6) 주민가계개혁 : 피동적인 배분객체에서 자유시장의 주체로 전환

(1) 노동력 요소의 배분을 시장화

① 도시에서 취업의 시장화 개혁이 끊임없이 심화하고 기업과 노동자
가 시장을 통하여 서로 선택하면서 시장의 공급과 수요를 바탕으로 보
수를 결정하는 방식을 널리 채용하였다. 노동자취업 방면 개혁의 주축
은 다음과 같다. 즉 계획경제조건 아래서는 국가가 취업을 보장하고 책
임지는 제도에서 시장 메커니즘에 따라 노동자가 스스로 취업을 해결하
고 시장이 취업을 조절하는 상황으로 바뀌어, 정부는 취업의 시장화를
촉진했다. 주택제도의 개혁과 각종 복리, 보험의 사회화 개혁은 주민(근
로자)과 기업의 관계가 더욱더 시장화 요구에 부합되게 하였고, 인재유
동(人才流動)의 자유와 노동력 자원의 가장 적합한 배치 수준을 높였다.
취업의 경로는 날로 다양해졌고 공공취업 서비스 체계가 기본적으로 갖
추어졌으며 직업교육사업은 끊임없이 강화되었다. 2001년 말 현재 전국
에 설치된 여러 취업소개기구만도 총 2.6만 개에 달하였고, 그 가운데서
공공취업 서비스 기구가 1.8만 개였다. 1998년부터 2001년까지 총 7200
만 명에게 취업 서비스를 제공하였고, 3900만 명이 성공적으로 취업 혹

은 재취업을 하였다. 현재까지 전국적으로 총 3500만 명이 직업기능시험을 통하여 직업자격증서를 취득하였다.

② 재취업공정을 적극적으로 추진하고, 국유기업의 개혁과 구조조정을 위한 조건을 갖추었다. 국유기업의 개혁과정에서 일시 실직하는 근로자들이 늘어나는 현실을 감안하여 재취업 공정을 적극적으로 추진하였는데, 이는 개혁, 발전과 큰 국면을 안정시키는 국유기업 개혁의 열쇠가 되는 중요한 문제의 하나이기도 하다. 때문에 한편으로 사회보장제도의 확립과 정비를 서두르고 재정·기업·사회가 공동으로 자금을 모으는 등 여러 가지 방식으로 실직한 근로자들의 기본 생활을 보장하여 안정을 이루었으며 다른 한편으로는 신흥산업과 여러 가지 경제요소의 강력한 발전을 통하여 취업 기회를 창출하는 데 노력을 기울였다. 아울러 실직 근로자의 재교육사업을 실시하고 그들의 재취업 능력을 높이는 등의 조치를 적극적으로 추진하였으며, 최선의 노력으로 재취업공정을 실현하였다. 이로써 사회노동력자원의 합리적인 유동과 최적화 배치를 실현하였다. 1998년부터 2002년 6월까지 전국적으로 국유기업 실직 근로자들은 총 2600여 만 명에 달하였고 그 가운데서 1700여 만 명이 여러 경로와 방식으로 재취업을 실현하였다.

③ 도시와 농촌 노동력의 상호작용이 활발하였고, 취업의 규모가 끊임없이 확대되었다. 농민의 취업문제를 해결하는 것은 '3농(三農 : 농업·농촌·농민)'문제를 해결하는 중요한 하나의 고리였다. 중국은 2억이나 되는 잉여노동력을 비농업부문으로 전환시키는 동시에 일부 발전도상국가에서 존재하는 유동인구의 '도시병'을 성공적으로 이겨내고 농촌노동력의 합리적이고 질서 있는 유동 메커니즘을 기본적으로 형성하였고, 관리 서비스 제도가 점차적으로 제도화하여, 농민의 외지 수입이 농민소득을 증가시키는 핵심적 구실을 하였다. 추산에 따르면 현재 도시에서 일하는 농촌 노동자들이 매년 고향에 부치는 금액이 6000억 위안 이상에 달한다. 1990년부터 2002년까지 제1차산업에 종사하는 인원

이 2100만 명 감소하였고, 또한 제1차산업에 종사하는 인원이 차지하는 비율이 1990년의 60%에서 2002년에는 50%로 내려갔다. 각종 소유제 경제의 발전이 취업을 증가시키는 주요 영역으로 되고 있고, 도시의 끊임없는 발전이 인구의 구조를 조정하는 중요한 경로가 되었다.

④ 분배제도를 개혁하고 분배구조를 개선하였다. 1993년부터 종래의 노동임금체계를 개혁하였고, 효율을 우선으로 하고 평등한 분배원칙을 확립하였다. 시장화한 임금의 형성과 임금의 증가 메커니즘을 정비하고, 법률에 따라 합법적인 수입을 보호하고 자본, 기술 등 생산요소가 수익분배에 참여하도록 장려하였다. 동시에 개인소득세 제도를 정비하면서 상속세 징수를 시작하여 소득분배의 격차를 조절하였다. 국가와 기업, 주민 사이의 소득분배 관계를 더욱 잘 처리하였다. 또한 무분별하게 비용을 거두고, 무분별한 수입 할당과 무분별한 벌금징수 등 부당하게 요금을 거두는 각종 불법행위를 막았으며, 합리적인 세금징수로 삼자(국가·기업·근로자)의 소득분배관계를 정하였다. 경제의 신속한 발전과 체제개혁의 점차적인 심화에 따라 중국의 도시 근로자들의 임금상승이 비교적 빠르고 '세 가지 보장제도(양로·의료·실업 보험제도)'의 기준이 높아져 생활수준은 점차 개선되었다. 2002년 도시근로자들의 평균 임금은 1만 2422위안에 달하였는데, 이는 1990년의 5배에 해당하였다. 이때는 건국 이래 도시근로자들의 임금소득 증가속도가 가장 빠른 시기였다.

(2) 사회보장체제 개혁

여러 단계의 사회보장체제를 수립하는 것은 사회안정을 유지하고 시장경제체제를 순조롭게 수립하는 데 중요한 의의가 있다. 중국의 양로보험, 의료보험, 실업보험제도의 전환과 '세 가지 보장제도'를 수립하는 현재 상황은 아래와 같다.

① 양로보험제도 개혁 : 중국의 도시근로자들에 대한 양로보험제도 수립은 '50년대 초기부터 시작되었다. 1978년 이전 중국의 양로보험제도는 사회보험의 개념이 없었으며, 실질적으로 하나의 기업보험이었다. 때문에 양로보험제도 개혁의 목적은 기업보험을 사회보험으로 전환하는 것이었다. 이 제도는 1984년 노동부에서 실험적으로 실시하기 시작하였으며, 국영기업의 퇴직금에 대해 일률적인 계획을 추진하였다. 1991년 6월 국무원은 〈기업근로자들의 양로보험제도 개혁에 관한 결정〉을 반포하고 양로보험의 일률적인 계획을 정확히 실시하였으며 보험비용을 국가·기업·근로자 삼자가 부담하였다. 1995년 3월 국무원은 〈기업근로자들의 양로보험제도 개혁을 심화하는 것에 관한 통지〉를 공포하고 사회의 전반적인 계획과 각자의 수입지출 명세를 서로 결부시켜 양로보험제도를 명확히 실시하고, 기본보험과 기업보조보험, 개인저축보험 등 여러 가지 양로보험제도를 점차 형성하였다. 그러나 제도화의 부족으로 실천과정 가운데 서로 다른 개인의 수입과 지출 비율, 기업의 납입 비율의 차이, 서로 다른 관리 수준의 차이와 서로 다른 대우기준의 차이가 나타났다. 이 상황과 관련하여 1997년 7월 국무원에서는 〈통일된 기업근로자들의 기본양로보험제도를 건립하는 것에 관한 결정〉을 공포하였다. 이로써 사회의 일률적인 계획과 개인의 수입과 지출을 근거로 하는 제도가 중국 양로보험의 기본 모델이 되었으며, 기업근로자들의 양로보험제도가 근본적인 메커니즘으로 변화하게 하였다. 즉 양로보험은 국가와 직장이 모두 떠맡는 것으로부터 국가·직장·개인이 공동부담으로, 기업의 자기보험에서 사회공제로, 단일한 척도의 원칙에서 효율을 우선으로 하여 공평하게 배려하는 것으로, 충분한 복리에서 기본보장으로, 또한 현금징수·현금지불에서 일부 축적으로 전환했던 것이다.

② 의료보험제도 개혁 : 중국 도시근로자들의 의료보장제도는 1951년에 시작되었는데, 국비(國費)의료와 노동보험의료 두 가지 부분으로 구성되었다. 국비의료 대상은 국가기관과 사업기구이고, 비용은 정부에서

결정한 연간 평균소득에 따라 의료비가 지불되었다. 노동보장의료 대상
은 국유기업 근로자들로 현(縣, 지방 행정구획 단위로 省 밑에 속함) 이
상의 집단기업 근로자들은 이에 준하여 실시하였고, 비용은 근로자 복
리비용 가운데 지불하며 근로자 복지비용을 원가에 포함시켰다. 이렇듯
국가와 기업이 근로자 의료비를 전담하는 방법은 국가재정과 기업경영
에 큰 부담이 되었다. 개혁이 심화함에 따라 전통 의료보장제도에 대한
개혁을 점차 전개하였다.

　1988년 국무원의 지도통지허가를 받고서 위생부가 주체가 되어 그와
관련 있는 부문들이 참여하여 국가의료제도 개혁기구를 만들었으며, 개
혁방안을 수립하는 연구를 진행하였다. 또한 일부 도시를 선택하여 근
로자 의료보험제도의 초보적인 개혁을 진행하였다. 실험방안의 기본요
점은 근로자 의료보험기금을 확립하고 국가, 직장, 근로자들이 공동으
로 분담하여 원칙적으로 임금총액에 따라 일정한 비율로 모아 보이지
않는 보조에서 보이는 보조로 개혁하였다. 동시에 근로자들이 치료를
받을 경우에는, 개인은 약간의 의료비만을 부담하게 하였고, 전문적인
의료보험 관리기구를 증설하였다.

　1999년 도시근로자들의 기본의료보험제도를 수립하는 사업이 정식으
로 작동하였다. 그 기본내용은 첫째, 기본의료보험 수준이 현 경제발전
수준과 서로 호응해야 한다. 둘째, 도시의 모든 고용사업소와 그 근로자
들이 기본의료보험에 참가하지 않으면 안 되며 현 지방에 소속하는 관
리방식을 실행한다[국유기업·집단기업·외국투자기업·개인경영기업
등은 포함, 기관·사업체·사회단체·민간비기업체와 그 종업원 및 도
시부의 개인기업 사업주와 종업원도 가입할 수 있으나 향진기업과 근로
자는 포함하지 않음]. 셋째, 기본의료보험 비용은 고용하는 단체와 근로
자 사이에 공동으로 부담한다. 단위의 납입률은 근로자들 임금 총액의
6%가량으로 하고 근로자의 납입률은 일반적으로 본인 봉급의 2%로 하
되 경제발전에 따라 고용사업소와 근로자들의 납입률은 조정을 할 수

있다. 넷째, 기본의료보험 기금은 사회의 일률적인 계획과 개인의 수입지출은 상호 결합을 실행한다. 사회의 일률적인 계획은 일정한 사회범위 안에서 의료보험기금에 대해 호조공제(互助共濟)하며 일률적인 계획을 조절하고, 노동자들의 위험을 분산시키고 의료비용의 부담을 완화하도록 하는 데 유리하며 사회평등을 실현한다. 개인의 수입지출은 개인이 마땅히 져야 할 책임을 구체적으로 드러내면서 개인축적 보장 메커니즘과 비용제한 메커니즘을 수립하는 데 유리하다.

③ 실업보험제도 개혁 : 중국의 실업보험제도는 국유기업 개혁의 점차적인 추진과 함께 수립되었다. 1986년 국유기업 노동계약제도와 〈기업파산법(시행)〉 실시에 순응하기 위하여 국무원에서는 〈국영기업 근로자들의 실업보험에 관한 잠정적인 결정〉을 공포하였다. '90년대 중반에 들어선 이래 국유경제구조 조정을 진행하는 과정에서 국유기업의 실업 근로자들이 매년 증가하였다. 때문에 1995년 국무원 판공청은 노동부의 〈재취업공정을 실시하는 것에 관한 보고〉 통지에서 각 지역에서 재취업공정을 실시하는 사업에서는 마땅히 국무원의 규정에 따라 실업보험기금의 전문훈련비용과 생산에 따른 자기구제비를 사용할 것을 요구하였고, 조건이 허락하는 지방에서는 전용 특별기금 혹은 전용 특별경비를 두고 실업 근로자들과 기업의 잉여 근로자들의 취업확보를 위한 자금보조와 배치에 사용하도록 한다.

중공중앙과 국무원은 1998년 6월 공포한 〈실직 근로자들의 기본생활보장과 재취업사업을 잘 실행한 국유기업들에 대한 통지〉에서 재취업서비스센터를 설립하는 것은 국유기업 실직 근로자들의 기본생활을 보장하고 재취업을 촉진하는 효과적인 조치라고 명확히 지적하였다. 재취업 서비스센터는 당시 중국에서는 특색 있는 사회보장제도였으며, 이 센터에 들어가는 대상은 노동계약제도를 실시하기 전에 직장생활을 하던 국유기업의 정식 종업원들이었다. 실직 근로자들이 재취업 서비스센터의 서비스를 받는 기간은 일반적으로 3년을 넘지 않으며, 3년 기한이 차도 재취업을 하지 못한 사람들은 기업과의 노동관계를 적절히 해소하고 규정에 따라 실업구제와 사회구제를 받게 된다. 재취업 서비스센터는 실직 근로자들의 기본생활을 보장하고 납입된 사회보험비용을 자금 원천으로 하여 원칙적으로 '삼삼제(현장 노동, 조사연구, 고유 업무로 구성된 각급 기관의 간부 활동 비율)' 방법을 사용하여 해결한다. 즉 재정, 기업, 사회적 조달(실업보험기금 안에서의 조절을 포함)에서 각각 3분의 1을 부담하며 구체적인 비율은 각 지방에서 실제 상황에 근거하여 정한다. 동시에 강력한 정책 지원을 강화하고 분류하여 배분하는 재취업경로를 개척한다.

실업자들의 실업기간 동안 기본생활을 보장하기 위하여 재취업을 촉진하였고 1999년 1월 12일 국무원에서는 〈실업보험조례〉 규정을 반포하여 도시의 기업과 사업단체, 근로자들이 규정에 따라 실업보험비용을 내면 실업보험대우를 누릴 수 있다고 제시하였다. 실업보험기금의 구성은 다음과 같은 것을 포함한다. 도시부의 기업체·사업체와 근로자들은 규정에 따라 실업보험비를 납입하고, 규정에 따라 실업보험대우를 받도록 규정했다. 기금의 구성내용은 도시부의 기업체·사업체와 종업원이 납입하는 실업보험비(사업소의 납입률은 봉급 총액의 2%이고 개인이 납입하는 것은 본인 봉급의 1%이다), 실업보헙기금의 이자, 재정보조금, 법에 따라 납입된 실업보험기금과 기타 자금이다.

④ '세 가지 보장제도'[양로보험·의료보험·실업보험] 수립 : 위에서 서술한 개혁을 바탕으로 20세기 말까지 중국은 국유기업 실업 근로자들의 기본생활보장, 실업보험과 도시주민들의 최저생활보장을 주요 내용으로 하는 '세 가지 보장제도'를 대체로 수립하였으며, 기본적인 양로보험·의료보험·실업보험을 주요 내용으로 하는 사회보장제도도 대체로 수립하였다. 이는 양로보험제도 개혁에 중대한 발전을 가져왔고, 의료보험제도 개혁이 전면적으로 실행되기 시작하였으며, 실업보험제도가 초보적으로 실시되면서 도시 사회보장 시스템을 완벽하게 하는 데 중대

한 성과를 거두었다. 1998년부터 2002년 6월 말까지 전국적인 통계에 따르면 국유기업 실업 근로자들이 2600여 만 명에 달했는데, 90% 이상이 재취업 서비스센터에 들어왔으며, 그들 모두는 기본적으로 예정된 생활비를 받을 수 있었다. 1998년부터 2002년 6월까지 총 8296억 위안의 기본양로자금을 지불하였고, 그 가운데 오랫동안 체납된 215억 위안도 지불하였다. 1998년부터 2001년까지 중앙재정에서는 오래된 공업지대와 중서부지역에 대하여 1300억 위안 이상의 전용 특별보조금을 지불하였다. 2001년 말 현재 전국적으로 실업보험에 참가한 수는 1.04억 명에 달했는데, 이는 1989년 말보다 약 3900만 명이 증가한 것이며, 4년 동안 발급한 실업보험대우는 총 270억 위안에 이르렀다. 현재 전국 모든 도시와 현급 인민정부소재지의 진(鎭, 중국의 지방 행정구획의 하나로 縣 아래에 속함. 인구가 많고 어느 정도 상공업도 이루어짐)이나 현에서는 전부 도시주민들의 최저생활보장제도를 확립하였다.

2001년 말이 되자 전국적으로 기본양로보험에 가입한 근로자들은 1.4억 명에 달하였는데, 이는 1990년의 2배였다. 기업 퇴직자들의 기본 양로금에 대한 사회적 지불 비율은 1996년 12%에서 2002년 6월 말에는 99.3%로 높아졌다. 기업 퇴직자들의 월평균 양로연금 수준은 이미 1990년 129위안에서 579위안으로 높아졌다. 2001년 8월 말에 도시근로자들의 기본의료보험제도 가입자는 8200만 명에 달하였다.

(3) 금융자산 배분의 시장화

개혁개방 이래 사회생산력의 대폭 상승과 국민소득분배가 더욱 주민가계에 기울게 됨에 따라 도시와 농촌 주민들의 소득이 크게 증가하였다. 주민의 생활수준이 점차 개선되는 배경에서 잉여화폐의 저축규모도 날로 증가하였고, 따라서 상당한 규모의 금융자산을 점차 형성하였다. 금융시장 시스템 수립을 촉진하기 위하여 중국은 끊임없이 금융 시스템 개혁을 촉진하고 금융시장을 발전시켰으며, 금융시장의 참여경로를 확대하여 시장참여와 그에 알맞은 수단을 늘렸다. 예를 들면, 증권 등 직접적인 융자시장의 끊임없는 개선을 통하여 은행에 따른 간접적인 융자형식이 모든 금융을 지배하던 국면에 근본적인 변화를 가져왔다. 주민이 금융자산을 선택하는 범위가 확장되었고, 수단이 탄력적이었으며, 주민의 은행 예저금, 그리고 증권시장과 보험시장에 대한 투자가 평균적으로 신속한 발전을 가져왔다. 끊임없이 성장하는 도시와 농촌 주민들의 금융자산은 더욱 풍부한 금융경로와 금융상품을 요구하였으며, 국민경제운영과 발전에도 매우 소중한 자본축적을 더욱 효과적으로 이용할 것을 요구하였다.

도시와 농촌 주민들의 엥겔계수는 각각 1978년의 57.5%와 67.7%에서 2002년에는 37.1%와 45.6%로 내려갔다. 도시와 농촌 주민들의 연말 잉여예저금은 1980년의 399.5억 위안에서 2003년의 103,617.7억 위안으로 증가하였고, 각각 당해년의 GDP 규모의 8.8%와 88.4%를 차지하였다. 주식시장 총액은 1992년의 1048억 위안에서 2002년에는 3조 8329억 위안으로 증가하였으며 각각 당시 GDP의 3.9%와 36.2%를 차지하였다. 도시와 농촌 주민들의 보험비용은 1998년의 762억 위안에서 2002년에는 3880억 위안으로 증가하였으며 각각 당시 GDP의 1.0%와 3.3%를 차지하였다(표 4-4 참조).

(4) 소비의 개성화

개혁개방 전에는 중공업을 우선 발전시키는 전략 배경 아래 정책이 소비를 억제하였고, 투자확대정책을 실시하였기 때문에 도시와 농촌 주민들의 소비품 공급이 심각하게 부족하였으므로 오랫동안 거의 모든 소비품에 대하여 '소비품 공급판매 부문에서 계획에 따라 공급하고, 주민들은 배급표에 따라 상품을 구매하는' 정책을 실시하였으며, 상품의 종류와 수량이 한정되어 있고, 주민들이 개인적 소비기호에 따라 상품을 선택하여 물건을 구매할 수 있는 기본적인 상황이 마련되어 있지 않았

연도	GDP (D)	도시 · 농촌 주민저축액주식 시장가격총액		도시 · 농촌 주민보험비			
		규모(A)	A/D	규모(B)	B/D	규모(C)	C/D
1980	4,517.8	399.5	8.8	0	0	-	-
1992	26,638.1	11,759.4	44.1	1,048	3.9	-	-
1998	78,345.2	53,407.5	68.2	19,506	24.9	762	1.0
2000	89,468.1	66,332.4	74.1	48,091	53.8	1,598	1.8
2003	117,251.9	103,617.7	88.4	42,458	36.2	3,880	3.3
2005	182,321.0	141,051.0	77.3	32,430	39.4	3,209	2.3

표 4-4 | 주민금융자산규모와 분포개황(단위 : 억 위안, %)
도시와 농촌 주민들의 보험비용은 건강보험과 가정재산보험 비용의 합이다.
자료출처 :《중국통계적요 2005》, 87, 88쪽 관련 데이터와《중국경제현황월보》(2005년 1월)
의 10, 48, 52쪽 유관 데이터에 따라 계산하였으며, 보험비와 그 비중은 2004년 데이터를 바
탕으로 하였음.

다. 그러나 개혁개방 이래 소비시장이 끊임없이 발전하고 정비되어 소
비상품이 날로 풍부해졌으며, 주민들의 개성화 소비가 다양화 체제 아
래 '기업이 시장의 수요에 따라 공급하고 주민들이 개인의 기호에 따라
소비하는' 사회적 분위기가 점차 형성되었다(표 4-5 참조).

　20세기 '90년대 중기 중국은 잇따라 두 번이나 법적으로 규정된 노동
시간을 단축하였고 종래의 매주 6일-48시간의 노동제도를 매주 5일-
40시간의 노동제도로 점차 조정하였으며, 법적 휴가일은 7일에서 10일
로 증가하였고 매년 세 번에 걸친 황금주말을 누리게 되었다. 또한 근로
자들이 매년 쉬는 날은 종래의 59일에서 114일로 증가하였다. 휴가제도
의 개혁은 인민들의 날로 증가하는 물질과 문화생활의 수요에 부응하게
하였고, 건강하고 적극적인 생활방식을 풍부하게 하였으며, 인민들의
생활수준을 높이는 동시에 주민들의 개성화 소비에 대해서도 시간과 공
간의 여유를 제공하였다.

	소비항목	1985	1990	1995	2000	2003	2004
도시 주민	식품	52.25	54.25	49.92	39.18	37.07	37.73
	옷	14.56	13.36	13.55	10.01	9.80	9.56
	가정설비용품 및 서비스	8.60	10.14	8.39	8.79	6.31	5.67
	의료보건	2.48	2.01	3.11	6.36	7.28	7.35
	교통통신	2.14	1.20	4.83	7.90	11.08	11.75
	오락교육문화서비스	8.17	11.12	8.84	12.56	14.37	14.38
	주거	4.79	6.98	7.07	10.01	10.72	10.21
	잡화상품과 서비스	7.01	0.94	4.27	5.17	3.29	3.34
농촌 주민	식품	57.79	58.80	58.62	49.13	45.57	47.23
	옷	9.69	7.77	6.85	5.75	5.68	5.50
	가정설비용품 및 서비스	5.10	5.29	5.23	4.52	4.20	4.08
	의료보건	2.42	3.25	3.24	5.24	5.96	5.98
	교통통신	1.76	1.44	2.58	5.58	8.36	8.82
	오락교육문화서비스	3.89	5.37	7.81	11.18	12.13	11.33
	주거	18.23	17.34	13.91	15.47	15.87	14.84
	기타 상품과 서비스	1.12	0.74	1.76	3.14	2.21	2.21

표 4-5 | 도시주민들의 1인당 평균 소비지출표
자료출처 :《중국통계적요 2005》, 106, 111쪽 데이터에 따른 통계.

4. 다원경제의 조화로운 발전 메커니즘

시장화를 주축으로 하는 개혁개방은 자본축적의 다원화, 자본투자의 시장화, 산업발전의 협조화를 주요 고리로 하는 산업의 평형발전과 다원경제의 조화로운 발전 메커니즘을 수립하였다(그림 4-3 참조).

1) 자본축적의 다원화

개혁개방 이래 '전국민의 중산층화 실현'을 목표로 하는 균형발전전략 아래 국가에서 강력하게 추진하는 고강도의 축적 메커니즘을 개혁하

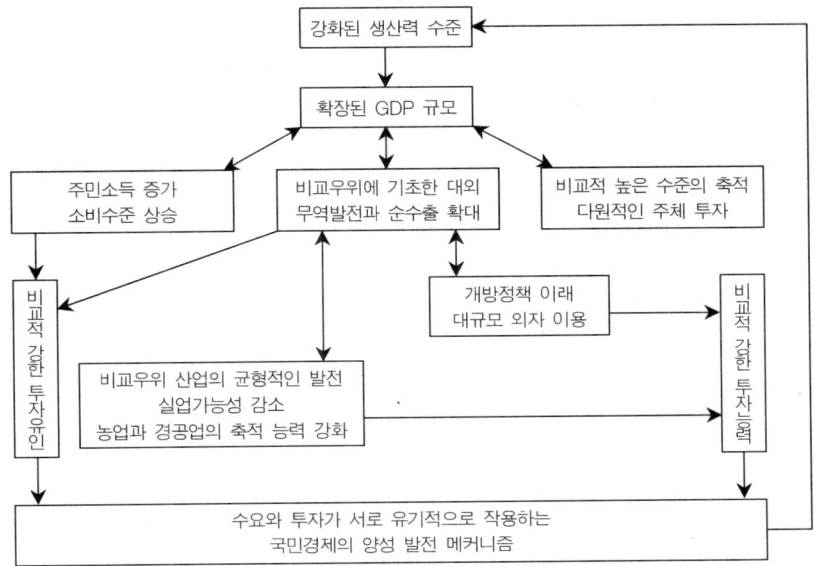

그림 4-3 | 개혁개방정책 아래 균형적인 발전 메커니즘

였고, 국가와 기업, 개인이 경제발전성과를 나누어 가지는 분배관계를 점차 확립하였다. 즉 이익분배를 주민들에게 더 많이 돌리는 단계로까지 이르게 되었다. 첫째, 농촌경영체제 개혁을 통하여 국가의 식량구매 기수(基數)를 조정하여 감소시켰고, 농산품 가격을 큰 폭으로 높였으며, 많은 농민의 소득수준을 크게 높였다. 국유기업에 대한 '권한의 이양과 이익을 나누어주는' 등의 시장화 개혁을 통하여 국유사업소 근로자들의 소득이 큰 폭으로 높아졌고, 각종 비국유기업이 비교적 신속하게 발전 하였으며, 적지 않은 비국유기업 근로자들의 평균 소득수준이 국유단위 근로자들을 초과하였다. 둘째, 경제의 불어남에 대한 분배를 위주로 하는 개혁 과정에서 불어난 수익의 배분에 따른 국유기업이나 비국유기업 모두 기업소득 개혁 전보다 큰 개선을 가져왔으며 기업의 자아발전 능력도 뚜렷하게 강화되었다. 셋째, 시장경제체제를 수립하는 과정에서

국가가 정부의 직능을 변화시켜 '행정적 간섭을 줄이고, 권한을 위양하는', 합리적인 재정세금제도를 통하여 세금액의 규모를 확보하였으며 거시적 조절의 효과적인 실시를 확보하였다. 이로써 주민과 각 유형의 기업을 중심으로 하는 다원적인 자본축적의 주체를 형성하였고 자본투자 시장화를 위한 기초를 마련하였다.

2) 자본투자의 시장화

개혁개방 이전에는 대부분의 자본축적은 정부에 집중되어 있었고, 정부는 중공업 우선 발전계획에 따라 재정에서 충당금 방식으로 중공업을 위주로 하는 각종 산업부문에만 중점적으로 투자하였다. 개혁개방 이래 자금축적이 주민과 기업, 정부에 합리적으로 분포되었고, 각자 독립적인 투자주체로서 투자를 하였다. 민간 자본투자는 자본 회수율의 최대화를 추구하고, 정부의 경영적 자산투자는 비교적 양호한 거시적 조절의 효과와 경제의 안정적이고 건강한 발전을 추구한다. 그러나 더욱 큰 범위 안에서는 두 부문 모두 시장경제원리의 정책결정과 투자방향을 더욱 추구하게 되었다. 최근 몇 년 사이에 사회의 모든 고정자산투자 총액 가운데 국가예산 안의 투자비율은 5%가량이었고, 그 나머지 대부분의 투자는 은행대출금, 외자이용, 자체적 자금조달 등 철저한 시장화에 접근하는 방식을 통하여 실현하였으며, 자본투자의 시장화의 틀이 형성되었다.

3) 산업발전의 협조화

개혁개방 이전에는 중공업 발전전략을 실행하였기에 정부계획 아래의 자본투입은 절대적으로 국유중공업기업에 기울었으며, '국유중공업이 크게 발전하고 총체적 산업구조는 현저하게 불균형을 이루는' 산업구조의 특징과 소유제구조의 틀이 형성되었다. 그러나 개혁개방 이래 여러 가지 자본축적의 주체와 시장화 투자의 주체가 형성되어, 기업의 조직형태와 자본의 투입방향에 근본적인 변화를 가져왔다. 첫째, 개인 축적과 집단축적을 바탕으로 형성된 민간기업이 살아나기 시작하였고, 여러 가지 소유제 경제가 시장경쟁과 합작 가운데서도 공동 발전하는 국면이 공유제경제의 '천하를 지배하던' 국면을 변화시켰다. 둘째, 시장 경제조건 아래의 자본, 특히 민간자본은 시장 전망이 밝고, 보답이 빠른 편으로 기대되는 산업에 투자하고 각종 산업은 '서로 보완하고 서로 시장이 되면서' 협조, 발전하고 있다.

5장
균형발전전략의 실제효과

제1절 거시경제 :
시장체제를 초보적으로 세우고 경제의 힘을 대폭 늘린다

1. 개방형 시장경제체제를 초보적으로 수립

1) 국민경제의 시장화를 대폭 높인다

중국은 이미 사회주의 시장경제체제를 어느 정도 수립하였고, 사회적 자원의 배분, 경제총량 조절과 산업구조를 조정하는 가운데 시장이 이루어낸 기초적 기능이 분명히 증가하였다. 행정체제 개혁과 정부기능의 변화, 국유기업 개혁과 현대 기업제도의 수립, 노동임금의 개혁과 주민의식의 시장화 전환 등은 시장경제의 미시적인 주체의 기초를 닦았고, 자본·노무·기술·정보 등 생산요소시장과 소비재·생산재 시장의 수립과 정비는 시장 시스템의 기틀을 만들었으며, 시장경제의 법 시스템의 점차적인 정비는 시장 메커니즘의 효과적인 운영을 위하여 거시적 체제의 기초를 닦았다.

시장화와 개방화를 위주로 하는 중국경제체제는 끊임없는 변화를 가져왔고, 2001년에는 성공적으로 WTO에 가입하였으며, 중국은 경제의 글로벌화의 이익을 누리기 위한 개방형 경제체제의 기초를 닦았다. 또한 공유제를 주체로 하고 여러 가지 소유제경제가 함께 발전하는 기본경제 제도는 견고하게 발전하였으며, 국민경제 시장화 정도가 대폭 제고되었

연도	M2	GNP	M2/GNP	연도	M2	GNP	M2/GNP
1982	2,589.8	5,301.8	0.49	1993	34,898.8	34,560.5	1.01
1983	3,075.0	5,934.5	0.52	1994	46,923.5	46,670.0	1.01
1984	4,146.3	7,206.7	0.58	1995	60,750.5	57,494.9	1.06
1985	4,884.3	8,989.1	0.54	1996	76,094.9	66,850.5	1.14
1986	6,261.6	10,201.4	0.61	1997	90,995.3	73,142.7	1.24
1987	7,664.5	11,954.5	0.64	1998	104,498.5	76,967.2	1.36
1988	9,288.9	14,922.3	0.62	1999	119,897.9	80,579.4	1.49
1989	10,928.9	16,917.8	0.64	2000	134,610.3	88,254.0	1.53
1990	15,293.4	18,598.4	0.82	2001	158,301.9	95,727.9	1.65
1991	19,349.9	21,662.5	0.89	2002	185,007.0	101,160.9	1.83
1992	25,402.2	26,651.9	0.95	2003	219,226.8	116,898.4	1.88
1993	34,898.8	34,560.5	1.01	2005	298,755.5	182,321.0	1.64

표 5-1 | 중국 개혁개방 이래 M2/GNP의 변화(단위 : 억 위안)

자료출처 : 《중국통계적요 2005》, 17, 82쪽 데이터와 《중국경제현황월보》(2006년 1월), 50쪽 유관 데이터를 바탕으로 작성.

다. 넓은 의미에서 통화(M2)[20]의 GNP에 대한 비율은 1981년 0.46에서 2002년 1.88로 증가하였고, 개혁개방 이래 중국국민경제의 시장화와 화폐화 진전이 충분히 나타났으며(표 5-1 참조), 중국경제체제의 시장화 개혁성과를 뚜렷하게 뒷받침하고 있다.

2) 개방형 경제가 전면적인 발전을 가져왔다

(1) 개방형 경제체제를 초보적으로 수립

20여 년 동안의 개혁개방을 통하여 중국경제체제는 폐쇄적이며 고도

---

20) 역주_ M1 : 기본통화 공급량(현금통화와 은행 따위의 요구불 예금을 합한 일국의 통화 공급량. M2 : M1에 각종 금융기관의 정기성 예금을 더한 한 나라의 통화 공급량. M3 : M2에 각종 금융기관의 예금과 저금, 신탁 원금을 더한 한 나라의 화폐 공급량이다.

로 집중된 계획경제체제에서 개방형 시장경제체제로 전환하는 가운데 커다란 발전을 가져왔다. 첫째, 계획경제체제 아래의 대외무역 독점경영체제를 타파하였고, 대외무역의 거시적 조절방식을 개선하였다. 대외무역경영의 미시적 주체를 확대하였고, 대외무역을 충분히 발전시키기 위한 적당한 조건들을 갖추었다. 둘째, 외자를 이용하는 지역과 산업의 범위를 점차 확대하였고, 외자를 이용하는 형식과 경로를 늘리고 외자를 이용하는 융통성과 가능성을 크게 높였다. 셋째, 환율조정 메커니즘을 차츰 정비하였고, 개방형 경제의 건전한 운영을 위한 기초적인 방안들을 개발하였다. 넷째, 국제적으로 통용되는 외교에 관련된 관행을 서서히 채용하고 대외경제의 법규 시스템을 끊임없이 정비하여, 개방형 경제발전을 위한 제도적 기초를 마련하였다.

(2) 국제무역의 신속한 발전

개혁개방 이래 중국의 대외무역은 신속하게 발전하였으며 대외무역 구조가 끊임없이 개선되었고 경영주체와 무역방식의 다원화를 실현하였다. '80년대와 '90년대 수출의 평균 성장속도는 각각 12.6%와 13.6%에 달하였고 중국의 수출이 세계 총수출액 가운데 차지하는 비율은 1980년 0.9%에서 2000년에는 4.0%로 높아졌다(표 5-2 참조). 연간 수출입 총액은 1978년의 206.4억 달러에서 2002년에는 6208억 달러로 증가하였고, 매년 평균신장률은 15.2%로 같은 시기 GDP 신장률인 9.3%를 초과하였다. 2002년 중국 대외무역 규모는 세계 5위를 차지하였고 대외무역 무역흑자도 304억 달러에 달하였다.

(3) 외자이용의 만족스러운 성과

개혁개방 이래 '두 가지 자원'을 적극적으로 이용하는 경제무역전략을 추진하는 속에서 중국이 외자를 이용하는 규모가 신속하게 증가하였고, 다양한 각도와 여러 단계로 넓은 영역에 대외개방의 틀을 수립하였

		대외무역 평균증가율				세계무역 가운데 차지하는 비율			
		'60	'70	'80	'90	1970	1980	1990	2000
수출	중국	−0.6	21.8	12.6	13.6	0.8	0.9	1.8	4.0
	일본	16.5	20.3	8.6	4.3	6.4	6.8	8.4	7.7
	NIES	11.5	28.5	13.9	8.4	2.1	4.0	7.8	10.5
	ASEAN4	3.2	26.1	5.3	11.4	1.5	2.4	2.5	4.3
수입	중국	−3.5	23.8	12.8	13.4	0.7	1.0	1.5	3.5
	일본	14.4	21.6	4.5	3.2	6.0	7.1	6.7	5.8
	NIES	10.8	25.8	11.5	7.7	2.8	4.4	7.6	10.0
	ASEAN4	6.0	21.7	7.6	6.5	1.6	2.0	2.8	3.2

표 5-2 | 대외무역 증가율과 대외무역 비율의 국제화 비교(단위 : %)
자료출처 : 《JETRO 무역백과서》(2001년 일본판), 46쪽에 따름.

다. 매년 실제 이용하는 외자액이 1983년 34.3억 달러에서 2001년에는
648.8억 달러로 증가하였는데, 매년 평균 증가율은 17.7%로 같은 시기
중국 GDP 증가규모 9.7%를 초과하였으며 고정자산투자의 매년 평균
증가율 10.6%를 넘어섰다. 2년 전(1999)에는 아시아 금융위기의 영향을
받아 외자 이용액이 감소되기는 하였지만, 여전히 600억 달러 규모를
유지하였다. 아시아 금융위기를 극복하고 세계경제의 점차적인 회복으
로 말미암아 약 2년 동안 중국의 외자 이용률은 뚜렷하게 높아졌다. 세
계의 우수한 다국적 기업들의 중국에 대한 투자가 늘어났고, 외국투자
기업의 산업구조와 기술구조가 점차 개선되었으며, 2003년 중국이 흡수
한 외국상인들의 직접투자액은 535억 달러에 달해 세계의 선두자리를
차지하였다. 현재 홍콩, 마카오, 대만을 포함한 외국기업 직접투자가 중
국 전 사회의 고정자산 투자총액[공공투자와 민간설비투자를 합한 것에
해당] 가운데 차지하는 비율이 비교적 높은 수준에 올라 있는데, 이는
이미 중국경제의 중요한 구성 부분과 새로운 경제의 성장점으로 되면서
중국경제발전을 위하여 점점 더 중요한 영향을 미쳐왔다.

　　그러나 외국기업들의 투자구조는 제조업에 집중되어, 농업과 서비스업 영역의 투자액은 비교적 적다. 단순한 가공을 위주로 하는 노동집약형 산업에 대한 투자가 비교적 많고 지식집약형의 높은 과학기술에 대한 투자가 비교적 적다. 동부연해지구(중국 동부의 해안지대)에 대한 투자는 비교적 많고, 서부국경지방은 적다. 이와 같은 특징을 가지고 있어서 그 구조의 점차적인 조정과 개선이 필요하다.

3) 다원적인 축적과 균형 발전의 새로운 메커니즘을 기본적으로 형성

(1) 투융자경로의 다원화

　　① 신용대출의 규모가 확대되었고, 은행기능이 강화되었다 : 금융체제 개혁의 끊임없는 진전과 시장의 투융자 주체의 다양화에 따라 은행 신용대출의 규모가 끊임없이 확대되었고, 이것이 국민경제 발전에 미치는 투융자의 기능은 점차 강화되었다. 표 5-4에서 표시한 것과 같이 중국 국내신용대출의 GDP에 대한 비율은 1981년 56.4%에서 2000년에는

표 5-3 | 중국에 대한 외국기업의 직접투자 개황(단위 : 건, 억 달러, %)
자료출처 : 《중국통계적요 2004》, 167, 168쪽 데이터와 《중국경제현황월보》(2006년 1월), 42쪽 유관 데이터에 따라 작성.

연 도	외국기업 투자협의		실제투자액	매년 평균 증가속도	
	항목수량	금 액		협의금액	실제금액
1979~1985	6,321	163.2	47.3		
1986~1990	22,728	240.4	142.6	2.1	16.0
1991~1995	229,739	3,555.0	1,141.8	69.1	60.8
1996~2000	104,621	2,805.8	2,134.8	-7.2	1.7
2001~2003	101,392	2,670.4	1,531.3	28.95	6.84
2004	43,664	1,534.8	606.3	33.4	13.3
2005	—	1,890.7	603.3	23.2	-0.5

연 도	1981	1985	1990	1995	2000
중 국	56.4	66.1	90.0	91.2	122.5
일 본	105.3	121.2	137.7	132.3	139.6
한 국	—	—	57.2	56.6	85.0
싱가포르	68.8	77.4	62.2	62.3	72.0
태 국	46.8	66.1	70.1	97.2	112.1
말레이시아	50.7	67.4	75.7	93.5	109.0
인도네시아	9.3	14.5	45.5	51.8	63.9

표 5-4 | 일부 동남아 국가의 신탁 대 GDP 비율(단위 : %)
자료출처 : 일본동남아발전국제연구센터 편, *East Asian Economic Perspectives, Special Issue,*
Vol.12, February 2001.

122.5%로 증가하였는데, 그 비율은 한국, 싱가포르, 태국 등 동남아 국
가들보다 높았으며, 국내신용대출의 비례가 비교적 높은 전형적인 국가
인 일본에 거의 근접한 것이었다.

② 증권시장이 날로 활발해져 자금을 모으는 중요한 경로가 되었다 :
신중국의 주식시장은 '90년대 초에 시작되었으나 발전속도가 빨랐고,
현대 기업제도를 추진하고 국유기업 개혁을 촉진하여 기업융자 경로를
개척하는 것 등에 적극적인 구실을 하였다. 1990년부터 2003년까지 상
장회사들이 10개에서 1287개로 증가하였고, 주식시장의 자금 조달액이
5억 위안도 안 되었던 것이 1358억 위안으로 증가하였다. 중국 자본시
장의 발전속도 또한 주식시장가치의 경제총량에 대한 비율의 증가에서
반영되었다. 1993~1995년 기간 동안 중국의 주식시장가치는 GDP에 대
한 가치비율이 5~10% 사이에서 맴돌았으나 1996년 이후 주식시장은
날로 활발해졌으며, 시장가치 규모는 신속하게 증대하여 최근 몇 년 이
래 그 비율은 이미 50% 정도에 달하였다(표 5-5 참조). 비록 중국기업
의 주식시장을 통한 융자가 전체 융자에서 차지하는 비율이 아직 낮고,
주식시장의 가치는 GDP에 대한 비율로 볼 때 동남아 신흥공업국가들의

연도	상장회사 (개)	주식발행량 (억 주)	주식자금조달액 (억 위안)	주식시장가치	
				총액(억 위안)	GDP에 대한 가치 비례(%)
1990	10			12	0.06
1991	14	5.0	5.0	109	0.5
1992	53	20.8	94.1	1,048	4.0
1993	183	95.8	375.5	3,522	10.2
1994	291	91.3	326.8	3,691	7.9
1995	322	31.6	150.3	3,474	5.9
1996	530	86.1	425.1	9,842	14.5
1997	745	267.6	1,293.8	17,529	23.5
1998	851	105.6	841.5	19,506	24.9
1999	949	122.9	944.6	26,471	32.3
2000	1,088	512.0	2,103.1	48,091	54.5
2001	1,154	141.5	1,252.3	43,522	45.4
2002	1,224	291.7	961.8	38,329	37.4
2003	1,287	304.1	1,357.8	42,458	36.3
2004	1,377	227.9	1,510.9	37,056	27.1
2005	1,381	—	—	32,430	17.8

표 5-5 | 중국 주식시장의 발전 개황
자료출처 : 《중국통계적요 2005》, 88쪽 관련 데이터와 《중국경제현황월보》(2006년 1월) 52쪽 유관 데이터에 따라 통계.

평균수준보다 훨씬 낮지만, 상승률은 중국 증권시장의 발전잠재력과 기업융자경로의 중요성을 충분히 보여주었다.

③ 외국자본 이용이 증가하고 외자기업이 시장을 활발하게 하는 주체가 되었다 : 개혁개방 이래 중국의 외자이용 규모는 신속하게 확대되었다. 2001년의 경우 외자이용 총액은 중국 전 사회 고정자산투자 총액의 14.9%와 그해 중국 GDP의 5.5%에 해당되며 중국의 중요한 투자원천과

연도	총계	대외차관		외상 직접투자		외상 기타투자	
		금액	비율	금액	비율	금액	비율
1979~1984	171.43	130.41	76.1	30.60	17.8	10.42	6.1
1985	44.62	25.06	56.2	16.58	37.2	2.98	6.7
1990	102.89	65.34	63.5	34.87	33.9	2.68	2.6
1991	115.54	68.88	59.6	43.66	37.8	3.00	2.6
1992	192.02	79.11	41.2	110.07	57.3	2.84	1.5
1993	389.60	111.89	28.7	275.15	70.6	2.56	0.7
1994	432.13	92.67	21.4	337.67	78.1	1.79	0.4
1995	481.33	103.27	21.5	375.21	78.0	2.85	0.6
1996	548.04	126.69	23.1	417.25	76.1	4.10	0.7
1997	644.08	120.21	18.7	452.57	70.3	71.30	11.1
1998	585.57	110.00	18.8	454.63	77.6	20.94	3.6
1999	562.59	102.12	18.2	403.19	71.7	21.28	3.8
2000	593.56	100.00	16.8	407.15	68.6	86.41	14.6
2001	496.72	—	—	468.78	94.4	27.94	5.6
2002	550.1	—	—	527.4	95.9	22.7	4.1
2003	561.4	—	—	535.1	95.3	26.4	4.7
2004	640.7	—	—	606.3	94.6	34.4	5.4
1979~2004	7,453.5	1,471.6	19.7	5621.1	75.4	360.8	4.9

표 5-6 | 개혁개방 이후 중국의 외자 실제이용 개황(단위 : 억 달러, %)
자료출처 :《중국통계적요 2005》, 169쪽 데이터에 따른 통계.

사회경제발전의 원동력이 되었다. 외자이용 구조도 적극적인 변화를 가져왔다. 1979년부터 1984년 사이 외자이용 총액 가운데 76.1%가 대외차관에 속하고 외국상인들의 직접투자는 17.8%밖에 안 되었다. 그러나 2002년의 외자이용 총액 가운데 외국기업들의 직접투자액 비율이 96%로 높아졌고, 기타 다른 방식의 외자이용은 겨우 4% 정도밖에 안 되었다. 1997년의 아시아 금융위기 이후 외국기업들의 직접투자 증가속도가 느려지긴 하였지만, 몇 년 동안의 위기 이후인 2003년 외자기업이 중국 대륙에 직접 투자한 금액이 535억 달러에 달해, 1998년의 454.6억 달러를 훨씬 초과하였는데, 이것은 또다시 신기록을 세운 것이었다.

승인된 투자협의금액에서 보면 2002년에는 828억 달러에 달해 2000년 이래의 지속적인 성장추세를 유지하였는데, 이는 새로운 발전으로 중국대륙에 대한 직접적인 투자의 상승세가 여전히 지속되고 있음을 의미했다. 2003년 말까지 중국이 승인한 국외와 홍콩·마카오·대만 기업의 투자 프로젝트는 총 39.0만 개에 달하였고, 투자협의금액은 총 7,459.1억 달러였으며, 실제 투자금액은 4,997.4억 달러에 달하였다(표 5-6 참조).

(2) 다원화 축적 메커니즘을 점차 형성하다

주민가계, 기업 등 민간시장을 주체로 하는 경제이익의 시장화 개혁을 자극하기 위하여 국민소득분배의 중점을 민간으로 돌리게 됨에 따라, 민간 직접투자 규모가 확대되었을 뿐만 아니라, 금융신용대출과 증권투자의 참여주체도 다원화하였다. 도시와 농촌의 주민소득 증가와 함께 주민의 저축 규모가 신속하게 증가하였고, 축적 수준도 끊임없이 상승하였다. 민간투자를 중심으로 정부·기업·주민이 공동으로 축적하는 투자구조가 이미 개혁 이전에 실시해왔던, 단순하게 국가축적에만 의지해오던 투자구조를 바꾸었다. 자본투자구조를 보면 2003년의 전체 투자 가운데서 국가예산에서 오는 자금은 6.8%밖에 안 되었고, 기타 투자금액은 대출금, 외자, 자체조달 등의 시장화 경로에서 왔다(표 5-7 참조). 국유경제투자에서도 국가예산자금은 12.3%밖에 안 되며 상업대출금이 4분의 1을 차지하였다. 그러나 각종 투자주체의 자금원 구성 사이에는 차이가 컸으며, 개인경제 투자자금의 약 80%가 자체조달에 따른 것이고, 국내 상업대출금의 비율은 겨우 5%밖에 안 되었으며, 국가예산 속의 자금과 외자이용은 거의 제로 수준이었다.

	투자 금액	국가 예산	국내 대출금	외자 이용	자체 자금조달	기타 자금
총 계	100.00	4.84	21.68	4.68	56.60	17.70
국유경제	100.00	10.38	25.61	1.56	50.62	11.58
집단경제	100.00	4.22	11.58	5.02	72.66	7.94
농 촌	100.00	5.00	10.60	5.91	74.76	3.72
개인경제	100.00	0.02	11.59	0.27	65.89	29.80
농촌개인	100.00	0.00	3.92	0.00	91.62	4.46
주식제도	100.00	0.51	12.01	0.99	65.00	31.40
외상투자	100.00	0.71	27.70	1.44	57.60	25.58
홍콩·마카오·대만	100.00	0.13	19.34	39.06	38.11	12.43
기타 경제	100.00	0.04	25.10	27.64	39.44	28.48

표 5-7 | 2003년 각종 경제유형의 투자자금 원천구조(단위 : %)
자료출처 :《중국통계연감 2004》, 190~191쪽 관련 데이터에 따른 통계.

(3) 산업경제가 균형적으로 발전

시장화 개혁에 따라 독립된 법인으로서 실체를 가진 시장경영의 주체로 된 국유기업과, 시장 메커니즘 속에서 나타난 민영기업은 운영자원을 끊임없이 이윤이 비교적 높은 산업부문에 배분하였다. 개혁개방 이전에는 중공업 우선 발전전략 아래 사회경영자원은 주요 중공업을 위주로 하는 제조업 영역에 집중되었으나, 개혁개방 이후로는 사회자원의 각 산업 사이의 배분은 날로 합리화를 지향하였다. 표 5-8에서 표시한 것과 같이 개혁개방 초기 전 사회의 기본건설투자 가운데 절반 정도가 제조업에 집중되었으나, 개혁개방이 진전됨에 따라 장기간 제약을 받아오던 교통, 운송, 창고저장, 우전(郵電), 사회 서비스업 등의 업종에 대한 투자가 크게 늘었으며, 각 산업이 균형적으로 발전하였다.

연도	투자총액	농업	제조업	건축업	교통·운수 창고저장 우전	도매·소매 음식업	서비스업	교육·문화 예술·방송
1978	500.99	3.58	54.52	1.76	13.58	3.05	3.07	4.49
1980	558.89	4.47	49.31	2.01	11.15	5.11	6.05	8.02
1985	1,074.37	1.56	20.79	2.05	16.58	3.71	5.18	7.27
1990	1,703.81	1.51	22.42	0.61	12.38	2.28	3.91	6.02
1995	7,403.62	1.03	20.80	1.97	21.44	3.37	6.62	4.76
2000	13,427.27	2.69	8.75	1.47	27.12	2.18	12.00	6.13
2003	22,908.60	1.82	15.89	1.66	21.36	3.15	13.58	7.82

표 5-8 | 국민경제의 주요 산업기본건설 투자비중(단위 : 억 위안, %)
일부 주요 업종을 선택하였기에 합계가 100% 되지 않는다.
자료출처 : 《중국통계연감 2001》, 168쪽 관련 데이터와 《중국통계연감 2004》, 196~197쪽 데이터에 따른 통계.

2. 빠른 경제성장으로 전 국민의 중산층화를 총체적으로 실현

1) 빠른 경제성장으로 종합국력이 크게 성장

개혁개방 이래 중국경제는 기본적으로 신속하게 건전한 발전을 유지하였고, 산업구조의 균형은 눈에 띄게 높아졌으며, 종합적인 경제력이 대폭 증가하였다. 식량, 면화 등 주요 농산품 생산능력이 눈에 띄게 성장하여, 농산품의 장기적인 공급 부족을 벗어나 공급량이 기본적인 균형을 이루었고, 풍년에는 농산품이 남아도는 상황으로까지 바뀌었다. 주요 공업 생산량은 세계 선두를 차지하였고, 상품 부족 문제도 기본적으로 해결되었다. 그리고 기초시설(인프라) 건설의 성과가 현저하게 나타나 에너지, 교통, 통신과 원자재의 병목현상에 따른 제약은 기본적으로 없어지게 되었다. 1980년부터 2002년까지 국내생산 총액의 연평균 성장률은 9.5%였다. 1995년에는 국내생산 총

연도	GDP와 그 증가지수			1인당 평균 GDP 규모와 그 증가지수		
	GDP	전해가 100	1978년이 100	1인 평균 GDP	전해가 100	1978년이 100
1978	3,624.1	111.7	100	379	110.2	100
1979	4,039.2	107.6	107.6	417	106.1	106.1
1980	4,517.8	107.8	116.0	460	106.5	113.0
1981	4,862.4	105.2	122.1	489	103.9	117.5
1982	5,294.7	109.1	133.1	526	107.5	126.2
1983	5,934.5	110.9	147.6	582	109.3	137.9
1984	7,171.0	115.2	170.0	695	113.7	156.8
1985	8,964.4	113.5	192.9	855	111.9	175.5
1986	10,202.2	108.8	210.0	956	107.2	188.2
1987	11,962.5	111.6	234.3	1,103	109.8	206.6
1988	14,928.3	111.3	260.7	1,355	109.5	226.3
1989	16,909.2	104.1	271.3	1,512	102.5	231.9
1990	18,547.9	103.8	281.7	1,634	102.3	237.7
1991	21,617.8	109.2	307.6	1,879	107.7	255.6
1992	26,638.1	114.2	351.4	2,287	112.8	288.4
1993	34,634.4	113.5	398.8	2,939	112.2	323.6
1994	46,759.4	112.6	449.3	3,923	111.4	360.4
1995	58,478.1	110.5	496.5	4,854	109.3	394.0
1996	67,884.6	109.6	544.1	5,576	108.4	427.1
1997	74,462.6	108.8	592.2	6,054	107.7	460.3
1998	78,345.2	107.8	638.5	6,308	106.8	491.5
1999	82,067.5	107.1	684.1	6,547	106.2	521.8
2000	89,468.1	108.0	738.8	7,086	107.1	559.2
2001	97,314.8	107.5	794.2	7,651	106.7	596.7
2002	105,172.3	108.3	860.1	8,214	107.6	642.0
2003	117,251.9	109.3	940.1	9,101	108.7	697.9
2004	136,875.9	109.5	1,029.4	10,561	108.8	759.3
2005	182,321.0	—	—	14,025	—	—

표 5-9 | 중국의 GDP와 그 증가속도(단위 : 억 위안)

GDP와 1인당 평균 GDP는 그해의 규모에 해당함.
자료출처 :《중국통계연감 2004》, 53, 57쪽 관련 데이터와《중국경제현황월보》(2006년 1월) 10쪽
유관 데이터에 따라 작성.

국가별	1980 ~1990	1991 ~1996	1980 ~1996	1997	1998	1999	2000	2001	2002	2003	2004
세 계	−	−	−	−	−	−	4.7	2.4	3.0	3.9	5.1
중 국	9.5	12.1	10.3	8.8	7.8	7.1	8.0	7.5	8.3	9.3	9.5
미 국	3.4	2.7	2.9	4.2	4.3	4.1	3.7	0.5	2.2	3.1	4.4
일 본	4.1	1.3	3.2	1.8	−1.1	0.1	2.8	0.4	−0.3	2.7	2.6
독 일	2.1	1.4	−	1.5	2.2	1.5	2.9	0.8	0.2	−0.1	1.7
한 국	9.7	7.1	8.8	5.0	−6.7	10.7	8.5	3.8	7.0	3.1	4.6
태 국	7.6	8.3	7.8	−0.4	−10.2	3.3	4.8	2.1	5.4	6.7	6.1
싱가포르	6.4	8.6	7.1	8.4	−0.1	6.9	9.7	−1.9	2.2	1.1	8.4
말레이시아	5.2	8.7	6.5	7.3	−7.4	6.1	8.6	0.3	4.1	5.2	7.1

표 5−10 | '90년대 세계 주요 국가들의 GDP 실제증가율 비교(단위 : %)

1990년에 독일이 통일됨에 따라 전후 숫자에 변화가 생겼으므로 1980~1996년의 연평균 증가속도를 계산하지 않았다.
자료출처 : 2000년 이전의 데이터는 일본 총무성 통계국《세계통계 2001》, 79~80쪽과 각국 관련 자료에 따라 통계하였고, 2000년 이후의 데이터는《중국통계연감 2005》, 907쪽에 따라 통계.

액을 1980년 규모의 4배로 증가시키는 전략목표를 5년 앞당겨 완성하였으며, 2002년 GDP 규모는 1978년의 7.4배에 해당하였다(표 5−9 참조).

'90년대 중국경제 성장률은 미국, 일본, 독일 등의 선진국가보다 높았을 뿐만 아니라 북아메리카에 자유무역지역을 설치하여 큰 신장세를 보였던 멕시코보다도 높았다. 전 세기 '90년대 중기까지 비교적 빠른 경제성장속도를 유지하던 한국, 태국, 인도네시아 등은 아시아 금융위기에서 큰 타격을 받았으나, 중국은 아시아 금융위기의 충격을 성공적으로 방어하였고 안정된 성장세를 유지하였으며, 강대한 종합경제 실력과 위기관리 능력을 설득력 있게 보여주었다(표 5−10 참조).

2) 주민소득이 크게 증가하고 전 국민의 중산층화를 실현

지속적으로 안정된 경제성장을 바탕으로 중국은 1997년에 1인당 평균 GDP를 1980년 수준보다 4배로 높인다는 전략목표를 3년이나 앞당겨 달성하였다. 1980년부터 2002년까지 1인당 GDP 성장률은 8.1%에 달하였고, 비교 가능 가격으로 계산한 2002년의 1인당 GDP는 1980년의 5.6배나 되는 약 1097달러였다. 1978년부터 2002년까지 도시와 농촌주민 소득수준이 전반적으로 상승한 가운데 농촌주민의 1인당 순소득은 5.5배로 증가하였으며, 도시주민들의 경우 4.7배로 증가하였다. 반면에 농촌주민들의 엥겔계수는 67.7%에서 45.6%로 낮아졌으며, 도시주민들의 엥겔계수는 57.5%에서 37.1%로 낮아졌다. 1999년 전 국민의 엥겔계수는

표 5-11 | 도시와 농촌주민 가정의 1인당 평균소득과 엥겔계수(단위 : 위안, %)
절대치는 그해의 값이며, 지수는 비교수치에 따라 계산하였다.
자료출처 : 《중국통계적요 2004》, 99~100쪽 관련 데이터에 따른 통계.

연도	농촌주민들의 1인당 평균소득		도시주민들의 1인당 평균소득		엥겔계수(%)	
	절대치	지 수	절대치	지 수	농촌주민	도시주민
1978	133.6	100	343.4	100	67.7	57.5
1980	191.3	139.0	477.6	127.0	61.8	56.9
1985	397.6	268.9	739.1	160.4	57.8	53.3
1990	686.3	311.2	1,510.2	198.1	58.8	54.2
1995	1,577.7	383.7	4,283.0	290.3	58.6	49.9
2000	2,253.4	483.5	6,280.0	383.7	49.1	39.2
2001	2,366.4	503.8	6,859.6	416.3	47.7	37.9
2002	2,475.6	528.0	7,702.8	472.1	46.2	37.7
2003	2,622.2	550.7	8,472.2	514.6	45.6	37.1
2004	2,936.4	588.1	9,421.6	554.2	47.2	37.7

49.3%로 처음으로 50% 이하로 내려갔다(표 5 - 11 참조). 2002년 도시와 농촌 주민들의 1인당 평균 순소득은 각각 8472위안과 2622위안이었고, 1978년부터 2002년 사이 매년 평균적으로 실제 증가한 비율은 7.3%와 7.8%였다. 시장 상품이 풍부하고 주민 소비수준이 끊임없이 높아졌으며, 도시와 농촌 주민들의 주택과 전자통신, 전기사용 등 생활조건이 눈에 띄게 개선되었다. 주식, 채권과 기타 금융자산에 대한 전 국민의 투자가 큰 폭으로 빠르게 증가하였고, 국유기업 실업 근로자들의 기본생활에 대한 보장, 실업보험, 도시주민들의 최저생활보장 등 '세 가지 보장제도'와 기본적인 양로보험 · 실업보험 · 의료보험을 주요 내용으로 하는 사회보험제도가 초보적으로 수립되었다. 농촌의 빈곤인구가 대폭 감소하였고, 중국 전 국민의 (어느 정도 여유 있는) 중산층화가 실현되었다.

제2절 구조특징 : 전체 구조의 균형화와 낮은 구조수준

1. 산업구조 : 3대산업이 조화롭게 발전하고 전체적인 구조가 점차 균형을 이루었다

개혁개방 초기부터 '80년대 중기에 이르기까지, 장기간 중공업 우선 발전전략과 체제의 제한을 받아온, 제1차산업과 제3차산업은 신속하게 발전하였으며, 국내생산 총액에서 차지하는 비율이 대폭 높아졌다. 제1차산업의 비율은 1978년의 28.1%에서 1982년에는 33.3%로 높아졌고, 제3차산업은 1979년의 21.4%에서 계속 상승 상태를 유지하였으며, 현재 국내생산 총액의 3분의 1 수준으로 증가하였다. 그 결과 제2차산업의 비율은 1978년 48.2%에서 1990년 41.6%로 떨어졌으나 뒤에 다시 균형

연도	산업증가액구조(%)			근로자들의 구성(%)			노동생산율(위안/인)		
	I	II	III	I	II	III	I	II	III
1952	50.5	20.9	28.6	83.5	7.4	9.1	198.0	926.2	1,033.0
1957	40.3	29.7	30.1	81.2	9.0	9.8	222.7	1,479.9	1,383.6
1962	39.4	31.3	29.3	82.1	7.9	9.9	213.0	1,745.0	1,308.4
1965	37.9	35.1	27.0	81.6	8.4	10.0	278.3	2,500.8	1,614.8
1970	35.2	40.5	24.3	80.8	10.2	9.0	285.2	2,593.0	1,763.5
1975	32.4	45.7	21.9	77.2	13.5	9.3	329.7	2,660.1	1,841.9
1978	28.1	48.2	23.7	70.5	17.3	12.2	359.6	2,512.9	1,759.7
1980	30.1	48.5	21.4	68.7	18.2	13.1	466.8	2,844.2	1,746.9
1985	28.4	43.1	28.5	62.4	20.8	16.8	816.4	3,723.6	3,058.0
1990	27.1	41.6	31.3	60.1	21.4	18.5	1,289.3	5,569.7	4,853.1
1995	20.5	48.8	30.7	52.2	23.0	24.8	3,375.5	18,229.3	10,632.2
2000	16.4	50.2	33.4	50.0	22.5	27.5	4,058.5	27,705.4	15,072.7
2001	15.2	51.1	33.7	50.0	22.3	27.7	4,001.3	30,133.3	15,945.4
2003	14.6	52.3	33.1	49.1	21.6	29.3	4,676.9	38,024.1	17,733.5
2005	12.5	47.3	40.2	46.9	22.5	30.6	6,441.4	50,950.4	31,895.6

표 5-12 | 3대 산업의 증가가치와 근로자들의 구성, 상대 생산율의 변화
I, II, III은 제1, 제2, 제3차산업을 뜻한다.
자료출처 : 《중국통계연감 2002》, 51, 118쪽과 《중국통계적요 2005》, 44~45쪽 데이터에 따른 통계,
2005년의 근로자 수는 2004년 말의 데이터에 따름.

으로 나아가는 산업구조와 자체 발전잠재력을 바탕으로 현재까지 지속
적인 성장세를 유지하였으며, 현재는 이미 국내생산 총액의 절반 이상
을 초과하였다.

중국의 산업구조는 '70년대 말부터 '80년대 중기까지 대폭 조정되어
'80년대 중기 이후에는 '병목현상'의 해소와 같이 미세한 조정을 통하여
전체적인 구조가 점차 균형을 이루었고, 시장 메커니즘을 바탕으로 유
기적인 상호작용과 협조 속에서 점차 발전하였다. 최근 몇 년의 상대적
인 생산력의 관점에서 보면, 제2차산업의 상대적인 노동생산성은 여전

히 기타 산업에 견주어 높았고, 제2차산업이 지속적으로 확장하고 발전하는 근본 동력이 되었으며, 제2차산업의 강력한 발전을 추진했던 이유를 알게 된다. 제3차산업의 상대적 노동생산성이 비록 제2차산업보다는 낮았지만 제1차산업보다는 훨씬 높았고, 이러한 지속적인 성장 경향은 제1차산업의 하강 추세의 선명한 대조를 이루었다(표 5-12 참조). 현 단계 중국 산업발전의 기본특징은, 제2차산업이 주도적으로 발전하고 제3차산업은 안정적으로 성장하며, 제1차산업 비율은 내려가고 있다는 것이다.

2. 소유제 구조 : 민영경제의 큰 발전과 전체 구조의 현저한 조정

1) 여러 가지 소유제 경제가 더불어 발전

개혁개방 이래 공평한 경쟁을 위한 시장환경은 뚜렷하게 개선을 보여, 경제주체의 다원화 구조가 점차 형성되었으며, 중국경제의 소유제 구조가 크게 변화했다. 개혁개방 이전에는 국유와 집단경제로 이루어진 공유제 경제가 기본적으로 지배하였지만, 현재는 공유제 경제를 주체로 여러 가지 요소가 더불어 발전하는 새로운 국면이 형성되었다.

소유제 구조의 다원화 추세는 공업생산액의 구성 변화에서 구체적으로 나타났다. 1980년 국유공업 총생산액이 전체 공업 총생산액에서 차지하는 비율은 80%에 가까웠으나, 1990년에는 54.6%로 떨어졌다. 그리고 '90년대 이후 국유기업의 개혁 추진과 함께 1998년부터 실시된 국유경제의 재편전략에 따라 국유공업기업은 일부 경쟁적 업종에서 점차 밀려나기 시작하였다. 2003년에 와서는 국유지주(國有持株)기업을 포함한 국유공업 총생산액이 전체 공업 총생산액에서 차지하는 비율은 점점 떨어져 30% 이하로 되었다. 그리하여 개인공업기업과 외국투자기업을 포

연도	고정자산투자 구성				공업 총생산액 구성			
	집단 경제	개인 경제	국유 및 주식소유	기타 경제	국유 및 주식소유	집단 기업	개인 기업	기타 기업
1980	5.0	13.1	81.9	—	76.0	23.5	0.0	0.5
1985	12.9	21.0	66.1	—	64.9	32.1	1.9	1.2
1990	11.7	22.2	66.1	—	54.6	35.6	5.4	4.4
1995	16.4	12.8	54.4	16.3	34.0	36.6	12.9	16.6
2000	14.6	14.3	50.1	21.0	47.3	13.9	42.4	
2003	14.2	13.7	72.1		38.5	7.3	54.2	

표 5-13 | 서로 다른 경제요소가 고정자산 투자와 공업생산액 가운데 차지하는 비율 변화(단위 : %)

기타 경제요소는 공동경영경제, 주식제 경제, 외국기업 및 홍콩·마카오·대만 등의 투자경제 등을 포함하며 2000년부터 공업 총생산액을 구성하는 통계 요소가 변화하였으며, 그 생산액은 판매소득이 500만 위안 이상을 초과하는 기업만 통계하였음.
자료출처 : 1995년 이전의 데이터는 《중국통계연감 2001》, 158쪽을, 2000년 이후의 데이터는 《중국통계적요 2004》, 51, 124쪽을 따름.

함한 기타 경제유형 기업들이 신속하게 발전하면서, 이들 두 가지를 합친 총생산액이 전체 공업 총생산액에서 차지하는 비율은 1980년 0.5%에서 2003년 50% 이상으로 높아졌다.

2) 국유공업과 산업조직구조의 개선

(1) 대형기업의 힘찬 발전

치열한 시장경쟁 속에서 형성된 유력한 대기업에서는 "작아도 모든 것이 갖추어져 있다" "크고도 모든 것이 갖추어져 있다"는[대기업이든, 소기업이든 생산에 필요한 설비·기술·인원·자재의 확보에 힘써 모든 것을 마련하고, 사회의 기능까지도 대행했던 방식] 기업의 상황은 뚜렷하게 개선되어가고 있었다. 520개의 국가 중점기업들 가운데서는 국유 및 국유지주 기업들이 514개에 달하며, 비록 기업 수에서는 전국 공업기업 수의 0.3%밖에 안 되지만, 2001년 자산 총액은 전체 공업의 59.2%였으며 판매수입은 41.9%였고 실현이세(實現利稅 : 이익과 세금)는 47.6%였으며 실제 이윤은 49.4%를 차지하였다. 석탄, 자동차 등 일부 중점 업종에서는 산업집중도가 점차 높아졌다. 세계 500대 기업 가운데 국유 및 국유지주 대형기업의 위치도 점차 높아졌다. 1998년부터 2001년까지 세계 500대 안에 드는 중국 국유기업이 5개에서 11개로 증가하였으며, 중국 대형 국유 및 국유지주 기업의 전체적인 실력도 강화되었다.

(2) 중소기업의 건전한 발전

중국의 개방으로 중소기업 발전이 활기를 띠면서, 첫째는 조직개혁, 합작, 인수합병, 임대, 도급경영과 주식합작제도, 판매 등 여러 가지 형식으로 국유 중소기업의 개방을 장려해나갔다. 이런 활기에 더욱 탄력이 가해지면서, 현재 국유 소형기업의 개혁도 이미 86.1%에 달하게 되었다. 둘째는 중소기업의 사회화 서비스시스템 수립이 초보적인 성과를 거두었고, 중소기업을 위하여 자금, 기술, 인재, 정보 서비스를 제공하는 서비스시스템이 이미 초보적으로 확립되었다. 셋째는 사회적 신용 서비스시스템 수립을 강화하고, 전국의 40여 개 성·구·시에 이 사업을 전개하였다. 넷째는 중소기업의 정책체계가 한 걸음 더 정비되었고, 〈중소기업 발전의 장려와 촉진하는 데 관한 약간의 정책적 의견〉을 실시하였으며, 2001년 6월 전국인민대표대회에서는 '중소기업촉진법'을 심의 통과시켰다. 이는 중소기업 발전에 대한 촉진이 제도화와 법률화의 길에 들어서기 시작하였음을 의미한다. 최근 몇 년 이래 국유 중소기업의 전체적인 체질도 눈에 띄게 좋아졌다. 2001년 전국 3.5만 개의 국유 및 국유지주 중소형 공업기업들이 120.9억 위안의 이윤을 남겼는데, 이는 전년도보다 48.7% 더 증가한 것이다.

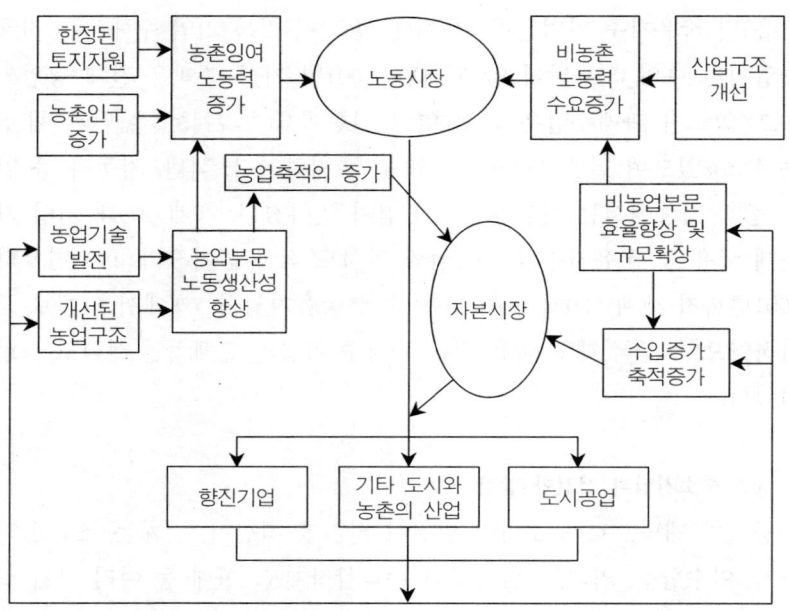

그림 5-1 | 도시와 농촌경제의 상호작용 메커니즘의 약도

(3) 도시와 농촌 구조 : 도시와 농촌 경제의 활성화와 산업융합의 전개

최근 중국의 도시와 농촌 경제의 연계가 날로 강화되었고, 도시와 농촌 사이의 연계가 이미 과거의 일방적이고 단순한 경제연계에서 쌍방향의 복잡한 사회경제의 종합연계로 바뀌었다. 도시와 농촌 경제의 상호작용의 주요 경로와 내용에 따라 도시와 농촌 경제의 활약 메커니즘을 직접 그림 5-1로 종합할 수 있다.

①노동력 교류 강화 : 농가생산량과 연계한 가정 도급책임제를 기초로 하는 농촌체제 개혁은 농업생산력을 대폭 상승시켰고, 농촌 잉여노동력의 활약을 점차 드러나게 했다. '자주적으로 경영하고 손익을 스스로 부담하는' 농가가 잉여노동력을 비농업산업부문과 도시로 밀려들게

했고, 그로 말미암아 도시로의 집중이 날로 늘어나게 하였다. 도시와 농촌 주민의 소득 격차가 비교적 큰 조건 아래 농민들이 도시로 가고자 하는 소망을 원동력으로 하여, 도시의 산업발전에 따른 노동력 수요가 견인력이 되어 농민이 도시에 들어와서 취업하는 메커니즘은, 도시의 노동자 고용계획제도를 차츰 타파하게 되었고, 농촌노동자들은 지역이나 부문에 관계없이 도시와 농촌을 초월하여 취업할 수 있는 방안을 모색하였다. 또한 농업 잉여노동력이 도시에 들어오는 것과 함께 도시의 과학기술자들과 관리자들이 농촌으로 내려가는 현상도 나타났다. 2002년 말 농촌의 집단기업에서만 채용한 전문기술자들이 약 300만 명에 달하였고, 그 가운데 대다수가 도시에서 왔는데, 그에 맞는 기술과 관리경험을 소유하고 있었다.

② 자본의 상호유동 확대 : 도시와 농촌 사이의 자본요소의 교류 경로가 더욱 확대되었고, 규모도 점점 커졌다. 개혁개방 이전 도시와 농촌의 자본연계 경로는 주로 계획체제의 틀 아래 재정, 금융 등 일부 경로에 제한되었다. 개혁개방 이래 도시와 농촌의 기업법인과 개체의 직접투자 방식이 급격히 확대되어, 향진기업(규모가 작은 지방도시의 기업)이 도시에 직접 투자하여 공장을 세우거나 도시의 국유집단기업과 합자경영을 하는 현상이 보통이었으며, 도시와 농촌의 상호이동 경로가 다양화하였다. 금융경로 방면에서는, 종래 은행을 통해서 하는 저축과 융자경로 말고도 채권, 주식 등 일부 새로운 투융자 방식이 나타났다. 도시와 농촌의 자본유동규모의 확대는 농촌신용협동조합에서 예금대출 잔고로 일부 설명된다. 1978년 농촌신용조합의 예금은 215.83억 위안이었고 대출금은 47.54억 위안이었으며 차액은 168.29억 위안이었다. 2000년에 들어서는 예금이 7,172.8억 위안에 이르렀고 대출금은 5,234.2억 위안이었다. 따라서 예금대출 잔고는 1,938.6억 위안으로 17년 동안 15배나 증가하였다.

③ 긴밀한 분업협력 : 시장화 개혁이 진행되어 지역과 부문에 관계없

이 도시와 농촌을 초월하는 전문화 분업협력체제가 진행되는 조건 속에서 농촌과 도시산업 사이의 생산연계도 계속 진전되었다. 개혁개방 초기 도시와 농촌의 생산관계는, 향진기업이 도시의 국유 중대형(中大型) 기업을 위하여 일부 부품이나 생산품의 가공을 청부맡는 비교적 단순하고 느슨한 타입의 생산협력을 하고 있었음을 나타내준다. 현재는 부품이나 조립 가공 등 생산단계 안의 협력만이 아니라, 연구개발, 생산, 영업판매 등 서로 다른 단계에서 도시와 농촌의 기업과 협력이나 연맹도 있고, 더 나아가서 자본을 주요 매체로 하는 긴밀한 타입의 협력이 생기면서, 향진기업이 국유기업에게 도급(청부)을 하거나, 국유기업을 매수·합병하는 현상도 가끔 나타나고 있다.

④ 상품교역의 활기 : 개혁개방 이전 도시와 농촌의 상품유통과 교환은 비교적 단순하였다. 농촌이 도시에 농산품을 제공했고, 도시는 농촌에 농기구와 생산자재, 일용공산품을 제공했다. 도시와 농촌의 상품유통과 교환은 주로 시장을 통하는 것이 아니라 계획적인 명령과 지시에 따라서 진행되었다. 그러나 개혁개방 이후 도시와 농촌의 상품유통과 교환은 계획경제체제의 틀을 철저하게 타파하였고 시장 메커니즘이 기초적인 기능을 발휘하며 상품유통과 교환의 범위와 규모가 뚜렷하게 확대되었다. 농촌은 도시에 농산품을 제공할 뿐만 아니라 도시에 더욱 많은 생산재와 소비재도 제공하였다. 농민의 소득과 소비수준의 상승에 따라 농촌시장은 신속하게 커졌고, 농촌지역은 중요한 상품시장이 되었다. 농촌사회 소비품 소매 총액은 1978년의 516.7억 위안에서 2000년에는 20.3배나 증가, 10,479.2억 위안으로 되었다. 같은 시기 도시사회 소비품 소매 총액은 각각 748.2억 위안과 13,800.4억 위안으로 18.4배 증가하였으나 농촌의 증가액보다는 적었다.

연도	향진기업 취업구조			향진기업 생산액구조		
	I	II	III	I	II	III
1978	21.5	72.7	8.8	7.34	85.19	7.47
1980	15.2	76.0	8.9	5.99	86.69	7.31
1985	3.6	69.0	27.7	2.15	77.33	19.51
1990	2.5	74.6	22.6	1.68	82.76	15.57
1995	2.4	73.8	23.8	1.48	83.57	14.95
2000	1.7	70.6	27.7	1.16	77.01	21.83
2004	1.5*	68.7*	29.8*	1.3	76.6	22.1

표 5-14 | 중국 향진기업과 외국투자기업의 3대 산업구조 변화(단위 : %)
I, II, III은 제1, 제2, 제3차산업을 뜻함, '*'는 2002년의 데이터를 가리킴.
자료출처 : 《중국통계적요 2003》, 124쪽 데이터와 《중국기업발전보고 2005》, 107쪽을 바탕으로 통계.

4) 향진기업 : 경제구조의 조정을 추진하는 활력의 주체

(1) 산업구조의 개선

개혁개방 이래 향진기업의 출현과 발전은 농촌경제의 시장화·공업화·산업화의 진전을 대대적으로 추진하였을 뿐만 아니라, 강대한 시장주체의 세력으로서 사회경제구조 전체의 중대한 변화를 추진하였다. 산업구조 조정 과정에서 향진기업은 개혁개방의 새로운 세력으로서 3대 산업구조 조정의 증감을 좌우하는 직접적인 요인이 되었다. 향진기업 가운데 제2차산업과 제3차산업에 종사하는 대부분의 노동력은 직접 제1차산업에서 왔고, 향진기업이 창조한 제2차산업과 제3차산업의 가치는 중요한 보조장치로서 중국 산업구조의 개선에 공헌하였다(표 5-14 참조). 향진기업은 '공업으로 농업을 보충하고' '공업으로 농업을 건설하는' 방식으로 농업생산을 적극 지원하면서, 농촌산업구조 조정을 촉진하였으며, 농촌의 전체 GDP 가운데 제2, 제3차산업이 차지하는 비율은 이미 80% 이상에 달하였다.

연도	기업수량 (만 개)	종업원 (만 명)	총생산액 (억 위안)	세금납부액 (억 위안)	임 금 (억 위안)	고정자산 (억 위안)	수출액 (억 위안)
1978	152.4	2,826.6	493.1	22.0	86.7	229.6	—
1980	142.5	2,999.7	699.5	25.7	119.4	326.3	—
1985	1,225.5	6,979.0	2,755.0	108.6	472.1	910.0	39.0
1990	1,850.4	9,264.8	9,581.1	275.5	1,129.6	2,857.1	485.6
1995	2,203.0	12,861.0	14,595.0	1,261.0	4,381.0	12,841.0	5,395.0
2000	2,084.7	12,819.6	116,150.3	1,996.5	7,060.4	26,223.6	8,669.4
2004	2,185.1	13,866.0	166,368.0	3,658.0	9,756.0	40,654.0	16,932.0

표 5-15 | 중국향진기업 발전 개황
자료출처 : 2004년의 데이터는 《중국기업 발전보고 2005》, 107쪽과 중국기업연합회에서 제공
한 데이터를 바탕으로 하였고, 기타 데이터는 《중국통계적요 2003》, 124쪽 유관 데이터를 바탕
으로 하였음.

(2) 소유구조 조정

최근 20여 년 이래 공업 총생산액 구성에서 국유경제의 비율이 대폭
떨어졌고, 집단경제를 대표하는 비국유경제의 비율이 끊임없이 상승하였
다. 향진기업은 대부분 집단경제, 주식제 경제 등의 소유제 형태를 취하
여 비국유경제는 수의 증가 면에서 중요한 지위와 몫을 차지하였다. 또한
민영경제 발전과 전체 소유제구조 조정에서 삼자기업, 개인경제와 함께
주도적인 작용을 하였다. 중국의 향진기업은 생산액, 취업, 납세, 수출 등
으로 외화 창출에서 지위가 여전히 계속 증가하고 있다(표 5-15 참조).

(3) 도시와 농촌의 구조조정

향진기업의 발전으로 도시가 공업을 대표하고, 농촌이 농업을 대표한
다는 전통적인 도시와 농촌의 산업적 분업이 깨졌고, 도시와 농촌의 2
대(大) 공업 시스템과 이중(二重)의 농공(農工)관계가 형성되었다. 향진기
업은 향촌경제, 즉 하나의 강대한 신생세력으로서 농촌경제구조 조정을

연도	농업비율		공업비율		건축업비율		운수업비율		상업 및 기타	
	생산액	노동력	생산액	노동력	생산액	노동력	생산액	노동력	생산액	노동력
1978	68.6		19.5		6.6		1.7		3.7	
1980	68.9		19.5		6.4		1.7		3.5	
1985	57.1	81.9	27.6	7.4	8.1	3.0	3.0	1.2	4.3	6.5
1990	46.1	79.4	40.4	7.7	5.9	3.6	3.5	1.5	4.1	7.8
1995	28.2	71.8	52.9	8.8	7.2	5.0	5.0	2.2	6.7	12.3
2000	17.7	68.4	58.5	8.6	6.4	5.6	4.8	2.4	11.9	15.0

표 5-16 | 농촌의 서로 다른 항목의 총생산액 및 노동력 구성(단위 : %)
자료출처 : 왕멍쿠이(王夢奎)가 쓰고 중국재정경제출판사에서 1999년에 펴낸 《중국경제발전의 회고와 전연》, 193쪽을 바탕으로 하였음.

촉진하고 공업・농업관계를 개선하며, 도시와 농촌의 이원구조 전환 등을 촉진하는 작용을 더욱 뚜렷이 하였다(표 5-16 참조). 향진기업의 발전은 농촌에서 취업의 방법과 용량을 늘렸을 뿐만 아니라, 농민의 소득도 증가시켰으며, 도시의 건설과 발전을 이끌었다. 또한 도시와 농촌의 격차를 좁히는 데도 큰 공헌을 하였다.

  향진기업이 작은 도시들의 발전에 세 가지 주요한 구실을 하였다. 첫째, 향진기업의 발전은 인구의 밀집을 초래하였다. 최근 작은 도시의 인구밀집 현상은 향진기업의 취업 창출력에 크게 기여하였다. 소도시의 발전과 향진기업의 발전에는 밀접한 상관관계가 있음이 사실로 증명되고 있다. 둘째, 향진기업의 산업투자와 도시의 기초건설투자는 유기적인 상호작용 속에서 커나갔다. 향진기업의 투자・창업은 지방의 세수를 늘렸고, 지방재정의 기초건설투자는 향진기업의 발전을 촉진하였다. 기초건설 투자와 향진산업 발전은 제3차산업의 발전을 유도하였고, 작은 도시의 발전으로 말미암아 선순환을 하게 하였으며, 기업밀집의 효과를 증가시켰을 뿐만 아니라 생산과 생활환경도 더욱 개선시키면서 작은 도시의 발전과 번영을 촉진하였다. 셋째, 향진기업은 도시와 농촌을 연계하는 다리 구실을 하였으며, 도시와 농촌 경제의 연계를 촉진하였다. 향진기업은 향촌 내부의 경영자원에 기초하여 자금, 기술, 인재, 관리, 설비, 정보 등 도시공업의 우위에 있는 자원을 효과적으로 접목하여 작은 도시의 경제활동 능력이 끊임없이 강화되도록 하였다. 향진기업의 발전은 도시와 농촌 사이에 광범위한 인구, 자금, 물자 등을 조화롭게 연계하고 교류할 수 있는 조건을 마련하였다. 도시와 농촌 사이의 연계가 날로 밀접해졌고, 도시에서 공업을 운영하고 농촌에서 농업을 진행하는 이원구조는 이미 큰 변화를 가져왔다. 농촌의 약 5억에 달하는 노동자 가운데서 1.3억이 이미 향진기업에 취업하였다. 바로 이러한 경제구조의 변화, 특히 도시에 취업하려는 농촌 과잉노동력의 강렬한 탈농업－전직 염원은 중국의 도시화, 특히 현 이하 작은 도시의 발전을 추진하는 기본 원동력이 되었다.

제3절 성장요인 :
체제와 생산요소의 합력 추진, 내외의 수요가 협조 견인

1. 공급분석 : 체제와 생산요소가 합력하여 추진

1) 기본경제제도가 시장활력을 유발시켰다

개혁개방 이래 중국은 소유제 개혁을 통하여 사회주의 시장경제와 상호 적응하는 다원적인 미시경제주체를 형성하였다. 여러 가지 경제주체 사이의 경쟁과 협력은 산업발전과 경제성장에 커다란 활력을 불어넣어주었다. 농촌에서는 향진기업이 신흥세력으로 등장하고, 도시에서는 개인기업과 삼자기업, 각종 혼합소유제기업이 발전하여 산업의 조화로운 발전과 전에 없던 시장번영의 중요한 경제역량이 되었다(표 5－17

연도	공업 총생산액	국유 및 국유지주 기업		집단기업	기타 기업	
1978	4,237	77.6		22.4	0	
1980	5,154	76.0		23.5	0.5	
1985	9,716	64.9		32.1	3.1	
1990	23,924	54.6		35.6	9.8	
1995	91,894	34.0		36.6	29.4	
		국유기업	국유지주		외자기업	기타 기업
2000	85,674	23.5	23.8	13.9	27.4	11.4
2001	95,449	18.1	26.4	10.5	28.5	16.5
2002	110,777	41.8		8.7	29.3	21.2
2003	141,481	38.5		7.3	30.6	23.6
2004	187,221	35.2		5.7	31.4	27.7

표 5-17 | 중국공업 총생산액 소유제 구성(단위 : 억 위안, %)
1999년 이전 데이터는 모든 규모의 공업기업을 포함하였으나, 2000년부터는 전체 국유공업기업과 상품 판매수입이 500만 위안 이상의 비국유공업기업에 대해서만 통계를 냈음. 외자기업은 외국투자기업과 홍콩·마카오·대만 상인의 투자기업을 포함하였음.
자료출처 :《중국통계적요 2004》, 124쪽 데이터를 바탕으로 통계.

참조). 시장화 개혁 가운데 나타난 민영기업은 마땅히 시장경쟁 속에서 생존과 발전을 유지해야 한다. 시장경쟁의 압력은 이러한 기업에 대해 가장 알맞은 자원배분의 원동력을 갖게 하였으며, '효율을 우선으로 하고 공평하게 배려하는' 분배제도는 많은 경영자와 근로자들에 대해 경영에 적극성을 발휘하도록 했다. 강자가 살아남고 약자가 도태되는 시장경쟁 메커니즘과 융통성 있는 고효율의 분배 메커니즘은 비국유경제가 신속히 발전할 수 있도록 하였다. 비공유제 경제주체의 눈부신 발전은 국유기업과 도시와 농촌의 집단기업의 개혁을 촉진하였고, 이들로 하여금 자주경영, 손익의 자체 부담, 자아발전, 자아구속의 독립적인 법인실체와 시장경쟁의 주체가 되도록 촉진하였으며, 기존의 공유자산을 활성화했다. 소유제 개혁이 탄생시킨 여러 가지 경영주체는 중국 시장경제 발전을 위하여 비교적 견실한 미시적 기초를 닦아주었다.

2) 생산요소 배분이 점차 합리화했다

(1) 노동력의 유동이 점차 활발해졌다

개혁개방 이래 생산요소와 경영자원의 자유로운 유동이 끊임없이 증가하였고, 도시는 공업, 농촌은 농업이라는 전통적인 산업적 분업의 틀이 점차 타파되었다. 농촌노동력이 도시로 유동하는 규모가 확대되었을 뿐만 아니라, 농촌지역 내의 제2, 제3차산업도 크게 발전하였다. 농촌노동력 가운데 제2, 제3차산업에 종사하는 노동력이 대폭 증가하였고, 향촌노동력 가운데 제1차산업에 종사하는 이들의 비율이 1978년 92.4%에서 2000년 75.5%로 내려갔다. 아울러 도시노동력이 제2, 제3차산업 노동력 가운데 차지하는 비율은 1978년 80.4%에서 2002년 67.2%로 내려갔다(표 5-18 참조). 노동력자원의 산업 사이 배분은 날로 합리화하였고, 전체 노동생산성이 크게 높아지면서 전체 산업발전의 잠재력이 더욱 크게 드러났다.

(2) 자금의 배분이 점차 합리화했다

금융시장 시스템이 날로 정비되면서 사회자금 배분과 사용효율이 안정적으로 높아졌으며, 화폐시장이 이미 상당한 규모에 도달하였다. 1994년에 전국적으로 은행끼리 서로 협조하여 자금을 융통할 수 있는 통일된 시장을 설립하였고, 1997년에 은행 사이 채권시장을 설립하였다. 2002년 6월 말에 들어와서 협력은행끼리의 자금거래[협력은행 끼리 서로 자금을 빌려주고 융통해주는]와 채권회수 교역량이 총 14조 위안에 달하였고, 은행들 사이의 외환시장 교역 가운데 각 화폐 총액을 달러로 환산하면 4800억 달러에 달하였으며, 자본시장이 급속하게 발전하였다. 2003년 말 중국 안에서 증권시장에 상장된 회사들은 이미 1287개에 이르렀고, 시장가격 총액은 34조 2458억 위안에 이르렀다. 1991년 이래 증권시장이 국내외에서 모은 자금 총액은 약 8500억 위안에 이르렀다.

연도	도시와 농촌의 노동력 분포		노동력산업 분포		A/C×100	D/B×100
	도시(A)	농촌(B)	비제1차산업 (C)	제1차산업 (D)		
1978	9,514	30,638	11,834	28,318	80.4	92.4
1980	10,525	31,836	13,239	29,122	79.5	91.5
1985	12,808	37,065	18,743	31,130	68.3	84.0
1990	17,041	47,708	25,835	38,914	66.0	81.6
1992	17,861	48,291	27,453	38,699	65.1	80.1
1994	18,653	48,802	30,827	36,628	60.5	75.1
1996	19,922	49,028	34,130	34,820	58.4	71.0
1998	21,616	49,021	35,460	35,177	61.0	71.8
2000	23,151	48,934	36,042	36,043	64.2	73.7
2001	23,940	49,085	36,512	36,513	65.6	74.4
2002	24,780	48,960	36,870	36,960	67.2	75.5
2003	25,639	48,793	37,886	36,546	67.7	74.9
2004	26,476	48,724	39,931	35,269	66.3	75.0

표 5-18 | 도시와 농촌, 산업부문의 취업 국면(단위 : 만 명, %)
자료출처 :《중국통계적요 2005》, 44~45쪽 데이터를 바탕으로 통계

또한 보험시장도 끊임없이 확대되었다. 1989년 말 전국 보험료 수입은 142.4억 위안에 이르렀고, 2002년에는 3054억 위안이었으며, 연평균 증가율은 26.6%였다. 금융시장의 발전은 사회자금의 배분과 사용효율을 높였다.

(3) 경영요소의 조합으로 효율이 향상

향진기업 등의 민영기업은 중국 노동력의 비교우위를 충분히 발휘했으며, 산업에 투입된 노동력자본 장비의 수준도 비교적 적절하게 배분됨으로써 노동집약형 기술의 진보에 노력하였고, 경쟁력을 높였다. 1950년의 고정가격으로 계산하면, '일오계획(一五計劃, 제1차 5개년계획)' 시기와 '이오(二五計劃, 제2차 5개년계획)' 시기의 공업고정자산 증가액과, 같은 시기에 새로 증가한 노동력 대비가 1.39만 위안/1인과 1.75만 위안/1인이었으나, 민영경제가 발전하기 시작한 1980~1982년, 1982~1984년

	증가율(A)	GDP중에서 차지하는 비중 (B)	GDP증가에 대한 공헌율 (C=A×B)	GDP증가에 대한 공헌율 (C의 비율)
총소비	8.99	60.80	5.47	58.40
농촌주민소비	7.36	25.40	1.87	19.97
도시주민소비	11.00	22.80	2.51	26.79
정부소비	8.82	12.60	1.11	11.87
총투자	9.58	37.70	3.61	38.59
고정자산 형성	10.64	33.00	3.51	37.51
화물저축 증가	2.13	4.70	0.10	1.07
순 수출	18.00	1.50	0.27	2.88
GDP	9.36	100.00	9.36	100.00

표 5-19 | 1980~2000년 지출법의 경제증가 분석
시기 데이터는 그 시기 각 해의 평균 데이터.
자료출처 :《중국통계적요 2003》, 30쪽 데이터를 바탕으로 계산.

의 공업고정자산 증가액과 같은 시기에 새로 증가한 노동력 대비는
0.95만 위안/1인과 0.97만 위안/1인이었다. 그러나 1인당 평균 자본비율
은 상대적으로 하강하였으나 중국 노동력의 비교우위는 더욱 충분한 개
발과 합리적 이용이 이루어졌다.

2. 수요분석 : 내수(內需)와 외수(外需)가 서로 도우며 견인

국내생산(GDP)을 지출면에서 분석하면 총소비, 총투자, 순수출 등 3
개로 구성된다. 1980~2000년 총수요, 총투자, 순수출이 중국 국내생산
총액 가운데 차지하는 평균비율은 60.8%, 37.7%, 1.5%였고, 평균증가율
은 9.0%, 9.6%, 18.0%였으며, GDP 증가에 대한 공헌율은 58.4%, 38.6%,
2.9%였다. 종합적으로 분석하면 중국 최근의 총수요 가운데 소비수요의
비율이 가장 높은데, 총수요 증가에 대한 견인작용이 상대적으로 안정
되어 있으며 총체적으로는 여전히 중국 GDP의 주요 구성부분이 되고

연도	총소비				총투자			순수출
		농민 소비	도시 소비	정부 소비		자본 형성	화물저축 증가	
1978	62.10	30.30	18.49	13.31	38.22	29.78	8.43	−0.32
1979	64.30	30.92	18.30	15.07	36.19	28.26	7.93	−0.48
1980	65.39	31.36	19.55	14.48	34.94	28.96	5.98	−0.33
1981	67.51	33.27	19.86	14.38	32.26	25.56	6.69	0.23
1982	66.27	33.27	18.97	14.03	32.07	27.20	4.86	1.66
1983	66.27	34.01	18.44	13.81	33.05	28.17	4.88	0.84
1984	65.53	33.20	17.99	14.24	34.46	29.67	4.79	0.02
1985	65.66	33.23	18.97	13.47	38.51	30.04	8.47	−4.17
1986	64.56	31.68	19.39	13.49	37.96	30.57	7.38	−2.52
1987	63.23	30.80	19.78	12.64	36.67	31.75	4.92	0.10
1988	63.66	30.42	21.49	11.74	37.37	31.45	5.92	−1.03
1989	64.11	29.88	21.89	12.35	37.02	26.35	10.66	−1.13
1990	62.04	28.00	21.75	12.29	35.18	25.83	9.35	2.79
1991	61.77	26.50	21.97	13.30	35.32	27.91	7.41	2.90
1992	61.68	25.41	22.77	13.50	37.26	32.16	5.10	1.07
1993	58.50	22.80	22.65	13.04	43.47	37.62	5.85	−1.97
1994	57.39	22.08	22.49	12.82	41.25	36.10	5.15	1.36
1995	57.49	22.64	23.41	11.43	40.81	34.70	6.11	1.71
1996	58.54	24.00	23.06	11.49	39.32	34.15	5.17	2.14
1997	58.19	23.28	23.26	11.65	38.00	33.59	4.41	3.81
1998	58.74	22.36	24.37	12.01	37.40	34.97	2.42	3.86
1999	60.14	21.95	25.63	12.57	37.14	35.65	1.48	2.72
2000	61.12	21.69	26.33	13.10	36.37	36.51	−0.14	2.51
2001	59.78	20.58	25.99	13.21	37.99	37.33	0.66	2.24
2002	58.24	19.73	25.52	12.99	39.38	39.30	0.08	2.38
2003	55.37	18.31	24.86	12.20	42.86	42.84	0.02	1.78
2004	53.58	41.94		11.64	43.92	43.59	0.33	2.50

표 5−20 | 개혁개방 이래 각 총수요에서 차지하는 수요 요인별 비율(단위 : %)
자료출처 : 《중국통계적요 2005》, 21~33쪽 데이터를 바탕으로 통계.

있다. 투자수요의 증가는 총수요의 증가에 대한 견인효과가 높았으며, 비록 외수가 수요 총량 가운데 차지하는 몫이 크지 않지만 중국산업의 개방형 협조운영에서 경시할 수 없는 적극적 구실을 하였다(표 5-19, 5-20 참조).

1) 소비는 여전히 중국경제의 기초이다

개혁개방 초기, 농촌개혁에 따라 농민소득이 급속히 증가하였으며, 농촌 주민들의 소비비율이 지속적으로 상승하여 1984년에는 33.3%까지 되었는데, 같은 시기 중국의 많은 주민들의 생활수준도 함께 개선되었다. 이때는 소비비율의 상승이 비교적 큰 역사적 시기이기도 했다. 1984년 이래 도시의 공업 부문의 개혁이 진행됨에 따라 도시주민의 소득수준이 크게 올라갔고 그 소비비율도 끊임없이 상승하였으며, 1994년 이래 농촌주민의 소비를 앞질러 총소비구조 가운데 주도적 지위를 차지하였다.

최종 소비수요의 총량에서 구조를 볼 때, 정부소비의 비율은 변화가 비교적 작았으나, 양의 증가 구조에서 분명한 변동이 나타났다. 1997년 정부소비의 양 증가가 최종 소비수요의 양 증가 가운데 차지하는 비율이 전 해보다 3.5% 내려갔는데, 그 주요 원인은 정부가 정부소비지출의 증가속도를 엄격히 제한한 데 있었다. 그러나 아시아 금융위기 이래 적극적 재정정책의 효과가 나타나면서 주민소비의 기여율이 소비수요 증가에 미친 기여율은 해마다 점차 내려갔으나, 정부소비의 기여율은 대폭 증가하였다.

최종 소비수요 가운데 정부소비 증가의 기여율 상승추세가 비교적 두드러졌으나, 주민소비의 증가는 도시주민들의 소비의 견인에 기대었다. 정부가 중저소득계층의 수입을 늘려주는 정책은 주로 도시에 집중되어 있었기 때문에, 도시주민의 소비증가에 따른 일부의 견인작용은 정부의 적극적인 재정정책의 결과라고 볼 수 있다(표 5-20 참조).

2) 투자는 중국경제 발전의 원동력이다.

개혁개방 이전에 중국은 계획경제체제에 기초하여 고강도의 축적과 투자를 실현하였지만, 축적된 사회잉여생산이 한정되어 있었기에 GDP의 구성에서 보면 투자가 30% 이하의 수준에서 맴돌았다. 개혁개방 초기 생활수준을 크게 개선시키자는 정책 추진 속에서, 투자가 GDP 가운데 차지하는 비율은 1978년 29.8%에서 한때 1981년에는 25.6%로 떨어졌다. 그러나 그뒤 소비와 투자의 합리적인 상호작용에 따른 조정으로 투자비율은 안정적으로 상승하였고, 늘어나는 경제량 가운데 주도적인 구실은 두드러지게 강화되었다. 투자가 GDP 가운데 차지하는 구성비율은 '80년대 초기의 4분의 1에서 현재는 약 40%로 상승하였다. 아시아 금융위기 이래 소비의 추진력이 부족하고, 외수의 견인력이 한정되었던 조건 아래서 중국은 적극적인 재정정책과 안정적인 통화정책을 택하였는데, 정부의 기본건설의 투자력이 강화되면서 경제견인작용이 더욱 드러났다. 고정자산형성의 구조에서 보면 1997년 이후 재고비율이 해마다 점차 떨어졌는데, 이는 경제구조의 조정 가운데 제품의 재고가 감소되었고, 경제운영의 질이 개선되었음을 나타낸다.

3) 대외무역의 완충구조 영향이 크다

(1) 산업구조 모순을 완화시킨다

중국에서는 낮은 부가가치, 낮은 기술함량 때문에 단순한 노동집약형 생산력이 크게 남아돌면서, 설비 이용률은 낮은 수준에 머물렀으며, 은행에서는 불량자산이 늘어났다. 이로 말미암아 경제운영의 질을 크게 압박했다. 그러나 과잉 제품의 대량 수출은 중국의 외화획득과 GDP

증가에 크게 공헌했을 뿐 아니라 국내 산업구조의 모순을 완화하는 구실도 하였다. 또한 경제운영의 질에 대한 개선과 금융위기를 완화하는 데 크게 공헌하였다. 중국은 동시에 국내의 공급이 수요를 따라가지 못하거나 공급할 능력이 없는 고부가가치, 고기술함량의 지식집약형 고정밀 상품 및 부품을 대량으로 수입하였다. 이것은 국내시장의 수요를 만족시키는 한편 수출상품의 보조부품으로 사용되면서 수출력을 확보했다.

(2) 수요 증가량에 대한 작용을 홀시할 수 없다

중국에서는 부가가치가 낮고, 기술함량이 낮아 단순한 노동집약적 생산력이 크게 과잉되어 설비 이용률이 분명히 낮은 수준에 머물고 직접적으로 은행의 불량자산의 증대를 불러 경제운영의 질을 압박했다. '90년대 이래 외수(外需)가 총수요에서 차지하는 비율이 두드러지게 상승하였는데, 1998년에는 3.9%에 이르렀다. 이 비율은 내수(內需)를 중심으로 하는 총수요 구조를 바꾸기까지는 못했으나, 짧은 시일 동안의 효과를 낮게 평가할 수는 없었다. 예를 들면 1997년 국내의 유효수요가 부족하였기에, 수입은 마이너스 성장으로 되고 순수출의 규모가 크게 확대되었고, 외수의 총수요의 증가에 대한 기여율이 23.1%로 상승하였으며 1.87%의 경제성장을 견인하였다.

그러나 1999년 동아시아 금융위기의 영향으로 수출 증가속도가 대폭 떨어졌으나, 수입은 오히려 국내 수요 증가로 신속하게 신장하면서 대외무역의 무역흑자를 대폭 감소시켰다. 또한 총수요 증가에 대한 외수의 기여율은 23.4%였는데, 이로 말미암아 경제성장 속도가 1.66% 떨어지게 되었다. 아울러 중국의 무역의존도가 높아짐에 따라 외수의 변동이 경제성장에 미치는 영향은 더욱 직접적이 되었고 영향 정도도 점차 심화되었음은 틀림없다.

6 장
조방형 성장의 한계

제1절
구조적 모순이 경제수익을 제약

1. 산업구조의 모순이 경제수익을 제약한다

1) 낮은 수준의 산업구조가 경제운영의 질을 제약

중국의 현 단계 산업구조의 특징은, 낮은 기술함량, 낮은 부가가치의 단순한 노동집약형 제품과 그 공급력이 크게 과잉되어, 높은 기술함량, 높은 부가가치의 지식집약형 제품과 그 공급력이 상대적으로 부족한 것이다. 그 직접적인 결과로 과잉공급제품의 시장경쟁이 너무 치열해지고 악성의 가격경쟁으로 이어지면서 기업경영 수익의 악화를 초래하였다. 그리고 과잉산업의 높은 설비 유휴율은 기업의 파산과 은행의 불량채권 증가를 초래하였고, 금융위기의 계수를 높여, 산업 전체의 균형발전과 거시경제의 순조로운 운영을 제약하고 있다.

2) 낮은 수준의 산업조직과 기술구조가 산업경쟁력을 제약

중국의 산업조직 구조는 '크면서 모든 것이 갖추어져 있고, 작으면서도 모든 것이 갖추어져 있다'는 틀을 근본적으로 변화시키지 못하였고, 산업의 시장화 수준과 전문화에 따른 분업적 협력의 수준을 제약하였을 뿐만 아니라 산업조직 전체의 경쟁력도 직접 제약하고 있다. 중국의 비교적 취약한 산업기술의 기반과 '낮은 수준의 중복 연구'형의 낙후한 연구개발체제는, 날로 변화하는 산업기술의 발전을 따라가기 힘들고, 기술주도형 시장경쟁의 요구도 만족시키기 힘들며, 제품구조의 개선과 산업구조의 업데이트를 크게 제약하였고, 낮은 수준의 중복된 건설과 같은 산업구조 모순의 악화를 초래하였다. 산업구조가 불합리하고 산업기술 수준이 낮은 주요 원인은 기술혁신 능력이 약한 데 있다.

3) 취약한 대외무역구조가 대외무역의 수익을 악화

산업구조의 조정과 수출경쟁력이 높아짐에 따라 중국의 대외무역 규

표 6-1 | 2004년 중국 큰 부류 상품의 수출입 상황(단위 : 억 달러)
자료출처 :《중국통계적요 2005》, 627~628쪽 데이터를 바탕으로 통계.

지 표	수 출	수 입	순수출
총 액	5,933.26	5,612.29	320.97
기초상품	405.49	1,172.67	−767.18
식품 및 주요 식용 축산물	188.64	91.54	97.1
음료 및 담배류	12.14	5.48	6.66
비식용 원료	58.43	553.58	−495.15
광물연료, 윤활유 및 관련 원료	144.80	479.93	−335.13
동식물 기름, 지방 및 건육	1.48	42.14	−40.66
공업제품	5,527.77	4,439.62	1,088.15
화학품 및 관련 상품	263.60	654.73	−391.13
경방직업, 고무, 광물야금 상품 및 제품	1,006.46	739.86	266.6
기계 및 운수설비	2,682.60	2,528.30	154.3
잡화제품	1,563.98	501.43	1,062.55
분류하지 않은 기타 상품	11.12	15.29	−4.17

모는 끊임없이 커졌고 수출상품구조도 어느 정도 개선되었으나, 아직
낮은 수준의 산업구조가 초래한 대외무역구조의 취약한 상황을 피할 수
는 없었다. 기술함량이 낮으면서도 시장이 비교적 안정된, 단순한 노동
집약형 제품의 순수출이 커지고, 기술함량이 높고, 시장에서는 아직 개
척기에 있는 높은 부가가치 제품의 수입초과가 두드러졌다. 표 6-1에
서 드러난 것과 같이 단순한 노동집약형 산업에 속하는 잡화 제품의 무
역수지 흑자가 큰 데 대해서, 기술함량이 높은 화학공업제품, 기계, 운
수설비 등의 무역수지 적자가 큰 것은 중국의 대외무역구조의 취약성을
여실하게 설명해주고 있다. 낮은 수준의 대외무역구조 아래서는 과잉공
급 제품이 가격을 낮추어 경쟁함으로써 대외무역 거래조건과 경영수익
을 더 한층 악화시켰다.

2. 도시·농촌구조의 모순이 도시와 농촌경제의 상호 발전을 제약한다

1) 낮은 도시화 수준이 산업구조 조정을 제약

중국의 이중경제구조와 3대 산업구조는 다음과 같은 특징이 있다. 첫
째, 제2차산업의 부가가치가 GDP에서 차지하는 비율은 약 50%였으나
그 노동력이 차지하는 비율은 4분의 1도 안 되었으며, 비슷한 공업화 단
계에 처해 있는 동남아시아 신흥공업화 국가들보다도 낮았다. 둘째, 제3
차산업이 GDP 가운데 차지하는 비율은 3분의 1이었고 동남아시아 주요
국가들과 차이가 점차 줄어들고 있으나 노동력 취업비율은 훨씬 낮았
다. 셋째, 제1차산업의 비율은 이미 20% 이하로 떨어졌으나 노동력 취
업 비율은 여전히 50%에 달하였다. 중국의 산업과 도시·농촌구조의
특징은 체너리(미국의 경제학자), 엘킹턴(Elkington), 심스(Sims) 모델(모델
1)과 쿠아네츠(Kuanets) 모델(모델2)에서 제시한 공업화와 도시화 발전의

	1인당 평균 GDP	산업구조 비율			노동력구조 비율		
		I	II	III	I	II	III
모델1	100	46.3	13.5	40.1	68.1	9.6	22.3
	200	36.0	19.6	44.4	58.7	16.6	24.7
	300	30.4	23.1	46.5	49.9	20.5	29.6
	400	26.7	25.5	47.8	43.6	23.4	33.0
	600	21.8	29.0	49.2	34.8	27.6	37.6
	1,000	18.6	31.4	50.0	28.6	30.7	40.7
	2,000	16.3	33.2	49.5	23.7	33.2	43.1
	3,000	9.8	38.9	49.7	8.3	40.1	51.6
모델2	70	45.8	21.0	33.2	80.3	9.2	10.5
	150	36.1	28.4	35.5	63.7	17.0	19.3
	300	26.5	36.9	36.6	46.0	26.9	27.1
	500	19.4	42.5	38.1	31.4	36.2	32.4
	1,000	10.9	48.4	40.7	17.7	45.3	37.0
인도네시아	483	17.2	42.8	39.8	45.0	16.3	38.7
필리핀	868	20.0	34.5	45.5	39.9	15.7	44.4
태 국	1,996	10.4	37.6	52.1	51.3	17.7	31.0
말레이시아	3,472	16.0	29.0	55.0	18.8	31.8	49.4
한 국	8,697	6.1	47.4	46.5	12.2	27.8	60.0
홍 콩	23,077	0.1	15.2	84.7	0.3	22.8	76.9
싱가포르	26,401	0.1	34.2	65.8	0.2	29.1	70.7
중 국	1978	162.3	28.1	48.2	23.7	70.5	17.3	12.2
	1980	182.3	30.1	48.5	21.4	68.7	18.2	13.1
	1985	285.8	28.4	38.5	28.5	62.4	20.8	16.8
	1990	337.6	27.1	41.6	31.3	60.1	21.4	18.5
	1995	583.4	20.5	48.8	30.7	52.2	23.0	24.8
	2000	855.6	15.9	50.9	33.2	50.0	22.5	27.5
	2005	1,736.8	12.5	47.3	40.2	46.9	22.5	20.6

표 6-2 | 3대 산업구조 및 노동력구조 비교(단위 : %)

1. '모델1'은 Chenery, Elkington과 Sims모델임. (1970) 2. '모델2'는 Kuanets모델(1971)이며 일인당 평균GDP는 1958년의 달러를 표준으로 하였음. 3. '90년대 중반에 들어서야 중국인민폐의 환율이 높아졌으며 당시의 환율에 따라서는 당시의 1인당 평균 GDP를 객관적으로 평가할 수 없음. 따라서 이를 평가할 때 GDP를 2000년도 물가로 계산한 GDP로 하였으며, 시장의 공급과 수요관계를 기본적으로 반영하는 2000년도 환율로 해당연도의 1인당 평균 GDP를 계산하였음. 4. 아시아 국가와 지역산업구조는 1인당 평균 GDP를 1999년의 데이터로 하였고 노동력구조 비율은 1998년의 데이터로 하였음. 5. I, II, III은 각각 제1, 제2, 제3차산업을 뜻한다.

자료출처 : 1. 1985년에 중문판으로 출판한 Simon의 《각 나라의 경제성장》을 바탕으로 함. 2. Chenery, Elkington and Sims(1970), "A Uniform Analysis of Development Pattern", Havard University Center for International Affairs, Economic Development Report. 3. 중국의 데이터는 《중국통계적요 2004》, 19, 43쪽 관련 데이터를 바탕으로 계산. 4. 아시아 국가와 지역산업구조는 1인당 평균 GDP의 데이터를 일본경제기획청 조사국의 《아시아경제 2000》에서 얻었으며, 종업원 데이터는 일본총무성 통계국의 《세계통계 2001》를 바탕으로 하였음.

일반규칙을 벗어났을 뿐만 아니라, 동남아시아 국가의 실제상황과도 비교적 큰 차이가 있었다(표 6-2 참조).

이상 세 가지 특징에 따르면 중국의 3대 산업구조와 취업구조에 모순이 나타났고 취업공간의 개척과 노동력요소의 합리적인 배분을 제약하였다. 중국의 도시화의 진전은 공업화의 진전보다 뒤떨어졌는데, 이는 제3차산업의 취업비율이 균형을 잃게 된 주요 원인이었고, 3대 산업구조와 취업구조가 협조를 잘 이루지 못하게 된 중요한 원인이기도 했다.

2) 도시와 농촌의 커다란 소득격차는 시장 규모의 효과와 이익을 제약

개혁개방 초기 농촌개혁 성과의 확대에 따라 도시와 농촌 주민의 소득차이가 한때 축소되는 추세를 보였으나, 1985년 이래 도시산업의 발전에 견주어 농촌경제 발전은 상대적으로 느렸으며 도시와 농촌의 주민 소득격차가 커지는 추세를 보였다(표 6-3 참조). 농(農)·공(工)상품의 거래조건을 놓고 말하면 종합 가격비교지수가 점차 축소되었으나, 1996년부터 몇 년 동안 연속 농업의 대풍작을 거두었기에, 그 지수가 증가 추세를 보였다(표 6-4 참조). 그러나 도시와 농촌의 격차를 좁히는 데는 불리했으며, 2003년 도시와 농촌 주민들의 1인당 평균소득 비율은 3.2 : 1로 커졌다. 약 70%의 소비자들은 소비환경이 매우 낙후한 드넓은 농촌에 분포되어 있어 중국시장은 객관적으로 약 5억에 달하는 도시 및 동부의 인구를 중심으로 하는 비교적 높은 수준의 소비시장과, 약 8억에 달하는 농민과 서부 주민들을 주체로 하는 낮은 소비시장으로 나누고 있다. 이는 도시와 농촌이 서로 다른 발전단계, 서로 다른 수준의 소비시장으로 나뉘게 하였으며, 전국의 통일된 큰 시장의 형성과 시장규모경제의 이익 실현을 제약하고 있다. 이와 동시에 중국 산업구조를 높이기 어렵게 하고 있고, 전통산업의 '너무 이른' 쇠퇴의 압력을 높이고 있다.

연도	1978	1980	1985	1990	1994	1995	1996	2000
A	100.0	130.8	166.8	273.9	440.3	527.9	550.1	409.0
B	100.0	100.9	111.1	172.0	239.4	274.6	291.6	277.1
A/B	100.0	77.1	66.6	62.8	54.4	52.0	53.0	67.8

표 6-4 | 농공업상품의 종합적 비교가격지수 변화 동태
A는 농촌공업품 소매가격지수이고, B는 농산품 수구가격지수이다.
자료출처 : 《중국통계연감 2001》, 282쪽을 바탕으로 정리.

연도	농촌주민 1인당 평균소득(A)		도시주민 1인당 평균소득(B)		B/A	엥겔계수	
	절대액	지수	절대액	지수		농촌주민	도시주민
1978	133.6	100.0	343.4	100.0	2.57	67.7	57.5
1980	191.3	139.0	477.6	127.0	2.50	61.8	56.9
1982	270.1	192.3	526.6	133.9	1.95	60.7	58.7
1984	355.3	249.5	651.2	158.1	1.83	59.2	58.0
1986	423.8	277.6	899.6	182.5	2.12	56.4	52.4
1988	544.9	310.7	1,181.4	182.5	2.17	54.0	51.4
1990	686.3	311.2	1,510.2	198.1	2.20	58.8	54.2
1992	784.0	336.2	2,026.6	232.9	2.58	57.6	52.9
1994	1,221.0	364.4	3,496.2	276.8	2.86	58.9	49.9
1996	1,926.1	418.2	4,838.9	301.6	2.51	56.3	48.6
1998	2,162.0	456.2	5,425.1	329.9	2.51	53.4	44.5
2000	2,253.4	483.5	6,280.0	383.7	2.79	49.1	39.2
2001	2,366.4	503.8	6,859.6	416.3	2.90	47.7	37.9
2002	2,475.6	528.0	7,702.8	472.1	3.11	46.2	37.7
2003	2,622.2	550.7	8,472.2	514.6	3.23	45.6	37.1
2004	2,936.4	588.1	9,421.6	554.2	3.21	47.2	37.7

표 6-3 | 도시와 농촌주민 가정의 1인당 평균소득과 엥겔계수(단위 : 위안, %)
1978년의 지수는 평균 100으로 하였다.
자료출처 : 《중국통계연감 2005》, 102~103쪽 관련 데이터를 바탕으로 통계.

3. 지역구조 모순은 시장규모의 효과와 이익을 제약

　신중국이 성립한 이래 계획경제에 바탕을 두고 지역의 균형 있는 발전을 추진하여왔다. 그 증량투자를 놓고 보면 '일오계획(一五計劃)' 시기부터, 개혁개방 전 약 30년 동안 중서부지역의 기본건설투자는 여전히 동부지역보다 많았다. 저축량의 조정을 놓고 보면 '3선(연해지역에서 멀리 떨어진 中南·西南일대의 지역을 가리킴)' 건설을 한 10년 동안 국가가 저축량의 자원배분에 대하여 재조정을 진행하였고, 많은 연해지역의 기업, 대학과 과학연구원이 내륙으로 옮겨왔으며, 지역발전의 불균형을 전면적으로 완화하였다(표 6-5 참조).

　개혁개방 이래 연해 동부지역은 우월한 지리적 통상조건과 우선적인

표 6-5. | 동·중·서부의 기본 건설투자 비율(단위 : %)
1. 동부지역은 북경·천진·하북·요녕·상해·강소·절강·복건·산동·광동과 해남 등 11개 성과 도시를 포함하고, 중부지역은 산서·길림·흑룡강·안휘·강서·하남·호북과 호남 등 8개 성과 지역을 포함하며, 서부지역은 중경·사천·귀주·운남·서장·섬서·감숙·청해·영하·신강·광서와 내몽고 등 12개 지역과 도시를 포함한다.
2. 동·중·서부의 투자비율의 합이 100%에 미치지 못한다는 것은 교통수단과 같은 몇 가지 투자 프로젝트가 특정지역 통계에 포함되지 못한 때문이다..
자료출처 :《중국통계적요 2004》, 56쪽 데이터를 바탕으로 계산.

계획시기	동부	중서부	중부	서부
1953~1957	36.9	46.8	28.8	18.0
1963~1965	34.9	58.3	32.7	25.6
1966~1970	26.9	64.7	29.8	34.9
1971~1975	35.5	54.4	29.9	24.5
1976~1980	42.2	50.0	30.1	19.9
1981~1985	47.7	46.5	29.3	17.2
1986~1990	51.7	40.2	24.4	15.8
1991~1995	54.2	38.2	23.5	14.7
1997	53.3	39.3	23.0	16.3
2000	57.8	38.7	22.4	16.3
2003	52.8	47.2	21.7	25.5

연도	1990	1992	1994	1996	1998	2000	2003
동부	52.54	55.08	56.95	55.38	55.83	53.58	57.19
중부	28.43	26.69	26.03	26.62	26.48	27.80	25.89
서부	19.03	18.23	17.03	18.00	17.69	18.62	16.92

표 6-6 | '90년대 이래 동·중·서부지역의 GDP가 전국에서 차지하는 비율의 변화(단위 : %)
자료출처 :《중국통계적요 2004》, 23쪽 데이터를 바탕으로 정리.

연도	전국 1인당 평균 GDP	절대액 차이(위안)		상대차이 계수(%)	
		동부와 중부	동부와 서부	동부와 중부	동부와 서부
1978	379	153.6	212.9	33.1	45.9
1980	460	183.1	255.4	32.2	44.9
1982	526	214.9	301.7	32.0	44.9
1984	695	269.9	390.7	31.1	45.0
1986	956	374.4	528.8	32.7	46.2
1988	1,355	698.4	802.0	36.1	47.7
1990	1,634	700.1	885.8	35.6	45.1
1992	2,287	1,320.5	1,514.2	43.5	49.9
1994	3,923	2,529.4	3,029.2	46.7	55.9
1996	5,576	3,525.7	4,495.2	44.3	56.5
1998	6,308	4,270.0	5,490.9	44.8	57.7
2000	7,086	3,821.2	5,235.3	38.6	52.9
2003	9,073	6,465.7	7,247.6	47.7	53.5

표 6-7 | 개혁개방 이래 동·중·서부지역의 1인당 평균 GDP 차이(단위 : 위안, %)
절대액은 그해의 가격에 따라 계산 : 절대차액계수=(큰 액수-작은 액수)/큰 액수×100%
자료출처 : 황속건이 집필한《서부대개발과 동중부지역의 발전》, 20쪽, 2003년의 데이터는《중국통계연감 2004》, 23, 39쪽 관련 데이터를 바탕으로 계산.

개혁개방정책에 따라 안푸의 자본, 인재 등 경영자원이 집중되었다. 그 결과 경제성장이 중서부지역보다 빨랐으며, 중서부 국민생산 총액은 전국에서 차지하는 몫이 비교적 낮은 수준에서 맴돌았다(표 6-6 참조). 자원배분이 동부지역에 집중되었기에 3대지역의 1인당 평균 GDP 격차가 점차 확대되었다. 2003년 동부와 중서부의 상대적 격차계수가 47.7%

와 53.5%에 달하였으며, 지역시장의 균형이 깨지면서 시장 규모의 효과를 제약하였다. 최근 몇 년 이래 서부 대개발전략의 추진 아래서 중국의 지역격차가 조금은 감소되었으나, 지역격차가 가져온 마이너스 영향은 아직 근본적으로 바꾸지는 못하고 있다(표 6-7 참조). 중국의 동부지역과 중서부지역의 균형 있는 발전은 지역의 단결을 강화하고, 안정의 유지뿐만 아니라 경제 협력을 강화하고, 중국 경제의 안정되고 건전하며 지속적인 발전을 힘 있게 추진하고 전 국민의 중산층 사회를 전면적으로 건설하는 중요한 경로이기도 하다.

제2절
불완전한 체제가 발전의 활력을 제약

1. 거시적 체제

1) 시장체제의 정비와 시장질서의 제도화가 필요

개혁의 추진은 지난 20여 년 동안 경제발전의 큰 원동력이 되었고, 사회주의 시장경제체제의 틀을 이미 초보적으로 수립하였다. 그러나 경제발전의 장애요소가 여전히 존재하였고, 생산력을 더욱 해방하는 임무는 여전히 중요하고 많은 영역에 대한 새로운 개혁이 필요했음을 인정하지 않으면 안 된다. 소유제 구조를 조정하고 정비하는 과제는 아직 달성하지 못하였고, 국유기업과 국유자산 관리체제 개혁을 더욱 심화시킬 필요가 있다. 시장 시스템은 건전하지 않고, 시장분할의 현상은 여전히 심각하였으며, 일부 영역의 시장경제질서는 여전히 매우 혼란하였다. 이로 말미암아 시장 메커니즘의 효율을 눈에 띄게 제약하였다.

예를 들면 위조품과 저질품이 시장에 널려 있고 탈세·세금사기·외환사기·밀수활동 등을 규제하지 못했으며, 사업 사기, 채무를 갚지 않는 현상이 많이 벌어지고 재무의 눈가림과 재정과 경제에서 재정규칙에 위반되는 행위가 여전히 존재하고 있다. 공정 건설 영역에서는 허위 입찰을 하고, 불합격의 공정품질에 대한 감독을 소홀히 하며, 생산경영에서는 대형 안전사고가 빈번히 발생하고 있다. 이러한 문제는 공평·공정·합리라는 시장경쟁의 질서를 해치고, 투자환경의 악화를 초래하며, 사회도덕 수준을 떨어뜨리고 또한 건강한 국민경제의 건전한 운영에 심각한 영향을 줄 뿐만 아니라, 국가·기업과 주민들의 소득에도 큰 손실을 주고 있다. 시장경제질서를 최선을 다해 정돈하고 제도화하여 사회주의 시장경제체제를 이끌도록 정비하여 시대의 발전 추세에 맞는 국제경쟁력을 갖추는 경제체제를 수립하는 것은 중국의 현대화 건설성과를 굳건히 하는 중요한 일일 뿐만 아니라 사회문명의 진보를 전면적으로 추진하는 내적 요구이기도 하다.

2) 사회보장 시스템의 정체가 시장화 개혁을 제약

체제의 궤도 전환과 혁신은 실제로 경제·사회·문화 등 영역의 복잡한 시스템 공정인데, 취약한 사회보장 시스템이 시장화 개혁 진전을 제약하고 있다. 중국이 WTO에 참가한 뒤 국제 경쟁은 점차 치열하고, 상품의 구조적 과잉이 드러나고 있다. 국유기업개혁과 산업구조의 조정이 진전됨에 따라 실직하는 사람들이 점점 증가하고, 의료·교육 등 각 개혁도 도시와 농촌 중저소득 계층이 직면하게 되는 상황을 초래하였다.
최근에 많은 근로자들이 실직하게 되는 주요 원인은 세 가지가 있다. 첫째는 산업구조 조정이 필요한 것이다. 거의 몇 년 동안 형성된 전통산업 형태의 구매시장과는 달리 국유기업 개혁은 시대에 뒤진 산업을 당연히 도태시키고 신흥 산업구조를 건설하고 최적화하는 과정을 밟을 뿐만 아니라, 그 결과 실업률의 증가와 재취업을 필요로 하는 현상이 생겼다. 둘째, 강자만 생존하고 약자는 도태되는 메커니즘의 확립과 기업조직구조 조정이 필요했다. 오랫동안 낮은 수준의 중복 건설은 많은 국유기업을 심각한 경영난으로 몰아넣었고, 대규모 구조조정을 필요하게 했으며 일부 경영이 어려운 기업들이 파산 아니면 흡수합병을 하게 되었다. 그 결과 많은 근로자들이 실직 또는 이직하게 되었다. 셋째, 국유기업의 경영 합리화, 과잉 노동력의 분리였다. 오랫동안 국유기업은 대량적으로 많은 과잉 노동력을 수용하였기 때문에, 노동생산성이 낮고 기업효율이 내려갔으며, 날로 치열해지는 시장경쟁에서 발전하기에는 많은 어려움이 있었다. 국유기업이 명실 공히 시장경쟁의 진정한 주체로 되는 과정에서 경영조건을 개선하기 위하여, 노동생산성과 시장경쟁력을 높이는 것을 목적으로 하는 일시 휴직과 잉여인원의 분리를 하지 않을 수 없었다. 그러나 취약한 사회보장 시스템은 시장화 개혁의 진행을 제약하였고, 사회적 위험계수를 높였다. 이는 현 단계의 중국경제체제의 전환과 구조조정 가운데서 두드러진 취약점이 되고 있다.

3) 정부기능의 전환이 늦어져, 시장 메커니즘을 제약

시장화 개혁의 진전에 따라 사회적 자원 분배의 구조에는 중대한 변화가 발생하였고, 민간부문이 국민경제 가운데 지위가 현저하게 상승하였다. 사회주의 시장경제체제의 정비를 목적으로 하는 행정체제 개혁은 점차 진전되었으나, 정부기능의 전환은 부실하고 정부와 기업의 직능이 분리되지 않는 현상이 여전히 존재하였으며, 공공관리 기능의 강화가 필요하였다. 예를 들면 국유자산 관리체제의 새로운 형식의 방안이 필요하고, 개방형 시장경제의 거시적 조절 메커니즘의 정비가 필요하며, 시장경제 법규 시스템의 마련이 시급히 필요했다. 또한 외국의 자본을 도입하는 수단과 방식의 개혁을 필요로 하며, 더 나아가서는 국제자본 유동의 새로운 추세에 충분히 적응해야 할 필요가 있었다. 정비된 법률

체계와 엄격한 집행기구는 시장경제를 건전하게 운영하는 기초적 보장
이다. 개혁 이래 중국은 정부기능의 전환, 시장규칙의 정비 등 여러 방
면에서는 뚜렷한 진전을 가져왔으나, 총체적으로 보면 여전히 현실 개
방형 시장경제 발전의 요구를 만족시키는 데는 뒤쳐져 있었다.

2. 미시적 체제

1) 국유경제구조의 조정과 국유기업 개혁의 심화가 필요

(1) 현대 기업제도의 정비가 필요

국유기업에서 현대 기업제도 건설은 단계적, 부분적으로는 성과를 이
루었으나, 체제개혁의 정비와 기준의 객관성이 여전히 필요하였다. 최
근에 이미 개선한 국유기업 경영 메커니즘의 전환 효과가 아직도 뚜렷
하지 못하고, 회사법인의 관리기구의 관리기준에는 소유자와 시장으로
부터 오는 구속력이 부족하며, 국유자산의 출자자가 처분하는 방식, 국
가소유자가 행사하는 주주로서의 권리, 감독을 강화하는 경로와 그 방
식 등을 개선하지 않으면 안 된다. 일부의 국유기업, 특히 대형기업 내
부의 개혁은 아직도 정상화가 되지 않아 간부는 승진을 하기만 하고 강
등되지는 않고, 말단 근로자들은 한 번 취업을 하면 거의 그만두지 않
고, 분배는 증가만 하지 감소하지 않는 악습이 여전히 존재하여, 개혁과
기업경쟁력의 발전을 크게 저해하고 있다. 국유자산에 효과적인 유동
메커니즘이 부족한 것이, 국유자산 운영에서 효율의 저하를 가져오고
있어 국유자산의 관리·운영·감독 체제를 개선하지 않으면 안 된다.
국유기업 경영의 외부체제 환경은 아직도 정비되지 못하고, 각종 소유
제 기업에 대한 과세가 합리적이지 못하며, 경쟁수단에는 필요한 룰이
부족하다.

(2) 산업기술수준의 향상이 필요하다

중국의 현재 기술수준과 기술혁신 메커니즘에는 여전히 산업의 고도화, 개선, 제품의 수준 제고라는 객관적인 요구를 만족시킬 수 없다. 중국의 높은 신기술(하이테크)산업은 현재 초기단계에 있으며, 그 규모가 작고 기초가 약하다. 중국 제3차 공업조사(센서스)자료에 따르면, 현재 기술진보의 중국 경제성장에 대한 기여율은 30%도 안 되며, 이는 선진국가의 50~70%의 수준보다 낮을 뿐만 아니라 발전도상 국가들의 40% 정도 수준보다도 낮다. 또한 제품구조 조정력이 약하고, 시장경쟁에서 밀리고 있다. 2000년에 진행한 중국 제3차 공업조사(센서스) 결과에서 보면, 중국생산의 5만여 종의 기계제품 가운데 국제적으로 '50년대 수준에 해당되는 것이 16%였고, '60년대 수준의 것이 62%였으며 '70년대와 '80년대 수준의 것이 22%였으며 '90년대 수준에 도달할 수 있는 것은 극히 적었다. 게다가 중국의 기술개조에 대한 투입이 여전히 낮은 수준에 있고, 최근 몇 년 이래 중국의 중대형 기업 연구개발에 대한 투입은 판매수입의 2%밖에 안 되며, 세계우수기업의 5~10% 수준보다 훨씬 낮다.

(3) 관리능력의 향상이 필요

끊임없이 정비되어가는 세계경제의 협조운영 메커니즘과 무섭게 발전하는 정보기술수단은, 다국적기업의 글로벌한 경영환경과 조직운영 기술수단을 크게 개선하였다. 세계의 우수한 다국적기업들은 기업관리구조의 혁신을 끊임없이 모색하고, 기업의 소유구조, 경영구조와 그 운영 메커니즘을 표준화하고 있다. 그리하여 협조 운영의 수준을 높이고, 개방경쟁형의 분업협조체제를 수립하며, 전체산업조직의 경쟁력을 높이고 있다. 또한 내부조직의 혁신을 강화하고, 유연하면서도 강인한 조직구조와 고효율 관리기구를 만들면서 집단의 힘을 더욱 충분히 다지고, 기업의 경쟁에 활력을 불어넣고 있다.

그러나 현재 중국의 대다수 기업들은 아직까지도 현대 기업제도에 부응하는 간부관리체제를 마련하지 못하고, 기업경영자에 대한 효과적인 인센티브와 제약 메커니즘이 없어, 기업경영 관리수준에 심각한 영향을 끼치고 있다. 현재 진행하고 있는 기업의 간부관리체제는 여전히 당의 정치간부의 관리표준에 맞추고 있어 정치와 기업의 직능이 분리되지 않고, 정치와 자본이 분리되지 않는 문제들이 여전히 존재하고 있다. 경영자 심사, 장려와 감독에 대한 효율이 높은 메커니즘이 아직도 확립되지 않아, 경영자들의 적극성을 최대한도로 발휘시켜 그 경제행위의 규범을 보증할 수가 없다. 기업관리수준의 향상과 이에 관련되는 메커니즘의 정비는 기업개혁의 중요한 구성부분이며, 중국기업이 국제경쟁 속에서 생존하고 발전하기 위한 필수 수단이기도 하다.

(4) 구조조정 임무는 상당히 어렵고도 방대

대규모 구조조정은 많은 수의 근로자들에 대한 안정적 배치와 불량채권 처리 등에 관련된 문제이다. 시장경제의 조건에서 강자가 생존하고 약자가 도태되는 메커니즘이 기능하기 시작하였고, 기업은 '양극분화'가 생겼다. 빚을 갚을 능력이 없고 손실만 보던 일부 기업들은 사회보장 체계가 부실한 원인 등으로 시장으로 되돌아가기가 매우 어려웠다. 구조조정은 경제합리성을 철저히 추구해야 할 뿐 아니라, 사회의 수용 능력도 충분히 고려해야 하며, 이는 조작의 어려움이 아주 큰 데다 장기적인 노력을 필요로 한다. 산업조직 구조를 개선하고, 국제경쟁력을 높이려면, 연구개발 능력을 향상시켜야 하며 아울러 생산체제가 강인하여 효율이 높고, 영업판매 시스템이 발달한 기업 조직구조가 필요하다. 그 가운데서도 대기업은 거대한 실력으로 선도적 작용을 하여 '작지만 전문적이고' '작아서 정밀하며' '작아도 강한' 일부 중소기업을 이끌어서 국제경쟁에 참여시켰으며, 시장을 차지하고 수익을 쟁취하였다. 이를 위하여 중국은 지속적으로 필요한 조건 등을 새로이 갖추었고, 시장 역량을 바탕으로 하는 대기업과 기업집단의 형성을 장려하는 동시에, 시장화로 향한 발걸음을 재촉하면서 중소기업을 자유화하고 활성화하여 국유기업의 전략적 조정과 경쟁력의 향상을 추진하고 있다.

(5) 국유기업은 여전히 역사적 부담을 크게 지고 있다

중국경제의 구조조정과 개혁의 진행을 연결시켜, 단계적으로 국유기업의 남아도는 인력을 감소시키며, 기업이 학교, 병원을 세워 운영하는 사회적 기능을 떼어내는 일 등은 앞으로도 일정한 기간 국유기업 개혁과 발전이 직면한 하나의 중요한 과제이기도 하다. 사회보장 시스템을 정비하는 동시에, 효율이 높은 노동자 취업의 새 메커니즘을 만들고, 노동력의 적절한 배분수준과 취업수준을 높여야 한다. 그리고 정부는 사회 서비스의 시장화 개혁을 적극적으로 연구하는 동시에 이에 맞는 적절한 조치를 취하여 기업이 경영하는 병원, 학교 등 사회 서비스 기관을 적극적으로 접수하는 등의 조치를 할 필요가 있다. 낮은 수준의 중복건설을 적확하게 방지해야 하며, 동시에 기업이 외국자본을 끌어들이고 안팎의 주식 상장에 의한 자금조달방식을 확대하여 자본금을 증가시키고 기업의 자산부채율을 내리면서 이를 이용하여 기업의 자산부채구조를 개선하도록 지원해야 한다.

2) 3농(농업·농촌·농민) 문제 해결이 필요

(1) 농업구조의 개선이 필요

중국농업은 계획경제시기의 식량생산 편중 구조에서 아직도 벗어나지 못하였기에, 임업·목축업·어업발전은 재배업보다 정체되어 있다. 농업에 대한 과학기술 연구개발의 투입이 부족하기 때문에, 높은 기술함량, 높은 부가가치 농산품이 조방[21]형 생산의 농산품 생산량보다 훨씬 적다. 현대 농업을 발전시키고 농업구조를 개선하는 것은 새 단계에서 농민소득이 안정적 증가를 유지하는 기본적인 길이며, 농업의 경쟁력을 높이는 근본적인 조치이기도 하다. 구조조정으로 중산층 사회의 요구에 적응하는 농업구조를 점차 수립하려면, 농촌경제발전을 위하여 새로운 공간을 개척해야 하며, 농민소득의 증가를 위하여 새로운 원천을 개척해야 한다. 당면한 그리고 앞으로 일정한 기간 동안 다음의 4개 구조조정에서 새로운 비약을 노리는 노력을 해야 한다.

첫째, 농산물의 구조를 조정하고, 농산물의 품질을 전면적으로 높이며, 고급화, 다양화하는 시장의 수요를 만족시켜야 한다. 비교적 판매율이 좋은 우수한 품질의 전문적인 농산품의 생산을 발전시키고, 농작물과 목축업의 발전을 촉진하고 농산품의 부가가치와 품질의 안전 수준을 향상시켜야 한다. 둘째, 재배업과 양식업의 구조를 조정하고, 목축업과 어업의 발전을 권장하며, 국민들의 식생활의 개선에 따른 수요를 만족시키며, 농민소득의 증가와 관련 있는 분야를 확대해야 한다. 셋째는 농업의 분포구조를 조정하고 지역마다 비교우위를 지닌 요소를 충분히 발휘시켜 질 좋은 농산품의 지역화 분포를 촉진함으로써, 중국의 농업생산력과 경쟁력을 향상시켜야 한다. 넷째는 농업 취업구조를 조정하고, 농산품 가공업을 크게 발전시키면서 노동력이 제2, 제3차산업과 도시로 이동하는 것을 촉진하며, 농민들의 소득을 증가하는 경로와 범위를 확대해야 한다.

(2) 도시화 건설의 추진이 필요

도시화의 진전이 늦어지고, 농촌노동력이 과잉상태인 것은 중국 사회 경제발전이 직면한 커다란 난제이다. 세계의 일반적인 경험에 따르면 선진국가의 1인당 평균 국내생산총액이 3000달러에 다다르면 구매시장이 형성되었으나, 중국은 1인당 평균 GDP가 1000달러도 되지 않는데 너무

---

21) 역주_ 어떤 대상에 자본이나 노동력 따위 인공을 들이는 것이 적음.

6장 조방형 성장의 한계 **183**

이른 과잉상태, 즉 공급이 수요 또는 시장의 구매력을 초과하는 상황이 발생하였다. 그 주요 원인 가운데 하나는 농민소득이 오르지 못하고, 농촌시장과 도시시장이 유기적으로 결합하는 통일시장을 아직도 형성하지 못하였으며, 시장의 적절한 규모 효과와 이익을 형성하지 못한 데 있다. 개혁개방 이후 점점 많은 농민들이 물밀듯이 도시로 몰려들었으나 도시의 노동력 사용제도, 호적관리제도 등의 개혁이 완벽하지 않았으므로, 도시로 나온 대다수의 농민들이 합법적 지위를 얻지 못하였고, 편안히 살 수 없었다. 중국의 도시화 비율은 공업화 비율보다 훨씬 뒤떨어졌으며, 적지 않은 농촌 잉여노동력이 충분히 활용되지 못하였다. 중국농촌의 실제인구는 전국 총인구의 70%를 차지하였으나, 사회적인 구매력은 40%도 안 되었고, 금융자산이 30%도 안 되었다. 중국은 마땅히 현재 시행하고 있는 호적관리제도, 노동인사 관리체제 등 여러 방면의 개혁을 계속 추진해야 하고, 농민들이 도시에 들어와 일하고 장사하기 위한 좋은 조건을 적극적으로 마련해야 하며, 호적·주택·자녀교육 등의 장래의 걱정을 점차 해결하여 농민들이 도시에서 안락한 생활을 할 수 있게 하고 도시주민으로 순조롭게 전환되도록 해야 한다.

(3) 농촌개혁 추진이 필요

20여 년의 개혁을 통하여 농촌가정 도급경영을 기초로 하는 농촌 농업경영체제가 끊임없이 견실한 발전을 거두었다. 중국공산당 제15기 3중전회에서 통과한 〈농업과 농촌의 일부 중대한 문제에 관한 결정〉과 9차 전국인민대표대회 2차 회의에서 통과한 헌법수정안은 모든 내용을 중국농촌의 기본경영체제로 이미 정하였다. 총체적으로 보면 농촌의 기본경영체제는 상대적으로 안정되어 있었으나, 농촌경영체제의 기본 주춧돌인 토지도급관계는 필요한 제도와 법률 규범이 없어서 일부 불안정한 요인이 아직도 있기 때문에 농촌 기본경영체제의 장기적인 안정을 제약하였다.

그 주요 원인으로는 세 가지가 있다. 첫째, 현재 진행하는 정책에 근거하여 농촌 토지의 도급계약은 농촌집단 경제조직 내부의 행정적인 계약이며, 경제계약법과 민법의 조절 범위에 속하지 않으며, 계약체결의 쌍방 권리와 의무는 충분하고도 공정한 보장을 받지 못하고 있다. 둘째, 현재의 법률과 정책은 농촌 집단경제조직 성원에 대한 범위를 명확히 하지 않아, 새로 출생하는 인구를 포함한 인구변화에 따라 진행하는 토지도급 관계의 '3년의 작은 조절, 5년의 큰 조절'이라는 토지도급관계의 조정이 행해져 안정적인 도급관계와 장기계획의 경영을 제약하고 있다. 셋째, 토지도급 관계에 대하여 '큰 안정, 작은 조정'의 원칙을 제기하였으나 아직도 엄격하고도 명확한 구체적 규범이 없어, 객관적으로 볼 때 일부 지방의 실천과정에서 '작은 조정'만 뜻을 두고 '큰 안정'에는 문제 삼지 않는 현상을 초래하는 등 농업생산력의 안정적인 발전을 크게 저해하고 있다.

(4) 농민부담의 경감이 필요

무거운 농민부담은 농민들의 절실한 이득을 줄이며, 농민의 생산에 대한 의욕을 떨어뜨리며, 농촌경제의 바람직한 발전을 제약하는 커다란 문제가 된다. 정상적인 상황에서 볼 때 농민의 합리적인 부담은 주요하게 3개의 큰 부분으로 나뉘지만, 구체적인 집행과정에서 농민부담의 형식에는 여러 가지가 있다.

첫째는 농촌집단 경제조직에 바치는 도급비용이다. 중앙정부는 이러한 비용 징수에 대하여 일찍이 '항목과 금액을 한정'하는 명확한 규정을 하였다. 도급비용이 오직 농촌의 공동적립기금, 공익금과 공동관리비의 제출 유보와 향진(규모가 작은 지방도시)의 교육, 가족계획, 민병22)훈련, 군인·혁명열사의 유족 등의 특별대우 비용, 길을 닦고 다리를 놓는 비

---

22) 역주_ 평소에는 생업에 종사하다가 전시상황에는 작전에 참가하는 민간무장조직으로, 중화인민공화국 성립 뒤에 제도화하였음.

용 등 일체 통일된 계획에만 쓰도록 규정되어 있다. 이러한 '세 가지 제
안, 다섯 가지 총괄'[三提五總] 말고 기타 어떤 비용도 도급비용의 명의
로 농민들에게서 거두어서는 안 된다. 금액을 한정한다는 것은 농민에게
서 거두는 도급비용의 총액이 그 지방 농민들의 전년도 소득의 5%를 초
과해서는 안 된다는 것을 말한다. 그러나 일부 지방에서는 아직도 갖은
방법을 동원해 이러저러한 명목의 비용들을 도급비용에 집어넣어 농민
들에게서 거두고 있다.

　둘째는 세금징수이다. 농민들이 마땅히 부담해야 할 주요 세금 종류에
는 농업세·농업특산세와 가축도살세가 있다. 이치에 맞게 말하면, 국가
에 세법이 있고, 세금징수제도는 명확하여, 세금제도에 문제가 있으면
안 된다. 그러나 일부 지방에서는 재정난 때문에, 세수 목표액을 정하여
차츰 아래로 지시하여 실정에 맞거나 맞지 않거나 간에 달성하지 않으면
안 된다고 하면서 농촌의 세수를 혼란에 빠뜨리는 수도 있다. 농업특산
품의 생산농가이든 아니든, 가축 사육을 하는 사람이든 안 하는 사람이
든 관계없이 사람 수나 도급지에 따라서 일률적으로 농업특산세와 도살
세를 무분별하게 부과하는 경우도 있었다. 또 어떤 곳은 동일한 도급지
에 대하여 농업세를 징수할 뿐만 아니라 다시 특산세도 거두었으며, 이
에 대하여 농민들이 강렬한 불만을 품고 있었다.

　셋째는 수리사업과 경지의 기본건설을 추진하면서, 농민들은 매년 일
정한 공사량과 공사일수를[보수가 없는 의무작업] 희생해야만 했다. 그
러나 일부 지방에서는 농민들에게 직접 일을 시키지 않고 그 대신 강제
로 농민들에게서 돈을 거두었는데, 이는 실제로 농민들의 부담만 가중
시키는 행위였다. 그 밖에 중앙정부가 일찍이 명문으로 금지시킨 것을
일부 징수한 것, 예컨대 각종의 불법자금 모집, 벌금의 남발, 각종 할당
금 따위의 금지사항을 적지 않은 지방에서는 여전히 행하고 있다.

3) 금융개혁의 심화와 금융효율의 향상이 필요

(1) 금융체제 개혁이 늦어지자 자본배분효율을 제한

개혁개방 이래 중국은 잇달아 초상(招商)·교통·민생 등 주식제[23] 상업은행을 만들었고 도시에 설립된 일부 주식제 상업은행은 은행업의 지나친 집중에 따른 독점적인 운영의 폐단을 극복하기 위하여 노력하였으며, 도시 중소기업을 위한 금융 서비스를 강화하였다. 1994년 이래 중국은 국유 전문은행을 상업은행으로 전환하였고, 이로 하여금 '자주적으로 경영하고 위험부담을 스스로 지는, 손익을 스스로 책임지며 스스로 통제하는 화폐경영기업'이 되게 하였다. 금융체제 개혁의 끊임없는 심화는 금융감독관리를 강화하고 금융 서비스를 개선하는 면에서 뚜렷한 효과를 거두었다. 또한 거시적 조절을 강화하고 개선하며, 인플레이션을 억제하고 아울러 경제발전을 촉진하면서 사회안정을 유지하는 등 중요한 구실을 하였다.

그러나 현재 금융영역에는 아직 적지 않은 문제가 있다. 예를 들면 국유상업은행의 시장화 진전이 느리기 때문에, 전체 금융시장화 정도가 현실적인 경제운영 메커니즘과 비교해보면 여전히 상대적으로 뒤떨어져 있으며, 불량자산 문제가 여전히 심각하다. 자본시장의 발전에는 성숙과 제도화가 충분하지 않았으며, 금융상품에는 혁신력이 한정되어 있어 중소기업과 민영기업에 대한 금융 서비스 체계가 건전하지 못하다. 금융시장화 개혁과 진전의 느림은 사회자원의 고효율의 최적화 배분을 크게 제약하고 있다.

---

23) 역주_ 주식에 가입하는 형식으로 여러 사람들이 소유한 생산제 요소를 집중시켜 일률적으로 사용하고 합리적으로 경영하며, 손익을 책임지고 출자금에 따라 이익을 분배하는 경제 조직 형식

연 도	1980	1990	1995	2000	2003
저축금잔고(A)	1,661.2	14,012.6	53,882.1	123,804.4	208,055.6
대출금잔고(B)	2,414.3	17,680.7	50,544.1	99,371.1	158,996.2
C=A−B	−753.1	3,668.1	3,338.0	24,433.3	49,059.4
C/A×100	−45.33	−26.18	6.20	19.74	23.58

표 6−8 | 중국 금융기구의 저축과 대출금의 잔금 상황(단위 : 억 위안, %)
자료출처 :《중국통계적요 2004》, 82쪽 관련 데이터를 바탕으로 계산.

(2) 자본 저축량이 충분하지만 효과적으로 이용하지 못했다

중국에서는 노동력 자원이 풍부함에도 자본은 여전히 부족하다. 특히 각종 개혁은 현재 적극적인 추진 단계에 있으며, 그 개혁에는 그에 따르는 코스트를 필요로 하고, 산업구조를 조정하고, 개선하는 데도 충분한 자본투입이 필요하다. 그러나 자본의 투입수요에 대하여 자본축적은 확실히 부족하다. 최근년 이래 중국의 저축, 특히 도시와 농촌의 저축이 끊임없이 증가하고 있으나, 은행자금의 운영효율이 비교적 낮은 까닭으로 예금액과 융자액의 차이가 끊임없이 커졌다(표 6−8 참조). 많은 시장이 있고 발전 가능성이 있는 많은 우량기업들이 융자를 받지 못하여, 자금난에 빠지며, 이로써 사회투자의 증가가 늦고, 소비수요가 활력을 잃게 되는 상황을 초래하였다. 자본의 대량 투입이 필요한 시기에 자본축적을 효과적으로 동원할 수 있고, 시장화한 금융 시스템에 기초하여 한정된 자본을 합리적으로 배분할 수 있는 일은 중국금융기구가 직면한 현실적인 과제이다. 금융위기의 관리와 완화를 강화하는 동시에 신탁장려 메커니즘을 확립하고, 국유 상업은행에 대출의 안전성, 믿음성을 엄격히 체크하게 할 뿐만 아니라 동시에 은행자금의 회전효율과 경영수익을 높이는 데 더욱 중요시하지 않으면 안 된다.

(3) 자본시장의 제도화 필요

10여 년에 걸친 발전으로 중국 증권시장은 이미 기본적인 규모를 갖추었고, 투자자의 대열은 빠르게 늘어났으며, 시장운영은 점차 제도화로 나아가고 있다. 그러나 총체적으로 보면, 주식시장의 발전은 여전히 일부에서 소홀이 할 수 없는 모순과 언제 부딪칠지 모르는 위기 상황에 직면해 있다.

첫째, 중국의 화폐시장, 그와 관련된 자본시장, 기관 투자자의 발전의 정도와 증권시장의 발전은 균형이 이루어지지 않아, 주식시장의 규모를 지나치게 확대시키는 것은 피할 수 없는 금융위기를 초래할 수 있다. 여러 단계의 자본시장의 발전이 없으면, 실력 있는 우수한 전략투자자군(무리)들을 배양할 수 없으며, 주식시장의 참다운 의미로의 우승열패 메커니즘이 확립될 수 없다. 주식시장의 고도 집중과 중층적 구조의 결여는 잠재한 시장 위기를 끊임없이 축적시켜가서 단순한 행정감독관리와 위기관리는 엄중한 과제에 부딪게 할 수 있다.

둘째, 증권시장의 단순한 자금조달행위와 국유기업 제도개혁의 부합하지 않는 모순은 아직도 존재한다. 국유기업의 주식제 개조와 경영 메커니즘의 전환의 촉진은 중국의 증권시장이 마땅히 해야 할 중요한 구실 가운데 하나이다. 그러나 만약 국유기업이 상장에 따른 자금 조달의 수준에 머무르는 형식적인 제도개혁에 머무른다면, 참다운 의미의 기업의 건강하고 안정적인 발전을 실현할 수 없고, '대규모의 재정을 삼켜버리고' '대규모 은행의 검은 장부를 형성'과 비슷한 현상을 초래하게 되어 잠재해 있는 위기가 매우 확대될 수 있다.

셋째, 상장회사의 구조와 주주(株主)의 권리를 개선할 필요가 있다. 행정적인 심사와 허가를 거쳐 상장을 실현한 상장회사의 대다수는 제도개혁을 거친 국유기업이며, 활력 있는 민영경제에는 일급시장을 통하여 자금을 조달하는 기회가 아직도 일반적이지 못하다. 국유주는 일반적으로 주주들의 지위를 통제하고 있을 뿐 아니라, 국유주·법인주는 유통

연 도	1952	1970	1978	1985	1990	1995	2001	2005
대외무역(A)	64.6	112.9	355.0	2,066.7	5,560.1	23,499.9	42,193.7	114,847
GDP	679.0	2,252.7	3,624.1	8,964.4	18,547.9	58,478.1	95,933.3	182,321
A/GDP	9.51	5.91	9.80	23.05	29.98	40.19	44.0	63.0

표 6-9 | 중국대외무역 의존도 변천(단위 : 억 위안, %)
자료출처 : 《중국통계적요 2004》, 17, 158쪽 데이터를 바탕으로 계산.

이 자유롭지 않기 때문에, 국유주의 과반수 지주(持株)를 바꾸기 어렵다. 이는 상장회사들로 하여금 정부의 직접 간섭을 피하기 어렵게 하고, 경영 메커니즘을 철저하게 전환하는 것을 어렵게 하고 있다. 증권시장의 자원 최적배분기능을 제약하고 있다.

4) 대외무역구조의 개선과 외국자본 이용수준의 향상이 필요

(1) 대외무역구조가 합리적이지 못하다

대외경제무역의 발전에 따라 중국 수출입의 신장률은 GDP 성장률보다 큰 폭으로 올라가고, 대외무역 의존율은 1978년 11.8%에서 2003년 60%로 상승하였다(표 6-9 참조). 중국의 높은 대외무역 의존도는 한편으로는 경제개방 수준이 높아졌음을 나타내고 있으나, 다른 한편으로는 취약한 산업구조와 대외무역구조를 보여주고 있다. 중국 대외무역구조는 저부가가치, 저기술 함량의 단순한 노동집약형 제품을 대량으로 수출하고, 고부가가치, 고기술의 지식집약형 제품을 대량으로 수입하는 것이 눈에 띈다. 이는 '피동적으로' 너무 높은 대외무역도라는 특징을 갖는다. 최근 몇 년 동안 중국 방적원료와 방적제품, 신발류 제품 등 낮은 기술함량의 노동집약형 제품의 무역흑자가 그해 무역흑자 총액의 80~90%를 차지하였으나, 높은 기술함량의 화학·공업상품과 전기기계 등의 설비제품은 오히려 대량의 수입초과가 되었다.

	2003년		1978~2001년	
	금 액	전국적 비율	금 액	전국적 비율
전국합계	535.05	100.0	3,952.2	100.0
동부지역	459.54	85.8	3,409.3	86.3
중부지역	58.31	10.9	339.5	8.5
서부지역	17.20	3.3	203.4	5.2

표 6-10 | 외국상인들이 실제로 투자한 지역의 분포구조(단위 : 억 달러, %)
자료출처 : 《중국통계적요 2004》, 169쪽 데이터를 바탕으로 계산.

(2) 외국기업들의 투자구조가 합리적이지 못하다

개혁개방 이래 '두 가지 자원, 두 가지 시장'을 적극적으로 이용하는 경제무역전략의 추진 아래서 중국이 외국자본을 이용하는 규모가 급속하게 커졌고, 외국자본을 이용하는 방식에도 적극적인 변화를 가져왔다. 그리고 '3자 기업(외자의 합병기업, 단독출자기업, 합작기업)'이 이미 중국경제의 중요한 부분이 되어, 새로운 경제성장점이 되었으며, 경제발전의 중요한 구실을 하고 있다. 그러나 외국상인들의 투자는 제조업에 집중되는 경향이 있어 농업과 서비스업에 대한 투자액은 비교적 적었다. 더욱이 단순가공형의 노동집약형 산업에 대한 투자는 많으나, 지식집약형 고과학기술산업에 대한 투자가 적었다. 또한 동부연해지역에 집중되고, 서부변경지역에는 비교적 적은 특징을 지녀 그 구조는 개선될 필요가 있다.

(3) 해외진출 능력의 강화가 필요하다

중국의 경제규모가 점차 확대되고, 산업 경쟁력이 높아지고 대형기업이 힘차게 발전함에 따라 대외투자도 증가하였는데, 1994년 8천만 달러에서, 최근 몇 년 동안은 10억 달러 선까지 증가하였다. 그러나 총체적인 경제규모와는 균형이 극히 부조화를 이루었다. 1999년 중국의 대외직접투자액은 GDP의 0.059%밖에 되지 않았으며, 이는 미국·일본·한국의 같은 해 대외직접투자에 대한 GDP 1.4%, 1.3%와 1.4%의 수준보다 훨씬 낮았다. 한 나라의 자본 수출입 규모는 그 나라의 국내자본의 축적 상황과 직접적인 관계가 있긴 하지만, 국제적인 자본의 자유화 정도가 큰 폭으로 상승하는 상황에서 자본유동은 국제적인 경영능력을 적절하게 반영한다. 한 나라의 외자를 끌어들이는 능력(경쟁력)에 따라서 투자 환경은 달라지며, 한 나라의 대외투자는 그 나라의 대외경영의 우위를 더욱 많이 반영한다.

예를 들면 미국·영국 등 선진국가는 외국자본의 직접적인 투자를 흡수하는 대국이고 동시에 대외투자의 대국이기도 하며, 그 나라의 강대한 국제경영능력을 충분히 반영하고 있다. 그러나 중국이 최근 몇 년 동안 도입한 외국기업들의 직접투자액은 매년 500억 달러 수준에 이르지만 중국의 대외 직접투자액은 10억 달러 정도여서, 대외경영능력이 약함을 타나내고 있다.

중국은 현재 일부 산업과 제품생산능력의 상대적인 과잉과 국경을 넘어선 경영능력의 점차적인 상승을 배경으로 '해외진출' 전략을 적극적으로 장려하고 있으나 중국산업은 끊임없이 최적화를 추구하는 국제분업구조 가운데 전략적 우위에 설 수 있는 가능성을 담보하는 핵심역량을 갖추지 못하였고, 중국의 기업가들도 오늘의 국제화에 걸맞은 경영경쟁에 적응할 수 있는 능력을 충분히 갖추지 못하고 있다. 중국의 산업경쟁력과 기업경영자의 국제화 경영능력을 착실하게 기르고 중국의 대외투자전략의 수준과 경제수익을 높이는 것은 '해외진출' 전략을 성공시키기 위한 당면한 급선무이다.

제3절
조방형 성장이 발전의 질을 제약

1. 조방형 성장은 무거운 대가를 요구

건국 초기부터 '90년대 중기까지 부족한 경제(만성적 공급 부족의 상태)를 배경으로 중국은 외연확장 형식의 빠른 조방형 경제성장을 추구해왔다. 낮은 단계, 낮은 기술수준의 산업구조와 조방형 경제성장 방식은 이미 국민경제와 사회발전에 대해 커다란 제약 작용을 하였으며, 또한 점차 생태, 환경에도 커다란 문제를 가져왔다. 조방형 경제발전의 과정에서는 자원의 낭비가 커지고, 환경오염이 악화되었으며, 생태파괴가 심각해졌다. 경제의 수익이 낮았을 뿐만 아니라, 심지어 수익은 이러한 파괴적 개발로 말미암아 경제에 큰 손실을 주는 현상도 나타났다. 서부지구와 농촌을 포함한 적지 않은 지역의 자연환경이 끊임없이 파괴되고, 사막화가 매년 증가하며 주민들 생활의 질에 심각한 마이너스의 영향을 끼쳤다. 21세기에 들어서서 아직도 이런 기존의 경제구조와 조방형 경제성장방식에 의존한다면, 더 이상 높은 경제성장을 이루지 못할 뿐만 아니라, 사회경제적 효과를 크게 높일 수 없다는 것은 분명하다. 국토 전체의 생태계와 생활환경 전체의 개선은 중국사회경제의 지속가능한 발전에 필요한 부분이며, 서부지역과 농촌지역 주민들의 전면적인 중산층화를 실현할 수 있는 구체적 내용이기도 하다.

2. 자본배분율의 향상이 필요

여러 가지 소유제 경제가 더불어 발전하는 기본 경제체제 아래서 민영경제가 빨리 발전했으나, 여러 가지 자금투자의 흐름의 방향을 놓고 볼 때, 서로 다른 경제유형 사이의 균형을 잃고 있었다. 2003년 전체 투자 가운데 국유경제투자의 비율이 40%도 안 되었으나, 거두어들인 상업 대출금은 전체 상업대출금의 56.3%였고, 개인경제 14.6%의 투자비율에 견주면 은행 대출금의 비율은 7.4%였다(표 6-11 참조). 자본시장의 주체는 대부분 역시 국유기업이었고 2003년까지의 상장기업 1287개 가운데 대부분이 제도개혁을 거친 국유기업이다. 이와 같은 사례로 보건대 자본자원의 배분은 합리적이지 못하므로 요소 공급의 공평성을 높여야 하며, 자본유동의 시장화, 시장화 메커니즘을 정비하지 않으면 안 된다는 사실을 알게 한다.

3. 노동력구조의 조정이 필요

중국의 현 단계 인구구조와 취업구조의 조정은 여전히 산업구조의 변화를 따라가지 못하고 있다. 현재 농업생산액이 농공업 총생산액에서 차지하는 비율은 약 20%이며 3분의 2 가까운 인구와 노동력이 여전히 농촌에 머물러 있으므로 이원 구조는 근본적인 개선을 가져오지 못하였다.

표 6-11 | 2001년 경제유형에 따라 분리한 전체 사회 고정자산 투자자금의 원천(단위 : %)
자료출처 : 《중국통계연감 2004》, 190~191쪽 관련 데이터를 바탕으로 계산.

	국유경제	집단경제	개인경제	외자경제	기타경제
투자자금총액	38.98	14.41	13.89	8.83	23.89
국가예산자금	83.65	12.57	0.01	1.63	2.14
국내대출금	46.06	7.70	7.43	9.02	29.79
외자이용	13.03	15.47	0.78	63.33	7.39
자체조달자금	34.87	18.50	16.17	6.05	24.41
기타 자금	2.55	6.47	23.39	10.08	57.51

연도	도 시			농 촌		
	총인구 가운데 도시인구의 비율	전체 사회노동자 가운데 도시노동자의 비율	농공업 총생산액 가운데 공업의 비율	총인구 가운데 농촌인구의 비율	전체 사회노동자 가운데 농촌노동자의 비율	농공업 총생산액 가운데 농업의 비율
1949	10.6	8.5	30.0	89.4	91.5	70.0
1952	12.5	12.0	43.1	87.5	88.0	56.9
1957	15.4	13.5	56.7	84.6	86.5	43.3
1962	17.3	17.5	61.2	82.7	82.5	38.8
1965	18.0	17.9	62.7	82.0	82.1	37.3
1970	17.4	18.3	66.3	82.6	81.7	33.7
1975	17.3	21.5	69.9	82.7	78.5	30.1
1978	17.9	23.9	72.2	82.1	76.1	27.8
1980	19.4	24.8	72.7	80.6	75.2	27.3
1985	23.7	25.7	72.9	76.3	74.3	27.1
1990	26.4	26.0	75.7	73.6	74.0	24.3
1995	29.0	28.1	81.9	71.0	71.9	18.1
2000	36.2	32.1	77.5	63.8	67.9	22.5
2001	37.7	32.8	78.5	62.3	67.2	21.5
2003	40.5	34.4	82.7	59.5	65.6	17.3
2004	41.8	35.2	83.8	58.2	64.8	16.2

표 6-12 | 개혁개방 전과 후의 농공업 생산액 비율과 도시와 농촌의 노동력 비율(단위 : %)
2000년부터 공업 총생산액은 상품판매 수입이 500만 위안 이상인 국유기업과 비국유기업 생산액만 통계하였음.
자료출처 :《중국통계적요 2005》, 39, 41, 114, 124~127쪽 관련 데이터를 바탕으로 통계.

개혁개방 전 중국이 장기적으로 도시와 농촌의 분리, 중공업 우선 발전은 기형적인 산업구조와 취업구조, 도시·농촌구조를 가져왔다. 개혁개방 이래 경제발전전략의 조정에 따라 산업구조가 점차 합리화했다. 그러나 호적제도 개혁과 도시와 농촌의 사회보장 시스템의 건설이 뒤떨어져 있었기 때문에 도시화의 진전이 제약되어, 향진기업의 발전도 노동력의 '농업을 그만둘 수는 있지만 농촌을 떠나지는 못하는' 패턴을 바탕으로 하는 것으로서, 도시와 농촌의 인구구조와 노동력 구조율 조정이 이루어

지지 못하였다(표 6-12 참조). 선진국가와 비교해보면, 중국에는 노동력 대열에 대하여 구성의 모순도 많이 드러났는데, 거대한 단순노동력의 자질을 개선할 높은 수준의 기술인재와 경영관리면의 전문인재의 비율이 적으며 창의력 있는 고급인력은 더욱 부족하다.

4. 기술력 강화가 필요

1) 전통산업의 기술수준이 낮다

첫째, 중국의 농업의 과학기술의 총체적인 수준은 아직 분명히 낮고, 과학의 농업발전에 대한 기여율은 한정되어 있다. 경작 재배기술 시스템은 여전히 종래의 전통적인 경작기술과 경험을 중심으로 하고 있으며, 작물의 우량품종화를 위한 복개율(覆蓋率), 농업자원 이용률과 농업기계화 정도가 어느 것이나 낮은 수준에 있다. 둘째, 강철·비철금속·전력·기계·석유화학·석탄·건축자재 등 중국 전통공업의 기술수준과 국제선진수준과의 격차는 크다. 대다수의 중대형기업의 열쇠가 되는 기술의 개발능력과 응용능력이 약하며, 과학기술 축적이 매우 부족하여, 메커니즘의 시장경제발전의 필요를 따라가지 못하고 있다.

2) 높은 신기술(하이테크) 산업은 여전히 초기단계에 있다

중국의 높은 신기술(하이테크)산업은 규모가 작고, 기반이 약하여, 그 생산액이 국내 총생산액에서 차지하는 비율이 4%밖에 안 되며, 선진국가와 신흥공업화 국가의 수준보다 훨씬 낮다. 제품 디자인, 핵심부품, 공예장비는 주로 수입에 의존하고 있다(표 6-13 참조). 자주적인 지적재산권과 자체 개발하는 높은 신기술 성과의 상품 전환율과 산업화 비

연 도	1991	1993	1995	1996	1997	1998	1999	2000	2001	2002
수입액	94.4	159.1	218.3	224.7	238.9	292.0	376.0	525.1	641.2	828.5
수출액	28.8	46.8	100.9	126.6	163.1	202.5	247.0	370.4	464.5	678.7
무역수지 적자	65.6	112.3	117.4	98.1	75.8	89.5	128.9	154.6	176.7	149.8

표 6-13 | 높은 신기술상품의 수출입(단위 : 억 달러)
자료출처 : 세관의 수출입 통계 데이터

율이 비교적 낮고, 각각 20%와 5~7%밖에 안 된다. 높은 신기술의 확산성이 약하고 기타 산업과의 관련도도 낮으며 전통산업을 개조하는 구실을 강화하지 않으면 안 된다.

3) 기술혁신력과 도입 기술의 소화흡수능력이 부족하다

요즘 기업을 중심으로 하는 기술혁신 시스템 구축은 여전히 초기 단계에 있고, 기술개발과 혁신에 대한 경비 투입이 낮으며, 그 성과도 산업화가 지지부진하여 기술혁신능력의 향상이 요구되고 있다. 중국의 대다수 중대형기업의 기술개발력과 기술혁신능력은 부족하고 국제경쟁에 참가하는 능력이 부족하다. 중국에는 현재 아직 자주적인 지적 재산권에 의한 기술 시스템이 형성되지 못하였고, 대다수 업종의 열쇠가 되는 핵심적인 기술과 설비는 주로 수입에 의존하였다. 소화흡수 능력이 약하고 도입기술에 대한 시스템 통합과 종합혁신능력도 부족하다.

3부

과학발전전략과 전면적인 혁신
(2001~2020)

7 장
과학발전전략

　　1949년 이후의 신중국은 고도로 집중된 계획경제체제를 수립하였고, 중공업 우선 발전전략을 추진하였다. 1979년 이래 시장화를 주축으로 하는 개혁개방정책을 추진하여 사회주의 시장경제체제의 기초를 수립하였으며, 산업경제의 균형 있는 발전을 실현하여 총체적으로 중산층 사회를 실현하였다. 21세기에 들어선 이래 중국은 경제의 글로벌화와 과학기술의 새로운 비약을 배경으로 개방형 시장경제체제를 정비하고 중산층 사회를 전면적으로 건설하는 것을 목표로 하여 구조조정과 두 개의 혁신=신기축을 구체적 조치로 하는 과학발전전략을 추진하게 하고 있다. 이

그림 7-1 | 과학발전 전략체계의 구조

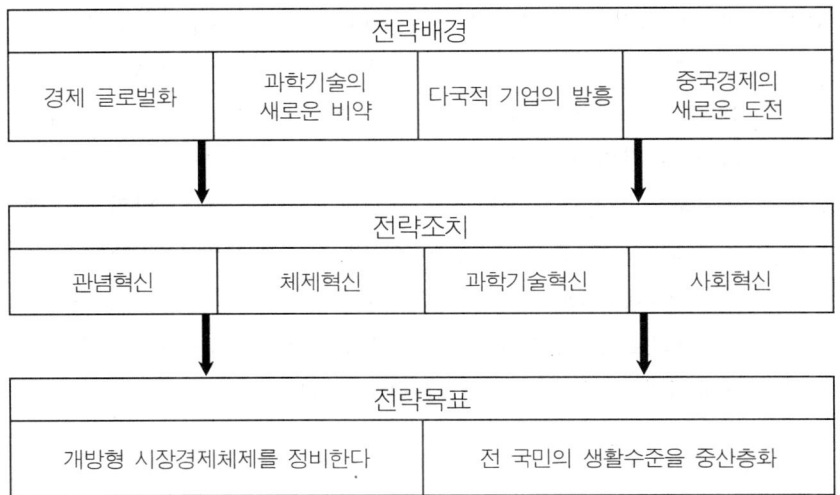

장의 3절에서는 과학발전의 전략배경, 전략목표와 전략내용을 대략 서술하고, 다음 장에서 관념혁신, 체제혁신, 과학기술혁신, 사회혁신을 주요내용으로 하는 전략적 조치를 구체적으로 보여줄 것이다.

제1절 전략배경 :
세계경제의 새로운 추세와 중국경제의 새로운 도전

1. 경제의 글로벌화

1) 세계 경제조직의 정비와 글로벌화 경제운영의 제도화

세계 경제주체 사이의 상호연계, 상호의존, 상호융합의 정도가 날로 깊어짐에 따라 세계경제는 이미 분리할 수 없는 유기적인 전체가 되어, 통일적인 게임 이론[복수의 합리적 의사결정자의 이득이 각각 전략의 상호관계에 따라 정해진다는, 게임적 상황을 분석하는 수리(數理)기법] 법칙을 바탕으로 여러 경제주체 사이의 다채로운 경제무역활동을 제도화하고, 협조하는 것을 필요로 한다. 세계은행, 세계무역기구(WTO)와 국제통화기금(IMF)은 현재 세계 3대 국제 경제조직이고, 그 성숙을 거듭하는 이념과 날로 정비되고 있는 운영 메커니즘은 경제가 세계적 규모로 균형을 유지하는 운영과 경제의 글로벌화의 발전을 위하여 바람직한 체제의 기초가 되어왔다(표 7-1 참조). 이 밖에 유엔 개발계획(UNDP), 유엔 공업개발기구(UNIDO) 등 정부조직이나 많은 국제적인 비정부기구(NGO)와 비영리조직기구(NPO)는 세계경제의 균형 있는 운영을 위해서 날로 성숙해져가는 조정기능을 발휘하고 있다.

조직 기구	회원국 수	주요 기능
세계무역기구 (WTO)	135개국	무역법률의 협조와 지적재산권의 보호를 중요시하고, 무역정책을 심사하는 메커니즘과 분쟁을 해결한다는 메커니즘을 제도화하며 세계무역과 투자의 자유화, 개방화의 발전을 추진한다.
국제통화기금 (IMF)	184개국	국제화폐의 협력, 환율의 안정, 환율의 조정을 추진하고 경제성장과 높은 수준의 취업을 촉진하며 회원국을 협조하여 국제수지의 균형을 유지한다.
세계은행 (THE WORLD BANK)	180개국	발전도상국가들의 경제를 건강하고 안정된 지속적인 발전을 위하여 힘쓰고 세계경제의 발전을 돕고, 인류의 복지수준을 높이고 실업문제 등을 해결하기 위하여 금융문제를 지원하고 해결방안을 제시해준다.

표 7-1 | 세계 주요 경제기구의 기능

	연도별 무역규모			연평균 성장률		
	1980	1990	2000	1980~1990	1990~2000	1980~2000
화물무역	1,946	3,439	6,331	5.9	6.3	6.1
서비스 무역	367	793	1,429	8.0	6.1	7.0

표 7-2 | 1980년 이래 전 세계의 국제무역 발전 추세(단위 : 10억 달러, %)
자료출처 : 국제통화기금

2) 국제분업의 진전과 국제무역의 발전

비교우위에 바탕을 둔 분업적 협력은 경제효율과 복리수준을 높이는 데 한몫을 하였고, 세계경제의 규범적이고 협조적인 운영은 국제분업적 협조의 발전을 효과적으로 촉진하였다. 경제의 글로벌화와 밀접하게 연관 있는 세계 경제주체 사이의 국경을 넘어선 경제·무역 활동은 치밀한 분업, 깊은 협력관계 아니면 긴밀한 의뢰관계라는 글로벌한 경제의 협력체를 형성하였다. 자본·노동력·기술 등 생산요소의 국경을 넘어선 배치는 날로 활발해져 연구개발, 생산가공, 판매 서비스 등 경영단계의 국제협력관계도 날로 깊어지고 있다. 경제의 글로벌화가 가속됨에 따라 국제 분업적 협력체계도 끊임없이 개선되면서, 국제 경제무역은 급속하게 발전하고 있다. 2000년의 국제무역 총액은 7조 7600억 달러에 달하였고, 이는 그해 전 세계 GDP 규모의 4분의 1에 달하였다(표 7−2 참조).

3) 글로벌화 경영이 날로 활발해지고 국제무역이 대폭 증가

'90년대 중반 이후 국제적인 직접투자는 경제 글로벌화의 중요한 형태로서 급속하게 확대되는 추세를 나타냈다. 1998, 1999년의 국제 직접투자 신장률은 45.3%와 56.7%에 달하였고, 1999년의 전 세계 국제 직접투자 규모가 처음으로 1조 달러를 초과하였다. 그러나 2000년의 투자증가율은 37.1%로 하강하였다. 그렇지만 그 규모는 14조 919억 달러로 역사에서 새로운 기록을 다시 이룩하였다. 2000년 이래, IT와 주식의 거품[버블(bubble)]이 붕괴됨에 따라 다국적기업들의 투자가 조정되고 세계의 직접투자가 현저하게 줄어들었으나, 높은 신기술산업의 부흥과 발전은 국제적 범위 안에서 대규모 구조조정을 하게 하였으며, 새로운 국경을 넘어선 투자의 붐이 일어날 것이 기대된다(표 7−3 참조).

4) 경제무역의 형태가 다원화하고 국제금융이 지속적으로 활기를 띰

정보혁명이 낳은 네트워크에 따른 커뮤니케이션, 전자상거래 등 새로운 형식의 정보교류방식은 국제금융의 왕성한 발전과 경제 글로벌화를 위하여 기술적 가능성을 제공하였다. 경제의 글로벌화는 시장경쟁을 날로 치열하게 하였고, 새로운 형식의 경쟁구조는 관련기업이 글로벌한

	1990~1995 (평균)	1996	1997	1998	1999	2000	2001	2002	2003
전 세계	2,253	3,861	4,781	6,945	10,883	14,919	7,351	6,834	5,389
발달국가	1,450	2,199	2,679	4,842	8,378	12,275	5,031	4,976	3,600
발전도상국가	743	1,527	1,910	1,876	2,251	2,379	2,048	1,858	1,789
중 국	194	402	442	438	403	408	468	527	535

표 7-3 | 1990년 이래 전 세계의 다국적 직접투자의 유입량(단위 : 억 달러)
자료출처 :《2002년 세계투자보고》, UN 무역발전회, 2002년 이후의 데이터는 일본판으로 된《JETRO 무역투자백서》, 16, 168쪽 참고.

투자형식		미 국	일 본	유로·달러 지역	라틴아메리카	NIEs	중 국
직접투자	대외직접투자	1,521.6	227.4	2,271.2	28.8	125.6	17.8
	직접투자흡수	2,825.1	127.4	790.5	673.8	192.4	387.5
증권투자	자 산	978.8	1,665.3	3,376.4	19.3	123.8	105.4
	부 채	3,353.1	1,449.9	3,067.1	70.8	230.5	−69.9
기타투자	자 산	1,312.8	−2,801.1	618.7	151.7	182.1	243.9
	부 채	1,329.8	−2,791.7	1,587.4	−97.5	−48.6	63.2

표 7-4 | 1999년 주요 국가와 지역의 따른 투자(단위 : 억 달러)
1) NIEs에 홍콩을 포함하지 않았다.
2) 라틴아메리카는 멕시코·브라질·아르헨티나 3개 나라를 포함.
자료출처 : *Comparative Economic and Financial Statistics 2000*, Bank of Japan.

적응능력과 국제 경쟁력을 높이기 위하여 글로벌한 규모의 생산력 배치와 산업조직구조의 합리화를 실현하도록 요구하고 있다. 세계의 유수한 다국적기업들은 앞 다투어 중대한 전략적 조치를 취하였고, 지역 특성에 맞는 자원을 배치하였다. 지역특성에 맞는 시장을 충족시키는 지역성 생산력 분포를 높여 전 세계의 자원을 적절히 배치하여, 세계시장을 만족시키는 글로벌 생산력 분포로 조정하는 노력을 기울이기도 하였다. 그리하여 객관적인 구도로 볼 때, 글로벌한 경제구조 조정을 목적으로 하는 국경을 넘어선 직접투자, 증권투자, 국제신용대출 등 여러 가지 투자방식의 유기적인 결합을 촉진하면서, 아울러 국제금융 활동을 활발하게 하였다(표 7-4 참조).

2. 과학기술의 새로운 도약

1) 고도의 신기술이 사회경제발전을 주도

20세기 '70년대 이래 과학기술 발전은 가속화하고, 과학기술의 산업화 주기가 크게 단축되었으며, 광범위하고 끊임없이 깊은 연구로 기술의 변혁이 이루어지고 있다. 1973년에 DNA 실험을 성공적으로 완성한 것을 계기로 인류는 유전과학(BT)과 인류의 생명을 조정하는 새로운 단계에 들어섰다. 1975~1985년은 마이크로 처리기기의 광범위한 사용을 계기로 인류는 인간의 뇌 능력을 확대시킬 수 있는 새로운 장(章)을 열었다. 1985년 이래는 인터넷과 전자상거래를 이용해 인류는 정보혁명의 새로운 세계에 들어섰다. 20세기, '90년대 이래 국제 경제구조는 중대한 변화를 가져왔으며, 경제의 글로벌화 추세는 뚜렷하게 심화하였고, 기술개혁으로 말미암은 산업혁명은 인류사회의 경제 면모를 크게 변화시켰다. 경제성장에 대한 기술혁신의 공헌이 나날이 증명됐으며, 과학기술이 국제경쟁의 핵심적인 구실을 하였다.

2) 고도의 신기술산업이 경제성장을 이끌다

고도의 신기술산업은 현재 경제발전의 견인차이며, 이미 한 나라 종합국력의 중요한 구성요소가 되었다. 세계의 경제는 전자정보, 유전자공학, 신소재와 환경보호 등 고도의 신기술산업을 새로운 성장점으로 하는 구조조정의 과정에 있다. 정보 네트워크 기술에 이끌린 새 기술혁명은 '신(新)경제'의 신속한 발전을 촉진하며, 글로벌한 산업구조 조정의 발걸음을 가속화했다. 미국 등 선진국가에서는 고도의 신기술산업을 크게 발전시키고, 보급하는 것을 통하여 산업구조의 업데이트를 강력히 추진하였으며, 노동력 생산성을 크게 높였다. 이로써 낮은 인플레이션의 조건 아래 건전하고 지속적인 고속성장을 실현하였다. 새 기술혁명의 도전에 직면하여, 중국은 성숙하고 노련한 기술을 광범위하게 사용하여, 전통산업을 바꾸어야 할 뿐만 아니라, 전략적 우위를 가진 고도의 신기술산업도 적극적으로 발전시켜야 한다. 아울러 산업기술수준을 전면적으로 끌어올리고, 사회생산력을 대폭 높이며, 과학기술혁명의 이익을 더욱 충분히 누려야 한다.

3) 고도의 신기술이 전통산업을 효과적으로 높인다

고도의 신기술과 전통산업의 전면적인 융합은 전통산업의 발전에 커다란 활력을 불어넣는다. 전통산업에 전자정보기술을 접목하는 것은 산업의 고도화와 자동화, 지능화를 촉진하고, 경제의 정보화 과정 전체를 가속시켰다. 전자정보 설비와 부품(기계·기구 등의 부품) 제조업 등의 높은 기술, 고부가가치 산업은 제2차산업 가운데 선도산업이 되었다. 전통적인 제조기술은 디지털 기술과 NC 공작기계의 보급·응용을 기초로 하여 생산효율과 제품의 품질을 크게 높였으며, 제품 개발·설계·생산과 판매의 주기를 단축하였다. 금융업무의 전자화는 전통적인 지불·결재방식을 바꾸었고, 전 세계적 범위 안의 자금유동을 편리하게 하였다. 상업무역 과정의 인터넷화는 생산·재고·유통을 편리하게 간소화하고 효율화하였다. 네트워크화는 컴퓨터를 스탠드얼론(Stand alone, 컴퓨터

네트워크에 들어가지 않고 단독으로 사용하는 전자계산기), 일부 지역망(로컬 네트워킹), 광역 네트워크에서 글로벌화한 네트워크시스템으로 나아가게 하였고, 데이터 처리, 정보통신, 금융 서비스와 대중매체전달 등도 통일된 시스템 가운데 모아 전에 없는 새로운 비즈니스의 기회를 가져다주었다. 유전공학기술은 전통적인 농업의 개념을 철저히 변화시켰고, 환경보호와 산업발전은 경제성장과 주민생활의 수준을 높이는 유기적인 통일을 실현해가고 있다.

4) 정보기술이 산업조직구조의 조정을 추진

국경을 넘어선 경영은 풍부하고 빠르며 정확한 정보교환을 기본으로 하지 않으면 안 된다. 정보기술의 발전은 다국적기업의 국제화 경영관리를 위하여 기술적 가능성을 제공했다. 새로운 기술혁명 과정에서 나타난 전자상거래, 네트워크에 따른 커뮤니케이션 등 새로운 정보교류 방식은 시간과 공간을 단축시켰고, 전통적인 기업관리 패턴을 크게 변화시켰다. 또한 국경을 넘어선 경영관리의 혁신을 촉진하였고, 국경을 넘어선 인수·합병에 따른 국제투자의 발전을 추진하였다. 국경을 넘어선 인수·합병(M&A)은 한편으로는 '녹지투자(신규로 회사를 설립하는 방법)'가 가져온 과잉공급과 '유혈(流血)경쟁'의 손실을 피할 수 있었고, 다른 한편으로는 속도가 빠르고 효율이 높은 현대화 경쟁의 수요에 더욱 잘 적응할 수 있었다. 이러한 것들을 배경으로 산업조직구조 조정의 효과적인 수단으로서 최근 몇 년 동안 국경을 넘어선 인수·합병이 날로 활발해지고 있으며 개조형의 인수·합병 투자는 국제직접투자의 주요한 형태가 되어 국제직접투자 전체에서 차지하는 비율이 약 85%에 달한다(표 7-5 참조).

	1997	1998	1999	2000			
				금액	연 증가속도	비율	건수
전 세계	3,405.5	6,166.0	8,416.8	12,208.5	45.1	100.0	9,245
미 국	876.4	2,212.2	2,517.9	3,351.2	33.1	27.4	1,589
영 국	448.5	1,038.9	1,407.1	1,870.8	33.0	15.3	921
독 일	121.7	215.0	510.4	2,398.7	370.0	19.6	542
브라질	128.4	311.8	129.7	322.6	148.8	2.6	245
한 국	9.00	48.1	118.4	73.8	−37.6	0.6	73
중 국	21.43	12.7	26.1	45.5	74.2	0.4	120

표 7-5 | 인수·합병의 외국기업의 직접투자액 국제 비교(단위 : 억 달러, %)
자료출처 : 일본에서 출판한 《JETRO 투자백과서 2002》, 21쪽을 바탕으로 함.

5) 높은 신기술 전파속도가 빠르다

현대 정보통신기술의 신속한 발전은 과학기술 정보교류와 과학기술 성과의 공유를 촉진하였고, 과학연구인원들의 국제적 교류가 날로 활발해지게 하였으며, 전 세계의 연구개발 자원의 최적화 배치와 과학기술 연구개발 글로벌화의 진전을 촉진하였다. 연구와 개발의 국제화는 이미 선진국가들이 시장과 자원을 쟁탈하고, 글로벌 경쟁을 전개하는 가운데 중요한 위치를 차지하게 되었고, 발전도상국가들에게 도전과 기회를 가져다주었다. 또한 발전도상국가들의 과학기술 인재의 유실이 빈번해지자, 다국적기업을 버텨주는 제품에 그만큼 자국화한 특징이 드러나 민족산업에 더한층 커다란 충격을 주고 있다. 그러나 동시에 인재 유동과 기술의 확산으로 말미암아 발전도상국가들에게 과학기술을 촉진하고 그 기술을 발전시키는 새로운 기회를 제공하였다. 제품의 업데이트가 빠르게 되고, 생산기술의 주기가 점점 짧아지면서 기술자들로 하여금 신기술의 이전을 촉진하도록 하였다. 고도의 신기술 출현과 그 세계적

인 전파의 새 메커니즘은 발전도상의 국가들에게 '뛰어넘기'식의 발전
이라는 새로운 기회를 가져다주었다.

3. 다국적기업의 발흥

1) 다국적기업의 경제 글로벌화 속에서의 지위와 구실

(1) 세계평화의 유지 강화

세계 냉전구조가 붕괴된 이래 평화와 발전은 시대의 주제가 되었고,
세계의 우수한 다국적기업들이 세계의 평화와 발전을 점차 강하게 추진
하는 강대한 현실세력이 되어, 국제사회 가운데 정치적 지위와 영향력
을 끊임없이 높였다. 유엔 무역개발회의(UNCTAD)에서 2002년 8월 12일
에 공표한 조사결과에 따르면 세계의 100대 경제실체 가운데 29개의 다
국적기업이 들어 있었다. 엑슨모빌은 630억 달러의 순생산액으로 45위
를 차지하였고, 이 성적은 인구가 1.5억인 파키스탄보다도 높았다. 월마
트, 엑슨모빌 등 다국적기업의 매년 판매액은 2000억 달러로서 중동의
강국인 이스라엘 GDP의 두 배였고, 엑슨모빌, 씨티그룹의 순이익은 150
억 달러였으며 이는 말레이시아 등 비교적 큰 발전도상국가의 중앙 재
정소득에 해당한다. 수천 수만의 다국적기업이 풍부하고 다양한 전략으
로 세계 속에서 경제활동을 하여, 경제 글로벌화를 추진하는 핵심적인
주체가 되어 있다. 오늘날 다국적기업의 경영분야와 생산력 배치가 전
세계로 퍼져 있고 국경·민족·종교를 넘어선 경제이윤의 네트워크를
마련하였으며, 점차 전 세계 경제이윤 공동체의 직접적인 당사자로 되
어 그 경제의 이익은 전 세계 평화와 안정과 밀접한 관계가 있으며, 점
차 세계평화를 유지하는 현실적 세력이 되고 있다.

(2) 경제 글로벌화의 새로운 질서를 유도하다

다국적기업은 글로벌한 경제무역, 투자와 금융활동에서 중심적인 구실을 할 뿐만 아니라, 주권국가, 더 나아가서는 세계적인 경제기구의 정책이론의 형성과 정비에 주도적인 작용을 하였으며, 개방화·시장화를 주요한 특징으로 하는 세계경제의 새로운 질서를 주도하고 있다. 선진국가, 발전도상국가를 가릴 것 없이, 모두 강대한 다국적기업의 힘을 빌어 자국의 경제가 발전하도록 힘쓰며, 다국적기업이 바라는 개방형 시장경제정책을 널리 채용하여, 다국적기업의 투자를 흡수하는 경쟁을 격렬하게 펼치면서 경제체제로 하여금 다국적기업이 추진하고, 경제 글로벌화가 수요하는 개방형 시장경제체제로 나아가게 한다.

개방형 시장경제이론은 점차 세계 여러 나라들의 컨센서스가 되어 사실상 세계무역기구(WTO)·국제통화기금(IMF)·세계은행 등 세계적 경제조직으로 하여금 글로벌 경제의 조정기능을 대폭 정비하도록 촉진시켰고, 세계 각 나라 사이에 개방·공평·호혜의 경영환경과 세계의 모든 합법적 기업을 위한 차별 없는 경쟁의 무대를 제공하였다. 그리하여 시장화 메커니즘이 글로벌한 자원배분과 세계경제의 운영 속에서 기초적인 기능을 하도록 보장하였으며, 세계 개방형 경제의 협조적 운영을 위하여 바람직한 체제적 기초를 마련하였다. 새로운 세계경제협력의 조화로운 운영 메커니즘의 주장은 평화적인 국제경제 분쟁을 해결하는 메커니즘인데, 무력 등 비문명수단에 의한 충돌을 막는 것을 강조하였으며 세계경제가 평화적 공존의 환경에서 번영하고 발전하도록 촉진하였다.

(3) 경제의 글로벌화를 주도

세계의 유력한 다국적기업은 글로벌화한 시장경쟁 속에서 발전하고 성숙해진다. 막강한 국제 경영능력과 날로 성숙해가는 기업문화에 기초하여, 개방형 세계경영의 무대에서 글로벌 경영자원을 합리적으로 배치하여 풍부하고 다채로운 글로벌 경영활동을 광범위하게 전개한다. 또한 인류를 위하여 날로 풍부하고 높은 품질의 상품과 서비스, 더 나아가서는 우수한 문화를 제공하며, 세계경제 속에서 지위와 영향력을 끊임없이 강화한다. 세계의 우수한 다국적기업은 경제 글로벌화를 추진하는 주체로서 세계 범위 안의 무역·투자·금융 등 경영활동을 적극적으로 추진한다. 글로벌 경제활동의 상호연계, 상호의탁, 상호융합의 정도를 날로 높이고, 전에 볼 수 없는 경제의 글로벌화 수준으로 높이 끌어 올렸다. 그 글로벌한 자원의 축적 능력과 국제화한 경영은 경제 글로벌화를 위한 견고한 생산력 기반을 마련하였다.

1995년부터 2000년 사이의 6년 동안 세계 500대 기업은 우수 다국적기업의 대표적 그룹으로서, 판매소득의 연평균 5.4%의 증가를 실현하였고, 같은 시기 세계 GDP의 연평균 성장률 4.4%를 초과하였다. 그리하여 글로벌 경제발전의 핵심 역량이 되었다. 최근 몇 년 이래 세계 500대 기업의 영업총액은 14조 달러를 초과하여 세계 GDP의 절반에 가까워 세계경제에서 극히 중요한 지위를 차지하였다. 세계의 유수 다국적기업의 생산력 기반에 구체적으로 나타난, WTO 등 세계경제조직이나 대다수 국가 정책 이념에 구체적으로 드러난 개방형 시장경제체제의 기반은 상호보완, 유기적 상호작용, 상호촉진의 과정에서 경제 글로벌화와 이로 말미암은 번영을 강력하게 추진하고 있다.[24]

2) 글로벌 경제구조 조정 속에서 다국적기업의 지위와 구실

(1) 글로벌한 구조조정을 주도하고, 국제분업의 새 틀을 형성

정보·환경·신소재·유전자공학 등 높은 신기술 산업의 활발한 발전은 산업구조를 대규모로 조정하게 하였다. 소비자 가치관의 다양화,

---

24) 자료출처 : 〈2000년 세계 500강 기업의 순위에 따른 비교분석〉, 《통계보고》 제21기, 국가통계국, 2001.

개성화의 경향은 산업구조의 개선·고도화와 기업경영전략의 수량중심형에서 개성중시형으로 전환을 이끌었다. 새로운 글로벌 경제구조 조정의 배경에서 세계의 유력한 다국적기업의 전략은 다음과 같은 특징들을 나타낸다.

첫째, 증량의 자본투자와 저장의 자산조절의 목표를 이익수준이 비교적 높은 현대 주도산업과 높은 신기술 산업에 돌리고, 경영구조를 개선·고도화했다. 둘째, 다국적기업은 선진국가에서는 경영중점을 제조부문에서, 판매와 서비스 부문으로 전환했으며, 기술이 성숙하고 공정이 간단하며, 시장의 통일된 규격, 통일된 표준의 '소 품종, 대량 생산' 제품의 생산기술을 발전도상국가에 이전시켰으며, 분업적 협력구조를 조정하였다. 다국적기업은 그의 세계 규모에서 경영구조의 개선과 경영부문의 조정에서 글로벌 경제구조 조정을 주도하는 세력으로 되었으며, 차츰 국제분업적 협력의 새로운 구조의 탄생을 촉진하였다.

(2) 전 세계 산업조직구조의 조정을 주도하고 글로벌 생산력 구조를 재편

경제 글로벌 추세와 날로 치열해지는 시장경쟁은 글로벌 산업조직구조의 합리적인 필요성을 제기하였다. IT 기술의 보급과 날로 성숙해가는 신형의 현대적 관리는 글로벌 산업조직구조에 조정의 가능성을 제공하였다. 새로운 경쟁구조의 틀에 따라 관련 기업은 글로벌화한 적응능력과 경쟁능력을 크게 높이라는, 세계 규모의 생산력 배치와 산업조직구조를 합리화할 것이 요구되었다.

녹지투자(신규로 회사를 설립하는 방법)에 대하여, 기업의 인수·합병(M&A)은 과잉공급이 가져다주는 악성경쟁을 피할 수 있으며, 기업의 합병과 인수에 따라 재편되는 주체 사이의 우위성을 서로 보완하여 변화가 빠른 시장경쟁의 틀에 대해서 융통성 있게 대응할 수 있다는 등의 이점을 가지고 있다. 그러기에 20세기 '90년대 중반 이래 다국적 기업의 인수·합병의 투자가 급속하게 확대되는 추세를 보였으나, 최근 몇 년 이래 국제투자에서 선진국가의 대형 다국적기업들이 그 주도적 구실을 하고 있다.

그 성과는 다음과 같다. 첫째, 글로벌한 경제구조 조정을 목적으로 한 다국적기업의 인수·합병 규모는 국제직접투자 총규모의 약 90%를 차지하였으며, 국제직접투자의 규모와 신장률, 국제 대형기업 사이의 인수·합병의 규모와 신장률 사이에는 밀접한 관계가 보인다. 둘째, 대부분의 국경을 넘어선 대형 다국적 인수·합병은 주로 대형 다국적기업을 가지고 있는 선진국 사이에 진행되며, 선진국가의 대외 직접투자와 국제투자 도입 면에서 큰 비중을 차지하고 있다. 2002년의 《JETRO 투자백서》에 따르면 선진국가가 2000년에 대외직접투자 규모와 국제직접투자 도입 과정에서 차지하는 비율은 각각 91.0%와 79.1%였다.

3) 글로벌한 과학기술혁신에서 다국적기업의 지위와 구실

(1) 다국적기업은 높은 신기술 연구개발의 담당 주체

세계경제의 집약형 성장과 글로벌한 경쟁이 날로 치열해짐에 따라, 과학기술은 경영의 제1요소가 되고, 과학기술 혁신능력은 기업 경쟁력의 열쇠가 되었으며, 높은 신기술의 우위성은 기업이 글로벌한 경쟁 우위성을 높이기 위한 아주 중요한 전략적 요인으로 되었다. 과학기술의 산업화의 가속, 기술표준이 높은 기술수준을 가진 기업의 시장침투 능력과 기술의 보급능력을 크게 좌우한다는 조건에서 기업은 시장을 주도할 것이냐 종속될 것이냐의 선택을 해야 하는 처지에 놓였다. 연구개발의 새로운 흐름을 이끌어 자기의 기준을 타자보다 강화하고, 기술 주도자로서의 지위를 굳혀서 높은 부가가치를 획득하지 않고서는, 타자의 우산 속에 들어가 그가 정한 표준을 따르는, 낮은 부가가치에 의한 가공비를 받게 되는 처지가 되고 만다.

세계의 유력한 기업은 경쟁전략의 높은 고지에 서기 위하여, 높은 신기술의 연구개발과 응용력을 가장 높은 자리로 올려놓고 전 세계의 인재, 자금, 물적 자원을 합리적으로 이용하여, 높은 신기술의 개발과 그것의 응용을 진행하며, 연구개발자금이 판매 총수입에서 차지하는 비율을 보통 5~10%의 높은 수준으로 유지하고 있다. 유력한 다국적 기업의 연구개발에 대한 강한 추구와 거액의 투입은 현대의 높은 신기술 개발과 높은 신기술 산업 발전에서 그들이 핵심적인 위치를 차지하게 만들었다. 미국 학자 맨스필드(E. Mansfield)의 연구에 따르면 세계 기술혁신 성과의 70% 이상은 세계 500대 기업이 독점하고 있다.

(2) 다국적기업은 높은 신기술의 성과를 전파하고 보급하는 주체

세계 유수기업은 대부분 국경을 넘어선 경영을 하고, 그 경영조직은 전 세계에 널리 퍼져 있다. 기업 그룹의 전체 경쟁력과 높은 신기술 산업의 보급률을 확보하고 높이기 위하여 다국적기업은 끊임없이 높은 신기술을 세계 각지에 분포되어 있는 그룹 멤버들과 전략적 파트너들에게 전파한다. 다른 한편으로는 높은 신기술을 적합한 시기에 도입하고 응용하는 것은 국제경쟁 속에서 중요한 의의가 있기 때문에, 국제 기술무역도 끊임없이 성장하고 있었다. 세계 유수한 다국적기업들의 국제합작 연구개발 기구는 높은 신기술의 보급과 응용을 추진하고 있다. 오늘날 높은 신기술의 연구개발에는 많은 자금을 필요로 하고, 위험부담이 크며 기술갱신이 더욱 빠르다는 특징이 있다.

위험부담을 낮추기 위하여, 또 그 기술성과의 표준화에서 경쟁력을 높이기 위하여, 세계 유력기업들은 국경을 넘어선 다국적 연구개발기구 사이에 기술공동개발과 기술표준을 쟁취하기 위한 기술연맹을 널리 맺었다. 지금까지 다국적기업의 연구개발 센터는 일반적으로 자국에만 설립하고, 내부경로로 해외 자회사에 기술을 전이하였다. 그러나 현재의 많은 다국적 기업들은 연구개발업무를 세계 많은 지역에 유기적으로 분포시켜, 다양하게 우수한 기술을 상호보완할 수 있는 연구를 진행하고,

내부 협력 파트너 사이에, 또는 경쟁기업과 상호보충하는 기술협력을 진행하면서 연구개발의 효율을 높였다. 일찍이 1974년 IBM 사의 해외 연구개발에 대한 투입은 이미 전체 연구개발 투입의 31%에 달하였고, 그 해외 연구개발의 투입 증가율은 전체 연구개발의 투입 증가율을 앞질렀다. 또한 세계 유수기업은 글로벌한 연구개발 면의 인재의 조직과 관리 전략을 강화하고 있다. 예를 들면 미국 대기업이 해외에서 임용한 연구개발 인원은 1977년의 6.3만 명에서 최근 몇 년 동안 수십만 명으로 증가하였고, 그 결과 미국의 연구개발능력은 크게 증가하였다. 일본 · 서유럽의 다국적기업도 그의 글로벌한 경영전략 때문에 연구개발자원이 비교적 풍부한 국가나 지역에 가서 연구개발활동을 진행하고 있다.

(3) 다국적기업은 기술혁신의 직접적인 수익자(受益者)

세계의 유력한 다국적 기업의 기술혁신에 대한 한결같은 노력으로 경쟁우위와 제품 서비스 우위를 확보하고 커다란 이익을 얻었다. 미국의 제너럴일렉트릭 사는 창업 이래 백 년 남짓한 발전사에서, 끊임없는 기술혁신으로 기술경쟁력과 세계 유력기업의 지위를 지니고 있다. 1931년 창립자인 에디슨이 세상을 뜰 때 이미 1093개의 특허를 받았으며, 기업 발전을 위해 상당히 튼튼한 기술의 기반을 닦았다. 계승자들은 끊임없이 '혁신과 개조'의 정신을 추구함으로써, 특허가 6만여 개로 늘어났고, 현재까지 지속적으로 매년 미국에서 특허가 가장 많은 회사로 불리며 현재 1만 6천여 개의 유효한 특허를 갖고 있으며, 끊임없는 기술혁신으로, 그 아래의 13개 주요 산업 그룹이 각각의 업종에서, 세계의 주도적 지위의 대표 기업으로 자리를 잡고 있다. 1990년 높은 신기술상품과 서비스의 순익이 제너럴일렉트릭의 총매출에서 차지하는 비율은 80%나 되었다. 판매액은 1982년 217.89억 달러에서, 1991년 602.36억 달러와 2000년 1,846.32억 달러로 증가하였다. 그 증가율은 세계 GDP 증가율을 크게 앞질렀을 뿐만 아니라 같은 시기 미국 GDP 증가율도 앞질렀다.

4) 다국적기업의 국제화 경영의 새 전략

(1) 글로벌한 자원의 최적 배분과 기업경쟁력의 강화

기업의 본질은 경영자원을 효과적으로 조직하고, 부가가치를 창조하는 시장주체이다. 경제가 글로벌화하는 가운데 글로벌 경영 자원을 합리적으로 배분하는 능력은 기업의 수익의 대조에 관계가 있을 뿐 아니라, 한 기업의 존망에도 관계가 있다. 유력한 다국적 기업들의 강한 경쟁력은 글로벌한 자원의 효율 높은 조정배분능력에서도 집중적으로 나타난다. 예를 들면 IBM 비즈니스 혁신 서비스 회사는 전 세계에 퍼져 있는 5만 명에 가까운 관련업체와 정보기술 전문가들을 거느리고 있어, 거래선의 관리, 비즈니스 기회와 위험평가관리 등에서 풍부한 실력을 가지고 있으며 글로벌한 경영자원의 정보를 장악하고, 각종 자원을 효율 높게 결합하도록 확실하게 하는 데 기초를 마련하고 있다. 다국적기업은 글로벌한 사회경제 운영방식을 크게 바꾸고 새로운 관리 이론이 점차 나타날 새로운 환경에 더 잘 적용하기 위하여 자원배분의 글로벌화 전략의 관리를 강화하면서 기업의 전체 경쟁력을 높이고 있다.

(2) 글로벌한 산업조직의 조정과 개방경쟁형 분업 협력

나날이 빨라지는 경제 글로벌화 추세와 비약적으로 발전하는 과학기술혁명은 다국적기업의 국제화한 경영환경과 관련 조직의 운영 기술수단을 대대적으로 개선하고, 높은 효율의 기업운영기구를 충분히 강화하며, 세계 규모의 개방경쟁형 분업협력 시스템을 발전시켰다. 비교적 장기적이고 안정된 발전과정에서 많은 대형기업들은 핵심기업을 중심으로 하는 어느 정도 폐쇄적이며 안정된 지역적 분업협력집단을 형성하였으며, 대기업은 그 어느 정도 폐쇄된 시스템 안에서 '계열(系列)기업'이 제공하는 부품만을 구입하였다. 그러나 글로벌 경쟁환경이 날로 치열해지면서 더욱 많은 대기업들이 '계열사' 범위 안의 폐쇄적인 구매 관례를 타파하였고, 전 세계에서 '질이 가장 좋고 값이 가장 싼' 부품을 우선 구입하며, 전 세계적 범위 안의 개방형 수요공급의 경쟁구조와 분업협조 시스템을 점차 형성하고 있다. 세계의 유력한 다국적기업은 경제 글로벌화의 이익을 더욱 충분히 누리기 위하여 세계적 범위에서 전문화 분업협력 시스템을 발전시켜 비교우위에 바탕을 둔 생산력 배치의 재편을 실현하고 사실상 국제무역의 철저한 발전을 추진하고 있다. 미국·독일 등 선진적 국제무역 대국의 제조업의 해외 생산비율은 약 30%에 달하였다. 대략적인 통계에 따르면 다국적기업의 내부거래, 혹은 다국적기업과 그 전략적 협력 파트너 사이의 국제무역은 세계 국제무역의 절반이나 차지하고 있다.

4. 중국경제의 새로운 도전

1) 성장방식의 전환은 지속 가능한 발전의 필수조건이다

건국 초기부터 '90년대 중반까지 공급부족 경제를 배경으로 중국은 외연확장형의 조방형 경제성장을 추구하였다. 낮은 단계, 낮은 기술수준의 산업구조와 조방형 경제성장방식은 이미 국민경제와 사회발전에 커다란 제약 작용을 하였다. 자원낭비가 컸고 환경오염이 악화되었으며, 생태파괴가 심각하고 경제효율은 낮았다. 21세기에 들어서도 변하지 않고 기존의 경제구조에 기초하여 조방형 경제성장을 추진한다면, 분명히 지속 가능한 발전을 실현하기 어려우며, 종합경제의 수익을 높이기는 더더욱 어려웠다. 현재의 조방형 경제성장 방식을 근본적으로 전환하는 것은 국토 생태계 전체와 생활환경 전체를 개선한다는 현실적이며, 또한 중국사회경제의 지속적인 발전의 필수조건이기도 하다.

2) 산업구조의 개선은 경제성장방식 전환의 근본책이다

중국 산업구조의 현상은 낮은 부가가치, 낮은 기술함량의 단순한 노동집약형 제품의 과잉공급으로 높은 부가가치, 높은 기술함량의 지식집약형 제품의 공급능력은 부족하다. 중국 산업구조의 모순은 거시적으로 보면 조방형 경제성장으로 이끌려왔고, 경제발전과 자원환경 사이에 심각한 문제를 격화시켰다. 미시적으로 보면 구조적 과잉산업의 함께 넘어지는 '출혈경쟁', 경영수익의 저하, 국제무역 조건의 악화, 취약한 국제분업협력상의 지위로 이끌려왔으며, 경제의 건강하며 안정되고 빠른 템포의 발전을 크게 위협하였다. 경제구조의 전략적인 조정을 추진하는 것은 경제성장방식의 전환을 위한 필연적인 요구일 뿐만 아니라 경제효과와 이익을 높이는 중요한 길이기도 하다. 또한 구조조정과 경제성장의 변화를 적절하게 결합해야 하고, 높은 에너지 소모, 심한 오염, 낮은 생산성, 저효율의 기업과 제품을 줄이고 도태시키는 기술집약형의 고부가가치 산업과, 기술진보와 노동자들의 자질 향상을 기본으로 하는 노동집약형 산업을 크게 발전시키는 것, 분산적인 투자와 중복건설 상황을 고치고 산업집중도를 높여서 규모의 효율을 실현하는 일이 요구되고 있다. 전면적인 구조조정은 경제성장방식을 참다운 의미의 과학기술진보에 의존하고, 노동자들의 자질을 향상시키는 궤도로 전환시켜, 경제성장의 질과 효과를 현저하게 발전시키도록 해야 한다.

3) 산업구조의 최적화와 취업의 확대가 필요하다

중국은 높은 신기술(하이테크)혁명의 흐름에 따라가야 할 뿐만 아니라, 전통 농업사회에서 현대 공업사회로 전환 가속화해야 한다. 높은 신기술산업을 발전시켜야 할 뿐만 아니라, 중국의 비교우위 전통산업도 충분히 발전시킬 필요가 있다. 높은 신기술산업과 전통산업의 복합발전을 실현하는 것은 산업구조의 개선과 충분한 노동, 취업과의 전략적 결합이다. 통계에 따르면, 현재 제조업은 국내생산 총액의 3분의 1을 차지하였고, 전체 공업생산액의 약 80%에 달하였으며, 수출총액의 90%에 달하고, 취업인구는 8천만 명에 달하였다. 중국은 현재도 공업화단계를 통과하는 길에 있다. 상당히 오랜 동안 전통산업, 특히 공업가공제조업은 여전히 중국의 비교우위가 있는 분야에 속하며 커다란 장래성을 갖고 있다. 공예기술이 비교적 성숙되어 있고, 시장이 안정되어 있는 다량의 생산과 대중화 소비의 제조업을 놓고 볼 때 중국은 노동력이 풍부하고, 제조업 가공능력이 강한 등 비교우위가 있다. 비교우위를 충분히 발휘하고, 더욱 많은 인력의 취업을 실현한다는 관점에서 보면 노동집약형 산업을 크게 발전시키는 것은 중국이 도시와 농촌의 이원구조를 점차 없애고 지속적인 경제발전을 실현하기 위한 중요한 전략적 선택이다.

4) 국제산업 경쟁력과 국제분업 협력수준을 높여야 한다

개혁개방 이래 중국의 개방형 경제는 급속하게 발전하였다. 그러나 대외개방 수준과 국제분업의 협력에서 지위를 높일 필요가 있다. 중국의 대외무역 총액은 1978년 206.4억 달러에서 2002년 6208억 달러로 증가하였고, 연평균 증가율은 15.24%로, 같은 시기 GDP 증가율의 9.33%를 넘어섰으며, 현재는 세계 5위 국제무역국으로 되었다. 그러나 대외무역 산업구조는 항상 개선이 필요하고, 대외무역 지역구조도 다원화하며, 외국무역 경영효율을 큰 폭으로 높이지 않으면 안 된다. 실제로 매년 이용한 외자액은 1983년의 34.3억 달러에서 2002년 550.1억 달러로 증가하였고, 그 가운데 외국기업들의 직접투자규모가 527억 달러에 달하여 세계 1위를 차지했으나 그 외국기업투자의 산업구조를 개선해야 하고, 그 투자방식과 경로를 다양화하며 외자이용 수준도 높이지 않으면 안 된다. '해외진출' 전략이 일단 성과를 보았고 대외 프로젝트의 도급과 노무협력이 확대되고 있으나 산업의 국제경쟁력과 기업의 국경을 넘어선 경영능력을 신속히 높일 필요가 있으며, 경제의 글로벌화 이익을 더욱 충분히 누리지 않으면 안 된다. 이를 위하여 산업구조의 개선에 박차를 가해야 하고 국제분업상의 협력지위를 높여야 하며, 다국적기업과의 전략적 협력능력을 강화해야 하고 국제화 개방수준을 전면적으로 높여야 한다.

제2절 전략목표 : 전면적인 중산층 사회를 실현

2002년 11월에 열린 중국공산당 16차 대표대회에서, 현 상황을 토대로 한 세계경제 발전추세와 중국경제의 새로운 도전을 분석하는 바탕에서 과학은 중국의 미래 20년의 경제와 사회 발전의 주목표인 잘사는 중산층 사회[얼마쯤 여유가 있는 사회]를 실현하는 것이라고 과학적으로 제기하였다. 그 구체적인 내용은 다음과 같다.

첫째, 구조를 개선하고 효율을 높이는 기초 위에서 국내생산 총액을 2020년에는 2000년의 4배로 할 것을 목표로 하고 종합국력과 국제경쟁력을 명확하게 높인다. 공업화를 기본적으로 실현하고 정비된 사회주의 시장경제체제를 확립하여 더욱 활력이 넘치고, 개방된 경제 시스템을 건설한다. 도시인구 비율을 크게 높이고 공업과 농업의 격차, 도시와 농촌의 격차, 지역 사이의 격차 확대의 경향을 점차 역전시킨다. 사회보장 시스템을 건전하게 하고 취업문제의 심각한 갈등을 해소하면서 개인재산이 점차 증가하며, 그로 말미암아 주민들은 더욱 풍족한 생활을 할 것이다.

둘째, 사회주의적 민주화를 더욱 정비하고 사회주의 법률체제를 더욱 정비하며, 합리적인 법에 따라 나라를 다스리는 기본방침을 전면적으로 실시하여, 인민의 정치·경제와 문화적 권익이 적절히 존중받고 보장받을 것이다. 하부조직의 민주화가 더욱 건전해지고, 사회질서체제가 올바르게 확립되며, 주민들이 안락한 생활을 누릴 것이다.

셋째, 전 민족의 사상·도덕의 자질, 과학문화의 자질, 건강의 자질을 향상시키고, 비교적 정비된 현대적 국민교육 시스템, 과학기술과 문화혁신 시스템, 전체 주민의 건강과 의료위생의 시스템을 수립할 것이다. 전 국민들이 질 높은 교육을 받을 수 있는 기회를 누리게 할 것이며, 고등학교 단계의 교육을 기본적으로 보급하고, 문맹을 없앤다. 모든 국민의 학습, 평생학습의 학습형 사회를 만들면서 인민들의 전면적인 발전을 촉진할 것이다.

넷째, 지속 가능한 발전의 힘을 끊임없이 강화하고, 생태환경을 개선할 것이며 자원이용 효율을 현저하게 높일 것이다. 사람과 자연의 조화를 촉진할 것이며, 전체 사회가 생산이 발전하고 생활이 풍요로우며 생태가 양호한 문명발전의 길로 나아가도록 추진할 것이다.

중산층 사회를 건설한다는 목표는 내용이 풍부하며 경제총량의 증대를 실현한다는 것을 포함함과 동시에, 경제체제를 정비할 것도 포함된다. 이는 주민의 생활수준과 질에 대한 관리개선에 착목하고, 국민의 자질 향상과 전면적인 발전에 착목하는 것이기도 하다. 또한 정치문명·정신문명의 발전에도 관련되는 것이며, 사회의 조화와 전면적인 진보를 주장할 뿐만 아니라 사람과 자연의 조화와 지속 가능한 발전능력의 끊임없는 증강을 주장하는 것이기도 하다.

제3절 전략내용 :
과학발전관과 신형 공업화

1. 과학발전관

개혁개방 이래, 중국의 경제발전은 놀라운 성과를 이루었지만 도시와 농촌 사이의 격차와 지역 사이 격차의 증가, 실업률 증가, 생태환경 파괴, 자원부족 등 사회의 전반적인 발전이 경제발전의 속도를 따라가지 못하는 모순이 두드러지게 나타났다. 이는 곧바로 중국 사회경제의 지속적인 발전을 심각하게 제약하기 시작하였다. 이러한 모순과 문제 가운데 일부는 중국 발전의 현 단계에서 피해갈 수 없는 것들이지만, 다른 일부는 일방적인 조방형의 GDP량 증가만을 추구하는 발전관 등으로 말미암아 조성되었다. 발전 가운데 나타난 현실적인 문제와 새로운 세기의 기회와 도전을 앞에 두고 중국은 전면적으로 중산층 사회를 건설하고 경제를 건전히 발전시키기 위해 새로운 발전관을 제시하였다. 그 결과물이 바로 과학발전관이다. 이는 미래 중국의 사회경제 발전전략의 주도적인 구상이며 향후 중국의 개혁개방과 현대화 건설의 전 과정에 걸쳐 실현될 것이다.

1) 과학발전관의 내용

중국의 과학발전관은 사람을 기본으로 인류의 전면적인 발전을 목표로 하며, 대다수 중국국민의 근본적인 이익을 발전의 출발점과 도착점으로 삼아 전 국민이 발전성과의 혜택을 받을 수 있도록 한다. 즉 경제건설을 중심으로 경제·정치·문화 등 각 방면의 전면적인 협조와 발전을 실현하며, 도시와 농촌의 발전, 지역발전, 경제사회발전, 인류와 자연의 조화로운 발전, 국내발전, 대외개방을 효과적으로 달성하기 위한 과학적인 이론이다. 도시와 농촌발전의 실질적인 목표는 현재의 도시와 농촌의 이원경제구조를 전환하는 것이다. 중국은 지금 사회구조 변화과 정에 있으며 도시와 농촌의 이원경제구조에서 현대사회 경제구조로의 전환은 향후 수십 년 동안 중국 사회경제 발전의 기본방향이 될 것이다. 중국은 더욱 적극적으로 공업화·도시화·시장화 등 이른바 '3화'를 통 하여 더한층 효과적으로 농민·농촌·농업 등 '3농' 문제의 근본원인을 해결하고자 할 것이다. 지역발전의 실질적인 목표는 지역 사이 균형적 인 공동발전의 실현이다. 현재 비교적 발달한 지역의 발전추세를 유지 하고 뒤떨어진 지역의 발전을 가속화하는 것이 중국의 정책이다. 지역 사이의 차이는 지리적으로 동부와 중서부뿐만 아니라 성·자치구·직 할시 사이에도 존재한다. 이러한 지역 사이의 차이 문제는 공업화·도 시화·시장화 발전과정에서 순차적으로 해결해나가야 한다.

사회경제발전의 실질목표는 경제발전의 기초에서 사회의 전면적인 진보를 실현하고 전체 인민의 복리 수준을 제고시키는 것이다. 기초적 인 의식주문제가 해결되고 개혁이 심화됨에 따라 경제발전과정의 사회 문제 또한 나날이 극명해지고 있다. 따라서 중국은 적극적으로 정부와 시장 사이의 유기적인 조화, 고효율의 협업체계 실행을 고려하여 사회 보장, 과학기술, 문화교육, 공공위생과 의료 등 각 방면의 발전을 촉진 시킬 것이다.

인류와 자연의 조화로운 발전이 다다를 실질적인 목표는 인구의 적 당한 성장과 더불어 자원의 영구적인 이용가능성과 양호한 생태환경을 유지하는 것이다. 중국은 1인당 평균자원이 비교적 적은 국가로서 자원 과 환경은 중국의 지속적인 발전에서 중요한 제약요소이다. 공업화·도 시화에서 발전방식, 발전전략과 기술정책, 사회생활방식을 선택할 경우 반드시 자원제약과 환경부담능력을 고려하여 인류와 자연의 조화를 달 성해야 한다.

국내 발전과 대외개방의 실질적인 목표는 국내외 '두 가지 자원, 두 가지 시장'을 더욱 잘 이용하여 세계경제의 번영을 위해 적극적으로 공헌하며 동시에 더욱 충분히 경제 글로벌화 이익을 공유하고자 하는 것이다. 현재 중국은 국제무역, 외자이용 등의 규모가 전 세계에서 최고 수준을 차지하고 있어, 그에 걸맞은 글로벌화한 경제지위와 역할행동이 끊임없이 요구되고 있다. 따라서 어떻게 국제적인 경제협력 수준을 높여 경제안전을 확보하는 동시에 세계경제에 적극적인 공헌을 할 수 있는가 하는 점이 바로 중국이 직면한 문제이다.

2) 과학발전관의 원칙 실현

(1) 경제의 안정적이고 신속한 발전을 유지

경제의 신속한 발전뿐만 아니라 발전 자체의 품질과 효용을 높이는 것도 중요하다. 국내수요를 좀더 확대시키고, 투자와 소비 사이의 관계를 조정하려면 경제발전에 따른 소비를 진작시켜야 한다. 경제발전 추세의 변화를 정확하게 파악하고 사회의 총수급량의 기본적인 평형을 유지할 경우 경제발전에서 큰 기복을 피하고 신속하고 좋은 발전을 가져올 수 있다.

(2) 경제성장방식의 전환

자원과 환경은 중국 미래 경제발전의 제약요소이다. 따라서 자원절약을 기본국책으로 생태환경보호형·자원절약형·환경친화형 사회건설을 가속화한 경제발전을 촉진하여 인구·자원·환경 사이에 조화를 촉진해야 한다. 국민경제와 사회정보화를 추진, 신형공업화로 나아가야 하며 절약·청결·안전한 발전을 지켜 지속 가능한 성장을 실현해야 한다.

(3) 자주적인 창조능력을 제고

장기적인 지속발전을 실현하려면 과학기술의 진보와 노동력 수준의 향상을 달성해야 한다. 이를 위하여 과학입국과 인재강국의 전략을 철저히 실시하고 자주적인 혁신능력 제고를 과학기술발전의 전략목표로 산업구조와 전환방식의 핵심부분을 조정하여 장기적으로 모방창조능력과 자주적인 창조능력을 높여야 한다.

(4) 도시와 농촌 사이의 조화로운 발전을 촉진

전면적인 중산층 사회를 건설하는 과정에서 어려움은 바로 농촌과 중국 서부지역에 있다. 따라서 사회주의 현대화 건설의 전체 국면에서 출발하여 도시와 농촌의 발전을 통일적으로 계획해야 한다. '3농'문제에 대한 해결을 공산당의 중요한 사업으로 여겨 공업으로 농업을 이끌고, 도시에서 농촌을 지지하여 사회주의의 새로운 농촌을 건설하여 도시의 건전한 발전을 촉진해야 한다. 또한 지역발전의 전체적인 전략을 실행하여 동부와 서부의 장점을 서로 활용하고, 두 지역 사이의 상호협조적인 발전체제를 형성해야 한다.

(5) 사회건설의 조화를 강화

사회조화를 촉진하는 것은 중국발전의 중요한 목표이며 필요조건이다. 인간을 중심으로 국민의 절실한 이익에 관계되는 현실문제부터 해결하여 사회적인 공평으로 전체 국민이 개혁발전의 성과를 공유할 수 있게 해야 한다. 또 민주적인 법치제도 설립을 중시하여 사회의 안정과 단결을 지켜내야 한다.

(6) 끊임없는 개혁개방의 심화

더욱 활력 있고 개방적인 체제를 형성하는 것은 과학발전을 실현하기 위한 필수적인 요소이다. 사회주의 시장경제의 개혁방향을 지키고 현대 기업제도와 현대 재산권제도를 완비하며, 수급이 반영된 시장가격체계를 수립하여, 자원배치단계에서 시장의 기초적인 기능이 더욱 크게 발휘될 수 있는 거시적 조정체계를 수립해야 한다. 국내발전과 대외개방을 총체적으로 계획하여 끊임없이 대외개방수준을 높이고 개방규모를 확대하는 조건에서 발전능력을 촉진해야 한다.

2. 신형 공업화

중국공산당 16차 대표대회에서 명확히 제시하기를, 중국은 21세기, 20년 안에 경제건설의 주요 임무의 하나로 공업화를 실현하는 것이다. 공업화는 일반적으로 전통 농업사회가 현대화 공업사회로 전환하는 것을 말한다. 중국은 건국 초기부터 공업화를 완성하는 목표를 제기한 이래 반세기 동안의 개혁을 거쳐 빈곤하고 낙후한 농업대국에서 비교적 완벽한, 일부 현대화 수준을 갖춘 공업 시스템과 국민경제 시스템을 수립하였다. 그러나 중국이 공업화 목표를 완성하는 데는 임무가 무거웠고 그 길도 멀었다. 도시와 농촌의 이원구조의 모순을 시급히 해결해야 했고, 지역경제의 차이도 좁혀야 했으며, 공업구조 수준의 개선도 필요하였다. 또한 현대 서비스업의 발전과 국민경제의 지속적인 성장도 필요하였다.

이상의 경제임무에 대하여 중국공산당 16차 대표대회에서는 다음과 같이 제시하였다. "정보화로 공업화를 이끌고 공업화로 정보화를 촉진하며, 과학기술 함량이 높고 경제효율과 이익이 높으며, 자원소모와 환경오염이 적으며, 인간의 능력을 충분하게 발휘하는 새로운 형식의 공업화의 길을 걸어야 한다." 새로운 형식의 공업화 전략은 경제의 글로벌화 이윤을 충분히 소화할 수 있을 뿐만 아니라, 중국 국제분업의 협력적인 지위도 높이고, 과학기술의 새로운 도약에서 생기는 이윤도 충분히 소화할 수 있을 뿐만 아니라, 비교적 풍부한 중국의 노동력도 충분히 이용할 수 있다. 또한 빠른 시일 안에 경제성장을 실현할 수 있을 뿐만 아

니라 지속적인 발전의 총체적인 발전전략을 추구할 수 있다. 현재의 풍
부하고 새로운 공업화 전략의 내용을 아래와 같은 3중 복합의 발전과
3개 항목의 유기적인 통일로 종합할 수 있다.

1) 고도의 신기술산업과 전통산업의 복합적 발전을 실현

고도의 신기술산업은 오늘날 세계경제발전의 추진역량이며, 구조를
조정하고 성장방식을 전환하는 주도적 역량이기도 하다. 경제 글로벌화
추세와 과학기술전파의 새로운 메커니즘은 중국경제에 비약적인 발전
을 가져다주는 좋은 기회이다. 중국은 마땅히 이 기회를 잘 이용하여 선
진국가와 경제, 과학기술의 차이를 줄이고, 산업구조를 개선하며 경제
의 비약을 실현해야 한다. 그러나 이와 동시에 중국 산업발전의 현황과
노동력의 수준을 고려하면서 객관적이고 냉정하게 판단해야 한다. 아울
러 고도의 신기술과 전통산업의 효과적인 연결로 우위에 있는 전통산업
을 발전시키고, 중국 전통산업의 비교우위를 발굴, 배양하며 기초를 튼
튼히 해야 한다. 노동집약형 전통산업의 힘 있는 발전은 비교우위를 가
진 중국의 노동력을 발휘하는 주요한 길이기도 하다. 또한 국제산업의
경쟁력을 높이고 전 세계 분업 협력의 지위를 굳건하게 하는 중요한 전
략이기도 하다.

중국은 고도의 신기술산업을 힘껏 발전시키고 더욱 충분한 과학기술
의 새로운 도약을 가져와야 한다. 뿐만 아니라, 우수한 전통산업을 발전
시키고, 충실하게 하여 경제발전과 취업의 확대를 실현하고, 최종적으
로 고도의 신기술산업과 전통산업의 복합식 발전을 성공적으로 실현하
는 동시에 경제 글로벌화와 과학기술의 새로운 도약이라는 두 가지 이
익을 충분히 누려야 한다.

2) 도시경제와 농촌경제의 복합적인 발전

중국의 도시와 농촌의 이원경제구조는 아직도 남아 있고, 인구의 약 3분의 2가 농촌에 있으며 약 50%의 노동력이 전통농업생산에 종사하고 있다. 도시와 농촌의 소득차이는 여전히 크고, 2002년 도시주민들의 1인당 평균소득은 농촌주민들의 1인당 평균소득보다 3.1배 높았다. 도시와 농촌의 구조를 조정하고 마지막에 도시와 농촌의 이중경제구조 모순을 소멸하는 것이 기본 경로이다. 즉 도시를 발전시키고 농촌인구를 흡수하며, 현대산업을 발전시키고, 전통 농업노동력을 흡수하는 동시에, 현대식의 농업을 발전시키고 농업경제의 효과와 이익을 전면적으로 높이는 것이다. 중국 농촌노동력이 심각하게 남아도는 것은, 농업의 노동생산성, 농산품의 상품화와 농민소득이 비교적 낮기 때문이다. 농촌의 잉여노동력이 감소하지 않는 한 농업의 기계화, 상품화, 집약화와 농업노동생산성의 향상을 촉진할 수 없으며, 더 나아가 농민들을 부유하게 하고 농업을 발전시키며 농촌을 진흥할 수 없다.

도시는 제2, 제3차산업의 매개체이며 또한 농촌의 잉여노동력을 흡수하는 현실의 공간이기도 하다. 도시화를 추진하는 것은 농업 잉여노동력의 이동, 인구구조의 모순을 해결하는 기본경로이며, 농업 노동생산성을 높이고 농업현대화를 실현하는 근본적인 활로이며 도시와 농촌의 관계를 조정하고 그 격차를 줄이는 스크류이기도 하다. 도시화의 진전을 추진하는 것은 전통농업경제가 현대공업경제로 전화를 가속하고, 농업 잉여노동력이 비농업생산업으로 이전되며, 산업구조와 취업구조의 개선과 연결된다.

농업은 여전히 중국경제의 기초이며 제2, 제3차산업의 발전을 가속하는 동시에 농업의 노동생산성이 높아지도록 농촌사회의 현대화에도 유의해야 한다. 도시와 농촌 산업은 각자 비교우위를 토대로 하여 분업협력 시스템을 형성한다. 전국적으로 통일된 대시장을 건립한다는 원칙에 근거하여 도시와 농촌의 통일시장을 이루고, 시장행위준칙을 제도화하여 경제의 상호합작을 활성화하고 있다. 동시에 도시와 농촌 산업은 자원, 기술 등 경영조건을 토대로 하여 각자의 비교우위 산업을 발굴하고 발전시키며, 전문화한 분업협력 시스템을 형성해야 한다. 이로써 도시와 농촌 경제가 유기적인 조정을 이루면서 복합적인 발전이 실현되는 것이다.

3) 동부경제와 중·서부경제의 복합적인 발전

동·중·서부지역은 이미 있는 비교우위를 발휘하고, 새로운 비교우위를 계속 발굴하고 배양하는 과정에서 유기적인 상호작용에 따른 복합적인 발전을 실현해야 한다. 첫째, 동부 연해지역은 안팎의 시장으로 향해야 하고, 과학기술의 진보와 혁신을 촉진하며, 고도의 신기술산업과 대외지향적 경제발전에 힘써서 경제의 총체적 체질과 국제경쟁력을 높이고 조건을 갖춘 지역에서는 솔선해서 현대화를 기본적으로 달성하지 않으면 안 된다. 그리고 동부지역은 개혁과 발전을 촉진하는 동시에 서로 이익을 나눠 갖고 보충해주는, 함께 발전해나가는 원칙에 따라 산업의 이전, 기술의 전수, 카운터파트의 개별지원, 공동개발 등의 방식으로, 중서부 경제발전을 지원하고 이끌면서 동부지역의 구조조정과 경제성장의 여지를 널리 개척해야 한다.

둘째, 중부지역은 지역적 우위와 풍부한 자원의 우위를 발휘하면서 경제발전의 속도를 가속할 필요가 있다. 주로 수로교통이 발달한 지역을 중심으로, 새로운 경제성장점과 경제지대를 적극적으로 육성해야 한다. 아울러 농업을 견실히 하고 발전시켜, 기초시설과 생태환경 건설을 끊임없이 강화하는 동시에, 고도의 신기술과 선진적인 응용기술에 따라 전통산업 개조의 비율을 높여야 하며 기술수준과 경쟁능력을 높인다.

셋째, 서부 대개발전략을 추진하면서 서부를 개발하는 시책의 축차 실시를 서두르고, 서부지역에 대한 자금투입과 재정 이전 지출의 비율을 높인다. 서부지역은 스스로 그 지역의 특색 있는 산업과 비교우위를 발굴하고 배양해야 하며, 주로 스스로의 역량에 의존함으로써 개혁개방을 촉진하고, 바람직한 투자환경을 마련하여 국내외의 자금·기술·인재를 더욱 많이 끌어들여 서부개발에 참획하도록 해야 한다.

4) 국내개혁과 대외개방의 유기적인 통일

20여 년의 개혁개방으로 중국의 경제체제는 폐쇄형의 계획경제체제에서 개방형 시장경제체제로 전환하여 큰 성과를 거두었다. 이미 사회주의 시장경제체제의 틀과 개방형 경제운영의 메커니즘을 이미 초보적으로 수립하고, 그 개혁개방의 성과를 바탕으로 2001년에는 WTO(세계무역기구)에 성공적으로 가입하였다.

중국의 경제체제 개혁이 경제발전에 대해서 거둔 거대한 추진작용은, 경제자원 배분방식을 근본적으로 전환하고, 시장 메커니즘이 경제운영 가운데서 점차 지배적인 지위를 차지하게 되었으며, 전통체제의 구속을 받던 생산력의 발전을 해방시킨 데 집중적으로 드러나 있다. 21세기 중반에 중등발달국가의 행렬에 들어간다는 현대화 전략목표를 실현하려면, 중국은 마땅히 21세기 전반기에 반드시 신구 체제의 공존에서 새로운 체제로 철저히 전환하는 것을 순조로이 달성하고, 정비된 사회주의 시장경제체제를 세우지 않으면 안 된다. 21세기의 첫 10년은 중국이 사회주의 시장경제체제를 더욱 정비하고, 대외개방을 확대하는 중요한 시기이며, 중국경제가 더욱 성공적으로 세계경제에 들어가고, 개방형 시장체제를 건립하고, 완벽하게 하는 중요한 시기이기도 하다.

중국은 WTO에 가입 뒤 더욱 치열한 국제경쟁국면에 처하였다. 더욱 적극적인 자세로 기회를 충분히 포착하여 적극적으로 도전을 하고, 경제적 이익을 추구하고 손실을 줄여나가면서 경제체제 개혁을 더욱 심화시켜 전면적이고 중층적인 여러 단계의 넓은 영역에서 대외개방을 계속 추진하면서 종합국력과 국제경쟁력을 끊임없이 높이지 않으면 안된다. 국내외 통용의 경제정책 시스템과 국제화한 경제순환 메커니즘을 건립함으로써 중국은 국내개혁과 대외개방의 유기적인 통일을 실현해야 하며, 정비된 개방형 시장경제체제를 최종적으로 확립하지 않으면 안 된다.

5) 정보화와 공업화의 유기적인 통일

역사를 관찰해보면, 어느 선진국의 공업화든지 모두 시대의 특성이 있는 높은 신기술과 밀접한 관계가 있으며, 성공적인 공업화는 모두 그 시기의 선진적인 기술성과를 적극적으로 흡수하고 효과적으로 응용한 것이다. 정보기술은 오늘의 시대적 특성을 갖고 있는 높은 신기술이며, 정보화와 공업화의 유기적인 통일은 중국의 과학발전전략의 중요한 특성 가운데 하나이다. 신형공업화는, 정보화가 공업화를 이끌고 공업화가 정보화를 추진한다는 변증법적인 통일을 실현하지 않으면 안 된다. 정보화라는 것은 정보기술의 농업·공업, 서비스업과, 사회경제생활의 각 영역에서 보급과 응용하며, 정보자원을 깊게 파헤쳐 개발하여 널리 이용하면서 현대화를 촉진하는 과정이다. 정보기술을 널리 응용하고 노동생산성을 크게 높이면서 자원의 낭비를 효과적으로 억제하는 것은 이미 사회적 생산력 발전과 인류문명의 진보에 강력한 원동력이 되었다. 또한 동시에 전통공업이 가치를 부가하는 여지를 넓히기도 하며, 또한 전통공업에 새로운 활력을 불어넣는다. 공업화는 정보화를 위하여 기초시설, 정보산업, 제품 등의 물질적 기초를 제공하고, 정보기술의 보급을 위해서도 물질적 매체와 현실적인 시장을 제공하고 있다.

중국의 공업화는 정보화가 공업화 발전에 끼친 파급효과 촉진작용을 충분히 이용해야 하며, 정보화로 공업화를 이끈다는 데 노력해야 한다. 동시에 발전된 공업화에 따라 정보화를 촉진하고, 정보화와 공업화의 유기적인 상호작용과 협력의 발전 메커니즘을 세우지 않으면 안 된다. 정보화와 공업화의 유기적인 통일은 선명한 시대의 공업화 특성을 지니고 있으며, 중국이 후발(後發)의 이익을 충분히 흡수하고, 생산력의 비약적인 발전을 실현하는 데 새로운 기회를 제공하고 있다.

6) 현실의 경제성장과 지속 가능한 발전의 유기적인 통일

경제발전을 실현하는 근본목적은 국민의 생활수준을 끊임없이 개선하고 높이려는 데는 있다. 생활수준의 향상은 소득수준의 향상에도 나타날 뿐만 아니라, 더 나아가서 실제로는 생존과 발전을 위한 환경 전체의 바람직한 개선에 나타난다. 중국의 과학발전전략의 근본목적은 짧은 시일 안에 빠른 성장을 실현하는 것이 아니라, 발전 가운데 미래의 지속적인 발전기초를 더욱 튼튼하게 하는 데 있다. 이로써 현실경제성장과 지속 가능한 발전의 유기적 통일을 실현한다. 경제발전과 자원·환경과의 문제가 날로 드러나는 가운데 경제발전과 보호자원·환경개선의 관계를 합리적으로 처리해야 한다. 또한 자원의 합리적인 개발, 자원이용효율의 향상, 생태계 건설의 강화, 생존환경보호를 중요한 것으로 자리매김하지 않으면 안 된다. 환경보호산업 발전에 힘을 들이는 것을 지속 가능한 발전전략과 경제구조 조정을 실시하는 중요한 결합점으로 하면서, 될 수 있는 대로 빨리 환경보호산업을 경제적 메리트와 사회적 이익이 있는 신흥산업으로 건설해야 한다.

전면적인 구조조정으로 경제성장방식을 참다운 의미의 과학기술진보와 노동자들의 자질을 높이는 궤도로 전환시켜, 경제성장의 질과 효율을 현저하게 높여야 한다. 마땅히 구조조정과 경제성장의 전환방식을 결합하고, 어디까지나 고낭비, 높은 오염, 낮은 생산량, 낮은 수익의 기업과 제품을 줄이고, 기술집약형의 높은 신기술산업과 기술진보·노동자의 자질을 높이는 것에 의거한 노동집약형 산업의 발전에 힘을 쏟아야 한다.

8 장
과학발전전략의 조치

제1절
구조의 개선과 복합적인 발전

1. 산업구조 조정전략

1) 산업구조 조정의 배경

(1) 경제 글로벌화는 중국 산업구조 조정에 강대한 활력을 불어넣었다

경제 글로벌화의 가속과 다국적기업의 발전으로 전 세계는 산업생산력 배치에 대조정을 추진하였다. 많은 선진국들은 글로벌 경제의 새 경쟁구조에 적응하기 위해 산업구조의 고도화와 개선을 경제발전전략의 중심에 놓고, 높은 신기술에 힘을 쏟으면서 점차 비교우위를 잃어가는 전통산업을 적극 이전시켜, 첨단산업에 사회자원을 집중시켰다. 산업구조의 개선을 목적으로 생산력 배치의 조정은 새로운 국제분업 협력의 틀거리를 가져왔다. 수익과 경쟁력의 향상을 목적으로 한 다국적기업의 대형 합병과 매수는 글로벌 산업조직 구조의 변동을 가져왔다. 이러한 글로벌 경제구조와 생산력 배치의 조정, 기업의 국경을 넘어선 인수·합병과 전략합작은 산업구조 조정에 강한 활력을 불어넣었다.

(2) 과학기술의 새로운 비약은 산업구조의 개선에 좋은 기회를 제공

정보, 환경보호, 새 재료의 개발 등으로 대표되는 새 기술, 새 산업의 발전은 사회경제발전에 커다란 원동력이 된다. 높은 신기술의 종류가 다양해지고 업데이트가 날로 빨라지는 환경에서, 다국적기업은 전 세계 범위 안의 분업협조방식의 개방형 연구개발체제를 건립하였고 기술을 집적하며, 연구개발의 효율을 높였다. 다국적기업은 높은 신기술의 소유자이자 전파자로서 세계 각지에 분포된 지사와 합작기업(전략적 협력 파트너)을 통하여 높은 신기술을 끊임없이 세계 각지에 널리 보급하고 응용하게 할 것이다. 국제협력의 개방형 연구개발체제와 글로벌한 기술전파의 새로운 메커니즘으로 발전도상국가는 높은 신기술산업 영역에서, 선진국가와 처음부터 함께 시작하고 같이 경쟁하며, '뛰어넘기' 식의 발전을 실현할 수 있다. 신흥산업의 튼실한 발전과 비교적 높은 수준의 전통산업 대량 흡수는 중국에 높은 신기술산업과 전통산업의 복합적인 발전이라는 좀처럼 얻기 어려운 좋은 역사적 기회를 가져다주었다.

(3) 구조조정은 중국의 지속 가능한 발전을 위한 현실적 조건

중국산업의 구조모순은, 대량생산과 수출의 낮은 부가가치, 낮은 기술함량의 단순한 노동집약형 제품을 대량생산해서 수출하는 것, 또한 공급 부족이나 공급능력이 없는 고부가가치·고기술함량의 지식집약형 제품을 대량으로 수입하는 데서 집중적으로 드러난다. 전체 산업구조와 무역구조의 수준은 현저하게 낮다. 중국산업의 구조모순으로, 거시적으로 보면, 조방형 경제성장을 하였고, 경제발전과 자원환경의 심각한 모순을 심화하였다. 미시적으로는 구조적인 과잉산업의 '출혈경쟁'이 낳은 경영수익의 저하, 국제무역 조건의 악화를 초래하였고, 안정되고 건전한 지속적인 경제의 발전을 심각하게 위협하고 있다. 도시와 농촌의 이중경제의 문제가 여전히 심각하고, 지역경제의 격차가 여전히 크며, 전국적으로 통일된 거대 시장의 형성과 시장의 규모효과를 크게 제약하고 있다.

높은 신기술산업을 힘껏 발전시키고 전통산업을 전면적으로 고도화하며, 구식의 낙후한 생산능력을 도태시켜야 한다. 또한 도시와 농촌의 이중구조와 지역경제 격차의 문제를 완화하고 해결하기 위하여 도시와 농촌 경제의 유기적인 상호작용에 따른 발전과 지역경제의 균형 있는 발전을 추진할 필요가 있다. 전략적인 구조조정의 추진은 경제성장 방식을 전환하기 위한 필연적인 요구이고, 지속 가능한 발전을 실현하는 중요한 경로이며, 중국이 개방형 시장경제 아래 국제적 분업의 협력에서 지위를 높이고, 경제 글로벌화의 이익을 더욱 충분히 누릴 수 있는 현실적인 과제이기도 하다.

(4) 개혁개방의 달성은 산업구조 조정을 위한 현실적인 기초

20여 년의 시장화 개혁으로 중국은 시장경제체제를 초보적으로 수립하였고, 시장은 사회자원 배분에서 기초적 기능을 하고 있다. 경제발전의 새로운 메커니즘은 기본적으로 형성되어 산업구조를 경제발전 속에서 개선해가는 데 필요한 거시적 체제 환경을 마련하였다. 국유기업 등 미시적 시장의 주체 개혁도 끊임없이 강화되면서 강자가 생존하고 약자가 도태되는 메커니즘의 작용이 점차 나타났으며, 구조의 최적화에 필요한 미시적 주체의 기초를 마련하였다. 다른 한편으로는 개혁개방 이래 중국은 산업경제의 활발한 발전과 '병목현상'의 해소라는 증량구조 조정으로, 오랜 동안 중국사회를 괴롭히던 내핍경제의 난제를 성공적으로 극복하였다. 아울러 시장의 수요와 공급의 기본평형도 기본적으로 실현하였으며, 산업구조의 개선을 위하여 생산력의 기초를 마련하는 동시에 구조의 개선을 추진하는 작업에 따른 경쟁의 압박감도 나타났다.

현재 경제의 총량을 놓고 보면, 현재 GDP 규모가 약 1조 2000억 달러인데, 이는 세계 6위이며, 산업발전의 정도를 놓고 보면 중국의 TV·냉장고·세탁기·에어컨 등 가전 및 강철, 방직품 등 공업생산량은 세계

1위를 차지하고 있어, 점차 세계의 중요한 제조업의 기지로 되고 있다. 경영요소의 자원을 놓고 보면, 노동력자원이 풍부하고 노동자 자질이 대체로 향상되었다. 자본축적과 저축규모가 끊임없이 증가하며 산업구조의 개선을 위한 풍부한 자원의 기초를 마련하였다. 시장화 체제의 기초와 생산력 발전의 기초는 중국 산업구조 조정과 개선을 위하여 충분한 현실적 가능성을 제공하고 있다.

2) 산업구조 조정의 주요 내용

(1) 높은 신기술산업의 발전과 정보기술의 보급·응용

과학기술의 새로운 발전에 따른 이익을 충분히 누리기 위하여, 중국은 현실에서 출발하여 정보, 신소재와 유전공학 등의 높은 신기술 산업을 골라 그 발전을 추진하고, 브로드밴드 정보망, 핵심적인 회로, 신형의 탑재 로켓 등 거대한 높은 기술산업을 중점적으로 추진하면서, 중국의 높은 신기술산업의 총체적 우위와 부분적 우위를 점차 형성하고 있다.

정보산업의 발전을 촉진하는 것은 세계의 경제와 사회 발전의 큰 흐름에 따르는 긴박한 요구이며, 중국의 산업구조를 개선하고 고도화하며 공업을 현대화하기 위한 중요한 핵심이기도 하다. 정보용 제품 제조업을 발전시키고 자주개발능력과 시스템 통합능력을 높인다. 또한 소프트웨어 산업을 적극적으로 발전시키고, 정보의 기초시설 건설을 강화하며, 정보기술을 전 사회에서 광범위하게 응용하여 사용함으로써, 공업화와 정보화를 더욱 유기적으로 결합한다. 정부의 행정관리(管理), 사회 공공 서비스, 기업생산경영 등 정보 네트워크화의 템포를 촉진하고, 사회경제 운영효율을 전면적으로 발전시킨다. 정부는 리더가 되는 사회세력을 위하여 창업과 벤처기업이 투자를 하는 데 좋은 외부환경을 조성하는 일에 힘을 써야 하고 기업과 시장에 의한 기술혁신과 응용 메커니즘을 배양해야 하며, 높은 신기술산업의 발전을 추진하고 그 비율을 높이면서 산업구조 전체의 개선을 이끌어야 한다. 높은 신기술과 전통산업의 결합은 높은 신기술에 거대한 수요와 시장공간을 가져다 줄 것이며, 상호보충하고 상호촉진시켜주는 작용을 해야만 한다.

(2) 신기술을 널리 보급·응용하여 전통산업을 전면적으로 고도화

중국은 아직도 공업화단계에 있고, 전통산업이 여전히 큰 비율을 차지하며, 산업의 기술구조도 중급이나 낮은 수준의 기술이 중심이어서 개조와 고도화의 임무가 막중하다. 국가의 산업정책과 산업기술정책을 바탕으로 높은 신기술과 선진적인 응용기술로써 전통산업을 개조하고 고도화한다는 목표는 아래와 같은 몇 가지 면에서 높은 신기술과 전통산업의 유기적인 결합을 촉진한다.

첫째, 정보기술의 추진과 응용에 중점을 두고 전통기업의 생산과정의 자동화를 촉진하고, 인공지능화와 관리정보화 수준을 컨트롤하고, 전통산업의 생산효율과 제품의 질을 높여서 정보화에 따른 공업화를 이끈다. 둘째, 산업의 공용성, 중요성, 선견성에 따른 기술개발에 중점을 두고 전통산업의 기술의 고도화를 촉진한다. 전통산업의 제품 모델 체인지와 기술개조 가운데 높은 신기술과 전통산업의 융합을 추진하고, 이로써 전통산업의 기술집약도를 높여, 시장적응능력과 국제경쟁을 높인다. 셋째, 선진적인 제조기술에 중점을 두고 제조분야의 우수 품질, 높은 효율의 생산전략을 추진한다. 또한 중요한 기술설비의 연구개발과 플랜트의 통합에 중점을 두고 설비의 제조수준과 제조업의 설비수준을 높인다. 더욱이 높은 신기술, 고부가가치 제품의 개발에 중점을 두고 업계 주도 제품의 개발수준을 높이면서 제품의 업데이트를 촉진한다. 넷째, 물과 에너지를 절약하며 자원의 종합적 이용과 환경보호에 중점을 두고 전통산업의 수익과 지속 가능한 발전능력을 높인다.

(3) 현대 서비스업의 발전에 따른 고용확대와 산업구조 개선을 동시에 실현

3대 산업 구조조정의 구체적인 목표는 다음과 같다. 제1차산업을 공고하게 발전시키고 제2차산업을 향상 개조하며, 제3차산업을 발전시켜 충실하게 하는 것과 3대 산업의 총체로서의 발전수준과 구조적 질을 높여 3대 산업의 유기적인 균형과 상호작용에 따른 발전을 촉진하는 것이다.

제1차산업은 중국 현 단계 국민경제의 기초이고, 제1차산업을 공고히 하고 강화하는 과정에서 농민·농촌·농업문제를 해결해야 한다. 제2차산업은 중국경제 발전의 주체적인 역량이며, 산업경쟁력과 기술개발력을 높이는 데는 산업구조를 점차 개선해, 산업조직구조의 합리화 수준을 높여서, 전문화에 따른 분업협력의 메리트와 규모의 이익을 실현할 필요가 있다. 제3차산업은 3대 산업 가운데서도 취약한 부문이기 때문에, 전체 경제구조의 개선을 촉진하고 도시화 수준을 높이면서 더욱 충분한 취업을 실현하기 위하여 국민경제 전체에서 차지하는 비율을 높이려는 노력을 할 필요가 있다. 정보·금융·회계·자문·법률 서비스 등 현대적인 서비스업을 적극적으로 발전시키고, 서비스업의 전체 수준을 높인다. 현대 경영방식과 서비스 기술에 따라, 상업무역유통, 교통운수, 도시행정 서비스 등 전통 서비스업을 개조하면서, 서비스의 품질과 효과를 높인다. 발전방향은 주민소비 지향의 부동산업, 커뮤니티서비스업, 관광업·요식업·유흥업·신체단련업 등의 산업을 발전시키고, 서비스 영역도 개척해야 한다. 개혁의 심화와 필요한 정책의 채용은, 서비스업 발전에 유리한 환경을 조성하면서 제3차산업의 활발한 발전을 전면적으로 추진하여 경제구조의 개선과 취업의 확대라는 두 가지 커다란 성과를 실현하는 것이다.

(4) 기술집약형 산업과 노동집약형 산업의 복합적인 발전

노동집약형 산업의 발전은 고용공간과 수입이 증가하는 경로를 넓힌다. 앞으로 상당히 긴 시간 동안 중국은 여전히 심한 취업압력을 겪을 것이며, 이러한 압력은 한편으로는 체제전환과 구조조정으로 말미암은 실직과 실업인원들의 재취업에서 오며, 또한 농촌의 잉여노동력과 도시의 새로 증가하는 노동력의 취업수요에서도 온다. 취업모순을 해결하는 근본 출구는 경제를 발전시키고 많은 취업기회를 제공하는 것이다. 높은 신기술산업의 발전을 강화하는 동시에 노동집약형 산업을 적극 발전시켜야 하며, 노동집약형 기술의 진보를 효과적으로 추진해야 한다. 노동집약형 산업을 발전시키면 취업의 수요가 증가할 뿐만 아니라, 중국 노동력의 비교우위도 발휘되며, 국제경쟁력을 높이기 위해서도 필요하다. 정부는 노동집약형 산업과 기업들을 장려하고 노동집약형 중소기업에 대하여 자금·기술·정보 등에 필요한 정책적 지지를 해야 한다.

3) 산업구조 조정의 기본수단

(1) 체제혁신을 실현하고 경제구조의 전략적인 조정을 추진

체제 개혁을 심화하고 체제혁신을 실현하며, 경제구조의 조정을 가로막는 장해를 타고 넘으면서 구조조정과 산업고도화에서 시장 메커니즘의 기초적인 구실을 강화해야 한다. 거시적으로 보면, 재정예산제도 개혁, 금융시장화 개혁, 투융자체제 개혁을 더욱 깊이 추진하고 각종 기업을 위하여 더욱 좋은 투자경영환경을 만든다. 또한 늘어나는 자원을 합리적으로 이용해, 높은 신기술산업에 효과적으로 배분되도록 하며, 경제성장에서 과학기술 요인을 높인다. 소유권 제도와 소유권 시장의 육성을 촉진하고 소유권의 유동성을 높이며, 비축되어 있는 자산의 가장 적절한 재편재를 추진한다. 그리고 산업정책수준을 점차 높이고, 높은 신기술산업화를 추진하며, 과학기술 성과의 생산력에 대한 전환을 가속화하고 과학기술의 산업화 수준을 가능한 빨리 높여야 한다. 전통산업 기술의 수준을 높이는 데 힘쓰고, 설비제조, 농산품의 정밀가공, 자원의 종합적인 이용 등 여러 중점 영역을 선택하여 구조 업데이트를 추진할 수 있는 공통기술, 관건기술과 보조기술의 개발을 촉진한다. 미시적으로 보면 국유기업 개혁을 계속 추진하고 민영기업을 배양하고 발전시키며 여러 종류의 소유제기업이 유효한 룰을 가지고 법인(法人) 관리기구를 건립하여 자각적·자발적으로 구조개선을 추진하는 시장주체로 되도록 해야 한다.

(2) 산업조직구조를 정비해서, 미시적 체제의 기초를 굳건히 한다

중국은 전통 계획경제체제와 내핍경제의 배경에서 형성된 '커서 모든 것이 갖추어져 있고, 작으면서도 모든 것이 갖추어져 있다'는 산업조직구조를 아직 완전히는 고치지 못하고 있으며, 사회화한 대량생산에 적응하는 전 사회의 전문화한 분업협력 시스템이 되어 있지 않다. 아직 기업의 시장화 정도가 낮고, 전체 산업조직의 운영효율은 극히 낮았다. '커서 모든 것이 갖추어져 있고, 작으면서도 모든 것이 갖추어져 있다'는 산업조직구조를 고치고 전문화 분업협력 시스템을 추진하는 것은 산업조직 경쟁력을 강화하고, 산업구조 조정을 효과적으로 추진하기 위해서 필요한 조건이다. 중국은 국유기업 개혁의 심화에 노력하면서 '국유기업은 분야에 따라서는 나아가는 것도 물러서는 것도 있다. 해야 할 것도 있고 하지 않을 것도 있다'는 원칙에 따라, 국유경제의 전략적 조정을 가속화하며, 민영경제의 발전의 여지를 넓히고 기업의 합병과 인수, 재편 등의 면에서 법체계의 형성을 서두르면서 산업조직 구조조정에 유리한 거시적 환경을 창조한다. 현대 기업제도와 법인관리기구, 기술혁신력과 시장개척력, 지속적인 이윤을 창출해내는 능력과 위기관리능력을 갖춘 대형기업집단군(群)을 강력히 발전시켜야 한다. 〈중소기업 촉진법〉 등 관련 법규정책을 충실하게 관철시켜야 하며 '작고도 정밀하고 작고도 강하며, 작고도 전문적인' 중소기업들을 배양하고, 높은 효율의 전문화한 분업협력 시스템으로 산업조직 전체의 경쟁력을 높인다.

(3) 산업기술발전의 새로운 메커니즘에 따른 기술적 기초를 다진다

중국의 산업기술이 뒤늦은 주요 원인은 산업구조의 수준이 낮고, 산업경쟁력이 약한 데 그 주요한 원인이 있다. 중국은 높은 효율의 기술혁신 시스템과 혁신 메커니즘을 건립하는 데 적극적으로 노력하고 있으며, 경제성장의 양적 확대형에서 질적 향상형으로 전환, 물적 자원 투입 주도형에서 기술혁신 주도형으로 전환을 성공시키기 위하여 기업을 빠른 시일 안에 기술혁신의 주체로 삼는다. 그러므로 중국은 정보산업의 발전을 촉진시키고, 정보기술을 널리 응용하며 사회경제 정보화를 가속하고 있다. 국민경제를 비약적으로 성장시킬 수 있는 견인력을 갖는 높은 신기술산업을 적극적으로 발전시키는 동시에 전통산업의 조직개선과 개조를 중요한 자리에 놓고 전통산업의 기술수준, 부가가치와 경영수익을 끊임없이 높인다.

첫째, 품종을 늘리고 품질을 개선하며, 에너지 소모를 줄이고, 오염을 방지하고, 노동생산성을 높이는 것을 구체적인 목표로 하고 에너지·야금·화학공업·경방적공업·기계·자동차·건축자재와 건축 등의 업종에서 중점 기업의 기술개조를 적극적으로 지원하고, 기술과 설비 수준을 높인다. 둘째, 자주적인 혁신과 기술도입을 이용해, 구조의 고도화를 추진하는 공통기술, 핵심기술과 보조기술의 개발을 서두르고, 구조개선의 기술적 기초를 굳건히 마련한다. 셋째, 주식시장, 흡수·합병·합작·재편 등의 방식으로 주요업종에서 스스로의 지적 재산권을 가지고 본업을 분명히 하고 핵심능력이 강한 대기업과 기업 그룹을 형성하고 그 기술연구 개발능력과 업계에 기술견인력을 강화하여 구조를 조정하고, 기술의 업데이트를 촉진하는 주도적인 세력으로 되게 한다. 넷째, 오래된 공업기지에 대한 개조를 적극적으로 지원하고, 그 기초가 튼튼하고 인재가 모이고 있는 이점을 충분히 발휘시켜 산업기술수준을 높이도록 해야 한다.

(4) 도시화 건설의 가속으로 제3차산업의 발전과 노동력구조의 개선을 촉진

중국의 현재 산업구조, 노동력구조와 인구구조가 균형을 이루지 못하고 있는 이유는 다음과 같다. 첫째, 제2차산업의 발전에 견주어 제3차산업의 발전은 분명히 약하다. 둘째, 공업화 발전에 견주어 도시화 발전의 진행과정은 분명히 뒤지고 있다. 셋째, 제3차산업의 생산액 비율과 견주어 그 노동력이 차지하는 비율은 지극히 낮다. 위의 세 가지 결함 가운데 도시화 발전이 늦은 것이 현대 서비스업의 발전을 느리게 하고 노동력 구조가 뒤틀린 모든 근원이다.

도시화 진전과 제3차산업의 발전은 고용을 확대시키는 면에서는 취업 범위가 넓으나, 노동력과 자본 설비의 수요가 비교적 낮으며, 소득의 탄력성이 비교적 높은 등의 특징이 있어, 앞으로 농업노동력 전이의 주요경로가 될 수 있다. 첫째로 제3차산업의 범위는 매우 넓고 다양하므로 노동 취업흡수력을 갖는다. 제3차산업은 상업·교통운수업·금융보험업 등 전통 서비스업만이 아니라, 정보·자문(컨설턴팅)·지능 서비스(인텔리전스 서비스) 등 많은 신종 서비스 업종이 있으며, 각기 연령, 신체력 조건, 교육수준에 맞는 다양한 취업기회를 제공할 수 있다. 둘째, 제3차산업은 노동집약형 산업에 속하고 자본장비율이 높지 않으며, 투자규모에 따른 제약이 크지 않다. 셋째로 도시화 진전은 농업의 산업화와 향진 서비스업의 발전을 촉진하며, 거대한 농업 잉여노동력을 흡수할 수 있다.

(5) 산업구조 조정에 대한 외국자본을 충분히 활용한다

현재 중국의 산업구조와 대외무역구조의 모순은 비교적 선명하며, 만약 곧 그 구조를 조정하고 개선하지 못한다면 중국 대외무역조건은 끊임없이 악화되고 경제수익은 큰 타격을 받을 것이다. 다국적기업은 국제투자, 높은 신기술 개발과 국제기술 전이의 활발한 주체이며, 경제 글로벌화를 추진하는 주력이기도 하다. 중국이 WTO에 가입한 배경에는 다국적기업들이 중국에서 경영활동을 더욱 활발히 할 것이며, 그 영향과 구실은 더욱 강화될 것이다. 중국은 마땅히 다국적기업의 신기술 연구개발과 국제적 신기술의 전파에서 작용하는 도움을 빌려야 하며, 세계의 산업구조 조정을 배경으로, 다국적기업이 전이한 산업을 적극적으로 받아들여, 중국의 산업구조를 충실하게 하는 동시에 산업구조를 조정하고 개선하며 대외무역 경쟁력을 효과적으로 지원해야 한다. 이를 위하여 첫째, 기술혁신 메커니즘을 형성, 정비하며 새로운 기술을 도입하는 동시에 소화하고 흡수하여 혁신하는 유기적인 결합을 촉진하며, 산업기술의 비약적인 발전을 추진해야 한다. 둘째, 높은 신기술산업의 투자를 적극적으로 유도하고, 높은 신기술산업의 비율을 높여 전통산업을 전면적으로 개조하고, 수준을 높이면서 산업구조의 개선을 촉진해야 한다. 셋째, 다국적기업 발전의 새로운 특징과 외국기업 투자의 새로운 동향을 결합하여, 전면적인 개방과 중서부지역에 합리적으로 유도함으로써, 전체 산업구조의 개선과 지역경제구조의 조정을 추진해야 한다.

2. 도시·농촌의 구조와 지역구조의 조정 전략

1) 도시·농촌의 구조와 지역구조의 조정 배경

(1) 서부개발과 농촌개발은 글로벌 경제구조의 조정 찬스와 새로운 도전이다

경제의 글로벌화가 끊임없이 심화되고, 과학기술산업이 빠르게 발전하여 글로벌한 산업구조, 제품구조, 기업조직구조, 생산력배치에 중대한 변화를 가져왔다.

높은 신기술산업이 나타나고, 제품의 업데이트가 날로 빨라지고 기업의 흡수·합병과 재편제, 전략적 동맹이 점점 활발해지고, 노동력의 우위가 있는 지역으로 노동집약형 산업의 이전이 계속되고 있다. 농촌의

244 3부 과학발전전략과 전면적인 혁신(2001~2020)

노동력은 현대산업에 따라 흡수되고, 농산품 구조는 큰 폭으로 개선을 요구하고 있다. 서부의 자원개발은 현대산업과 대규모의 자원투입에 달려 있다. 이로 말미암아 서부산업과 기업조직구조의 조정이라는 임무의 책임은 무겁고 길은 멀다. 기존의 낙후한 농업과 취약한 서부경제는 급속하게 발전하는 신흥산업과의 격차가 멀어지고, 도태될 위기에 처해 있으나, 다른 한편으로는 글로벌 구조조정의 도움을 빌어 봄을 맞이해 개발·업데이트·개선의 기회를 얻을 수도 있다. 서부와 농촌개발을 적극적으로 추진하는 것은 글로벌 경제구조의 조정에 전략적으로 적응하는 필연적인 선택이며, 글로벌 경제구조의 조정에 자주적으로 참여하는 중요한 경로이기도 하다..

(2) 시장 규모의 이익을 해치는 도시·농촌의 격차와 지역 사이 격차

중국의 도시와 농촌의 격차가 크고, 여러 단계의 복잡한 시장구조를 가지고 있어 바람직한 상호협력에 따라 전국적으로 시장을 통일하기가 어렵다. 2003년의 전국 도시주민 1인당 평균 가처분소득은 농촌주민 1인당 순소득의 3.2배였고, 도시와 농촌은 각기 다른 소비 수준에 있다. 중서부지역의 1인당 GDP 수준은 동부지역의 절반밖에 안 되면서 각기 다른 발전단계의 수준에 있다(표 8-1 참조). 도시와 농촌의 지역차이를 축소하고, 유기적 상호작용에 따른 통일된 전국 시장의 건설은 농촌과 서부를 개발하고 중산층 사회의 전면적인 실현을 위해 필요할 뿐만 아니라 시장 규모의 효과와 이익을 충분히 얻고, 전체 경제발전을 추진하는 중요한 경로이기도 하다.

(3) 도시와 농촌 구조와 지역구조의 조정에 따른 발전의 필수조건

개혁개방 이래 물자 부족의 경제를 배경으로, 중국은 조방형 경제성장을 추진하였다. 이러한 과정에서 시장운행의 경험이 부족한 주체나 전략적 관리를 하는 투자주체가, 중국의 12억 인구의 주민시장을 현실의 시

연 도	1981	1985	1988	1991	1993	1995	1998	2000	2003
동 부(A)	1,602	2,502	3,262	3,788	5,235	6,823	9,480	10,734	13,555
중서부(B)	1,099	1,627	1,986	2,238	2,782	3,405	4,220	5,390	6,727
C=A－B	503	875	1,276	1,550	2,453	3,418	5,260	5,344	6,828
C/A×100	68.6	65.0	60.1	59.1	53.1	49.9	44.5	49.8	50.4

표 8-1 | 동부와 중서부 지역의 1인당 GDP 차이(단위 : 위안, %)
자료출처 :《중국통계적요 2004》, 23, 39쪽 데이터를 바탕으로 계산

장으로 이용해 대규모 투자를 했다. 하지만 가전제품의 구입은 1인당 평균 GDP 수준 즉 순수입이 1천 달러 정도의 수준이 되어야만 구입이 가능했다. 그러나 인구가 5억이 되지 않는 동부지역은 가전제품 보급의 포화상태가 되었고, 1인당 평균 GDP가 아직도 600달러 수준에 머물러 있는 서부지역과 광대한 농촌지역은 대부분의 주민이 가전제품을 구매할수 없는, 산업설비의 심각한 낭비를 초래하면서, 동시에 금융부문의 불량채권을 증가시키면서 금융위기가 높아졌다. 광대한 농촌지역, 서부지역의 개발은 그 지역 주민생활의 수준 향상에 유리할 뿐만 아니라, 산업설비의 이용률을 높이고, 고정자산의 감가삼각을 가속하여 금융 위기를 감소시키고, 거시경제의 선순환을 실현하는 데도 유리하다. 최근 몇 년이래 시장의 구조적 과잉현상이 드러나고, 국내의 상당 부분 자금, 기술 등의 경영자원은 새로운 투자목표, 시장공간 확대와 발전 기회를 찾고있다. 서부지역은 천연자원이 풍부하고 농촌지역의 시장잠재력이 크며, 거대한 투자기회와 발전잠재력을 갖고 있다. 서부지역과 농촌 소비시장은 내수에 직접 공헌하며 소비와 투자의 상호작용에 따른 바람직한 발전 메커니즘을 형성하는 데도 유리하다.

(4) 상응하는 경제는 지역구조와 도시 · 농촌 구조의 조정을 위한 가능성을 제공
첫째, 20여 년의 경제발전을 거쳐 중국경제는 상당한 힘을 갖추었고

지역구조의 조정과 도시·농촌 구조의 조정을 할 만한 경제력의 기초를 마련했다. 둘째, 비교적 안정된 식량공급구조를 형성하여, 도시·농촌 구조의 조정과 지역의 생태계에 배려한 환경 건설을 위하여 바람직한 조건을 제공했다. 셋째, 동부지역의 발전은 서부지역의 자원개발을 위해 개발능력과 시장의 수요를 제공할 수 있다. 서부지역은 여러 형식의 경제합작으로 동부의 과학기술, 인재와 자금의 우위를 충분하게 이용하여 석유·천연가스·회토류·비철금속·동식물·미생물·농업 등을 개발, 이용하여 제품의 부가가치를 높일 수 있다. 넷째, 동부지역의 체제혁신 경험, 산업기술의 축적, 국제경영판매 루트는 서부지역의 활발한 개발이용에 걸맞은 조건을 마련할 수 있어서, 나아가 서부지역을 리드하여 국내외 시장의 전문화 분업협력 시스템을 형성할 수 있다. 다섯째, 향진기업의 건전한 발전은 여전히 도시·농촌 구조조정의 활발한 주체이면서, 중소도시의 발전은 도시·농촌의 구조조정을 위하여 넓은 공간을 제공한다.

2) 도시·농촌의 구조와 지역구조조정의 목표

(1) 현대적 농업을 발전시키고, 농촌경제를 번영시키면서 농민소득을 높인다

첫째, 농업의 과학기술 수준을 크게 높이고, 농업의 내부구조를 개선하며, 농업경영수준을 높이며 과학기술의 수준을 높이고 제품생산의 구조가 합리적이며, 관리수준이 높은 현대농업으로 발전시킨다. 둘째, 중국농촌의 현실에 알맞은 여러 경영방식을 적극적으로 연구하고, 다양한 소유제 경제의 발전을 도와 농촌경제의 번영을 위해 활력을 불어넣고 농촌경제의 수익과 경쟁력을 높인다. 셋째, 도시화를 적극 추진하고 농촌노동력의 유동 메커니즘을 개선하는 일에 힘을 기울이며, 모든 취업기회를 확대하고 농민소득을 높인다.

(2) 도시·농촌의 상호작용 메커니즘을 이룩하고, 도시·농촌의 협조 발전을 추진

경제체제 개혁을 심화하고 현대시장 시스템을 정비하며 노동력·자본·기술·정보 등의 경영요소를 도시와 농촌 사이에 질서 있게 유동하도록 합리적인 배분을 추진한다. 농업과 현대공업이 상호협조와 시장에서 상호보완관계를 이룩하고, 도시·농촌경제가 유기적인 상호작용 가운데 균형 있게 협조하며 발전하는 선순환 메커니즘을 이룩한다.

(3) 특색 있는 산업을 발전시키고 서부경제를 발전시켜 서부지역의 소득을 높인다

첫째, 비교우위를 발굴하고, 강한 경쟁력과 부가가치를 가진 특색 있는 산업을 발전시켜 국내외 분업적 협력의 지위를 높여야 한다. 둘째, 시장화 개혁을 더욱 추진하고 행정 서비스의 경쟁력을 높여 활력 있는 다원적 시장의 주체를 육성하여 기초시설과 생태계 환경의 건설을 강화하고, 서부지역의 경제를 번영시켜야 한다. 셋째, 서부개발을 빌미로 도시화를 촉진하고, 취업의 기회를 넓히고, 취업구조를 개선하고 서부주민들의 소득수준을 높인다.

(4) 지역 사이 상호작용 메커니즘을 이룩하고, 지역 사이 균등한 발전을 추진

전국의 시장 시스템을 통일되게 정비하고, 경영자원을 동·중·서부지역에 합리적으로 배분하는 것을 촉진한다. 지역의 비교우위를 바탕으로 전문화 분업협력의 협조체제를 심화하고, 지역 사이에 산업의 유기적인 협조를 강화한다. 기업들이 지역에 관계없이 흡수·합병하고 재편하는 것과, 전략적인 합작을 모색해, 서로 장점으로 단점을 보완하고, 지역경제의 협조적인 발전을 효과적으로 추진하기 위하여 높은 효율의 산업조직구조를 만든다.

3) 도시·농촌의 구조와 지역구조의 조정 수단

(1) 농촌경제의 발전을 촉진한다

① 농촌의 경제구조를 조정하고 농촌의 이익수준을 개선한다. 농업과 농촌경제의 전략적인 구조조정은 현 단계에서 농민소득의 지속적이고 안정적인 성장을 유지하는 기본적인 루트이다. 중산층 사회를 건설하자는 정책에 맞는 농업구조와 농촌경제구조를 점차 만들어가는 것은, 농촌경제가 발전하는 새로운 공간을 개척하는 데 유리할 뿐만 아니라 농민 소득을 증가시키는 새로운 원천을 개척하는 데도 유리하다.

첫째, 농산품의 지역 분포를 조정하여 자원의 배분을 최적화하고 지역의 비교우위를 발휘하여, 각자 특색을 가진 우위한 생산지역과 산업지대의 형성을 촉진한다. 둘째, 농산물의 구조조정을 통하여 품질을 전면적으로 높이고, 농산품이 양에서 질로 전환을, 고부가가치형으로 전환을 촉진한다. 셋째, 농촌의 산업구조 조정으로 농산품의 가공업 발전을 추진하고, 농산품의 부가가치를 크게 높여야 한다. 넷째, 농촌노동력 취업구조를 개선하고, 하드한 면의 기반을 확보한다. 농민들의 소득을 여러 경로로 높여야 한다. 다섯째, 농업과 농촌의 기초시설 건설을 강화하고, 농촌경제발전을 위하여 하드한 면의 기반을 확보한다. 긴 강, 큰 호수의 정비를 서두르고 주요 하천의 치수공사 건설과 낡은 댐의 위험한 곳의 보강을 서둘러 홍수방지와 수량조절의 능력을 높인다. 대형 관개지구의 물 절약 공사의 개조에 힘을 들여 일반 농민용의 농경수리건설을 적극적으로 전개하여, 수토(수분과 토양) 보존능력을 높인다. 나라의 상품인 식량과 우수품질 농산물 기지 건설을 강화하고, 농업의 종합개발을 추진한다. 농촌의 전산망·통신·방송·도로·물공급 등의 시설 건설을 끊임없이 강화하여 농촌의 생산·생활·시장조건을 적절하게 개선해야 한다.

② 농촌의 경제체제를 정비하고 농촌경제의 건전한 발전을 추진한다.

첫째, 토지도급체제를 정비하고 토지도급을 장기적으로 안정되게 유지해나가는 것을 기초로 토지경영권 이전제도의 개혁을 적극적으로 모색하고, 토지라는 생산요소의 유동성을 높인다. 그리하여 농경지의 분산화와 '경영규모가 작고 노동생산성이 낮고 상품생산성이 낮은' 등의 한계성을 극복하면서, 규모의 경영을 발전시키고 농업 노동생산성을 높인다. 둘째, 식량생산과 유통의 체제개혁을 계속하여 심화해야 하고, 중앙(정부의 최고기관)의 식량비축을 바꾸고 조절기구를 정비하여, 식량의 주요한 판매구역에서 식량유통의 시장화를 가속하고, 농업구조 조정을 추진하고 농민소득을 전면적으로 증가시킨다. 셋째, 농촌의 세금·비용 징수제도 개혁을 추진한다. 현행의 농업세율을 적절히 높이는 한편 농민들에게서 기타 세금을 징수하는 일체 행정적인 비용부담을 없애면서 농민들의 합법적인 권익을 보장하고, 농민들의 부담을 줄여준다. 넷째, 세금개혁과 결부하여, 향진(규모가 작은 지방 도시)의 합병, 기구 간소화를 모색하고, 보조금을 받는 인구수를 줄인다. 다섯째, 농촌의 금융개혁을 심화시키면서, 농촌경제발전 요구에 걸맞은 농촌 금융 시스템을 적극적으로 모색한다. 농촌 신용조합의 관리체제 개혁을 그 토지의 사정에 맞게 촉진하고, 법인 관리구조를 정비하는 동시에 농업·농촌·농민을 위한 서비스라는 방향을 견지하여 농촌금융의 주력 및 농촌경제 금융의 고리로서 구실을 충분히 발휘시킨다.

③ 농업과학기술의 발전을 가속하고, 농산물 구조의 개선을 촉진한다. 농업과 농촌경제구조의 조정을 촉진하는 것은 농업 경제수익을 높이고, 농민소득을 늘리는 기본적인 경로이다. 농업과학기술의 발전을 촉진하는 것은 농업과 농촌경제구조 조정을 촉진하는 기본조건이다. 그러므로 첫째, 과학교육으로 농업진흥의 추진에 힘을 들인다. 농업기술의 연구개발을 적절히 강화하며, 높은 신기술과 일반기술의 긴밀한 결합을 중시하여 높은 수확, 우수한 품질, 높은 효율의 농업으로 발전시킨다. 그리고 유전자기술, 정보기술 등 높은 신기술의 연구·개발과 그것

의, 응용을 강화하고, 우수한 품종과 선진적인 기술의 적용을 보급시켜 과학기술산업으로서 농업의 발전을 적극적으로 지원하며, 노동생산율을 효과적으로 높인다. 둘째, 경작지를 적절하게 보호하고 식량생산능력을 안정시키는 동시에 품종의 개량, 품질의 향상, 수익의 증가를 중심으로 재배업의 구조를 적극적으로 조정, 발전시키고, 목축업, 임업, 수산업의 발전을 가속해 농산품 구조를 개선하고 농업의 경제수익을 높인다. 셋째, 농업산업화 경영의 촉진에 힘을 쏟아 '기업과 농가의 제휴' '주문생산 농업' 등 여러 가지 새로운 형태를 보급하고 농산품 가공, 저장과 운송, 신선도 유지 등의 산업을 발전시키고 농업의 후발의 이익을 높인다. 또한 향진기업의 구조조정, 기술진보와 체제혁신을 유도한다. 넷째, 각지 농업의 비교우위를 바탕으로 농업생산의 지역 분포를 합리적으로 조정하고, 특색 있는 농업을 발전시켜 대규모화, 전문화된 생산구조를 형성하고, 농업의 전문화, 분업적 협력 수준과 시장화 수준을 높여, 전체 농업의 수익을 높인다.

④ 농민수입을 늘리기 위해 농민들의 부담을 줄인다. 농민들의 부담을 줄이는 데는 현상과 함께 원인을 찾아 근본적인 해결을 노리지 않으면 안 된다. 현상에 대해서는 농민부담을 경감하는 정책법규를 철저히 관철하고 집행하여, 복잡하고 과중한 현재의 농민부담을 적확히 감소시킨다. 원인의 근절에 대해서는, 농민의 부담이 경감되지 않는 핵심을 틀어쥐고 농민부담, 개혁을 심화하며 체제를 혁신하는 것이다.

현재는 아래와 같은 세 가지에 중점을 두고 개혁에 힘을 들여야 한다. 하나는 농민들이 부담하는 비용과 노사업무에 대한 법률 제정을 서둘러야 하며, 농민들의 부담 문제를 법제화, 제도화의 궤도에 들어서도록 하는 것이다. 둘째는 농촌의 세금·비용 개혁에 관해 실험한 경험을 토대로 농촌의 세금제도개혁을 빠른 시일 안에 실행하고, 농촌 세금체제를 정비한다. 셋째는 향진의 기구개혁과 인원을 경감하며, 농민들의 부담을 근본적으로 줄인다. 향진의 기구가 너무 커져 인원이 방대하고, 하부

조직 행정기구의 운영원가가 비교적 높은 것이 농민의 부담을 가중시키는 근본원인이다. 그러므로 먹을 사람은 많고 생산자가 적은 농민의 부담은 참다운 의미에서 줄어들 수 없다.

⑤ 농촌의 사회 서비스 체제를 정비하고, 농촌경제의 전면적인 발전을 추진한다. 농업 생산규모의 확대, 지역 전문화와 분업적 협력과 시장화 수준의 상승에 따라 농촌의 사회화 서비스에 대한 요구가 점점 커지게 된다. 사회 서비스 시스템의 건설은 농업의 적당한 규모의 경영을 위한 조건과 서비스를 제공할 뿐만 아니라, 소규모 분산경영의 한계성을 효과적으로 극복할 수 있다. 농업생산의 전문화, 상품화의 진전에 따라 농업생산의 사회 서비스에 대한 요구가 끊임없이 높아질 것이고, 필요한 서비스의 단계도 생산 중의 서비스에서 생산 전, 생산 중, 생산 후의 단계화한 서비스로 발전할 것이다. 생산 전의 정보와 종묘(種苗) 서비스, 생산 중의 기술지도와 생산재의 공급 그리고 생산 후의 농산품 판매·저장·가공 등이었다. 앞으로의 목표는, 정부의 기술경제부문이 끌어가고 농촌조합에 위탁하여 여러 종류의 전문 서비스 조직이 보완하는 전문가와 일반대중이 서로 결합하는 사회 서비스시스템을 세우는 것이다. 농산품시장의 정보 시스템 건설을 서두르고 농업생산자가 알맞은 때에 충분한 각종의 농산품 생산·수급 가격에 관한 정보를 충분히, 적시에, 공평하게 제공받게 하며, 농민들이 시장의 수요에 따라 농업생산구조를 조정하고 개선하도록 효과적으로 유도한다. 농업의 사회 서비스시스템을 정비하는 것은 앞으로 농촌이 제3차산업을 발전시키는 중요한 흐름이 되리라는 것이며, 더 나아가서는 생산 전과 생산 후의 서비스업, 예를 들면 농업정보 서비스, 우량품종, 농업용 물자의 공급, 농산품 구매, 가공, 운수·저장 등의 잠재력은 크다. 원래 농촌에 있던 구매판매협동조합, 식량관리소, 식품관리소, 신용조합 등 농촌 집단 서비스 기구는 계획체제 아래 생산·유통·소비의 중요한 고리였으나 현재는 그 기능을 바꾸어야 하며, 점차적으로 농업의 생산 전, 생산 중, 생산 후의 서비스 제공업

자로 되고 있다.

⑥ 법률제도를 강화하고, 농촌경제 시장화 발전의 새 메커니즘을 형성해야 한다. 농업, 농촌, 농민에 관한 법률의 보장과 규범은 중국사회주의 시장경제체제의 중요한 구성부분이며, 현재는 비교적 취약한 부분의 하나이기도 하다. 3농문제(농업·농촌·농민)의 근본적 해결에는 더 정비된 법규로 가정연계 생산량 도급책임제, 토지경영권의 양도, 농촌의 세금·비용 납부방식, 농촌금융기구의 건전한 운영 등 많은 영역을 제도화할 필요가 있다. 촌민선거제도, 촌민회의제도, 농무공개제도는 지속적으로 정비해갈 필요가 있으며, 이에 맞는 조건을 갖춘 농민들이 도시에 와서 장기적으로 거주하면서 기업을 세워 운영하는 권리와 그 합법적인 권익은 충분히 보장받지 않으면 안 된다. 1996년 10월 8차 전국인민대표대회 상무위원회에서는 〈중화인민공화국 향진기업법〉을 발포하면서 향진기업이 국민경제에서 누리는 법률지위와 경제적 위치를 확립하였으며, 이로 말미암아 향진기업이 지역과 업종에 제한 없이 발전하는 데 바람직한 환경을 제공하였다. 〈향진기업법〉이 향진기업 발전을 위한 양호한 환경을 제공한 것과 같이, 관련 법규의 정비는 농촌경제의 미시적 주체의 활성화, 농촌경제의 건전한 발전의 유지에 중요한 의의가 있다.

(2) 도시·농촌의 상호작용에 따른 메커니즘의 정비

① 체제 개혁을 심화하고 농민들이 도시로 나올 수 있는 환경을 개선한다. 농촌 잉여노동력의 활로와 도시·농촌 인구의 구조적 모순의 해결은 주로 도시화 발전에 바탕을 두어야 한다. 현재 있는 500여 개의 도시와 1만여 개의 진(鎭)을 바탕으로 많은 새로운 도시를 계속 건설해야 하고, 도시로 전입하는 농민들을 충분히 활용, 확대한다. 만약 3억 남짓의 농민들이 제2, 제3차산업으로 전환하여, 도시의 새 주민이 된다고 할 때 농업이 규모의 경영을 널리 추진하고 노동생산성을 높여서, 농업현

대화를 점차 실현할 수 있을 뿐만 아니라, 이원경제구조의 모순을 크게 완화시켜 낙후되어 있는 중국 농촌을 근본적으로 개혁할 수 있다. 도시의 체제개혁이 정체되고, 도시·농촌 사이의 인구유동 메커니즘이 완벽하지 못한 것은, 농민들이 도시로 나오는 것을 통제하는 불합리한 제도가 주요 원인의 하나이다. 중국이 현재 도시의 주택·의료·보험 등 복리제도와 호구 등 관리체제에 대하여 진행하고 있는 일련의 개혁은 노동력의 자유로운 유동과 많은 농민들의 도시로 이전을 위한 마땅한 조건을 마련한다.

② 도시와 농촌의 사회보장 시스템을 만들고, 노동력의 유동환경을 개선한다. 중국은 사회보험개혁을 촉진하고 점차 '기업보험' 형식에서 '사회보험' 형식으로 넘어가야 하며, 도시를 위주로 해왔던 것에서 도시와 농촌을 균등하게 중시하는 것으로 변해야 한다. 상업보험은 사회보험을 보완하는 중요한 구실을 하며, 사람들의 기본적 사회보험에 더하여 다른 수준의 보험수요를 만족시킬 수 있다. 먼저 실업보험의 사회화를 실행할 필요가 있으며, 도시의 실업자들만이 아니라, 도시에 들어온 농민과 노동자들도 포함하지 않으면 안 된다. 장래가 걸린 이 문제를 해결하는 것이 도시·농촌 사이의 인구와 노동력의 합리적인 유동을 촉진한다. 농촌에서 농민의 노후문제는 가정에서 보장을 위주로 하며 동시에 농촌의 합작의료를 정비하여, 사회보장기금·호조저금(互助貯金)과 개인저축 등 여러 종류의 보장형태를 확립하며, 사회보장 시스템을 점차 수립한다. 농촌의 현대화, 공업화와 도시화 진행이 촉진됨에 따라 국가의 통일적인 법률제도를 점차 수립하고 사회보장을 전면적으로 실현한다. 도시와 농촌의 사회보장 시스템의 확립과 건전화는 사회주의 시장경제체제를 정비하는 중요한 내용이며, 또한 도시·농촌 사이의 인구의 유동과 도시와 농촌의 균형적인 발전을 촉진하고 마지막으로는 도시와 농촌의 이원경제구조를 없애는 필요조건이기도 하다.

③ 향진기업을 지속적으로 발전시키고, 도시와 농촌의 구조조정을 강

력하게 추진한다. 향진기업은 중국의 농민이 도시와 농촌의 장벽과 종래의 전통적인 도시·농촌 사이의 분업을 돌파하는 주도력이며, 농업 잉여노동력을 흡수하고 농민수입을 늘리고 농업 현대화와 도시화 진행을 추진하고, 도시와 농촌의 차별을 줄이면서 도시와 농촌의 이원구조 모순을 완화하는 등 여러 면에서 중요한 구실을 하고 있다. 향진기업을 계속 발전시키는 것은 여전히 농촌경제구조 조정과 농업의 잉여노동력을 전이하는 중요한 경로이다. 첫째, 향진기업 구조조정, 기술진보와 체제혁신을 유도하고 향진기업의 집약형 발전을 실현하여, 경제수익과 경쟁력을 높인다. 둘째, 호구제도 등 개혁을 강화하고 도시와 농촌 사이의 경영자원과 상품의 상호작용을 촉진하며, 도시와 농촌경제의 바람직한 발전 메커니즘을 만든다. 셋째, 농산품의 시장정보, 식품안전과 품질검사 시스템을 확립하여, 농업의 산업화경영을 촉진하는 데 농산품 가공, 저장·운송, 신선도 보장 등 산업을 발전시켜 농업의 후발 효과와 이익을 높인다.

④ 도시와 농촌의 기업이 합작경쟁 형식의 산업조직 시스템을 점차 형성하는 것을 촉진한다. 도시와 농촌의 기업은, 이익을 공유하고 위험을 공동으로 부담하는 원칙에 따라, 여러 가지 방식의 전략적 협력을 권하고 이익공동체를 형성하여, 치열한 시장경쟁 속에서 위험을 분산하고 경쟁실력을 강화할 수가 있다. 도시기업은 자본·인재·기술 면에서 우위를 차지하고 있으나, 부담이 크고 운영 메커니즘이 유연하지 않다. 향진기업은 노동력이 풍부하고 운영 메커니즘이 유연하기 때문에 자본·기술·전문인재가 상대적으로 부족하다. 도시와 농촌기업은 상호보완 능력이 강하고, 협력의 잠재력이 크다. 또한 효과적인 도시와 농촌의 기업 제휴와 조정 메커니즘을 만드는 데 따라, 향진기업의 운영을 국가의 거시적 조절의 일환으로 끌어들이고 자금·기술·인재·노동력·설비 등 생산요소의 합리적인 배분과 유동을 촉진한다. 향진기업은 도시기업과 협력을 통해 도시공업의 기술·자금·설비와 풍부한 관리경험을 도

입해서 기업의 경영효율을 높일 수 있다.

(3) 서부 경제개발의 추진

① 특색 있는 경제를 발전시키고, 경제구조를 개선한다. 서부 개발은 비교우위를 토대로 특색 있는 경제를 발전시키고, 그 지역 밖의 경제와 전문화의 분업적 협력 시스템을 만들어낸다. 전통산업에 세계적인 과잉현상이 나타나고 있는 상황에서 서부지역은 저수준의 중복건설을 피하고, 지역특색의 우위가 있는 광공업·생태계를 배려한 농업과 민족적 특성을 지닌 관광업, 의약·수공업 등을 개발해야 하며, 동부지역 더 나아가서는 국제시장의 경쟁 속에서 비교우위를 확보하고, 전문화의 분업적 협력의 이익을 누려야만 한다.

② 개혁개방을 심화하고 바람직한 체제의 기초를 굳건히 한다. 체제혁신과 토지의 양도, 자금사용 등의 면에서 특혜정책 개발을 추진하고, 서부 개발을 위하여 바람직한 체제의 기초를 마련하고 우수한 정책 환경을 만든다. 새로운 정세에 적응하는 새로운 구상, 새로운 방법, 새로운 메커니즘을 적극 모색하며, 특히 의식의 적극적 전환에 힘써, 투자환경의 개선에 힘을 들여 투자를 끌어들이는 매력을 늘리며, 여러 형식을 이용하여 국내외 자금, 선진기술과 관리경험을 더욱 충분하게 이용한다. 국유기업 개혁을 심화하고 향진·개인·사영 등 여러 가지 소유제 경제를 힘껏 발전시키고, 서부경제발전의 강력한 미시적 시장주체를 육성한다. 동부와 중부의 대형기업이 서부 대개발에 참여하는 것을 장려하고 경영자원의 합리적인 유동과 최적화 배분을 지지하여 더욱 많은 선진기술, 혁신적 인재, 관리경험·시장정보와 서부개발의 유기적인 결합을 촉진한다.

③ 과학기술의 혁신체제를 정비하고, 강력한 과학기술에 따른 도움을 제공한다. 과학기술교육을 크게 발전시키고, 서부의 비교우위에 대한 잠재력을 발굴하며, 서부의 산업경쟁력을 높이기 위하여 과학기술과 인

재의 기초를 다진다. 산업기술의 혁신요소의 집적과 확산을 적극적으로 촉진하고, 지역경제의 균형 있는 발전을 돕는다. 기술이 비교적 발달한 지역에서는 몇 가지 산업기술 개발과 보급을 위한 가지를 설치하고, 높은 효율의 기술전파 기구를 만들어 지역경제의 발전을 촉진한다. 서부의 과학기술발전에는 과학기술에 투입을 크게 하여, 과학기술 교육사업을 발전시켜야 할 뿐만 아니라 산업·대학·연구기관을 결합하는 기구를 적극적으로 모색하여 높은 과학기술의 연구개발과 산업화 효율을 높일 필요가 있다. 또한 서부지역의 인력자원을 충분히 개발해야 할 뿐만 아니라 수많은 외부 과학기술 인재도 맞아들여야 한다. 산업구조의 개선, 고도화를 효과적으로 촉진하기 위해, 중서부 지역은 스스로의 지역조건에서 출발하여 비교우위가 있는 산업과 기술실력을 구비한 기업을 발전시킬 필요가 있다. 서부지역의 기술혁신 활동에 대한 지원을 강화하고, 서부에 역점을 둔 인재·자금·정보 등 자원의 배치를 촉진한다. 재정·세금·금융 등 여러 특혜정책을 운영하여 서부 기업의 기술혁신력을 높여 서부 대개발전략을 실시한다.

④ 서부를 합리적으로 개발하고, 지속 가능한 발전을 실현한다. 경제발전과 자원, 환경보호의 모순이 날로 두드러지고 있다. 서부 대개발의 근본목적은 지속적인 발전을 실현하고 주민들의 생활수준을 높이는 데 있다. 서부 개발에서는 경제발전과 자원보호, 환경개선의 관계를 합리적으로 처리해야 하며, 자원의 합리적인 개발, 자원이용률의 향상, 생태계 건설의 강화, 생태계 환경의 보호를 핵심 위치에 놓아야 한다. 환경보호 산업을 발전시키는 것을, 지속적인 발전과 경제구조 조정을 실시하는 중요한 해결점으로 하여, 가능한 빠른 시일 안에 환경보호산업을 바람직한 경제효과와 사회효과를 갖는 신흥산업으로 만든다. 서부개발은 마땅히 한 걸음 나아가 아래와 같은 것을 하지 않으면 안 된다. 자원절약형의 발전전략을 우선 실시하고 자원의 유상(有償)사용제도를 실시한다. 환경보호에 투입을 늘려 환경보호산업을 크게 힘쓴다. 또한 적극

적인 조치를 취하여 환경오염을 막고, 나무를 많이 심고 물과 토지를 보호하며 사막화를 방지한다. 경제·사회·환경의 균형 있는 발전을 실현한다.

(4) 지역 사이의 상호작용에 따른 메커니즘 창설

① 개방형 시장 메커니즘을 이룩하고 낮은 수준의 중복건설을 피한다. 현 단계의 중국은 이미 상품의 과잉구조를 형성하였고, 기술함량이 낮아 부가가치가 적어, 일부의 단순한 노동집약형 산업의 공급과잉과 과당 경쟁현상이 종종 보인다. 현재 서부 개발에서는 이미 공급과잉에 있는 산업영역에는 투자를 극력 피하고, 낮은 수준의 중복투자와 함께 무너지게 되는 과잉경쟁을 피하지 않으면 안 된다. 서부 개발은 자연자원, 생태계 환경, 지리적 위치 등의 비교우위에 기초하여 그 지역 밖의 시장과 상호보완형의 분업적 협력 시스템을 만들어, 개방형 시장조건 아래 유기적인 상호작용 가운데 바람직한 발전을 하지 않으면 안 된다.

② 투자환경을 개선하고 자금을 도입하여 경쟁력을 높인다. 역량을 집중하여 서부의 가스를 동부에 파이프라인으로 보내고[西氣東輸] 서부의 전기를 동부에 보내며[西電東送], 청해·서장 철도 등 여러 가지 전략적 의의가 있는 중요한 프로젝트들을 건설한다. 수력자원의 보호·절약·개발을 가장 우선의 위치에 놓고 계획을 강화하며, 수력 이용효율을 힘껏 높이도록 노력한다. 그 지역의 실정에 맞게 천연삼림 보호를 강화하고 불필요한 밭을 삼림과 초원으로 되돌리고 사막화의 방지, 초원의 보호 등의 중요한 프로젝트를 단계적으로 추진하여 생태의 자아회복 능력을 강화한다. 교육사업을 적극적으로 발전시키고 급히 필요한 다양한 기술을 지니고 있는 인재를 서둘러 육성하고, 과학기술 발전에 투자를 늘려 과학기술 개발력을 높여야 한다. 또한 각 지방의 비교우위를 충분히 발휘하고, 산업구조를 조정하고 개선하며, 특색을 갖춘 지역경제를 고루 발전시킨다. 서부 개발은 유라시아 랜드브리지(중국 連雲港과

네덜란드 로테르담을 잇는 철도), 장강수로(長江水路), 서남(중국의 서남 지역으로 사천·운남·귀주·티베트 등이 포함) 등에서 바다에 이르는 주요 교통 간선들에 따라 중심도시의 집적기능과 사방으로 뻗어나가는 확산기능을 잘 발휘하지 않으면 안 된다. 이상의 여러 방면의 노력을 거쳐 기업투자경영의 하드한 면과 소프트한 면을 힘써 개선하여 기업 유치와 자금 도입을 위한 산업발전력을 높여서 될 수 있는 대로 빠른 시일 안에 서부지역 자원의 우위를 경제의 우위로 전환한다.

제2절
체제의 정비에 따른 글로벌화의 이익을 누리다

1. 체제혁신전략의 배경

1) 경제의 글로벌화는 체제혁신을 요구한다

경제 글로벌화는 국제무역·투자·금융 등 경제무역활동의 심화와 확대에서 나타날 뿐만 아니라, 세계 경제주체의 경제이념 동화의 추세와, 세계경제 게임 규칙의 표준화와 세계경제운영의 협력화를 더욱 중요하게 반영한다. 경제 글로벌화는 전통적인 세계경제구조와 운영의 틀과 메커니즘을 크게 변화시키고, 대부분의 나라들은 이미 더 이상 쇄국정책을 쓰지 않으며, 더 이상의 폐쇄되고 독립적인 경제집단이 아니며 다른 경제주체와 유기적으로 연결된 세계경제의 유기적인 구성부분이 되었다. 국제협력과 국제경쟁에 참여하고, 경제 글로벌화의 이익을 누리려면 글로벌한 공동 게임 규칙에 맞지 않는 법규와 정책을 조정해야 하는 동시에 개방형 시장경제체제를 끊임없이 혁신하지 않으면 안 된다. 중국은 시장경제체제를 초보적으로 수립하였으나, 아직도 개방형 시장경제체제를 정비해나가는 과정에 있으며 '두 가지 자원' '두 가지 시장'을 더욱 활용하는 데는, 경제 글로벌화 추세에 적응하는 개방형 시장경제체제를 끊임없이 정비할 필요가 있다.

2) 과학기술의 새로운 도약은 체제혁신을 요구한다

정보기술, 유전공학, 환경보호기술, 신자재로 대표되는 오늘의 과학기술혁명은 하이테크 산업군(群)들을 육성하고, 세계산업구조의 개선과 글로벌 경제 구조조정에 충실한 내용을 주고 커다란 활력을 불어넣어 주었다. 그 가운데 인터넷으로 대표되는 정보기술은, 강대한 정보산업을 육성하였을 뿐만 아니라 정보전달방식과 다양한 종류의 조직운영체계를 크게 바꾸어, 사회·정치·경제운영 메커니즘 전체에 커다란 변화를 가져왔다. 정보전달방식의 다양화·신속함·편리함은 여러 종류의 조직구조를 피라미드형에서 편평형으로 전환해 지나치게 부풀려진 효율이 낮은 조직운영은 간편하고 실력 있는 고효율의 조직운영으로 바뀔 것이다. 정보기술의 응용의 깊이와 보급의 넓음은 조직효율과 체제경쟁력에 직접적인 영향을 미친다. 과학기술혁명을 배경으로 조직구조의 혁신과 체제의 혁신에 대해서는 그 효율개선뿐만 아니라, 경쟁력을 높여서 도태되지 않게 할 필요가 있다.

3) 국제적 체제혁신 경쟁이 날로 치열해진다

세계의 경제발전의 역사에서 보면, 경제체제와 운영 메커니즘이 이끈 자원배분방식은 경제발전의 효율에 기초적인 열쇠가 되는 기능을 하고 있다. 아시아 금융위기 이후, 관련 국가들은 그 중대한 경험을 토대로, 경제가 안정되고 건전하고 높은 효율의 발전을 촉진하는 체제개혁을 추진하였다. 그러나 각 나라의 정세에 따라 개혁의 중점은 모두 일치된 것

은 아니었으나 대체로 미시적 주체의 개혁, 시장 메커니즘의 강화, 대외
개방의 확대, 사회보장 시스템의 정비 등 몇 가지로 크게 종합해볼 수
있다(표 8-2 참조). 경제 글로벌화 추세가 가속되고 다국적기업의 경제
글로벌화에 따른 구실과 지위가 끊임없이 높아지는 가운데 세계 각 나
라들은 치열한 체제혁신의 경쟁을 벌이고, 다국적기업의 투자에 대한

표 8-2 | 아시아 금융위기 뒤 동아시아 나라들의 체제개혁의 주요 내용
자료출처 : 각 나라의 관련 자료의 종합.

	개혁의 미시적 주체	시장환경 개선	대외개방 확대	사회보장 정비
태국	기업의 투명도를 높이고, 회계감독관리체제를 강화하며 자산관리회사와 기업채무 재편위원회의 채무 재편기능을 강화.	파산법을 정비, 국영기업의 민영화 정책환경을 정비.	외국기업투자법을 개정, 외국기업 투자규제를 완화하며, 외국기업의 기업 합병과 인수, 투자를 허용. 외국인의 토지소유면의 규제를 완화. 관세를 낮추다.	빈곤층의 건강사업 관계 지출을 확대. 인력자원개발에 필요한 장학금과 대출금을 확대. 사회보장 시스템을 정비.
인도네시아	기업의 투명도를 높이고, 회계 감독관리체제를 강화, 중소기업에 대한 지원을 강화.	정부에 따른 부분적인 독점관리와 경영을 폐지. 파산법을 개정하며, 취약한 국유기업을 없애고 국유자산의 민영화를 촉진.	수입장벽과 수출관세를 낮추고 외국기업 투자영역을 확대하며 경영권을 획득한 외국기업의 기업 합병과 인수, 투자를 허용하며 외국기업 지주회사를 허용.	고용확대를 목적으로 하는 노동집약형의 공공투자를 확대, 물가 상승에 따른 저소득계층의 부담을 경감.
한국	기업의 투명도를 높이고, 회계감독관리체제를 강화, 재벌 경영구조와 운영 메커니즘을 조정.	파산법을 수정하고 강자는 생존하고 약자가 도태하는 방식으로 중소기업의 발전정책을 정비.	외국기업의 투자법을 정비하고 경영권을 획득할 목적으로 하는 외국기업의 기업 합병과 인수, 투자를 허용하며 대외무역의 규제를 완화.	노동력시장을 정비. 실업보험을 확대하여 실업복리에 대한 투자와 직업훈련 관계 예산을 확대.

흡수를 확대하고, 경제의 글로벌화 이익을 더욱 누리기 위해 경제체제
와 경제정책을 끊임없이 조정하고 있다. 2002년 세계투자보고서에 따르
면, 2001년에 적어도 71개 국가가 208개 항목의 외국기업 직접투자 법
률조례를 개정하였고, 그 가운데 90%를 넘는 대부분은 외국기업투자의
유입에 더욱 유리한 것으로 되고 있다.

4) 중국에 필요한 개방형 시장경제체제의 정비

21세기 중반에 중등발달국가의 행렬에 들어서려는 현대화 전략목표
를 실현하기 위해서는, 중국은 시장경제체제의 기본적 틀의 정비를 서
두르고 새로운 체제와 낡은 체제가 공존하는 상태에서 새로운 체제로
철저하게 바꾸는 궤도전환은 무리 없이 이룩해내지 않으면 안 된다. 중
국은 현재 개혁과 발전의 중요한 시기에 처해 있다(표 8-3 참조). 한편
으로는 경제의 글로벌화 추세와 세계경제 구조조정은 중국의 경제발전
과 개혁에 중요한 전략적 기회를 제공하고 있다. 다른 한편으로는 중국
경제체제 개혁과 구조의 전환을 시도하는 단계에 들어섰다. 그래서 사
회주의 시장경제체제를 정비해야 하는 임무는 매우 어렵다. 국유기업,

표 8-3 | 중국경제체제 개혁단계의 분리

	시기	1978~1992		1992~2020	
큰 단계	특징	감성적인(논리에 기대지 않고 그 때그때 상황에 따른 체제) 발전단계에서 실험성, 탐색성이 낡은 체제를 없앤다.		이성적인(논리에 따른) 추진단계에서 계통성, 주동성이 새로운 메커니즘 수립한다.	
	시기	1978~1984	1984~1992	1992~2000	2000~2020
작은 단계	특징	농촌·농업 개혁을 중점으로 한다.	도시·공업 개혁을 중점으로 한다.	시장경제체제를 초보적으로 건설	개방형 시장경제체제를 정비한다.

취업 메커니즘, 호적제도, 사회보장 시스템 등 개혁에 어려움이 많이 따르는 제도는 실질적인 운영단계에 들어설 것이며, 구조조정은 전략적인 난관돌파를 하지 않으면 안 된다. 중국경제체제의 궤도전환과 경제구조의 조정과 고도화의 과정에서는 지금까지 장기에 걸쳐 축적된 뿌리 깊은 모순이 나타날 가능성이 있을 뿐만 아니라, 새로운 모순과 불안정한 요소도 나타날 것이다.

개혁이 과연 실질적인 진전과 성공을 가져올 수 있을지 어떨지는 현실의 경제체제가 직면한 절박한 문제에 대한 명석한 인식과 정확한 파악에 달려 있을 뿐만 아니라 기존 이익의 틀을 공평하고 합리적으로 조정할 수 있는가, 개혁의 진행 과정도 효과적으로 추진하는지 어떤지에 달려 있다. 그러므로 개혁과 구조조정을 강화해야 할 뿐만 아니라 사회 각 방면의 지탱능력을 충분하게 고려하고, 경제와 사회의 안정도 보장할 수 있어야 한다. 아울러 끊임없이 발생하는 모순을 해결해야 하고, 세계경제발전에서 생기는 새로운 기회를 이용하여 중국개방형 경제의 건강한 발전을 추진해야 한다.

2. 체제혁신전략의 목표

중국의 경제체제 혁신의 기본목표는 다음과 같다. 초보적으로 형성된 시장경제체제 기초에 따라 확고부동한 개혁을 진행하고, 개방을 확대하며, 그리고 생산력 발전을 제약하는 체제성 장애를 넘어서서 비교적 정비된 사회주의 시장경제체제를 수립하여 경제와 사회발전을 위한 견고한 틀을 제공하는 데 있다. 중국의 개방형 시장경제체제의 주요특성을 요약하면, 자원배분의 시장화, 정부의 조절 간접화, 시장경제의 제도화, 사회보장의 정비, 경제운영의 개방이다.

시장 메커니즘이 자원배분과정에서 하는 기초적 기능은 시장경제체제 조건에서 경제운영의 기본 특징이다. 사회적 자원배분에 대한 행정 수단의 간섭을 줄여야 하고 시장 메커니즘이 자원배분에서 기초적 기능을 더욱 충분하게 발휘하도록 하지 않으면 안 된다. 정부의 간접적인 거시적 조정은 현대 시장경제에 대해 정부가 경제관리를 하는 기본 방식이라 할 수 있다. 정부의 간접적인 거시적 조절과 직접적인 행정관리는 기본적으로 '시장에 대한 개입'에 속하지만, 전자는 주로 시장의 결함을 보완하는 것에 착목하고 후자는 기본적으로 '시장의 거의 모든 기능을 바꾸는' 것이다.

현대적인 재산제도와 신용제도는 시장경제체제 가운데 가장 기본적인 제도이고, 소유권의 배타성, 유동성과 교환성은 시장 메커니즘이 자원배분을 최적화하는 기본적인 전제이다. 경제신용은 시장경제 운영의 주춧돌이며, 시장이 질서 있는 운영을 기본적으로 보장한다. 시장경제는 근본적으로 법치경제이며, 현대 재산제도와 신용제도 및 시장주체의 권리와 행위규범은 오직 법치의 기초가 있어야만 충분히 실시될 수 있다. 합리적인 소득분배 메커니즘과 재산 분배구조는 사회의 활력을 자극하고, 사회안정을 보장하는 중요한 보장이다. 경제의 글로벌화 과정에서 개방형 경제운영을 실현하며 국제적 경제협력의 이익을 충분히 누리는 것도 체제혁신의 중요한 내용이다.

3. 체제혁신의 주요 내용

1) 행정체제 개혁과 정부기능의 전환

(1) 행정체제의 건전화와 행정의 법제화

① 행정체제 개혁의 변천 : 개혁개방 이래, 경제체제 개혁의 진전에 맞춰 중국에서는 여러 차례 행정체제를 조정하였다(표 8-4 참조). 특히

1994년 이래 사회주의 시장경제 체제의 기초적인 틀에 따라서 사회공공 관리 부문의 전체에 대한 전면적인 종합개혁을 시작하였다. 개혁은 시장경제체제 아래에서 정부와 시장의 기본적인 관계를 새로이 확립할 뿐만 아니라, 정부 자신의 정책결정과 그것을 실행하는 메커니즘을 새로 조정하고 정비한 적도 있었다. 개혁의 최종목표는 높은 효율, 부정부패 척결, 민주적인 정책결정이 과학적인 행동규범에 따른 행정관리체제를 수립하여 자원의 시장화 배분 메커니즘을 정비하는 동시에 사회·경제 운영의 효율을 높이는 데 있다.

중국이 경제체제를 바꾸는 과정에서 정부기능의 변화는 아래와 같이 세 가지로 나타난다. 첫째, 경제의 시장화 각 단계마다 정부가 직접 개입하는 것이 어울리지 않은 분야에서 서서히 물러서고 시장이 기능을 발휘할 수 없는 분야에 대해 기능을 강화한다. 둘째, 중앙의 고도집권체제를 개혁하고, 중앙과 지방 각급 정부 사이의 직권과 재산권을 합리적으로 구분하여, 그 책임과 권리가 하나가 되는 효율적인 행정관리체제를 만든다. 셋째, 시장경제체제에 맞는 거시적 조절의 새로운 체제를 확립하고, 정부기능의 근본적인 전환을 달성한다. 정부기능의 전환은 실제상로는 경제체제 개혁과 정치체제 합류점이기 때문에, 그 추진하는 데 따르는 어려움과 영향력은 분명히 단순한 경제개혁보다 큰 일이다.

② 중국 행정체제 개혁의 주된 경험 : 첫째, 사회주의 시장경제체제에 적응하는 것을 개혁의 목표로 견지하고 정부기능의 전환을 기구개혁의 관건으로 하였다. 둘째, 간소화·통일·효과의 원칙을 견지하여 인원을 줄이고 기구를 간소화하는 것과 정부조직을 개선하는 것을 기구개혁의 중요한 임무로 삼았다. 셋째, 적극적이고 온당한 방침을 견지할 것. 시기를 잘 판단하여 정세를 헤아려 기회를 잘 잡아 단호하게 개혁을 밀고나가는 한편, 각 방면의 받아들일 수 있는 능력을 충분하게 고려하여 신중하게 개혁을 추진하였다. 넷째, 기구개혁과 간부의 인사제도개혁을 잘 결합하여 한 묶음으로 시책을 실시하고, 분리된 잉여인원의 간부의 대

개혁시점	주요 개혁내용
1982년 3월, 5차 인민대표대회 22차 상임위원회에서 채택	1. 조직의 편성을 간소화하고, 명확하게 하며, 인원을 줄이고 소질을 높이는 데 중점을 둔다. 2. 100개의 국무원 사업부문을 61개로 줄인다. 3. 인원편성을 원래의 5.1만 명에서 3만 명으로 줄인다.
1988년 4월, 7차 인민대표대회 1차 회의에서 채택	1. 정부의 경제기능을 바꾸고, 거시적 관리를 강화하는 반면 미시적 관리로 완화하는 데 중점을 둔다. 2. 국무원의 67개 부문 위원회와 직속기구를 60개로 줄이고, 비상기구를 75개에서 44개로 줄이며 9700명의 인원을 감축한다.
1993년 3월, 8차 인민대표대회 1차 회의에서 채택	국무원 구성부문, 직속기구를 86개에서 59개로 줄이고 인원을 20% 감축한다.
1998년 3월, 9차 인민대표대회 1차 회의에서 채택	1. 개혁목표 : 업무처리의 효율을 높이고 협력적인 운용과 규범적인 정부 행정관리 시스템을 수립하고, 국가 공무원제도를 정비하여 높은 자질을 갖춘 행정관리조직을 만들고 시장경제체제에 맞는 정부 행정관리체제를 점차 수립한다. 2. 국무원 관방을 제외하고 국무원 구성부문을 원래의 40개에서 29개로 줄이고, 중앙정부 공무원을 원래의 3.2만 명에서 1.6만 명으로 줄인다. 3. 1998년부터 국무원 조직개혁을 우선적으로 진행하고 이어 당 중앙 각 부문과 기타 국가기관과 사회단체의 조직개혁을 전개한다. 1999년 이후에 지방행정과 공산당의 각급 위원회 개혁을 각각 전개하며, 2000년에는 시(市)·현(縣)·향(鄕)의 개혁을 전면적으로 실시한다. 2002년 6월까지 4년 반의 조직개혁을 거쳐 전국의 각급 당·정부기관의 행정인원을 재편성하면서 115만 명을 감원한다.
2003년 3월, 10차 인민대표대회 1차 회의에서 채택	1. 국유자산관리 체제개혁을 강화하고 국무원 국유자산 감독관리위원회를 설립하며, 국유자산을 감독·관리하는 책임을 전문적으로 부담한다. 2. 거시적 조절 시스템을 정비하고, 국가발전계획위원회를 국가발전과 개혁위원회로 나누어 정립한다. 유통 관리체제를 개혁하고, 상무부(商務部)를 둔다. 그러나 국가경제무역위원회, 대외무역경제협력부에는 권한을 부여하지 않는다. 3. 금융감독관리 체제를 건전하게 하고, 중국은행의 감독관리위원회를 설립하며 식품안전과 안전생산 감독관리 체제건설을 강화한다. 4. 국가가족계획위원회를 국가인구와 가족계획위원회로 이름을 바꾼 뒤에 개혁을 거쳐 국무원 관방을 제외하고 국무원 구성부문을 28개로 한다.

표 8-4 | 개혁개방 뒤 행정기구들의 개혁

열의 구조를 개선하였다. 다섯째, 통일적인 지도를 견지하여 직급별로
책임을 지워 단계를 나누어 실시하여, 현지 실정에 맞게 개혁을 진행하
였다.

③ 현재 실행하고 있는 행정체제 개혁의 지도사상 : 중국 10차 전국인
민대표대회 1차 회의에서 통과한 정부기구 개혁방안은 현재 진행하는
개혁의 지도사상을 다음과 같이 정하였다. 등소평 이론과 '세 가지 대
표'(중국공산당은 중국의 선진적 생산력의 발전요구를 대표하고, 선진
적 문화의 전진방향을 대표하며, 가장 광범한 인민의 근본이익을 대표
한다)의 중요한 사상을 지도방침으로 하여, 사회주의 시장경제체제 정
비와 정치체제 개혁 추진의 요청에 따라서 정부와 기업의 직능이 분리
되고, 간소화·통일·효과, 법에 따른 행정의 원칙을 견지하여, 정부직
능을 더욱 전환시킨다. 정부기관의 설치를 조정·정비하며 정부부문의
직능에 따른 분업을 순리에 따라 처리하여, 정부의 관리수준을 높이고
행위에 규범이 있으며, 운영에 균형이 잡히고 공정하여 투명도가 높고
청렴하여 높은 효율의 행정관리 체제를 형성한다. 이번 개혁은 핵심적
사안을 잘 틀어쥐고 행정관리 체제 가운데 일부 절박한 문제를 해결해
야 하며, 개혁개방과 현대화 건설 촉진을 위하여 조직적 보장을 제공하
지 않으면 안 된다.

④ 중국 행정체제 개혁의 주요 노선 : 첫째, 공공서비스 기능을 강화
한다. 시장경쟁의 규칙을 세우고 정비하여 다양한 시장주체의 합법적인
권익을 보호한다. 시장 중개조직과 시장행위에 대하여 합리적인 감독과
관리를 실시하며, 공평하고 질서 있는 통일된 시장 시스템을 수립한다.
정보공개제도를 수립하고 정비하여 정부의 경제계획, 거시적 정책 의
도, 산업정책의 방향 등 관련 정보를 사회 각 방면에, 가능한 제때에, 충
분히 파악하도록 하여, 시장경제주체의 자주적인 정책결정수준을 높인
다. 공공 기본시설건설, 의무교육, 기초적 과학기술 연구, 생태계와 환경
보호를 강화하고, 사회에 시장 메커니즘에서는 효율적으로 제공할 수

없었던 공공상품과 서비스를 제공한다. 취업의 기회를 만들어내고 경제성장을 안정시키며, 국제무역수지의 균형을 유지하는 데 노력한다. 국제협력에 적극적으로 참여하고 2국 사이 무역과 다국 사이의 무역을 발전시키며, 국내기업의 발전을 위하여 해외시장을 개척하고 국제분업과 국제경쟁에 참여할 수 있는 유리한 조건을 마련하여 국제분업과 국제경쟁에 참가하는 데 유리한 조건을 만들고 안팎의 두 가지 시장, 두 가지 자원의 융합을 촉진한다.

둘째, 행정관리체제를 정비한다. 시장경제 조건 아래 각급 정부의 활동범위와 예산지출의 영역을 명확히 하고 각급 정부의 직권을 합리적으로 구분하여 서로 제어할 수 있는 권리를 부여하고, 현재 정부 사이에 직권의 기능이 중복되는 현상을 고친다. 이러한 사안을 바탕으로 각급 정부의 책임·권한과 지배 가능한 자원의 유기적인 결합을 실현한다. 각급 정부의 법률적 기초와 프로세스를 명확히 하고, 정부의 정책결정의 민주화와 과학화를 추진하여 정부에 대한 법률에 의한 감독, 언론에 의한 감독과 사회에 의한 감독을 강화한다. 정부 공무원의 조직을 강화하며, 공개적인 시험채용제도, 회피제도, 평가, 승급과 징벌제도를 정비하고 기구의 간소화, 쓸데없는 인원을 줄이고 공무원들의 자질을 높이는 전제 아래서 그 임금 수준의 대폭 인상을 점차 시행하고, 정부사업지원(인센티브) 메커니즘을 개선하여 업무의 효율을 높인다.

셋째, 정부의 거시적 조절을 강화한다. 사회주의 시장경제체제에서 정부는 다만 기업, 주민과 대등한 일방적 시장주체로서, 원칙적으로 시장이 해결할 수 없거나 해결이 어려운 영역에서 기능을 발휘한다. 정부의 거시적 관리기능에는 주로 아래와 같은 두 가지 면이 있다. 하나는 시장의 규칙을 제정, 정비하며 시장의 질서를 유지하고 각 시장주체의 평등한 경쟁과 협력에 유리한 시장환경을 만드는 데 노력하는 것이다. 다른 하나는 재정정책과 통화정책을 통하여 경제운영을 간접적으로 조절하고, 경제운영에 큰 파동을 피하여 경제의 건강하고 안정된 지속적인 발전을 보장하는 데 있다. 국가 거시경제 조절의 주요 과제는 경제성장의 촉진, 취업을 늘리며, 물가를 안정시켜 국제무역수지 균형을 유지하는 데 있다.

계획체제의 개혁은 사회주의 시장경제 발전의 요구에 적응하는 새로운 형식의 지도적 발전계획체계를 수립하는 것을 중심으로, 경제와 사회발전, 과학기술 진보를 포함한 과학적인 거시적 조절을 지도하는 목표체계를 확립하고 정비하여 정부가 하는 거시적 조절의 기본적인 바탕이 되지 않으면 안 된다. 또한 경제운영과 사회발전에 대한 분석, 예측과 감시를 강화하고 여러 가지 거시적 조절 수단을 종합적으로 균형 있게 협력, 운영해야 하며, 알맞은 때에 거시적 경제정책과 중요한 경제조절방안을 제출하여, 거시적 조절 목표의 실현에 한 걸음씩 다가가야 한다. 또한 시장을 바탕으로 중장기적인 경제사회 발전계획과 일부 업계, 영역과 지역의 특별발전계획을 제출하고 제정하고, 국가발전계획의 시장경제활동에 대한 유도기능을 충분하게 발휘시킨다.

중국 중앙은행의 체제개혁에 대해서는 국무원의 지도 아래 통화정책을 독립하여 제정하고, 행사하는 기능을 강화하고 통화가치의 안정을 통화정책의 가장 중요한 목표로서 확보하여 예금준비율, 중앙은행 재할인율, 공개시장 조작 등의 수단으로 통화공급량을 통제하고, 국제무역수지의 균형을 유지하지 않으면 안 된다. 재정, 세금징수 등의 체제개혁은 사회와 경제구조를 조정하는 기준으로 하여 거시적 조절 면의 기능을 충분하게 발휘하게 해야 한다. 종합하여 말하면, 거시적 관리체제의 개혁으로 계획·금융·재정 사이의 상호 배합과 제약의 메커니즘을 수립하고 비교적 정비된 거시적 조절 시스템을 형성하여 경제와 사회의 균형 있는 발전을 촉진한다.

(2) 시장체계의 건전화와 시장 메커니즘의 정비

① 시장체계를 건전하게 한다. 여러 해의 걸친 시장화 개혁으로 중국

은 이미 시장체계의 틀을 기본적으로 확립하였고, 시장의 주체가 점차 육성되었으며, 시장 메커니즘의 작용은 선명하게 강화되었으나 전체 시장체제는 아직도 정비를 요구하고 있다. 전국적으로 통일된 공평한, 경쟁으로 규범적이고 질서 있는 시장체계를 건전히 하고, 시장 메커니즘이 자원배분에서 기초적 작용을 충분히 발휘해야 하며, 국민경제의 시장화 진전을 촉진하지 않으면 안 된다. 부문 독점과 업계 독점, 지역봉쇄(지방보호주의)를 타파하고, 생산요소의 합리적인 유동을 촉진하며, 다양한 유형의 경영주체가 경영자원을 평등하게 누릴 수 있는 환경을 만들어야 한다. 각종 상품시장을 지속적으로 정비 하는 동시에 금융·노동력·부동산·기술·정보 등의 생산요소 시장을 중점적으로 발전시킨다. 자본시장과 화폐시장을 정비하고, 기업의 융자경로를 확대하며 법에 따른 시장 감독을 강화해야 한다. 취업체제 개혁을 추진하고 다양한 경로의 취업형식을 창조하여 자유롭게 직업을 선택하고 노사 쌍방이 서로를 고르는 합리적으로 운영하는 취업 메커니즘을 형성하면서 건전한 노동력시장을 수립한다. 또한 부동산시장을 더욱 표준화하고 단계적으로 제도화하고 발전시켜 주택의 상품화 개혁을 촉진한다. 토지시장을 표준화하고 정비하여, 국가의 토지이용 총합계획과 그 관련 제도의 정비를 토대로 토지 유상(有償)사용범위를 계속하여 확대해야 한다. 과학기술, 교육, 정보의 관리체제 개혁을 촉진하고 지적재산권 보호를 강화하며 기술·정보 시장의 발전과 정비를 추진한다. 유통체제를 개혁하고 시장중계조직을 발전시키며, 시장의 규칙을 건전하게 하고 감독관리를 강화한다.

　②시장의 경제질서를 정돈하고, 시장의 운영규칙을 정비한다. 이는 현재 경제의 정상적인 운영을 보장하는 필수조건일 뿐 아니라, 사회주의 시장경제체제를 정비하는 중요한 조치이기도 하다. 시장의 법체계를 건전히 하고, 시장의 감독 메커니즘을 정비하며 감독관리를 강화해야 한다. 가짜 상표, 불량품, 탈세, 부정신고, 밀수 등의 위법 범죄활동을 근

절하고, 단속을 견지한다. 지역봉쇄와 부분분할을 없애며, 독점의 반대와 부당경쟁을 통제해 가능한 한 빨리 통일되고, 개방된 질서 있는 경쟁적 시장 시스템을 완성해야 한다. 또한 시장의 정상적인 운영을 유지하는 신용제도를 마련하고, 정비해야 하며 신용조사와 신용기록의 실행을 모색하고, 상업사기와 멋대로 계약을 위반하는 행위에 대한 도덕적 징벌을 강화해, 시장주체는 상호거래과정에서 성실히 신용을 지키도록 하며 또한 좋은 상업도덕의 기풍과 상업신용의 기본을 형성해야 한다. 관련 시장주체의 행위, 시장입문의 허가, 시장경쟁, 시장거래나 시장주체의 권익보호와 경쟁질서를 보호하는 법률과 법규를 제정하고 정비해야 한다. 법에 따라 시장의 관리와 감독을 강화하고 시장중재와 법 집행의 공정과 규범을 확보해야 한다. 시장활동에서 법을 따르지 않고, 법 집행이 엄격하지 않아 위법을 방관하고, 더 나아가서 직권을 남용하고 권력을 이용해 돈을 모으는 행위를 근절시켜야 한다. 경제 글로벌화의 대추세에 부응하여 국내시장의 규칙과 국제관례를 점차 연결시켜 국외자원을 충분히 이용하여 자국의 경제를 발전시킨다.

③ 가격체제 개혁을 강화하고 시장화 가격 메커니즘을 정비한다. 시장에 의한 가격형성 메커니즘을 정비해야 하며 상품과 서비스의 시장에 의한 가격 결정의 범위를 계속 확대해나가야 한다. 또한 정부에서 정하는 가격과 지도가격에 대한 정책결정의 민주화와 과학화를 추진해 중요 상품의 비축제도를 정비하고, 위기(리스크)기금과 가격조절기금의 관리규정을 명확히 하여 상품의 가격조절 메커니즘을 더욱 건전하게 해야 한다. 기존 시설과 경로를 충분히 이용하고 개조하며, 중요한 상품의 생산지·판매지 혹은 집산지에서 큰 규모의 상품도매시장을 형성하고, 현대화한 유통조직을 만들어 발전시켜야 한다. 규정을 명확히 하고 감독관리를 강화하는 동시에 상품선물시장을 계속하여 발전시키고, 날로 개방되는 국제환경과 국내 경제시장화의 배경으로 가격을 공개하고 시기에 따라 화폐가치를 잘 보존하여 화폐 위기를 피하는 능력을 점차 발휘

하게 한다.

④ 다양한 유형의 시장중개조직을 만들어 규정을 명확히 하며 발전시켜야 한다. 시장중개 서비스 영역에서는 엄격한 자격인정에 따라 적절한 경쟁과 사회감독기구를 서서히 도입하며 다양한 유형의 중개조직이 시장에서 서비스·중개·공증 감독과 중재작용을 충분히 발휘하게 한다. 기존의 일부시장 중개조직은 '정부에서 설립하고' '독점하는' 색채를 점차 줄이고, 경비를 스스로 조달하여 자기관리하며, 그에 따르는 법률책임과 경제책임을 독립적으로 지는 하나의 법인체로 되면서, 경쟁을 촉진하고 보호하며, 독점과 지방보호주의를 근절하여 시장신용의 기초를 재건하는 중요한 세력으로 되고 있다. 중소기업에 대한 서비스를 위한 중개조직을 육성, 발전시키며, 중개 서비스 영역에서 비공유제 경제에 대한 차별현상을 없애야 한다. 중개기관에 대한 법적 감독을 강화하고 중개 서비스에서 일어나는 사기행위에 대하여 엄격히 처벌해야 한다.

(3) 재정과 세제의 개혁과 투융자체제 개혁을 추진

① 재정체제 개혁을 더욱 강화하고 공공재정의 기능을 정비한다. 세금·비용 개혁과 예산제도개혁을 추진하고 재정구조를 조정·개선하며, 사회주의 시장경제의 요구에 부응하는 공공재정의 틀을 점차 수립한다. 1994년에 등장한 분리과세제도[25]의 재정체제 개혁은, 세금제도를 명확히 하여 공평하게 세금을 내고, 중앙과 지방정부 사이의 재정분배 관계를 조정하는 방면에서 중요한 발걸음을 내디뎠다. 그러나 시장경제의 끊임없는 발전과 정부기능의 전환에 따라 현재 진행하는 분리과세제도의 재정체제는 아직도 끊임없는 개혁과 정비를 할 필요가 있다.

첫째, 예산 정책결정과 관리제도 정비를 목표로 예산편성방법을 정비하여 예산분류의 개혁을 하여 그 틀에 정부의 수입과 지출 상황을 더

---

25) 역주_ 중앙 재원의 확대를 위해 '지방제정도급제' 대신 '분세제'를 도입하여 중앙정부와 지방정부가 세금을 매겨 거두어들이는 제도

전면적으로 정확히 반영한다. 또한 부문의 예산개혁을 크게 발전시켜 중앙의 예산을 부문까지 세분화하고 각 부문의 수입과 지출 상황을 종합적으로 반영시켜 정부행위를 더욱 과학적 객관성을 갖게 해야 한다. 둘째, 재정의 이전지출의 규정을 명확히 한다. 정부 사이 재정지출 직능을 분명히 나누고 그 선을 이탈하거나 벗어나는 행위를 통제하고, 또한 이전지출자금의 규모·분배·사용 기준을 명확히 하고 효율적인 감독 기구를 만들어야 한다. 셋째, 재정의 수입과 지출에 대한 감독을 강화한다. 재정을 감독하는 법체계를 마련하고 건전히 하며, 정책 결정·집행·감독이 적절하게 분리되고 서로 균형을 이루는 업무기구를 수립해야 한다. 넷째, 세금징수제도를 정비하고, 세금징수에 대한 관리를 강화하여 소득세 개혁을 추진한다.

② 투융자체제 개혁을 강화하고 투융자 시장화 수준을 높인다. 특별한 산업을 제외하고 정부는 기업이 자체 자금을 이용하고 상업은행을 통해 대출하는 일들에 대한 심사와 허가를 앞으로는 하지 않는 등록제로 개혁했다. 그러나 정부가 산업발전에 책임을 져야 하는 부문에서는 산업정책을 제정하고 공급과 수요 또는 투자에 대한 정보의 발표로 기업의 투자를 유도한다. 국유기업의 자본금 예산제도를 점차 수립, 정비하며, 국유기업의 전략적인 구조조정의 과정에서 시장경제의 발전과 정부 직능의 변화에 따라, 재정자금은 점차 시장이 자원을 배분하는 경쟁영역에서 제외되어야 하고, 사회의 공동이익과 장기적인 이익을 대표하여 사회의 공공수요를 만족시키는 사회공공지출을 강화하고 있다. 국가에서 통제할 필요가 있는 기업에 대하여 국유자본금의 보충 메커니즘을 만들어 출자자의 의무와 책임을 반드시 지게 해야 한다. 투융자의 경로를 더욱 확대하고 투융자 방식의 다양화를 실현하며 프로젝트에 대한 법인의 책임제, 입찰공고제, 공정한 감독관리제와 계약관리제를 확립하고 투자의 제약 메커니즘을 건전하게 한다.

(4) 취업과 분배 메커니즘의 정비와 사회보장 시스템의 건전화

① 취업 메커니즘을 정비하여 사회적 위기를 낮춘다. 최근 중국 도시에는 노동력 증가가 날로 방대하게 늘어나고 농촌 잉여노동력이 비농업 부문으로 전환하는 일이 날로 늘어나며 구조조정에 따르는 실업과 재취업 사이의 모순이 여전히 심각하다. 그러므로 일률적으로 개방되어 경쟁적이고 질서 있는 노동력시장 시스템을 마련하는 것은 노동력시장에 노동력 자원배분에서 오는 기본적 구실을 하도록 한다. 또한 이는 노동 취업 시장화 메커니즘을 수립하고 노사관계의 법제화 실현은 노동력 자원의 배분을 개선하여 사회의 위기를 완화하는 중요한 과제이다.

취업 시장화를 추진함과 동시에 적극적인 취업정책을 실시하지 않으면 안 되며 실직 근로자들의 취업문제를 해결할 수 있는 여러 종류의 노동집약형 기업에 대하여 정책적인 지원을 하지 않으면 안 된다. 필요한 경제성장률을 유지하고 산업구조의 고도화를 실현하는 동시에 노동 집약형 기업의 발전에 유의하며 취업 용량이 큰 중소기업, 민영경제와 제3차산업의 발전을 중시하여 지원하지 않으면 안 된다. 농촌경제를 전면적으로 발전시키고 향진기업을 적극적으로 발전시켜 농촌 잉여노동력의 다양한 취업경로와 질서 있는 유동을 유도한다. 국유기업 개혁에서 남아도는 인원들을 적극적으로 확실히 분리시켜 재취업을 잘 이끌어가야 한다. 더욱이 교육과 직업교육 시스템 건설을 강화하고 노동력 자질을 높여 취업구조의 개선을 추진해야 한다.

② 분배 메커니즘을 정비하고, 사회의 활력을 높인다. 소득분배제도 개혁을 강화하여 효율을 우선으로 공평히 배려하는 원칙을 견지하고 노동에 따른 분배를 중심으로, 다양한 분배 방식이 공존하는 제도를 기본으로 자본·기술 등 생산요소가 수익분배에 참여하는 것을 도와 성실한 노동과 합법적인 경영에 따라 풍요롭게 되는 것을 장려한다. 국유기업의 고위관리직, 기술직에 대한 장려금과 감독 메커니즘을 정비하고, 독점기업의 개인소득 분배에 대한 감독과 관리를 강화해나간다. 또한 경

제성장과 서로 부합되는 임금분배제도, 최저임금제도와 최저임금표준의 조정 메커니즘을 수립하고 건전히 한다. 법인의 개인소득에 대한 신고제도와 금융실명제를 수립, 강화하며, 개인소득의 공개화, 화폐화와 제도화를 추진해야 한다. 사회분배의 질서를 제도화하고 합리적인 세금징수로 소득분배에 대한 조절기능을 정비하여, 소득 격차가 지나치게 커지는 것을 막아나간다. 또한 분리과세제도의 정비에는 이전지출제도를 개선해야 한다. 세금징수구조를 점차 개선하여 사회보장세를 때맞추어 도입하고, 주민의 사회보장을 위한 안정되고 믿을 만한 자금 원천을 제공한다.

③ 사회보장 시스템을 정비하고 사회의 조화와 안정을 확보한다. 사회보장 시스템의 정비는 사회주의 시장경제체제의 중요한 구성부분이며 개혁·발전·안정의 전 국면에 관계된다. 중국은 이미 사회보장 시스템의 기본적인 틀을 초보적으로 수립하였고, 이후의 개혁방향은 믿을 만하고 안정된 사회보장기금의 조달과 가치를 보존하고 늘리는 기구와 효과적인 운영, 엄격하게 관리할 기구를 수립하여 사회보장세를 빠른 시일 안에 징수하여 일관된 사회보장 관리 시스템을 확립하고 자금의 관리와 사용 규정을 명확히 한다. 양로·실업·의료보험제도 개혁을 가속하고, 사회적 통일 계획과 개인구좌가 결합된 양로·의료보험제도와 도시 전체 근로자들에 관련되는 실업구제와 재취업이 서로 결합하는 실업보험제도를 수립하고 정비한다. 그리고 상업보험·사회복지사업을 발전시키고 법제화해야 하며, 사회보험·사회구제·사회복지 등 여러 사회보장 제도를 초보적으로 형성한다. 그리하여 될 수 있는 대로 빨리 기업체·사업체로부터 자금원천이 다원화한, 보장제도의 기준이 명확한, 관리 서비스가 사회화한 여러 단계의 사회보장 시스템을 하루속히 수립한다. 도시주민의 최저생활 보장제도를 계속하여 강화, 정비하며, 구제·보조의 기준을 점차 높이고 사회복지, 전몰자의 가족, 군인가족, 상이군인 등에 대한 사회구제를 우선적으로 적용시켜 특별취업 확보, 사회의 상호협력

등 사회보장사업을 적극 발전시킨다.

2) 국유기업 개혁

20여 년에 걸친 국유기업 개혁의 성과와, 직면한 새로운 형세와 중국의 경제체제 개혁의 요구를 바탕으로 하여, 중국공산당은 제15기 4중전회에서 2010년 국유기업 개혁과 발전의 목표를 제시하였다. 경제체제와 경제성장방식의 근본적인 변화와 대외개방의 확대의 요청에 맞춰 국유경제의 전략적 조정과 조직 바꾸기를 기본적으로 완성하고, 비교적 합리적인 국유경제 배치와 구조를 형성하고 비교적 정비된 현대 기업제도를 확립하며 기업경제의 수익을 뚜렷하게 높여 과학기술의 개발력, 시장경쟁력과, 위기관리 능력을 한층 강화하여 국유경제로 하여금 국민경제에서 주도적 작용을 더욱 잘 발휘하도록 한다. 이 목표를 완성하기 위해서는 아래와 같은 방면의 사업에 주력해야 한다.

(1) 정부와 기업의 직능분리를 추진하고 국유자산 관리체제를 정비

① 국가자산 감독관리위원회를 두고 국유자산 감독관리를 강화한다. 중국공산당 16차 대표회의에서는 관련 국유기업 개혁의 이념을 바탕으로, 10차 전국인민대표회의 제1차 회의에서 심사·승인을 거쳐 국무원에 국유자산감독관리위원회를 설립하여 국유기업의 개혁을 추진한다. 권리·의무·책임의 통합, 자산관리·인력관리·사항관리를 서로 결합하는 원칙을 바탕으로 한다. 국가자산감독관리위원회의 주요 직책은 다음과 같다. 권리를 부여받아 회사법 등 법률과 행정법규에 따라서 출자자의 직책을 행사하게 하고, 국유기업 개혁과 재정립을 이끌어 추진한다. 또한 국가를 대표하여 일부의 대형기업에 감사회(監事會)를 파견한다. 법정 프로세스를 통하여 기업 책임자에 대해 임면과 심사를 하며, 그 경영업적에 바탕을 두어 작업평가를 진행하고, 심사와 상과 벌을 내

린다. 통계·회계감사에 따라 관리하고 있는 지방 국유자산의 가치보존 및 증식상황에 대하여 감독관리를 한다. 또한 국유자산관리의 법률·행정법규를 입안하여, 규칙·제도를 제정하고 법에 따라 지방의 국유자산에 대해서 지도와 감독을 한다. 국가자산감독위원회의 설치는 정부와 기업의 분리를 더욱 추진하고 소유권과 경영권의 분리를 실행하며 기업으로 하여금 명실상부하게 자주적으로 경영하고 손익을 스스로 부담하며, 스스로 통제하는 주체로서 스스로 발전하게 한다.

②정부와 기업의 분리를 더욱 추진한다. 정부와 기업이 분리되지 않는 전통 계획경제체제를 철저하게 바꾸려면, 국유경제의 전략적인 조직 바꾸기와 정부조직의 구조조정, 그리고 그 기능의 전환을 할 필요가 있다. 정부직능의 전환은 시장 메커니즘을 촉진하고 정비하는 것을 주요 목표로 하고 정부의 미시경제 주체에 대한 직접적인 행정개입을 없어질 때까지 점차 줄여가야 한다. 경제의 건전한 발전을 저해하는 '세로로 가르기와 가로로 가르기'[중앙정부에서 각급 지방정부에 이르는 기능별 행정부문마다 기업에 대한 간섭을 '세로 가르기', 기업을 관할하는 각급 지방정부의 간섭을 '가로 가르기'로 부름]와 행정적 독점을 타파해야 하고, 정부가 간섭해서는 안 될 직능을 점차적으로 기업, 시장과 사회중개 조직으로 이전시켜간다. 그리하여 역량을 집중하여 거시적 조절시스템을 정비하고 조절력과 조절품질을 높여 충분한 수량, 믿음직한 품질의 공공재(公共財)를 제공하며 바람직한 경제발전 환경을 조성한다.

또한 정부는 국가가 출자해서 설립한 주식을 갖고 있는 기업에 대하여 출자자 대표가 소유자의 직능을 행사하는 것을 통하여 출자액에 따라 자산이익을 누리며 중대한 정책결정에 참여하고 경영관리자를 선택하는 등의 권리를 가지고 기업의 채무에 대하여 유한책임을 지나, 기업의 일상경영활동에 대해서는 간섭하지 않는다. 기업은 법에 따라 자주적으로 경영하고 규정에 따라 납세하며, 소유자의 순자산에 대하여 가치 보존 및 그 증식에 대한 책임을 지며 소유자의 권익을 해쳐서는 안 된다. 각급 당·정기관은 경영의 실체나 직접관리하는 기업과의 사이에서 사람, 자산, 물자 등에서 철저하게 분리되어야 하고, 기업으로 하여금 사회주의 시장경제체제 아래 독립법인의 실체로서 시장경쟁의 주체로 되게 해야 한다.

③ 국유자산의 관리·감독·운영 시스템을 정비한다. 정부의 기구개혁을 결합해서 권리와 책임을 명확히 한 국유자산 관리체제를 형성하고, 국유 출자자자로서의 주체성·직권·책임을 확보하고 출자자 대표가 소유자의 직능을 효과적으로 행사할 수 있도록 한다. 국가가 통일적으로 소유하고 소유권은 단계를 나누어 행사하여 권리를 가지고 경영하고 분업을 하여 감독하는 원칙에 따라 국유자산의 규모가 비교적 크게 회사제도개혁이 표준적으로, 내부관리제도가 건전하고 경영상태가 비교적 양호한 국유 대형기업 또는 기업 그룹 회사에 대하여 정부가 권리부여를 하면서 전액출자, 과반수 출자 또는 주식소유기업의 국유자산에 대하여 소유자 직능을 행사한다. 기타 기업에서 국유자산은, 국유자산경영회사 등 기타 조직형태에 따라 소유권의 유대관계를 정부의 권리부여를 거쳐 권리를 받은 범위 안의 국유자산에 대하여 소유자 직능을 행사한다. 권리를 부여받은 대형기업, 혹은 기타 그룹회사, 또는 기타의 조직형태에는 건전한 자산관리, 주주권 대표관리, 재무관리, 감사와 감독관리제도가 필요하며 권리를 부여받은 범위 안의 국유자산에 대해서는 법에 따른 자산수익, 중대한 의사결정과 관리자 선택에 대한 권리를 행사하며 국유 순자산의 가치 보존 및 증식에 책임을 진다.

(2) 국유경제의 전략적인 구조조정을 추진

① 국유경제의 구조를 개선하고 국유경제의 기능을 강화한다. 전략상으로 국유경제의 배치를 조정하고 산업구조의 개선·고도화와 소유구조 조정의 정비를 결합시켜 원칙을 견지한다. 일반적으로 시장경제의 조건에서 국유경제의 주요 기능은 시장의 부족한 점을 메우는 데 있으

며, 그 주요한 기능을 발휘하는 영역도 대체로 사회공공부문에 한정되어 있다. 시장경제의 미시적 기초는 마땅히 민영경제를 주요 형태로 하는 다양한 소유제가 공존하는 것이다. 현재 존재하는 국유경제의 구조적 특징은 범위가 너무 넓고 전체적 자질이 높지 않으며, 자원배치가 합리적이지 않으며 비교적 큰 범위 안에서 국유경제의 전선(戰線)은 축소해야만 한다. 국유경제의 '나아가는 것'과 '물러나는 것'의 기본영역을 명확히 해야 할 뿐만 아니라, 경제발전과 체제전환의 실제 상황에 따라 국유경제의 '나아가는 것'과 '물러나는 것'의 제도적 메커니즘을 확립하고, 정비하지 않으면 안 된다. 실력이 있는 민영경제를 장려하여 국유경제가 '물러나는' 과정에서 남긴 '공백'을 메우지 않으면 안 된다.

국유경제의 규제가 필요한 영역에는 주요하게 다음과 같은 것을 포함하고 있다. 국가안전에 관계되는 산업, 자연독점기업, 중요한 공공재와 서비스를 제공하는 산업 및 주요산업과 높은 신기술산업 가운데 중요한 핵심기업이다. 경쟁적 영역에서는 자산의 재편제와 구조조정으로 민영경제를 중심으로 하는 소유제 구조를 건설할 수 있다. 국민경제가 발전함에 따라 국유경제는 커다란 발전의 여지를 갖게 되며, 총량은 계속 증가하고 전체의 자질이 점차 상승하고 분포는 더욱 합리적이 될 것이나 국민경제 전체 가운데 차지하는 비율은 어느 정도 감소될 것이다.

②시장의 힘을 충분히 이용하여 국유경제와 민영경제의 융합을 촉진한다. 공유제 경제를 주체로 개인·사영기업·외국자본 등 여러 가지 경제구성원이 공동으로 발전하는 것은, 중국의 기본적 경제제도이다. 국유경제와 외자 및 민영경제의 상호융합과 장점에 따른 상호보완을 실현하고 외자, 민영경제를 장려하여 국유경제의 전략적인 편제 바꾸기에 참획하도록 하는 것은, 소유구조를 조정하고 국유경제의 '전진도 있지만 후퇴도 있는' 것을 실현하는 경로이다. 소유권 변동에 관계되는 기업의 합병·인수에서는 자산평가의 기준을 엄격히 하지 않으면 안 되고, 국유자산의 유실을 막고, 세금이나 은행의 채무에 대해서 채무이행능력

이 있으면서도 이행하지 않으려는 행위를 방지하며, 종업원들을 적절히 전환배치하고, 종업원들의 합법적인 권익을 보호하지 않으면 안 된다. 동시에 일부 업계의 행정적 독점을 타파해야 하고, 민영경제가 시장으로 들어오는 것을 제한하던 짓을 완화하지 않으면 안 될 뿐만 아니라, 민영기업이 시장원칙에 따라 공개적으로, 공정하게 국유기업의 조직 바꾸기나, 합병에 참여할 수 있게 해야 한다. 적극적으로 조건을 갖추어 민영경제를 위한 기준이 명확한 신용대출과 융자 서비스를 제공하고, 국유기업의 제도개혁에 참가하는 민영기업이 자본시장을 이용하여 자금을 조달하는 것을 장려해주고, 민영기업이 자본시장에서 각 유형의 상장기업을 인수하는 것을 도와주어 자본시장을 국유경제와 민영경제의 융합을 촉진하는 중요한 경로로 되게 한다. 다음의 절차는 국유 중대형 핵심기업에 대하여 객관적 기준의 회사제도 개혁을 하지 않으면 안 되고 룰이 있는 제도개혁, 법규의 건전화, 운영의 표준화를 한 위에 증권시장, 전환사채, 중외합자, 외국기업 혹은 기타 법인에게 주식양도, 종업원 지주(持柱) 등의 방식으로 국유중대형기업의 투자주체의 다원화를 실현하고, 다원적 주주들이 주식을 소유하는 유한책임회사 혹은 주식회사로 개조하는 것을 장려하여 중요한 기업에 대해서는 국가에서 과반수 주식을 소유한다.

(3) 현대 기업제도의 정비

① 현대 기업제도를 정비하고 법인의 관리구조를 확립한다. 국유기업 개혁은 여전히 경제체제 개혁의 핵심이며, 그 목표는 소유권이 분명하고 책임과 권리가 명확한 정부와 기업이 분리되고 과학적으로 관리하는 현대 기업제도를 점차 확립하는 데 있다. 기업의 법인관리구조를 건전하게 하는 과정에서, 기업내부 개혁을 하지 않으면 안 되고 효과가 경험에서 증명되는 인센티브 메커니즘과 제약 메커니즘을 수립한다. 1997년에 중국공산당 15차 대표대회에서 제시한 '3년가량 시간을 들여 대다수

국유 중대형 핵심기업은 현대 기업제도를 확립한다'는 목표에 따라 2001년 말에 와서 국유 및 국유 과반수 주주 2919개의 중대형 핵심기업 가운데서 2005개는 〈회사법〉에 따라서 주식제도 개혁을 하였으며 제도 개혁률이 68.7%에 달하였다. 여기서 국가 520개 중점기업 가운데 440개 가 회사제도 개혁을 하였는데 제도개혁률은 85.6%였다. 이러한 조건에 서 앞으로 국유자산 관리의 효과적인 형식을 적극적으로 모색해야 하고 국유 중소기업을 더욱 자유화하고 활성화하여 제도화한 감독기구를 확 립한다. 국유기업 개혁을 추진하는 과정에서 정부기능을 다시금 전환하 며 정부와 기업의 진정한 분리를 실현해서 기업을 시장경쟁의 주체가 되게 하며, 법을 집행, 관리하고 거시적 조절을 잘 함으로써 평등한 경 쟁을 보장하는 것이 정부의 책무이다.

②국유기업의 회사제 개혁을 촉진하고 투자주체의 다원화에 힘쓴다. 공유제는 현대 기업제도에서 효과적이면서도 주요한 조직형태이며 국 유 중대형 기업의 회사제도 개혁의 실행의 발걸음을 서두르지 않으면 안 된다. '15'계획[10차 5개년계획(2001~2005)]에서는 아직 조건을 갖추 지 못한 국유 중대형기업도 모두 회사제도 개혁을 달성하지 않으면 안 되고 국유자산유동의 관련 정책과 매개체를 기본적으로 정비하여 국유 자본으로 하여금 유동, 재편, 최적배분이 되도록 했다. 공유제의 여러 가지 효과적인 실현 형태를 적극적으로 모색하고 현대 기업제도를 확립 하는 과정에서 주식제 개혁을 힘써 추진하고, 국유 중대형 기업이 표준 화를 이룩한 중·외 합자, 주식의 공동 출자 등 여러 가지 형식으로 주 식제도를 장려하지 않으면 안 된다. 국유자본은 주식제도로써 더 많은 사회자본을 흡수, 조직하의 국유자본의 기능을 넓히고 국유경제의 통제 력, 영향력과 지도력을 높일 수 있다. 국유 중대형기업 특히 우위에 있 는 기업은 주식제의 실행에 알맞아 표준화 상장, 중·외합자, 기업 사이 에 서로 주식에 참여하는 등의 형식으로 주식제 기업으로 바꾸고, 혼합 소유제경제로 발전하지 않으면 안 된다. 전력·철로·민영항공·통신

등 독점산업에 대하여, 정부와 기업을 분리하는 원칙에 따른 관리체제 개혁을 추진하고, 경쟁 메커니즘을 들여와 행정적인 심사나 허가를 줄이고, 정부·기업·시장의 관계를 사회주의 시장경제체제의 요구에 부합되게 할 필요가 있다.

(4) 기술과 관리의 혁신을 촉진

① 기업의 기술혁신 메커니즘을 수립하고 기업에 의한 기술진보를 촉진한다. 국민경제가 지속적이고 빠르며 건강한 발전을 실현하려면 마땅히 글로벌한 산업구조 조정의 큰 추세와 국내외 시장의 수요구조 개선의 움직임에 들어맞아야 하며, 기술진보와 산업 고도화를 촉진하지 않으면 안 된다. 기술진보와 산업 고도화의 주체는 기업이며, 기업을 중심으로 하는 기술혁신 시스템을 만들지 않으면 안 된다. 기업은 연구개발에 대한 투입을 늘리고, 연구개발의 역량을 강화하지 않으면 안 되며, 대형기업은 기술개발 센터를 세우고, 스스로의 지적재산권을 갖고 있는 주도적 상품을 연구, 개발하여 기술축적을 늘리고 기술인재를 잘 육성해야 할 필요가 있다. 산업, 대학, 연구기관의 결합을 추진하고, 과학연구기관(종합대학·단과대학·대학원)의 과학연구역량을 기업과 기업그룹에 쏟아 넣도록 장려하고, 응용기술의 개발과 보급을 강화하고 중간적 실험에 투입을 늘려 과학기술의 성과가 현실 생산력으로 전환하도록 촉진한다. 정부는 적극적이고 효과적인 정책조치를 취하여 기업의 기술진보와 산업 고도화를 지원하지 않으면 안 된다. 시장이 있고 수익이 있고 국가산업정책에 알맞은 기술개조 프로젝트에 대해서는 낮은 이자 대출로 지원한다. 또한 산업투자기금과 벤처 투자기금을 육성하고 발전시키며, 국내외 자본시장을 충분히 이용하여 자금을 모으고 기업의 기술개조, 구조조정과 높은 신기술 산업의 발전을 지원하여, 더욱 과학기술성과의 전환을 촉진하는 격려정책을 실시하면서 기술시장을 적극적으로 발전시킨다.

②기업의 관리수준을 높이고 국유기업의 발전능력을 증강한다. 기업 관리를 강화하고 과학의 관리수준을 높이는 것은, 현대 기업제도 확립의 내적 요구이며, 기업이 치열한 시장경쟁에서 생존, 발전할 수 있는 조건 이기도 하다. 경제의 글로벌화가 급속하게 진행되는 오늘, 기업의 국제 경쟁능력은 아마도 글로벌한 자원의 배분능력, 과학기술 혁신과 국제시 장의 전략적인 개척력에 따라서 결정될 것이다. 기업내부 개혁을 강화하 는 것은 현대 기업제도를 확립하고, 기업의 경영 메커니즘을 전환하는 중요한 구성부분이며, 기업의 관리혁신의 중요한 내용이기도 하다. 기업 의 인력, 노동, 분배의 세 가지 제도개혁을 중점으로 하는 기업의 내부개 혁을 적극적으로 추진하며, 종업원들이 자유롭게 입사하고 퇴사할 수 있 고 관리인원이 승진할 수도 강등될 수 있으며, 수입이 증가하거나 감소 할 수 있는 메커니즘을 확립한다. 그리하여 인재를 새로 끌어들이고 붙 잡으며 각 유형의 인재와 종업원 전체의 적극성, 자발성, 창조성을 충분 히 이끌어내고 발휘시킨다. 기업내부에서는 노동에 따른 분배원칙을 실 시하고 적당하게 격차를 두며 자본, 기술 등 생산요소가 수익분배에 참 여하는 것을 허용하고 격려한다. 현대 기업제도에 알맞은 소득분배제도 를 확립하고 국제경쟁력을 갖춘 인센티브 메커니즘을 수립하여 이로써 필요한 혁신능력이 뛰어난 인재나 고급 경영관리 전문가를 끌어들여 많 은 우수한 기업가군(群)을 육성한다. 국유기업 인사제도 개혁을 더욱 심 화해야 하고 기업의 특징에 따라 경영관리자의 육성·선발·관리·심 사·감독의 방법을 세우고 제도화, 규범화를 점차 실현한다. 국경을 넘 어선 경영 인재의 육성을 강화하고, 국제경영전략의 수준을 높여 개방체 제 속에서 '비약적' 발전을 실현하는 데 필요한 인재를 마련해야 한다.

(5) 국유기업의 불합리한 부담을 전면적으로 줄인다

①자본을 늘리고 채무를 줄이며 재무원가를 줄인다. 국유기업의 너 무 높은 부채율, 부족한 자본문제를 계속해서 풀어나가고, 국유기업 개

혁과 발전이 선순환을 가져오게 하는 것은 아주 중요하다. 거시적 경제 환경과 국가자금력에 따라 단계를 나누어 해결하지 않으면 안 된다. 주식 상장의 조건에 들어맞는 국유기업은 국내외의 자본시장을 통하여 자본 조달이 되고, 사회유통 주식의 비율을 적당하게 높일 수 있다. 비상장 기업은 심의를 거쳐 국가가 기업에 나누어준 토지사용권을 유상으로 양도하거나 기업자산으로 변환할 수 있게 하여 그 소득은 자본을 늘리고, 채무를 감소하거나 구조조정을 하는 데 사용하기도 한다. 국가의 법률과 법규를 엄격히 따르도록 공개·공평·공정의 원칙을 견지하고 국가의 소유자 권익과 은행이나 기타 채권자의 권익을 옹호하지 않으면 안 된다. 국가의 이율정책을 엄격히 실시하고 기업의 이자부담을 적절하게 줄인다.

② 인원은 줄이고 효율을 높여 노동력 원가를 낮춘다. 실직인원으로 과잉인원을 분리하여 인원감축에 따라 효율을 높이는 것을, 기업이 회사제도 개혁을 진행하는 하나의 중요한 내용으로 한다. 상장회사와 기타 조건을 갖춘 국유기업이 본업과 부업의 분리를 실행하는 것을 장려하고, 분리된 각 기업과 단체의 각각의 상황을 토대로 하여 리스·도급경영·주식합작제(종업원이 일부의 주를 소유, 나라의 주식권리도 남김)·매각 등 여러 가지 형식으로 자유화, 활성화시켜 분리된 종업원을 배치 전화시킨다. 심의를 거쳐 허가를 얻은 국유기업은 토지사용권을 유상으로 양도하거나 현재의 자산으로 바꿀 수 있다. 또한 주주권을 양도할 수 있으며, 얻은 자금은 우선적으로 잉여종업원의 분리와 취업확보에 사용한다. 실업근로자들의 기본생활 보장, 실업보험과 도시주민들의 최저생활 보장제도를 더욱 정비하지 않으면 안 되며 이 세 가지 보장선의 상호연계를 잘 연계시켜, 휴직근로자와 실업인원들의 기본생활을 보장하는 정책조치를 철저히 실시해야 한다. 또한 재취업 사업에 끊임없이 힘을 기울여서 근로자들의 직업선택 관념의 전환을 유도하고, 실업 근로자들의 교육에 힘써, 그들의 재취업 능력을 높인다. 또한 효과적

인 정책을 강구하여 취업의 문을 넓히고 일자리를 늘린다.

③ 사회기능을 분리하여 사회부담을 줄여야 한다. 최근 몇 년 이래 도시의 국유기업은 그들이 설립한 학교, 병원과 기타 사회 서비스 기구를 점차적으로 지방정부에 넘겨 일률적으로 관리하게 하고 필요한 비용은 일정한 동안은 기업과 정부가 공동으로 부담한 다음 점차적으로 정부에서 부담하는 것으로 바꾸면서, 일부는 기업화 경영으로 전환해도 좋다. 독립된 공업·광산 지역도 적당한 조건을 만드는 데 노력하여, 사회 서비스 기구와 기업의 분리를 실현해야 한다. 각급 정부는 적극적인 대책을 세워 기업에서 떨어져 나온 사회 서비스 기능을 흡수한다. 개혁의 효과를 높여 확실한 것으로 되기 위해 국유기업의 자산부채구조의 개선과 기업의 사회부담의 경감은 반드시 금융위기의 방지와 완화에 연결되어야 하며 반드시 기업내부 개혁을 강화하고 새로운 기구를 만들어 과학적 관리의 강화와 연결되지 않으면 안 된다.

④ 종합적으로 관리하여 사회부담을 전면적으로 경감한다. 중국의 국유기업에 존재하는 문제는 오랜 동안 거듭 쌓여 생긴 것으로, 체제문제이기도 하며 구조가 불합리한 것에서 생긴 문제이기도 하기 때문에 이러한 문제의 해결에는 일정한 과정이 필요하다. 이는 현재 정황에 중점을 두어야 할 뿐만 아니라 역량을 집중하여 국유기업이 직면한 절박한 문제를 해결하고, 단계적 목표의 달성에 힘쓰는 한편 장기적인 안목으로, 국유기업문제에 대한 철저한 해결의 장기성과 복잡성을 직시하여 국유기업의 장기적인 개혁과 발전에 대한 기초도 마련한다. 단계적 목표와 장기적 목표를 잘 연결하는, 중요한 핵심은 업무의 중심을 메커니즘의 전환과 구조의 개선이라는, 이 두 가지 근본적인 문제에 두는 것이다. 일시적인 성과는 있더라도 기업의 눈으로 본 장기적 발전에는 일시적으로 부작용을 일으키는 조치를 피하는 동시에 현재의 문제를 해결하는 데도 유리하고, 장기적인 발전에도 유리한 조치를 취할 수 있는 방책을 적극적으로 모색해야 할 것이다.

3) 금융체제 개혁

(1) 은행감독관리위원회의 설치와 금융감독관리 시스템의 정비

10차 전국인민대표대회 1차 회의의 결과 2003년 중국정부는 중국인민은행의 관련 기능과 기존의 중앙금융공작위원회를 통합하여 중국은행감독관리위원회를 설치하였다. 은행감독관리위원회의 성립에 따라 중국에는 중국인민은행이 공작금융통화정책을 만들어 은행감독관리위원회, 증권감독관리위원회와 보험업감독관리위원회는 각각 은행업, 증권업, 보험업의 금융관리운영 시스템을 감독관리하게 하며, 중국 금융업의 균형발전에 양호한 체제의 틀을 마련했다.

중앙은행은 통화정책을 발전시키고 정비하여 기준 이율과 예금준비율의 조정, 공개시장 조작 등의 수단으로 하여, 통화가치의 안정을 유지하고, 때맞춰 화폐공급량을 조절하고 통화정책의 운영과 전달 메커니즘을 시장경제의 기초 위에 확립한다. 증권업과 보험업은 '법제·감독관리·자율·규범'의 방침 아래서 점차 룰을 가지고 발전한다. 중국의 은행감독위원회는 국무원의 권리부여에 따라서, 은행·금융자산관리회사·신탁투자회사와 기타 예금 유형의 금융기구를 일률적으로 감독, 관리하고 은행업의 합법적이고 안정한 운영을 유지한다. 금융의 감독관리가 도달해야 할 주요목표는 금융기관 자산의 안전성·유동성을 유지하고, 적절한 채무변제력을 가지고 예금주들의 이익과 금융질서를 유지하고 금융 시스템의 안전을 보증할 것, 나아가 금융 시스템의 공평한 경쟁과 높은 효율의 운영을 보증하는 데 있다.

(2) 미시적 금융주체의 시장화 개혁을 추진

개혁개방 이래 증권·어음·채권 등의 자본시장이 비교적 빠르게 발전했지만, 신용대출은 아직도 기업융자의 주요형식이며, 은행 시스템은 중국 금융영역에서 아직도 중요한 지위를 차지하고 있다(표 8-5 참조).

연도	융자 총액	본 화폐의 융자		주식융자		어음융자		채권융자	
		신 증가액	비율	자금조달액	비율	신 증가액	비율	신 증가액	비율
1996	11,580	11,140	96.2	425	3.7	64	0.5	−49	−0.4
1997	12,583	11,400	90.6	1,285	10.2	−25	−0.2	−77	−0.6
1998	12,814	11,520	89.9	840	6.5	294	2.3	160	1.3
1999	12,076	10,721	88.8	941	7.8	294	2.4	102	1.0
2000	15,872	12,887	81.2	2,104	13.3	798	5.0	83	0.5
2001	14,016	12,524	89.4	1,169	8.3	176	1.3	147	1.0

표 8-5 | 중국기업의 융자구조(단위 : 억 위안, %)
자료출처 : 우찡리엔(吳敬璉)이 쓴 〈은행개혁은 현재 중국금융개혁의 핵심적 부분이다〉, 2002년 제30기 《중국경제뉴스》의 자료를 바탕으로 정리.

때문에 정책성 금융과 상업금융을 분리하는 것은 은행의 시장화 개혁을 강화하는 데 중요한 의의가 있다. 정책성 은행을 정비하는 것은 기초시설, 기초산업과 핵심산업, 지역발전의 기능을 강화하는 데 경제구조의 개선을 촉진한다. 국유상업은행은 현대 은행제도를 바탕으로 종합적인 개혁을 진행하고, 내부 규제기구를 건전하게 하면서 대출의 질을 높여 금융위기를 줄이고 금융 서비스를 개선하여 경쟁력을 높인다.

각 지역의 중소형 상업은행과 표준적인 주식제의 상업은행의 발전에 힘을 들여, 비국유 중소형 기업에 융자와 금융 서비스를 제공한다. 될 수 있는 대로 예금보험 시스템을 수립하여 예금하는 사람들의 이익을 보호한다. 비은행 금융기구의 발전을 법제화하여 법에 따라서 감독관리를 강화한다. 증권시장을 더욱 발전시켜 시장경제의 요구에 따라서 상장회사와 증권회사의 행위를 법제화하며, 법에 따른 감독을 강화한다. 상장 단계에서 행정개입을 줄이고, 기관 투자자를 육성시켜 증권시장의 투기성을 줄인다. 보험업의 발전에 힘을 들여 보험시장을 개척하며 보험기업의 경영관리를 개선한다.

(3) 이율과 환율의 시장화 개혁을 계속 추진

이율의 시장화 개혁과 인민폐의 자유로운 환전을 실현하는 것은, 중국의 금융을 개방하는 구체적인 목표 가운데 하나이다. 중국은 행정수단을 위주로 하던 금융관리의 규제를 점차 완화하며 이율의 자유화 개혁을 안정적으로 추진한다. 이율의 시장화 개혁은 금융기구의 경쟁수단을 풍부하게 하고, 금융업의 자원배분기능을 강화하며 국민경제의 건강한 발전을 촉진한다. 이러한 조건들을 충분히 갖추었을 때 국내 증권시장을 점차 개방하고 인민폐와 외국화폐의 자유로운 환전을 실현한다. 이는 세계금융자원을 더 잘 이용하는 데 유리하며, 중국의 개방형 경제의 발전을 추진할 것이다. 금융업을 더 개혁개방하는 것은 금융기관의 체제를 혁신하는 활력과 경영을 혁신하는 의식을 큰 폭으로 높일 것이며, 중국의 시장화 개혁과 발전을 힘 있게 추진할 것이다. 다만 이러한 개혁에 따르는 새로운 위험도 늘어날 것이니, 금융 시스템의 운영과 국민경제의 운영에는 새로운 도전을 맞게 될 것이다. 때문에 중국은 금융체제 개혁을 끊임없이 추진하는 동시에 금융의 감독관리 수준과 위기관리능력을 함께 높여갈 필요가 있다.

(4) 저축을 투자로 돌리는 메커니즘의 정비

직접금융과 간접금융의 유기적인 밸런스를 바탕으로 저축을 투자로 돌리는 메커니즘을 점차 정비하지 않으면 안 된다. 국유상업은행의 시장화의 속도를 다그치고 화폐시장과 자본시장의 발전과 정비를 추진하며, 시장이율을 바탕으로 조절할 수 있는 이율 시스템을 점차 형성한다. 신용제도 시스템, 은행보험 시스템을 수립하고 정비하며 여러 단계의 은행 시스템과 기타 금융기구 시스템을 발전시켜 여러 종류의 금융시장의 주체의 행동을 제도화해야 한다. 여러 종류의 투자기금과 투자은행 업무를 발전시켜 실력 있는 전략투자가와 모험 투자가를 육성하여 기업제도혁신과 기술혁신을 추진한다. 금융상품과 금융도구의 혁신을 안정되게 전개하면서 개방조건에서 금융위기를 회피하고 관리할 효과적인 감독관리 메커니즘을 모색한다.

(5) 금융업의 대외개방수준을 높인다

중국에 진출한 외자금융기구는 중국의 금융업에서 없어서는 안 될 구성부분이다. 국제금융자원을 더욱 충분히 이용하기 위하여 중국은 다음과 같은 원칙에 따라서 금융대외개방을 추진하고 있다. 첫째, 평등경쟁, 상호호혜이다. 외자금융기구를 유치하는 것은 중국금융업의 개혁과 발전을 촉진한다. 동시에 국내금융기관이 국외에 가서 금융업무를 개척하고 중국의 금융업이 국제경쟁에 참가 능력을 높이는 것을 도와 중국의 개방형 경제의 건강한 발전을 효과적으로 지원한다. 둘째, 중국과 세계 각지의 무역왕래와 경제합작은 대외금융개방의 기초이며, 금융업의 개방은 마땅히 무역과 경제합작의 발전수준과 서로 들어맞아야 한다. 셋째, 대외금융개방은 중국 금융감독 관리수준과 서로 맞아야 하고, 시장에 진입하는 조건을 엄격하게 운영하여 자본신용이 좋고 실력이 있으며 관리수준이 높은 금융기관을 유치할 필요가 있다. 넷째, 업무범위, 세금징수, 감독관리 등의 면에 외자금융기관을 서서히 내국민 대우[자국민과 같은 권리를 보장]를 한다.

4) 대외무역 경제체제의 개혁

(1) 개방형 경제체제의 정비에 따른 체제의 경쟁력 강화

중국은 개방형 경제체제의 기초를 끊임없이 정비하고 경제 글로벌화와 중국경제의 국제화의 필요에 더욱 응해갈 것이다. 경제 글로벌화의 진전, 빨라지고 글로벌 구조조정이 심화된 배경에서 중국의 WTO 가입은, 중국의 미래 경제개혁과 발전에 종합적인 새로운 도전의 기회와 과제를 주고 있다. 기회를 적확히 붙들고 도전을 성공리에 맞기 위해 중국은 WTO에 가입한 이점을 더욱 충분히 누리고 개방형 시장경제체제의 기초를 굳건하게 다질 필요가 있다.

첫째, WTO의 관련 요구에 따라 경제체제 개혁을 다그치고 국내의 관련 정책, 법률과 법규를 정리정돈하며 대외무역, 외국기업들의 직접투자, 금융과 전신 서비스, 그리고 시장진입, 덤핑 방지, 보조금 폐지 등 중점적인 외교관계 영역에 대한 국내 입법의 발걸음을 서두르고 될 수 있는 대로 빨리 국제관례에 맞는 비교적 정비된 법률, 법규와 정책 시스템을 확립하여 경제 글로벌화 이익을 충분히 누릴 수 있는 견실한 체제의 기초를 마련한다. 둘째, 정부의 직능을 적확하게 전환하고 개방체제 속에서 거시적 조절수단과 능력을 하루속히 개방하고 강화하여, 중국이 WTO에 가입하여 가져온 기회를 더욱더 충분히 이용하고, 개방이 가져오는 위기의 관리에 대해서는 효과적으로 관리하고, 중국의 경제가 개방 시스템 속에서 건전하고 안정적인 운영을 보장해야 한다. 셋째, 거시적 조절수단은 서비스업에 대한 개방이 가져다주는 전체 경제운영 방식의 변화와 서로 맞아야 하고, 또한 유기적인 균형을 유지하면서 경제운영 전체의 효율을 높이지 않으면 안 된다.

(2) 유통체제의 정비에 따른 대외무역 경영환경의 개선

WTO 가입은 중국의 대외무역에 큰 변화를 가져다주었고, 개방형 자원배분 메커니즘을 통하여 산업의 발전 전체에도 큰 영향을 끼쳤다. 중국은 대외무역과 시장의 유통 수준을 높이고 대외무역의 건전하고 안정된 발전을 확보하여 WTO 가입으로 생기는 대외무역의 기회를 충분히 누리며 유통업 기타 산업에 대한 플러스의 발전과 능동적 작용을 적극 발휘하도록 하지 않으면 안 된다.

그러므로 이를 위해서는, 첫째, 10차 전국인민대표대회 1차 회의에서 통과한 국무원 기구개혁방안에서는 아래와 같이 제시하였다. 기존의 국가경제무역위원회의 내부 무역관리, 대외경제협력과 중요한 공업품, 원자재 수출입계획 조직 실시 등의 기능과 기존 국가계획위원회의 농산품 수출입계획실행 등 기능, 그리고 기존의 대외경제무역부의 기능 등을 통합하여 새롭게 상무부(商務部)를 세웠다. 그 주요 직책은 다음과 같다. 시장운영과 유통질서를 정책법규로 연구하여 제정할 것, 시장 시스템의 확립과 정비를 촉진할 것, 유통체제 개혁을 촉진할 것, 시장운영과 상품의 공급과 수요 상황을 감시하고 분석할 것, 국제경제협력을 조직하고 전개할 것, 덤핑 판매를 반대하고 보조금제를 반대하는 관련 사의 조직·조정과 협력을 조직하고 전개할 것, 산업의 손해에 대한 조사 등의 조직에 책임을 지는 것이다.

둘째, 유통 체제개혁을 추진하고 유통기업의 활력을 불러일으키며 전자상거래 등 새롭고 높은 효율의 거래방식을 널리 받아들이면서, WTO 가입으로 가져온 광활한 시장에 적극적으로 진출하고 수출입지역 다원화에 힘써 실현하여 수출을 효과적으로 확대한다.

셋째, 수입과 산업발전의 유기적인 결합을 이끌어 수입의 거시경제 효과를 높인다.

넷째, 시장유통업 전체의 발전을 촉진하고, 유통업 자체의 경쟁력과 경제 효과를 높이는 동시에 중국의 산업을 효과적으로 발전시켜, 국제사회에서 대규모 경제의 효율과 시장개척의 실현에 성공하도록 강력히 지원한다.

다섯째, 대외무역과 유통업이, 산업과 소비에 대한 능동구실을 강화하고, 글로벌 범위에서 소비를 유도하도록 생산을 이끌어 중국이 세계 제조업의 중심이 되도록 기초를 굳건히 한다.

여섯째, 수출입구조의 유기적인 균형을 강화하고 대외무역구조를 점차 '수직형'에서 '수평형'으로 전환시켜, 국제분업의 지위를 끊임없이 높여간다. 이로써 WTO 가입에서 오는 이익을 충분히 누리고, 수출에 따른 '수량을 늘려서 소득을 높이는 것'과 수입에서 '최저 원가로 최고의 수익'을 거두어, 대외무역이 산업구조와의 상호보완과 상호촉진하는 가운데서 지속적이고 건전하며 안정된 발전되어 가도록 한다.

(3) 투자환경의 개선으로 외자 도입의 경쟁력 강화

자본과 기술 등 생산요소나 상품이 세계적 규모로 비교적 자유롭게 유동하는 가운데, 다국적기업은 국제자본 유동의 주요 매개체로서 국제 사회에서 더욱 우월한 경영환경을 추구하면서 투자경영활동을 하고 있다. 외국자본을 흡수하는 경쟁력을 높이기 위하여 중국은 계속하여 아래와 같은 몇 가지 방면의 노력을 하고 있다.

첫째, 투자환경을 더욱 개선한다. 외국기업의 투자에 불리한 관계규정을 철저히 정리하고 조정하는 것은 서두르고, 이미 등장한 외국자본을 유치하는 각 시책조치들을 철저한 실시를 서두르지 않으면 안 된다. 외국투자기업에 대한 서비스를 개선하고, 외국기업의 투자 프로젝트에 대한 심사·허가수속을 간소하게 하여 업무처리의 효율을 높이고, 외국기업의 합법적인 권익을 보호한다.

둘째, 개방분야를 확대한다. 개방형 경제 시스템 건설을 강화하고, 상업·금융·보험·전신(電信)·관광 등 영역의 개방 정도를 높인다.

셋째, 외자를 이용하는 경로와 방식을 넓게 개척한다. 인수·합병·리스크 투자, 투자기금, 증권투자 등 형태를 적극적으로 모색하여 채용하면서 외국의 자본을 적극적으로 유치하고 다양한 형식으로 국유기업의 조직 개선·개조에 참여시켜, 다국적 기업의 투자를 힘써 흡수하고, 중점적으로 국유대형기업과 다국적기업의 제휴를 추진한다. 특히 외국투자기업의 기술의 개발과 혁신을 적극적으로 격려·지원하고, 국내에서 원자재와 부품의 구매를 확대한다.

넷째, 다국적기업을 적극적으로 유치하여 적극적으로 유치하여 높은 신기술산업에 대한 투자를 하도록 하며, 다국적기업이 중국에 진출해서 연구개발 센터, 지역본부를 설립하는 것을 장려한다.

(4) 외환관리체제의 정비에 따른 대외개방수준의 향상

외환관리체제의 개혁은 금융체제 개혁의 중요한 구성부분일 뿐만 아니라 대외경제 무역체제 개혁 가운데 핵심내용이기도 하다. 현재 진행하는 개혁의 주요 내용에는 다음과 같은 것들이 있다.

환율제도를 정비하고 시장의 수요와 공급을 기본으로 하는 단일한 관리제도로 인민폐 변동환율제도를 확립한 것, 은행 사이의 외환거래시장을 만들고, 환율형성 메커니즘을 개혁하여 상대적으로 안정되고 합리적인 인민폐 환율을 유지한 것, 외환결제제도를 실시하여 여러 종류의 외화의 보류, 상납, 한도액 관리제도를 없앤 것, 은행외화 판매제도를 실행하여, 인민폐가 경상적인 항목에서 조건부로 교환성을 실현[1996년 IMF 조국에 이행, 무역거래에서 인민폐의 교환성을 실현]한 것 등이다.

새로운 외환관리체제의 실시는 중국과 국제경제를 연결하는 발걸음을 재촉하고, 중국이 국제분업과 국제경쟁에 참여하는 데 매우 중요한 의의가 있다. 환율의 통일을 실현하고 외환 인센티브 제도를 없애고, 인민폐가 경상항목에서 관련 조건을 근거로 화폐로 교환할 수 있으며, 중국의 투자와 무역조건을 점차 개선하고 대외무역 영역에 평등경쟁의 환경기초를 마련한다. 이는 개방을 계속하여 확대하는 데 적극적인 작용을 했을 뿐 아니라 중국기업의 국제경쟁력을 높이는 데에도 큰 영향을 끼쳤다.

외환관리체제 개혁은 중앙은행이 외환정책과 통화정책을 조정하는 능력을 큰 폭으로 강화하였다. 시장을 기초로 하는 단일한 관리가 있는 변동환율제도의 조건에서 은행을 중심으로 하는 통일된 외환시장을 확립하고, 중앙은행이 거시경제 조정의 요구에 바탕을 두고 제때에 외화를 회수하고, 공급하는 기능에 효과적인 수단을 제공하였다. 이것은 외화의 준비를 증가시키고 인민폐 환율을 안정되게 유지하는 것에서도, 또한 통일된 화폐정책을 철저하게 실시하는 것에 대해서도 모두 중요한 의의가 있다. 금융체제를 끊임없이 건전하게 하고 정비하며 금융감독관리 능력을 적절히 높인다는 전제 아래서 자본 항목의 자유교환을 서서히 실현한다는 것은 앞으로 개혁의 심화를 나타내는 대표적인 지표 가운데 하나이다.

(5) '해외진출' 전략의 실시에 따른 국제화 경영을 개척

경제의 글로벌화 속에서 글로벌한 경영자원을 합리적으로 배분하고, 국경을 넘어서 경영하는 능력을 효과적으로 전개하는 것은, 기업의 수익의 크기에 관련 있을 뿐만 아니라, 나라가 경제 글로벌화의 이익을 누리는 것에도 관계가 있다. 선진국가들의 유력한 다국적기업의 거대한 경쟁력도 그 글로벌 자원의 강대한 조직력과 높은 효율의 배분능력에도 집중적으로 드러난다.

경제 글로벌화의 형세와 기업경영의 국제화 임무에 대하여, 중국정부와 기업은 유기적으로 협력하며 국제자원의 유기적인 배분능력을 전면적으로 높일 필요가 있다. 이로써 국내경영자원의 불균형을 극복하여 비교우위를 발굴하고 육성하여 기업의 전체경쟁력을 높이기 위하여 중국의 대형기업은 국제시장의 경쟁주체로서 국내외 경영자원의 최적화한 조합을 잘 실현해야 한다. 중국 산업의 구조조정을 배경으로 비교우위와 핵심경쟁력을 토대로 하여 국제분업의 협조에 주도적으로 참여하고, 다국적경영을 적극 전개하여 경제 글로벌화 이익을 충분히 받아들이고 누려야 한다.

정부는 '해외진출' 전략을 계속하여 장려하고 정책적으로 지원하는 시스템을 수립하고 정비한다. 또한 기업이 해외에 투자하여 성공하는 데 조건을 마련하기 위하여, 비교우위가 있는 기업이 해외에 투자하고 가공무역을 전개하여 자원을 합작하여 개발하고, 국제 공사를 청부 받고, 노동력의 수출을 증가시키는 것을 장려해나간다. 예를 들면 중국기업의 국제화 경영을 힘 있게 지지하기 위하여 정부는 신용등급이 높고, 국제시장을 개척하는 데 성과가 뚜렷한 기업에 대하여 신용한도, 수출

신용보험, 해외투자와 외환관리 면에서 수속을 간소화하고 효율을 높이는 등의 방식으로 지원한다. 예컨대 기업의 경영관리 수준을 높이기 위하여 기업경영자는 시장배분의 개혁을 촉진하고, 인재도입 경로를 확대하여 유력한 기업이 국내외 두 가지 인재자원을 충분히 활용하며 국제 경영능력을 갖춘 우수한 인재를 끌어들여 중국의 대형기업에서 각종 중요한 관리직무를 담당하게 하도록 지원한다.

제3절
과학기술의 혁신과 집약형 성장을 추진

1. 과학기술 혁신전략의 배경

1) 과학기술의 비약적 발전과 경쟁의 격화

20세기 '80년대 이후에 과학기술 발전은 굉장하였고, 그 응용도 더욱 광범하게 전개되어, 사회경제발전과의 결합은 점점 긴밀화하고 있다. 과학기술은 산업구조의 개선, 사회경제의 발전, 종합적인 경쟁력을 높이는 열쇠가 되는 요소가 되었다. 과학기술의 각 영역은 상호침투하고 교차 융합하며 끊임없이 새로운 성과를 만들어내고, 과학기술의 산업화 과정을 대폭 빠르게 했으며 상품의 생명주기는 날로 짧아지고 있다.

과학기술의 집적은 무엇보다 중요하지만, 끊임없이 과학기술의 성과를 만들어내는 끝이 없는 이노베이션 능력은 더욱 긴요하다. 많은 나라들은 기술발전의 새로운 동향에 맞추어 과학기술을 리드하는 지위를 계속 유지하기 위하여 관련 정책의 연구·제정을 강화하고, 과학기술 이노베이션 시스템의 구축을 강화하고 있다. 다국적기업은 고액의 이윤을 획득하기 위하여 연구개발에 대해 끊임없이 투자하여 기술혁신능력을 강화하며, 과학기술경쟁의 우위를 유지하고 있다. 과학기술의 성과에 대한 광범위한 응용에 따라 서방 선진국가의 사회생산력은 전에 없던 큰 발전을 가져왔고, 경제 글로벌화 정도가 뚜렷하게 높아졌으며, 산업구조와 취업구조가 크게 개선되면서 발전도상의 국가들에게 새로운 경제적 도전의 기회를 가져다주었다. 그러나 과학기술의 전파속도가 빨라지고 과학기술 성과를 얻을 경로가 풍부해짐에 따라 발전도상국가들에게 경제 글로벌화 과정에서 발생할 수 있는 후발의 이익을 충분히 누리고 비약적 발전의 전략적 기회를 실현하는 것이 가능하도록 만들고 있다.

2) 과학기술 전파력의 강화에 따른 '후발의 이익'을 누릴 수 있다

과학기술의 성과가 점점 드러나는 상황에서, 선진 과학기술강국은 핵심기술의 선두에서 우위를 유지하는 동시에 다양한 방식으로 발전도상국가들에게 성숙한 기술과 선진적인 생산능력을 이전한다. 다국적기업은 전체 그룹의 경쟁력과 높은 신기술산업의 보급도를 높이기 위하여, 높은 신기술을 세계 각지에 분포한 그룹의 멤버와 전략적 파트너들을 상대로 지속적으로 전달한다. 오늘날 높은 신기술의 연구개발에는 많은 자금이 투입되고 위험이 따르며, 빠른 변화 속에서 세계의 우수 다국적 기업은 비교우위를 갖춘 연구를 조직하고, 내부의 협력 파트너 사이에서 심지어 경쟁상대까지도 우위성이 있는 상호보완형 기술통합을 추진하면서 연구개발 효율과 경쟁력을 높이고 있다. 과학기술의 전파경로가 다양화하고 과학기술 전파속도가 빨라지는 속에서 발전도상국가들은 물결치는 과학기술에 대한 위기의식과 충격을 받는 한편, 국제분업에 참여함으로써 산업기술의 고도화를 재촉하여 후발의 이익을 누리는 식의 비약적 발전을 실현할 기회도 있다. 세계 여러 나라들은 더욱 유리한 국제분업의 지위를 차지하기 위하여 산업구조와 기술구조를 다투어 조정하고 있다. 높은 신기술 영역에 대하여 투자를 강화하고 응용영역을 확대하여 과학기술의 성과를 현실 생산력으로 전환하는 발걸음을 빨리 하며 산업기술의 수준을 높이는 동시에 국제경쟁력을 키움으로써 21세기 과학기술의 우위를 차지하는 것을 목표로 삼는다.

3) 과학기술 혁신능력은 중국경제의 구조조정의 열쇠

세계의 산업발전 법칙에 따르면 과학기술의 혁신은 산업구조 조정과 업데이트의 내재적 원동력이며 핵심 요소이다. 개혁개방 이래 산업경제 발전으로 오랜 동안 중국사회를 괴롭혀왔던 공급 부족의 경제상황이 기본적으로 사라지면서 저수준의 공급이 수요를 초과한 모순이 나타났으며, 전략적인 경제구조 조정이 절실하게 필요했다. WTO 가입을 계기로 중국의 대외개방은 새로운 역사적 단계에 들어섰고, 점차 국내경제와 국제경제가 융합될 것이다. 한편으로는 중국이 두 가지 자원, 두 가지 시장을 활용하면서 선진기술을 끌어들이고 높은 수준의 국제합작에 참여하는 조건을 마련하였다. 다른 한편으로는 국내기업에 국제경쟁의 압력을 직접적으로 받지 않을 수 없게 하였다. 심각한 구조적 모순과 날로 치열해지는 국제경쟁에 부딪히면서 기술의 혁신 능력을 높이고, 높은 신기술 산업화의 진행과정을 촉진하고 전통산업의 기술수준을 효과적으로 높이는 것은 중국의 경제구조 조정을 촉진하는 하나의 중요한 임무이기도 하며 국제분업의 지위를 높이고 국제경쟁에 전면적으로 참여하는 절박한 요구이기도 하다.

4) 기술혁신은 지속적인 발전을 실현하는 중요한 길이다

중국은 13억 인구를 가진 발전도상국이며, 1인당 평균 자원은 한정되어 있고 고도성장의 유지를 전제로, 인구·자원·환경·생태계 등에서 오는 압력은 더욱더 커지고 있다. 산업구조의 개선을 촉진하고 성장방식을 근본적으로 바꿔 지속적인 발전을 성공적으로 실현하는 것을 목적으로 하는 구조조정은 중요한 현실적인 과제이다. 구조조정은 주로 기술진보에 의거하며 높은 신기술과 신흥산업을 발전시키고 전통산업을 개조하면서 낙후한 생산력을 도태시키지 않으면 안 된다. 산업구조의 개선과 고도화를 실현하고 경제성장방식을 집약화 방향으로 전환해야 하며, 아울러 국민경제의 전체자질을 전면적으로 높이고 새로운 발전영역을 개척하여 고용을 확대한다. 더욱이 자원을 절약하고 환경을 보호하면서 지속적인 발전을 실현한다. 개혁의 심화와 사회주의 시장경제체제의 정비에 따라, 전통기술의 혁신방식에는 조정이 필요하게 되어, 정부의 거시적 조정방식과 수단도 이에 따라 바뀌고 경제운영, 시장, 법률수단이 기업의 기술 혁신활동을 유도하고 정부의 주요한 사업방식으로 된다. 기술혁신, 제도혁신, 관리혁신의 유기적인 결합은 기업이 국제경쟁력을 높이는 중요한 내용이며, 기술혁신 메커니즘을 수립하고 산업기술수준을 일반적으로 높이며, 산업구조의 일반적인 개선의 실현은 중국경제의 지속 가능한 발전의 중요한 길이다.

2. 과학기술혁신의 주요 목표

1) 기초적인 혁신의 강화에 따라 과학기술의 지속적인 혁신능력을 높인다

과학기술의 지속적인 발전력은, 나라의 자주적 혁신능력과 국가 과학기술 경쟁력이 끊임없이 높아지는 과학기술능력과 발전 잠재력을 얻는 것을 보증한다. 과학기술의 기초시설수준, 기초연구의 범위, 높은 신기술 연구능력과, 과학기술 혁신 시스템의 건설 등은 모두 과학기술의 지속적인 혁신능력의 중요한 구성부분이다. 21세기 전반기에 중국은 아래와 같은 여러 조치를 하여 과학기술의 지속적인 혁신능력을 증강해간다.

첫째, 기초연구사업의 강화에 힘쓰고, 기초연구와 응용개발연구의 유기적인 상호작용을 실현하여 과학기술의 지속적인 혁신능력을 높인다. 자연과학과 사회과학의 교차융합을 촉진하여 관리과학(管理科學)의 발전을 추진한다.

둘째, '해야 할 영역이 있다면 해서는 안 될 영역도 있다'는 방침을 견지한다. 중국의 비교우위가 있고 발전에 대한 중요한 의의를 가진 영역을 택하여 기초연구와 응용연구의 유기적인 조정을 강화하며 생명과학·정보과학·미세공학(0.1~100nanometers 크기의 극소물체를 만들거나 측정하는 공학), 생태과학과 지구과학 등의 영역에서 새로운 발전을 가져올 수 있도록 노력한다.

셋째, 인구·건강·자원·환경보호·의약위생·노동보호와 안전 등을 포함한 인민생활수준을 높이고 사회진보에 유리한 공공이익의 연구개발 사업을 강화한다.

2) 과학기술혁신의 촉진은 구조조정에 강한 원동력을 제공

첫째, 전략적 의의가 있는 높은 신기술 연구를 적극적으로 추진하고 산업기술의 고도화를 촉진한다. 국가의 경제발전과 경제안전에 전략적 의의가 있는 핵심기술을 개발하고, 핵심산업, 중점지역에 큰 발전을 가져다주는 상품과 신기술을 개발하여, 자주적이고 지적소유권을 가지는 핵심기술을 형성하며 기업의 기술혁신능력과 산업 경쟁력을 높인다.

둘째, 높은 신기술과 전통산업의 융합을 강화하고 전통산업의 고도화를 위한 기술적 지원을 제공한다. 농산품 가공이나 제품화, 설비제조, 물과 에너지를 절약하는 등의 응용기술을 중점적으로 개발한다.

셋째, 높은 신기술 연구를 강화하고 과학기술성과의 산업화를 촉진한다.

넷째, 국민경제와 사회정보화를 추진하는 것을, 당면한 과학과 교육을 이용하여 나라를 발전시키는 중요한 임무로 삼는다. 과학기술에 전통산업의 개조와 서부 대개발에서 선도적 구실을 적확히 발휘할 수 있게 한다. 생태환경, 자원 등 지속적인 발전영역에 대해서 과학기술의 진보가 지원을 하도록 한다.

3) 과학기술체제 개혁의 추진으로 과학기술의 산업화 메커니즘을 수립

과학기술 혁신담당 주체에 대한 개혁을 심화하고, 사회공익형의 연구원과 연구소를 활성화하고, 국가와 사회가 과학기술에 대한 투입을 증가시키는 바탕 위에서, 국제적 영향력이 있는 과학연구기관군(群)을 육성한다. 기술개발형의 연구원·연구소를 기업 안에 꾸리거나 기업 안으로 편입하도록 장려하며, 그 기술을 도입시켜 기업이 기술진보와 혁신의 주체로 되게 한다. 국가혁신 시스템을 구축, 정비하고, 사회화한 과학시술의 중개 서비스를 발전시켜 과학기술과 산업경제의 긴밀한 결합을 더욱 촉진하며, 새로운 경제성장점을 육성한다. 리스크 투자 메커니즘을 정비하고 중소기업용 주식시장을 세워 중소기업의 기술혁신을 지원하며, 또한 자주적인 지적소유권을 가진 시장의 전망이 밝은 하이테크 프로젝트에 대해 그 개발과 응용을 중점적으로 지원하여 산업기술의 업데이트와 높은 신기술 산업의 발전을 촉진한다. 산업의 핵심적인 공통기술의 혁신과 높은 신기술 산업화의 중점적인 기술을 둘러싸고 핵심기술혁신 프로젝트를 조직하고, 기술혁신을 강화하여 자주적인 지적소유권을 가져, 경쟁력 있는 높은 신기술 기업군(群)을 형성한다.

4) 교육의 추진으로 과학기술혁신 사회적 기초를 굳힌다

개혁개방 이래 중국의 경제건설은 현저한 성과를 거두었으나, 과학기술과 교육의 발전은 아직도 사회경제발전의 수요를 만족시키지 못하고,

과중한 인구 부담은 여전히 인력자원의 우위로는 전환되지 못하고 있다. 광범한 인민대중의 과학기술문화의 소양과 종합적인 자질을 높이는 것은, 과학기술의 지속 가능한 혁신과 보급의 전제조건이며, 인간의 전면적인 발전의 실현과 중산층 사회를 실현하는 중요한 내용이기도 하다.

9년제 의무교육과 청장년의 문맹자를 없애는 성과를 확실히 하고, 고등학교 수준의 교육과 대학 수준의 발전을 촉진하여, 높은 수준을 가진 대학과 학과를 중점적으로 건설한다. 직업교육과 직업훈련에 힘을 써서 직업교육과 보통교육이 연결되는 교육 시스템을 마련한다. 정보기술을 이용한 원격교육, 성인교육과 여러 형식의 계속 교육을 발전시켜 종신교육 시스템을 점차 형성한다. 경제와 사회의 발전 요구에 맞추어 교육의 구조와 배치를 계속하여 적절히 조정하고, 전문직업의 배치를 개선하는 한편 교재를 현 실정에 맞춰 새롭게 갱신하며, 커리큘럼, 시험평가제도와 교육방법을 개혁하고 교육의 질을 향상시킨다. 교사들의 조직을 잘 구성하여 교사들의 자질을 전면적으로 높인다.

3. 과학기술혁신의 주요수단

1) 과학교육으로 나라를 발전시키는 전략을 실시

(1) 과학교육 분야의 주요 문제

개혁개방 이래 과학기술과 교육사업은 크게 발전했으나 사회경제발전과 균형을 이루지 못한 모순은 아직도 근본적인 해결을 보지 못하고 있다. 주요원인은 다음과 같다.

첫째, 체제상의 분할관리다. 관리체제가 중앙의 주관부문에 의한 기업의 직접관리와 지방의 각급 정부에 의한 기업의 관리로 나누어져, 과학연구기관, 고등교육기관(전문학교나 대학), 사회경제 영역이 서로 분리되어 있어 기업은 아직도 기술혁신의 주체가 되지 못하고, 과학연구와 시장수요에는 긴밀한 연계가 부족하여 대량의 과학기술 성과가 제때에 생산력으로 전화되지 못하고 있다.

둘째는 힘의 분산이다. 한정되어 있는 과학기술과 교육자원이 합리적인 배분과 충분한 이용을 가져오지 못하고, 현대 과학기술과 교육발전의 요구에 대응하지 못하고 있다.

셋째는 메커니즘의 낙후이다. 과학연구 인원과 교직원의 적극성과 창조성이 충분히 발휘되지 못하였고, 과학기술의 혁신과 그것을 담당할 인재의 육성에 불리하다. 혁신인재를 배양하는 데 불리하다.

넷째는 아이디어의 정체이다. 과학연구사업에는 과제의 달성과 발표 논문의 숫자가 중시되고, 시장의 수요와 성과의 전환은 경시되고 있다. 교육은 높은 자질의 혁신 담당 인재 육성의 요구에 대응하고 있지 않다.

다섯째는 투자가 부족하다. 투자가 분산되어 규모가 크지 않으며 과학연구활동의 '큰 것은 모두, 작은 것도 모두' 식의 낮은 수준의 중복연구체제가 아직도 근본적으로 고쳐지지 않고 있는 것이다. 과학기술, 교육과 사회경제발전이 따로따로의 문제는, 중국의 과학기술과 교육사업의 발전을 제약할 뿐만 아니라 경제와 사회의 전면적인 발전에 심각한 영향을 미치고 있다.

위에서 말한 모순과 문제는 과학교육으로 나라를 발전시키려는 전략을 실시하는 과정에서 해결해야 할 중요한 핵심이며 또한 개혁조절의 중요한 부분이기도 하다.

(2) 과학교육으로 나라를 발전시키는 전략의 의의

과학교육으로 나라를 발전시키려는 전략의 실시는, 중국의 현대화 건설의 필연적인 선택이다. 경제의 지속 가능한 발전을 실현하여, 중산층 사회를 전면적으로 건설하고, 중국 현대화 건설의 제3단계 전략목표를 완성하려면, 마땅히 과학기술의 발전과 광범한 응용을 기초로 해야 하며, 경제구조 조정을 효과적으로 추진하지 않으면 안 되고, 경제발전과 자원개발, 환경보호와의 관계를 잘 조정하지 않으면 안 된다. 과학교육으로 나라를 발전시키는 전략은, 중국이 과학기술발전의 새로운 비약적인 기회를 잘 활용하여, 경제구조의 개선과 지속 가능한 발전을 실현하는 21세기의 도전에 성공적으로 대응하는 중요한 전략적 조치다. 이를 위하여 1998년 6월에 국가과학기술교육 지도팀을 설치하였고, 잇따라 〈교육개혁을 심화하고 자질교육을 전면적으로 추진하는 것에 관한 결정〉과 〈기술혁신을 강화하고 새로운 높은 기술을 발전시키고 산업화를 실현하는 데 관한 결정〉을 이끌어냈다. 아울러 전국교육공작회의와 전국기술혁신대회를 열어 새 시대의 과학교육으로 나라를 발전시키는 전략의 준비를 중점적으로 갖추었다.

(3) 과학교육으로 나라를 발전시키는 전략의 주요 내용

첫째, 과학기술과 교육사업에 힘을 써서 국민의 과학기술문화의 자질을 향상시키고, 과중한 인구부담을 거대한 인력자원의 우위로 전환한다.

둘째, 높은 신기술의 혁신능력을 높이고, 과학기술의 산업화 메커니즘을 정비하며, 과학기술과 산업경제의 바람직한 상호협력 메커니즘을 수립한다.

셋째, 과학기술의 광범한 응용을 실현하여 산업구조의 개선과 업데이트를 강력하게 추진한다.

넷째, 과학기술진보에 기초하여 경제발전과 자원개발, 환경보호의 조화로운 관계를 실현하여 지속 가능한 발전을 뒷받침하고 국민생활의 질과 건강 수준을 향상시킨다.

(4) 과학교육으로 나라를 발전시키는 전략에서 정부의 주요 구실

첫째는 과학기술교육에 대한 투자를 점차 늘린다. 둘째는 과학기술교육의 발전계획을 과학적으로 제정하여 조직적으로 실시한다. 셋째는 개혁을 심화하고 관련 법률과 정책을 정비하며 과학기술 교육발전에 바람직한 환경을 만들어낸다. 넷째는 대중들의 과학기술활동을 장려하고 지원한다. 이러한 정부는 제창하고 추진하며, 전 사회는 적극적인 참여와 노력에 따라 전 민족의 과학문화수준을 전면적으로 높인다. 교육의 보급과 과학기술 혁신을 담당하는 활력에 찬 주체를 육성하는 것에 따라, 기업이 과학기술 혁신의 주체로서 지위를 굳힌다. 그리하여 중국의 경제기술 수준을 높여 국가의 경제력과 국제경쟁력을 강화한다.

2) 국가혁신 시스템의 정비

(1) 국가혁신 시스템 건립의 필요성

기술성과가 점점 드러나고 과학기술발전이 비약적으로 진전되는 가운데, 한 나라의 혁신능력은 각각의 혁신주체에 의하여 결정될 뿐만 아니라, 다원적인 혁신주체의 분업협력, 과학기술성과의 상호보완 메커니즘과 혁신효율을 효과적으로 높이는 체제적 보장에 따라서 결정된다. 그러나 강대한 과학기술력과 혁신능력의 결여는 국가경제와 군사안전에 충분한 보장을 받지 못하게 하며, 건설과 발전은 모두 피동적인 상황에 처하게 된다. 중국은 발전도상의 대국이고 국가혁신 시스템을 건립하고 정비하는 것은 경제, 과학기술, 사회의 빠르고 건강한 발전을 촉진하여 중산층사회를 전면적으로 건설하고 국가안전을 유지하는 데 중요한 조건이다. 또한 당면한 21세기의 새로운 정세 아래 국제사회로 향하는 발전을 촉진하는 데 가장 기본적인 요청이기도 하다.

(2) 국가혁신 시스템의 기본적인 틀

국가혁신 시스템이 포함하는 내용은 광범하고 그에 미치는 영역은 과학기술 시스템의 영역을 훨씬 초과하며, 하나의 복잡한 사회 시스템 공정이다. 중국의 혁신 시스템 건설에는 혁신자원, 혁신조직, 혁신 메커니즘, 혁신환경 등 네 가지가 상호연계되고 상호협력하는 것이 기본적인 틀에 포함된다. 혁신자원은 혁신활동의 기초요소이며, 혁신을 담당할 인재는 과학기술혁신의 핵심자원이다. 혁신기관은 혁신활동의 행위주체이며, 국가혁신 시스템 건설에서는 마땅히 다원적인 혁신주체에 대해 적극성을 충분히 불러일으켜 다원적인 혁신주체 사이의 상호협조와 유기적인 배합을 촉진하지 않으면 안 되며 기업은 점차적으로 기술혁신, 지식의 응용과 혁신투입의 주체가 되어야만 한다. 혁신 메커니즘은 혁신 시스템의 가동효율을 결정하는 핵심적인 요소이다. 혁신환경은 혁신을 촉진하는 보장요인이며 국가혁신 시스템 건설에서는 마땅히 혁신에 유리한 법률과 법규, 정부의 격려정책, 정보망, 대형 과학연구시설과 혁신기지 등 혁신에 유리한 나라 안팎의 소프트 면과 하드 면의 환경을 창조하는 데 힘써야 하고 국제경쟁과 국제협력에 효과적으로 참여할 수 있는 대외조건을 점차 만들어갈 필요가 있다.

(3) 국가혁신 시스템의 주요 기능

국가혁신 시스템의 주요 기능은 혁신자원의 배치를 최적화하고 국가혁신활동의 조정이다. 국가혁신 시스템에는 국가혁신자원(인력·자금·정보 자원 등을 포함)의 배분기능, 국가혁신제도와 정책 시스템의 책정기능, 국가의 과학연구 기초시설 건설기능과 일부 혁신활동의 실행기능이 있다. 혁신자원의 배분 면에서는 주로 시장 메커니즘에 따라 산업기술정책, 투융자기구 등과 결합하고 혁신자원에 대한 조절을 하고 혁신용의 자금, 인재와 기술을 과학기술의 혁신 견인력을 키우며, 새로운 경제성장점을 형성할 수 있는 분야에 투입시킨다. 혁신적인 제도와 정책 시스템의 면에서는 주로 전 사회의 혁신활동을 위하여 바람직한 제도배치와 정책환경을 제공한다. 내용은 혁신주체 장려, 활동행위의 규범화, 지적재산권의 보호 등을 포함한다. 일부 혁신활동의 실행 면에서는 기업이나 과학연구기관의 기술혁신을 적극적으로 촉진하는 것을 바탕으로, 국가경제발전의 전략적 목표를 발판으로 중점산업의 핵심적인 기술이나 산업 사이의 기초적 공공기술에 대하여 혁신성과를 보급시켜 국제적인 합작과 교류 등을 활발하게 추진한다.

(4) 국가혁신 시스템의 주요 목표

첫째, 국가혁신의 제도와 구조 그리고 그의 효과적인 운영 메커니즘을 형성한다. 정부는 혁신에 필요한 거시적 관리체제와 효과적인 조절수단을 정비하고, 기업은 현대 기업제도와 그에 알맞은 기술혁신 시스템을 확립하며 응용과학연구소는 시장에 맞는 과학연구 시스템을 형성하여 혁신을 위한 사회중계 서비스시스템을 만든다.

둘째, 혁신자원의 배분 최적화에 힘써 시장 메커니즘이 기능을 충분히 발휘하는 기초 위에서 앞서 말한 제도와 구조 그리고 그 효과적인 운영 메커니즘의 작용으로 혁신을 담당할 인재, 자금, 규모, 배치를 합리적으로 하고, 더욱 국가 수준에서 혁신의 전체효율을 높이도록 한다.

셋째, 혁신활동을 효과적으로 촉진하고 국가의 자주적 혁신능력을 강화한다. 관련 정책과, 합리적인 국가의 개입에 따라 일부의 중점영역을 선택하고 몇 가지 중요한 혁신 프로젝트, 특히 산업기술의 고도화와 산업구조 조정을 촉진할 수 있는 프로젝트를 조직, 실시하여 비교우위를 충분히 발휘하고 일부 영역의 발전을 우선 실현한다.

넷째, 과학기술이 경제성장에 대한 공헌을 강화한다.

(5) 국가혁신 시스템의 전략 구상

국가의 혁신 시스템은 마땅히 그 구성에서, 기업을 기술혁신의 주체로 삼고 과학연구소와 대학, 교육과 육성훈련기관을 주된 참가자로 삼지 않으면 안 된다. 국가의 혁신전략을 유도하고 시장 메커니즘을 자원을 배분하는 기초수단으로 삼는다. 혁신과 관계있는 법률·금융·문화 등을 혁신환경으로 한다. 국가의 중요한 기능은 혁신의 원천에 대한 지

306 3부 과학발전전략과 전면적인 혁신(2001~2020)

원이며, 결국 과학기술에 대한 지원과 혁신환경의 육성이며, 교육과 기초시설의 투자이기도 하며, 이를 보좌하는 일정한 혁신유도전략이다. 국가혁신 시스템은 주로 연구소, 국가의 중점 실험실과 대학을 중심으로 하는 기초연구와 응용연구 시스템에 구체화되어 있어 혁신 시스템의 지식 공급 체인을 구성한다. 기업을 중심으로 하는 응용·연구개발 시스템은 혁신의 핵심이 되는 체인을 구성한다. 정책을 주요수단으로 하는 국가의 조정 시스템, 교육과 훈련 중개 서비스 기관 등을 위주로 하는 혁신지원 시스템은 혁신 시스템의 지원 체인을 구성한다. 국가의 혁신정책, 과학기술계획, 혁신전략이 유도하는 나라의 혁신유도 시스템은 혁신의 유도체인을 구성한다.

정부와 시장이 과학기술혁신에서 각기 다른 기능을 잘 파악하고 정부와 시장의 기능이 서로 보완되고 유기적으로 협조하는 체제 메커니즘을 확립하고 정비한다. 국가는 과학기술 발전전략과 정책으로 국가의 거시적 혁신전략을 이끌고 기초연구, 국방의 공공이익과 전략적인 기술에 혁신적인 투자를 지속한다. 시장은 높은 기술혁신과 과학기술 산업화의 주요 원동력이 되고, 과학기술자원의 배분에 대하여 기초적 작용을 하는 한편, 기업은 과학기술의 혁신주체가 되고 투자의 주체가 된다.

중국은 현재 과학기술체제 혁신의 발걸음을 촉진하고 있고, 과학기술자원의 배치를 최적화하고 있으며, 과학기술자원의 배분에 최적화를 이루며 과학기술의 혁신을 환경을 조성하며, 국가혁신 시스템의 정비를 촉진하고 있다. 그 내용은 곧 정부·기업·대학·과학연구기관과 금융기관의 효과적인 결합을 적극적으로 추진할 것, 기술개발형의 과학연구기관의 기업화로 제도전환을 크게 추진하고, 기업을 주체로 하는 기술혁신 시스템 건설을 가속할 것. 사회의 공공이익과 기초연구 등의 과학기구의 개혁을 촉진하여 생기와 활력에 넘치는 과학연구기지를 건립할 것. 과학기술 계획관리 시스템의 개혁을 서둘러 과학기술 프로젝트의 입찰제도와 과학기술 평가제도를 추진할 것. 새로운 과학기술의 투융자 메커니즘을 끊임없이 모색하여 과학기술조건의 보장 시스템을 정비할 것. 각급 과학기술 관리부문에 점차 대외개방을 확대하고 적극적으로 '해외진출' 전략을 실시하며, 국제 과학기술 협력에 광범위하게 참여하고 국제 과학기술 자원을 충분히 이용하여 될 수 있는 대로 스스로의 연구수준과 혁신능력을 하루속히 높이는 것 등이다.

3) 과학연구체제의 혁신

(1) 바람직한 거시적 환경을 창출

첫째, 과학기술의 법률과 법규를 계속하여 정비한다. 〈과학기술의 진보법〉의 순조로운 실시를 촉진하기 위하여, 국가에서는 잇따라 〈지적소유권의 보호를 강화하는 것에 관한 규정〉〈과학기술 성과의 전환촉진법〉 등 20여 개의 법규를 만듦과 동시에 〈국가과학기술 장려 조례〉를 개정하였고, 〈과학기술장려제도 개혁방안〉을 제기하였다. 국가과학기술 장려제도는 기술혁신을 효과적으로 추진하고 새로운 높은 과학기술을 발전시켜 과학기술 산업화를 실현해가고 있다.

둘째, 지적재산권 보호제도를 정비하고, 법의 집행을 강화하며 특허권을 갖고 있는 사람의 합법적인 권익을 보호해 주고, 사회의 과학기술 혁신에 활력을 불러일으킨다.

셋째, 리스크 투자 메커니즘을 만들고 사회적 리스크 투자기구를 발전시켜, 리스크 투자관리운영의 인재를 육성하는 것을 중요시하고, 사회자본을 중심으로 하는 리스크 투자 시스템과 리스크 투자기금을 점차 건설하여 리스크 투자의 다원화한 투자구조를 만들어낸다.

넷째, 융자의 경로를 널리 개척하고, 사회자본을 흡수하며, 높은 신기술로 전통산업을 개조하는 것을 목적으로 하는 사회산업 투자기금을 만들어 발전시킨다. 또한 높은 신기술 기업이 증권시장에서 융자를 할 수 있게 도와주며, 중소형 과학기술기업의 발전을 촉진한다.

다섯째, 과학적 룰이 있는 정부의 기술혁신 관리 메커니즘을 더욱 연구하여 만들고, 협회, 학회와 관련 기구의 다리 구실을 하도록 하는 동시에, 전문가로 구성된 자문 시스템을 세우고 중대한 프로젝트의 계획 실행에 대해서 입찰관리 등의 방법을 실시한다.

여섯째, 자산평가제도를 건전하게 하며 사회보장 시스템을 정비하는 기초 위에서 개발형 연구기관을 다양한 방식으로 기업과 제휴시킨다.

(2) 시장화 개혁을 더욱 추진한다

과학기술시장 시스템을 창설하고, 과학기술시장 메커니즘을 정비하여, 시장이 과학기술 자원배분에 대한 기초적 작용을 충분히 발휘하면서 운영하게 한다. 과학기술 혁신과정에서 시장의 유인과 정부의 유도의 관계를 잘 처리하고, 이를 상호보완, 상호촉진의 관계로 만들어 바람직한 시장환경을 만들어 경제 글로벌화 속에서 나라 안팎의 두 가지 자원, 두 가지 시장의 합리적인 배분을 실현한다.

기술혁신의 거시적 정책환경의 건설을 촉진하고, 시장법칙에 합치하는 기술혁신의 룰을 만들어 이에 맞는 법률과 법규를 제정하고 정비하여, 새로운 환경 속에서 기업의 기술혁신을 장려하는 연관시책을 제정하고 정비한다. 바람직한 시장 메커니즘을 확립하고 기술혁신에 유리한 외부환경을 만든다. 곧 시장의 기술·자본·실업(實業) 등의 면에서 다리로서의 구실을 강화하고, 우수한 품질의 중개 서비스에 따라 기술·인재·자금 등 자원의 최적화를 촉진하며, 과학기술성과의 산업화를 추진한다. 또한 사회투자를 유도하고 다양한 경로로 기술혁신에 대한 투자를 늘린다. 기업의 투자를 중심으로 하는 기술혁신 투자 메커니즘을 세우고 정부는 기업을 이끌어 연구개발에 대한 투자를 대폭 늘리도록 해야 한다. 사회는 기술혁신에 대한 투자를 계속하고, 전 사회의 기술혁신활동을 유도하여 사회 전반적으로 기술혁신에 대한 의식과 자각을 높인다.

(3) 중개조직을 육성, 발전시킨다

기술혁신의 중개 서비스시스템의 창설과 정비는, 기업에 기술·정보·인재·금융·법률·정책 등의 면에서 자문·교육·평가 서비스를 제공하는 것이다. 관련 법률·법규를 연구, 제정하고 중개 서비스 기관의 서비스 표준 그리고 그 행위에 대한 규범을 정비한다. 인센티브 메커니즘을 확립하여 건전하게 하고 중개기관의 서비스의 질을 높이도록 하며 높은 신망을 얻게 하여 신용을 바탕으로 시장경쟁력을 강화한다. 기존의 조건과 자원을 충분히 활용하여 최적화 배분과 통합을 한다. 효과적인 운영 메커니즘을 확립하고, 사회의 과학기술 자원을 통합하고, 전 사회의 개방형의 네트워크화한 기술혁신 서비스망을 형성하고, 기술혁신을 위한 효과적인 지원과 서비스를 제공한다. 도시지역을 중심으로 그에 맞는 기술혁신 중개 서비스메커니즘을 수립하고 기업, 특히 중소기업의 지역성, 전문적인 기술혁신 서비스센터를 형성한다. 그리고 시장의 경제법칙에 알맞은 개방형 네트워크화한 기술혁신 서비스시스템을 점차 형성하고, 지역경제구조 조정과 지역혁신능력의 향상을 추진한다. 중소기업의 기술개발과 그 성과를 생산으로 전화하도록 중점적으로 유도하고 지원하여 중소기업의 기술부대능력을 높인다.

(4) 미시적 주체의 육성에 노력한다

기업을 기술혁신의 주체로 하는 원칙을 견지하고, 기업의 기술혁신 시스템 구축을 유도, 촉진하여, 기업의 기술혁신 원동력과 기술혁신 정책결정의 자주성을 강화해야 한다. 기술혁신 실험기업에 대해 지도를 강화하고, 기업의 기술 센터를 주요한 방식으로 하는, 기업의 기술혁신 시스템의 구축을 추진하여 기업이 기술의 혁신능력을 큰 폭으로 높일 것을 재촉하고, 그 자원분의 담당자로서 주도적 구실을 할 수 있게 해야 한다. 실험기업들의 핵심 경쟁력을 촉진하고 자주적인 지적소유권에 대한 기술개발을 강화, 유명상표에 대한 자주적 지적소유권을 소유함으로 말미암아 본업이 분명한 우수한 성과를 가져오게 한다. 또한 핵심적 역량이 강한 기업을 형성하는 주체로 되게 하며, 그 기술혁신능력과 핵심 경쟁력을 향상시킨다. 기업들 사이에 그 기업을 주체로 하는 산·학·연의 제휴를 촉진하고, 기업을 유도하여 국제시장으로 향하게 하여 기술혁신을 펼쳐 과학기술혁신능력을 강화한다.

정부는 관련 법규의 제정과 정비를 촉진하여 지적소유권을 효과적으로 보호한다. 각종 재무·세금의 우대정책을 철저히 실시하여 기업의 기술혁신활동을 적극 격려한다. 또한 다양한 경로의 투자혁신 메커니즘을 창설하고 자질이 높은 기업의 기술혁신 대오를 만들고 기업의 기술혁신능력을 현저하게 높여 그 전체 경쟁력을 향상시킨다. 기업의 특허전략을 크게 추진하고 기업의 특허 실험사업을 통하여 기업의 특허의식, 특허전략, 특허발명, 특허이용과 보호, 특허담당 인재 육성업무를 촉진한다. 기업이 기술 센터를 주요 방식으로 하는 기술혁신 시스템 건설을 유도, 지원하여 효과적인 운영 메커니즘을 만들어내고 자금과 인재투입도를 높임으로써, 연구개발에 따른 경비지출이 판매총액에서 차지하는 비율을 높여 하이테크 기술 연구기업이 5%, 대형기업이 3%, 일반기업이 1.5% 이상을 차지하게 한다. 이상으로 기업의 관리수준을 힘써 높이고 그 기술혁신능력으로 하여금 경제발전과 국제경쟁에 참여하는 요구에 부응하도록 한다.

(5) 산·학·연의 제휴를 광범위하게 추진

산·학·연이 협력을 심도 있고 광범위하게 발전시키고, 제도를 혁신하여 메커니즘을 혁신하도록 장려한다. 경제·과학기술·교육체제의 개혁을 더욱 촉진하고 일군(一群)의 국립기술보급 센터를 건립, 정비하여 일군의 중점적인 산·학·연의 협력개발과 기술이전 프로젝트를 계속하여 지원하는 동시에 여러 가지 협력과 제휴 패턴을 모색해 산·학·연의 각 측이 국가중점 과학기술 프로젝트를 공동으로 담당하고 새

로운 기술표준을 세워 연구, 제정하며 과학기술과 관리인재를 공동으로
육성하고 직무를 겸무하는 등에 대한 대담한 모색을 하는 것을 장려한
다. 산·학·연의 합동개발공정을 계속하여 실시하고 기업과 대학, 과
학연구소가 공동연구, 위탁개발, 성과를 생산력에 전화하고, 연구개발
기관과 과학기술형 기업체의 공동건설 등을 통하여 다양한 형태의 산·
학·연 제휴를 전개한다.

또한 기업을 중심으로 대학과 과학연구소의 광범위한 참여를 촉구하
여 이익을 공동으로 나누고 위기를 공동으로 부담하는 과학화·제도
화·규범화한 산·학·연의 제휴 메커니즘을 점차적으로 만들어가는
것을 지원한다. 기업이 투자에 따른 과반수 지주(持株)·주식 참가를 통
하여 스스로 주식투자에 참여하고 주식을 통제하고, 과학연구기관과 개
발기구를 공동으로 건설하고 연구하는 것을 지원하지 않으면 안 된다.
또한 과학기술체제 개혁을 심화하고 조건을 갖춘 공익성 과학연구소를
기업으로 보내는 제도 개혁을 유도하고, 장려하고 지원하여 경제건설에
직접 서비스하는 과학기술력의 비율을 크게 증가시켜 사회적 서비스 능
력을 적절히 높여야 한다.

(6) 다국적기업이 기술혁신에 활력을 불어넣는 것을 장려한다

중국은 WTO의 일반협정과 국제투자 발전의 새로운 추세에 맞춰 외
자(外資)이용정책을 끊임없이 정비하고 있으며, 이로써 전 세계 자본의
충분한 '활용', 생산력 배치의 대량 '장소'와 경쟁력의 충분한 '고양'을
추구한다. 현재 중국은 이미 전 세계가 주목하는 '글로벌한 경제성장의
빛나는 관심'이 되었고, 다국적기업들은 중국시장을 중점으로 하는 경
영전략과 중국을 경영무대로 하는 글로벌 경영전략을 실시하고 있다.
이러한 정책의 실시와 많은 다국적기업의 적극적인 참여 속에서 중국은
이미 많은 다국적기업의 치열한 경쟁무대가 되었다. 경쟁 속에서 전략
의 승리를 거두기 위하여 많은 다국적기업들은 다수의 고급인력과 대량

의 재력을 투입하여 중국시장에 적합한 실용기술과 전 세계적 높은 신기술을 힘써 개발하고 있다. 20세기 '90년대 이래 다국적기업은 앞다투어 중국에 연구개발기관을 설립하고 중국시장 수요에 더욱 적합한 제품을 개발하여 중국시장에서 가능성을 인정받았을 뿐만 아니라 원가를 낮추는 전략을 바탕으로 제품의 '깊이'도 높였으며, 더욱 큰 이윤의 공간을 확대하였다. 중국은 다국적기업이 중국에서 더욱 많은 독립적인 연구와 개발기구를 설립하며, 많은 국내외 기업으로 하여금 충분한 기술 연구개발의 경쟁과 협력을 전개하도록 하면서 중국의 기술진보를 위해서 활력을 불어넣도록 끊임없이 장려하고 유도할 것이다.

4) 인재의 육성과 모집 메커니즘을 창출

(1) 많은 인재를 육성한다

인재육성전략을 실시하고, 현대화 건설의 전 국면과 장기적인 발전에 중점을 두어 세계의 상위 수준의 학문 분야를 이끌어나갈 인재를 육성해야 한다. 기업이 높은 수준의 혁신능력을 갖춘 인재를 모아들이고 육성하는 데 대한 지원 정도를 높이고 젊은 기술인재들과 기술혁신 관리 인재들을 육성하는 데 힘을 쏟아 인재구조를 조정한다. 국가·지방·산업계·기업의 인재를 육성하는 관련 정책을 정비하고, 호적·초빙임용·평가·분배·장려 등 여러 방면의 정책조치를 충분히 이용하여 세계의 선진 과학기술의 인재와 혁신관리인재를 모아들여 기업에서 기술혁신 업무사업에 종사하도록 한다. 인재, 자원 배분에 대한 시장 메커니즘의 기본적 기능을 충분히 발휘시킨다. 국가는 각종 우수 과학기술인재에 대한 양성과 등용정책을 계속하여 실시하고, 과학기술인재의 자질을 높여 많은 인재를 배출하도록 힘쓰며, 더욱 좋은 환경과 메커니즘을 수립하고, 기술혁신과 과학연구의 리더, 과학기술 능력을 갖춘 기업가의 육성과 성장을 가속하고 과학기술의 관리와 과학기술 중개 서비스 등 인재 대열의 양성을 강화한다.

(2) 인재를 적극적으로 등용한다

중요한 과학기술 프로젝트와 그 산업화 성공의 관건은 우수인재의 선발과 활용에 있으며, 새로운 높은 과학기술인재의 국제적 쟁탈 경쟁이 날로 치열해지고 있다. 해외 인재를 끌어오고, 국내의 인재 유실을 막는 근본적 길은 인재를 앞 다투어 끌어들이는 국제경쟁에 적극적으로 참여하고 우수인재의 업무환경, 생활조건, 인센티브 메커니즘의 면에서 세계와 연계에 노력하지 않으면 안 된다. 반드시 관련된 정책을 책정하고 그 정책의 힘에 의거하여 경쟁 속에서 국내외의 세계일류의 인재와 그 팀을 선발하여 그들로 하여금 중대한 과학기술 프로젝트와 과학기술 산업화에서 핵심적인 구실을 발휘하지 않으면 안 된다. 해외 유학생, 외국 전문기술자와 기타 높은 신기술 개발에 종사하는 인재가 국내에서 창업하도록 계속 장려하고 그들을 위하여 폭넓은 창업환경조건을 마련해주고, 동시에 그들이 직접 기업에서 연구개발에 종사하도록 장려한다.

(3) 인재를 잘 활용해야 한다

인센티브 메커니즘을 마련하여, 혁신에서 과학기술인재들의 적극성을 끌어낸다. 중국공산당 16차 대표대회에서 기술·관리 등 생산요소가 수익분배에 참여하고 장려한다는 정책을 철저하게 실시하는 데 힘을 쏟아, 기업의 중견기술자, 관리인원의 스톡옵션(자기 회사주 구입권) 등의 방식에 따른 유효한 인센티브를 적극적으로 모색하고, 많은 과학기술인재의 노동적극성, 혁신열정과 창업열정을 끌어낸다. 지적소유권의 관리업무를 강화하고 과학연구기관, 대학, 기업, 특히 높은 신기술 기업이 건전한 지적소유권 보호제도를 세우도록 유도하고 과학기술인원의 지적소유권 보호의식과 관리수준을 더욱 높여, 과학기술인원이 유동하는 가운데 지적소유권 보호와 관리사업을 강화하며, 동시에 지적소유권법의 범 집행도를 높이고 과학기술인원의 혁신에 대한 권익과 열정을 보호한다. 국가의 장려제도를 지속적으로 정비하고 과학발명, 기술발명과 기술혁신을 장려해나간다.

(4) 과학기술 보급의 기반을 충실히 한다

과학의 보급과 과학기술의 육성훈련 업무의 지도를 강화하고 전 민족의 과학기술의 자질을 높이며, 전체 노동자의 과학의 자질과 노동기능을 높인다. 큰 도시, 특히 서부지역의 중심도시에 과학기술센터의 건설을 서두르고 과학기술도서 출판과 과학기술 보급의 선전을 강화하여 농촌에 내려가서 과학기술을 보급하는 활동을 계속하여 정비하고 추진한다. 과학기술을 힘써 보급하는 동시에 각종 새로운 형식을 활용하여 과학사상을 선전하고 과학적 방법을 널리 제창하여 과학정신을 떨쳐 일으킨다. 아울러 각급 지도 간부들의 과학기술 자질과 과학기술관리 간부의 관리수준을 높이며, 노동자들의 과학문화 자질도 향상시키고 많은 청소년과 교육자 자신들의 과학기술의 교양을 높인다.

9 장
21세기 중국경제의 전망

제1절 거시경제 :
체제혁신과 전면적 중산층 건설

1. 활력이 넘치는 시장경제체제를 수립

1) 시장경제체제의 틀 정비의 진전

(1) 개혁개방의 진전과 시장경제체제의 건전화

날로 정비되어가는 중국의 사회주의 시장경제체제 가운데서 시장경제의 주체는 주요하게 정부·기업·주민으로 구성되고, 시장주체 사이에 통화와 상품의 반대 방향의 흐름으로 형성된 경제순환 속에서 끊임없이 부가가치를 창조하고 규모 있는 국민경제를 형성한다. 그림 9-1에서 보이는 것과 같이 정부는 관련 경제정책으로 거시적 조절을 진행하는 것 말고도 세금을 거두어 재원을 확보하고 그 재정지출로 정부소비와 공공투자를 하고 행정 서비스와 공공재를 제공한다. 또한 주민은 서비스, 개인금융자산의 소득으로 소비와 투자를 하고, 기업은 노동·자본 등 경영요소를 유기적으로 결합하여 투자 운영을 진행하며 정부·주민이나 관련기업을 위한 상품과 서비스를 제공하는 과정에서 부가가치를 끊임없이 창조한다.

아래는 중국 사회주의 시장경제체제가 확립, 정비된 것을 나타내는 지표이다. 시장 시스템이 발달하고, 시장 메커니즘이 자원배분 면에서

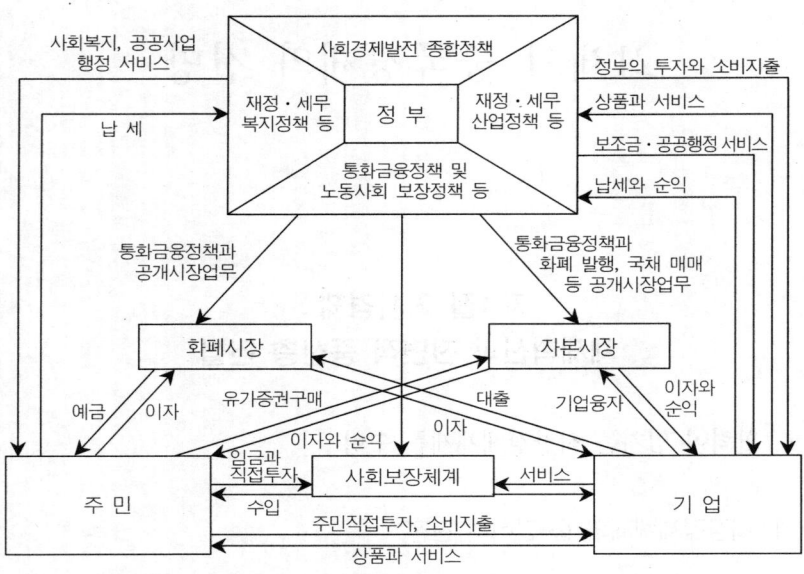

그림 9-1 | 중국의 사회주의 시장경제 주체와 경제순환 약도

기초적인 지위를 가지며, 시장주체의 시장화 개혁이 순조롭게 진행되고, 정부의 경제관리방식은 간접적인 거시적 조정으로 전환을 실현해야한다. 시장경제의 법적관리 시스템을 기본적으로 형성하고, 현시대에 맞는 재산제도·신용제도가 확립되는 동시에, 공평하고 질서 있는 경쟁의 시장환경을 완벽하게 조성하고, 합리적인 사회자금의 분배 메커니즘을 형성하고, 사회보장 시스템을 정비하여 사회효율·분배구조·사회보장의 유기적인 협력을 실현하여 개방형 경제체제와 국제경쟁력이 강화되고 국제화 분업의 협력 시스템 가운데서 경제 글로벌화 이익을 최대한도로 누리는 것이다.

(2) 금융 시스템 정비의 진전과 경제운영의 질적 향상

중국의 시장경제 시스템 가운데 금융시장은 주로 화폐시장과 자본시

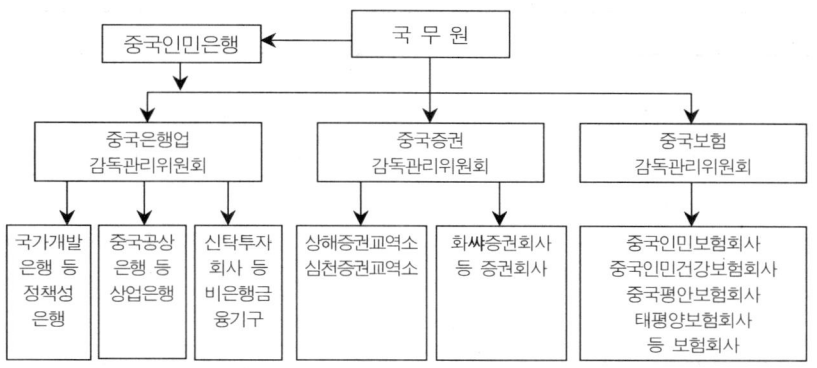

그림 9-2 | 중국 금융관리체제

장으로 구성되어 있다. 자본시장은 주로 증권융자 그리고 대출금으로 1년 이상 경영한 금융시장을 가리키며 주식시장, 증권시장, 기금시장과 중장기 신탁시장 등을 포함하고, 그 융자는 재생산을 확대하는 데 사용된다. 자본시장의 중요한 구성부분인 증권시장은 증권과 채권 발행으로 중장기 자금을 흡수하는 거대한 능력이 있으며, 공개발행한 증권과 채권은 2급의 시장에서 자유롭게 매매하고 유통할 수 있다. 화폐시장은 일 년 안의 단기적인 자금융통을 이용해 경영한 금융시장을 가리키며 금융업자 사이의 자금을 빌리는 시장, 어음할인시장, 단기신탁시장 등을 포함한다.

자본시장과 화폐시장은 자금의 공급과 수요가 교류하는 장소이며 경제 시스템 가운데 자금을 모으고 분배하는 '저수지' 구실을 한다. 자금을 필요로 하는 이는 자본시장을 통해 장기적인 자금을 모으고, 화폐시장을 통해 단기적인 자금을 모은다. 동업 사이에 자금을 빌리는 시장과 외화시장을 위주로 하는 화폐시장, 주식·증권교역을 위주로 하는 증권시장은 빠른 발전을 가져올 것이다. 그림 9-2에서 표시한 바와 같이 금융정책의 전파 메커니즘과 감독·관리 메커니즘은 날로 정비되고, 금융시장 시스템과 시장주체는 끊임없이 정비를 추구하고 금융상품은 풍부

		1998	1999	2000	2001	2002	2003	2004
사회구제	도시 최저 생활보장 (만 명)	184	257	403	1,171	2,065	2,247	2,205
	농촌 최저 생활보장 (만 명)		266	300	305	408	367	488
	국가 우선 보조대상 (만 명)	447	445	442	451	459	465	462
사회복지	연말 보조대상 (만 명)	80.0	82.7	85.4	89.3	92.6	96.5	110.9
	사회복지기업 (만 개)	5.1	4.5	4.1	3.8	3.6	3.6	32,410
	도시 사회 서비스 시설 (만 개)	15	16	20	20	20	20	19.8
	사회지역 서비스센터 (개)	6,154	7,623	6,444	6,179	7,898	7,520	7,804
사회보장	기본양로보험 가입자 (만 명)	11,203	12,486	13,618	14,183	14,737	15,506	12,250
	실업보험 가입자 (만 명)	7,928	9,852	10,326	10,269	10,182	10,373	10,584
	기본의료보험 가입자 (만 명)	1,878	2,065	3,787	7,286	9,401	10,902	12,404
	농촌 사회양로보험 가입자 (만 명)	8,025	6,461	6,172	5,995	5,462	5,428	—

표 9-1 | 중국 사회보장 시스템의 발전개황
자료출처 : 《중국통계적요 2005》, 191쪽을 바탕으로 정리.

해지며 자본배치효율과 경제운영의 품질을 크게 높여야 할 것이다.

(3) 사회보장 시스템 정비의 진전과 사회의 안정화

기존의 사회보장 시스템의 기초 위에서(표 9-1 참조) 도시의 기본적인 양로보험제도와 기본 의료보험제도 건설은 크게 발전하였고, 국유기업의 실업근로자들의 기본생활 보장제도, 실업보험제도, 도시주민들의 최저생활 보장제도가 더욱 정비될 것이다. 전국적으로 기본양로보험, 기본의료보험, 실업보험에 참가하는 인구가 크게 증가하고, 그 조건에 알맞은 도시의 가난한 주민들이 이미 점차적으로 최저생활보장 범위에 속한 기초 위에서 사회보장범위를 끊임없이 확대하고, 사회보장수준을 높일 것이다. 현재 이미 전국 사회보장기금을 수립하였고, 이미 1242억 위안(2002년)의 자금을 축적한 기초 위에서 규모가 더욱 확대될 것이다.

도시근로자의 기본 의료보험제도, 의료위생체제, 약품생산 유통체제의 개혁은 중요한 진전을 가져올 것이다. 현재 진행하는 기초적 실험단계에서 농촌에 신형 의료합작제도를 끊임없이 정바할 것이며, 도시와 농촌의 일률적인 관리에 도달할 것이다. 사회보장 시스템의 빠른 건설은 사회안정을 보호, 개혁을 심화하고 구조를 조정하여 발전을 촉진하는 보장을 계속하여 제공할 것이다.

(4) 시장 시스템이 더욱 개방되고 시장운영이 더욱 활발해질 것이다

중국은 경제 글로벌화 수요에 대해 능동적으로 개방형 시장경제체제를 적극적으로 수립할 것이다. 첫째는 WTO의 여러 규칙과 중국에서 이미 승인된 관련 규칙에 따라 그와 관련된 무역과 투자의 법규와 정책을 수정하고 정비한다. 둘째는 국내외 개방형 시장경제체제와 무역투자 자유화에 일률적으로 적용되는 거시적 조절 시스템을 수립하고 정비한다. 셋째는 외자기업과 외국인에 대한 '국민대우'를 점차 완화하고 중국에서 합법적인 경영과 생활을 할 수 있는 양호한 환경을 조성해주고 기업경영활동과 주민생활환경의 국제경쟁우위를 높인다. 이로써 정부의 거시적 조절이 국내외 경제주체와 만나고 시장주체가 국내외 자본·인재·기술·정보 등 경영자원을 잘 활용하여 상품유통이 국내외 시장에서 협조적으로 운영하는 개방형 시장경제체제와 개방형 경제운영 메커니즘을 형성한다.

2) 시장의 주체가 날로 성숙해질 것이다

(1) 행정체제 개혁의 진전과 정부 기능의 전환

정부개혁이 끊임없이 심화하고 행정기구가 간소화하고 정부직능이 전환된다(그림 9-3 참조). 정부는 이미 계획경제체제 아래 전문경제 행정관리부문을 철회하였고, 전통 계획경제체제의 잔재들을 점차 없애면서 생산경영에 직접적으로 간섭하지 않고 기업과 시장에 대한 불필요한

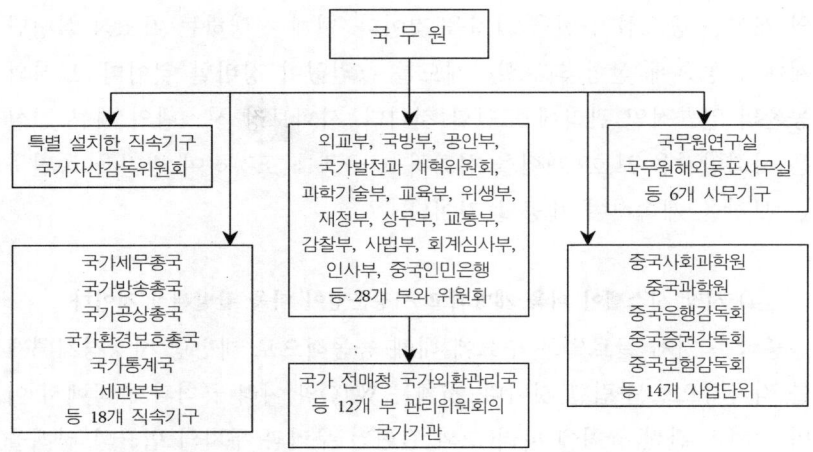

그림 9-3 | 중국 국무원 조직구조
자료출처 : 필자가 종합하여 정리

행정간섭을 줄인다. 또한 행정심사제도를 개혁하고 심사과정을 간단히
하여 규범화하면서 정보화 수단으로 사업효율을 높인다. 정부는 이와
같은 조정에 온 힘을 기울여 거시경제의 조절수준을 높이고 경제·법
률·행정 등 수단으로 감독을 강화하며, 사회관리를 강화하고 시장과
공공질서를 보호하여 교육·의료·위생·기초시설 등 공공 서비스의
질을 끊임없이 높인다.

(2) 기본경제제도의 정비나 미시적인 기초를 수립

공유제 경제를 주체로 하고 여러 가지 소유제 경제가 공동으로 발전
하는 것은 중국이 장기적으로 이끌어나가야 할 기본경제제도이다. 개
혁개방 이래 국유경제를 위주로 하는 공유제 경제가 경제를 지배하던
국면이 점차 사라지면서 다원화한 민영경제가 여러 유형의 산업경제영
역에서 지위와 작용이 높아졌고 여러 소유제 경제가 공동으로 발전하
는 번영의 국면을 형성하였다(표 9-2 참조). 국유자산 관리체제의 끊

	공업		건축업		소매업	
	생산액	비율	생산액	비율	자산	비율
국유기업	18,479.4	12.99	6,060.2	26.25	1,018.4	18.34
집단기업	9,458.4	6.65	3,270.7	14.17	243.6	4.39
홍콩·마카오·대만 투자기업	17,425.6	12.25	123.7	0.54	176.9	3.19
외상투자기업	26,932.2	18.93	129.4	0.56	315.4	5.68
기타 기업	69,975.6	49.18	13,499.8	58.50	3,798.7	68.41

표 9-2 | 2003년 서로 다른 경제유형의 기업이 일부 업종에서 차지하는 비율(단위 : 억 위안, %)
자료출처 :《중국통계연감 2004》, 513, 577, 684쪽 관련 데이터를 바탕으로 정리.

임없는 정비와 국유경제의 전략적인 구조조정에 따라 국유경제는 진보와 퇴보가 공존하고, 할 것만 하고 하지 말아야 할 것은 하지 않는 전략을 실현할 것이다. 이로써 비국유경제는 더욱 광범위한 시장공간과 더욱 양호한 시장환경을 갖게 되고 구조가 합리적이고 비교우위를 각각 발휘할 수 있는 미시경제 주체구조를 점차 형성하고, 기본경제제도가 한층 더 견실하게 되고 발전할 것이다. 여러 소유제 경제의 질서 있는 경쟁과 협조적인 합작은 시장경제의 건강한 발전에 강대한 활력을 불어넣을 것이다.

(3) 주민가계의 시장능력과 시장주체로서 지위가 높아진다

가족단위 농업생산 책임제의 정비와 발전에 따라 농촌경제의 시장화 수준이 눈에 띄게 향상되어 농촌의 노동력 자원과 잉여자본·자원이 더욱 합리적인 시장화 배치를 하게 될 것이다. 주택 상품화 개혁, 각종 보험이 기업·사업 단위에서 사회화 보험으로 전환하는 등 도시주민을 둘러싼 시장화 개혁이 끊임없이 이루어짐에 따라, 도시노동력의 자유로운 유동이 날로 증가하고 금융시장의 발전과 금융상품의 끊임없는 개발에

2004년 인구와 노동력 자원				2004년 사회금융자산 배분		
인 구		노동력		도시·농촌 주민저축액	건강보험 보험비	주식시장 가치
도시	농촌	도시	농촌			
54,293	75,705	26,476	48,724	126,196	4,318	37,056

표 9-3 : 주민생계 인력자원과 금융자산의 배분상황(단위 : 만 명, 억 위안)
자료출처 :《중국통계적요 2005》, 40, 44, 82, 83, 88쪽 내용을 바탕으로 정리.

따라 주민생계에 대한 금융자산의 배분효율도 계속 높아질 것이다. 도시와 농촌의 주민생계는 시장주체의 시장화로 끊임없이 성숙되고 있고 노동의 기능과 금융자산의 규모가 증가하며, 노동과 자산의 시장화 배치능력이 강화되고, 시장경제 운영에서 날로 중요한 주체적 작용을 할 것이다(표 9-3 참조).

3) 체제혁신의 기본 추세

(1) 체제혁신의 전제는 개혁·발전·안정을 기본으로 유기적 조정을 할 것이다
중국의 경제체제 개혁은 혁신단계에 있으며, 사회안정을 유지하고 경제의 지속적인 발전과 개혁의 전면적인 심화와 적극적인 평형점을 찾는 것이 날로 중요해진다. 마땅히 전면적인 개혁과 혁신을 원동력으로 하고 경제발전을 목표로 사회안정을 기초로 하는 전략방침을 지켜가야 한다. 총체적으로 보면 사회안정면에서는 어느 정도 진보했으며 일부 영역에서도 경쟁하고 노력하면서 안정을 찾아가고 있다. 위기를 방지하고 새로운 기회를 창조하는 면에서 마땅히 혁신을 중시하고 낡은 체제를 타파, 새로운 체제를 완벽하게 하는 것을 더욱 중요시해야 한다. 전통적인 국유부문을 변화시키는 면에서는 안정된 진보를 위주로 하여 시장을 개혁하고 거시적 관리체제를 정비하는 것을 중점으로 적극적으로 나아가 안정된 발전과 진보를 추구해야 한다. 각 항목의 체

제혁신을 실현하면서 개혁을 계속하여 추진해야 할 뿐만 아니라(예를 들면 기구, 주택, 금융, 재정과 세무, 국유기업, 사회보장 등 항목의 개혁) 사회・문화 더 나아가서는 정치 등 영역의 개혁과 혁신을 적극적으로 강화해야 한다. 현재 중국의 개혁정책은 민감하고 중요한 시기에 있으며 개혁의 종합적인 요구는 크게 증가하면서 사회안정은 여전히 체제혁신의 기초전제이다.

(2) 체제혁신은 생산력 발전요구를 충분히 충족시킬 것이다

집정당인 중국공산당은 '3개 대표'[26]의 중요한 사상을 당의 핵심 지도사상으로 확립하였고, 그 가운데 첫번째 내용은 '선진적인 생산력은 발전방향을 대표한다'이다. 과학의 체제는 생산력이 낡은 전통이나 관습의 구속에서 나와 탈출구를 찾고 발전을 가져올 수 있는 기초적 보장이다. 이는 생산력 발전에 유리한가 유리하지 않은가 하는 것은 이후 중국 체제혁신의 주요 요지다. 세계경제가 보여주는 것과 같이 경제체제는 활력 있는 사회자원의 배치, 경제발전 효과의 발전 등에 대하여 깊은 영향을 준다. 국내시장의 확장, 도시・농촌의 구조조정, 산업구조의 개선 등 경제발전 가운데서 직면한 거의 모든 중대한 문제는 그에 맞는 합리적인 체제혁신으로 실현해야 한다. 경제발전을 위하여 체제적인 장애를 없애는 것은 경제발전의 객관적인 수요일 뿐만 아니라 체제혁신의 핵심적인 문제이다. 그러므로 경제발전의 체제적 장애를 없애고 사회의 활력을 불러일으키는 경제체제를 수립하며, 경제성장의 잠재력을 현실적인 원동력으로 충분히 활용하는 것을 기본으로 개혁을 추진하게 될 것이다.

---

26) 역주_ 3개 대표는 중국공산당이 추구하는 3개의 사상. 1. 중국 선진 생산력의 발전수요를 지속적으로 추진한다. 2. 중국 선진문화의 발전방향을 지속적으로 연구, 추진한다. 3. 중국 인민의 이익을 증가시키는 사업을 지속적으로 추진한다.

(3) 체계적인 혁신은 미래 체제혁신의 기본으로 될 것이다

20여 년에 걸친 시장화 경제체제 개혁으로 중국은 이미 사회주의식 시장경제체제를 초보적으로 수립하였고, 시장이 자원을 배분하는 데에서 기본적 작용을 일으키고 있었다. 그러나 미래의 개혁 임무는 시장경제체제를 끊임없이 정비하고 '체계적 혁신'을 더욱 강조하는 것이다. 그 개혁의 방식은 일부 개혁이 상호강화하여 그 작용으로 체제의 제도혁신으로 변화시키는 것이다. 이전 개혁의 중점은 계획경제체제가 생산력 발전에 대한 체제성 장애와 간섭을 타파하는 것이었고, 이후 개혁의 중점은 사회에 자원을 합리적으로 배분하고 경제운영이 순조롭고 효율적이 될 수 있는 시장 메커니즘을 마련하고 최대한도로 사회 전체 혁신능력을 높이면서 정비된 사회경제체제 환경을 마련하는 것이다. 그러나 향후에 실시할 개혁도 불가피하게 각종 모순과 위기에 직면할 것이다. 그러므로 체제혁신은 바로 이 모순을 해결하고 위기를 완화할 수 있는 중요한 수단이다. 완벽하지 못한 체제의 틀은 문제를 해결하는 효과적인 수단이 부족할 뿐만 아니라, 모순과 위기를 해결하는 능력에도 한계가 있기 때문이다. 체제적인 제도혁신은 시장경제체제를 수립하고 정비하는 기본내용일 뿐만 아니라 경제체제의 전환을 촉구하고 신·구 체제의 합리적인 융합을 순조롭게 완성하는 것을 보장할 뿐 아니라 전제조건이기도 하다.

(4) 체제의 개방화가 미래 체제혁신의 기본방향으로 될 것이다

개방 수준을 전면적으로 높이는 것은 체제혁신의 중요한 요소이다. 경제 글로벌화 과정이 끊임없이 빨라지고 자본·인재·기술 등 경영자원이 더욱 자유롭게, 비교적 양호한 경영환경으로 바뀔 것이며 국제화에 맞는 우수 경영자원을 받아들이면서 경영환경을 개선하는 국제체제의 경쟁이 날로 치열해질 것이다. 중국은 국내외 자원과 시장을 충분히 이용하기 위하여 개방형 시장경제체제를 수립하는 것은 필연적인 선택이다. 대외개방은 자체가 풍부한 체제변혁요소를 포함하였을 뿐만 아니라 대외개방의 확대도 국내 체제개혁에 중요한 원동력과 지원을 제공할 것이다. 이와 같이 '개방이 개혁을 추진하고 개혁이 발전을 촉진하며' 개혁·개방·발전은 유기적인 협력 메커니즘을 갖고 있다. 경제 글로벌화와 새로운 기술혁명의 추세에 더욱 잘 적응하기 위하여 중국은 이미 개방을 계속하여 확대하는 전략적 선택을 하였고, 치열한 경제경쟁의 실력과 사회경제 경쟁체제에 과감하게 대처하고 있다. 만약 이전 개방의 중요한 착안점을 국외자원과 시장을 이용하는 데 두었다면, 이후의 개방은 '두 가지 자원'과 '두 가지 시장'의 상호전환과 최적화 배치를 더욱 완벽에 가깝게 했을 뿐 아니라 개혁과 개방이 하나로 융합되고 경제체제가 더욱 개방되며 비교적 강한 경쟁력을 갖춘 개방형 시장경제체제를 건립했다.

(5) 다국적기업은 체제혁신의 추진 역량으로 될 것이다

중국의 개방형 시장경제체제의 형성과정에서 우수한 다국적기업을 대표로 하는 외자기업은 중국 시장경제체제의 개혁과 정비에 대하여 중요한 촉매작용을 발휘하였다.

첫째, 우수한 다국적기업은 경제 글로벌화를 추진하는 활약의 주체와 세계평화를 보호하는 유기적인 역량으로서 중국 현대화 건설에 경제활력을 불어넣고 국제정치의 충돌을 줄이며 양호한 국제환경을 창조한다.

둘째, 외국자본을 흡수하면서 시장경제의식과 선진적인 경영관리 모델을 들여왔고 확산효과와 시범효과로 미시적 주체의 시장화 개혁을 촉진하였다.

셋째, 외국자본을 흡수하고 국제화 경영환경의 정책방향을 개선하며 중국의 경제체제 개혁과 시장화의 진행과정을 추진한다. 중국은 다국적기업이 중국경제 발전에 참여하는 것을 계속하여 적극적으로 이끌어나갈 것이며, 이로 하여금 신형의 발전 메커니즘을 형성하고 개방형 경제

의 발전, 기업의 국제화 경영, 산업기술의 전면적인 발전과 산업구조의
대폭적인 조정 등에서 적극적인 공헌을 하며 개방형 경제체제의 혁신과
정비를 유력하게 추진한다.

(6) 체계적인 법제 수립은 혁신체제의 구체적 방식이다

시장경제의 법률·법규 시스템을 수립하는 것은 중국의 시장경제체
제가 정비되는 중요한 보장과 구체적인 지표이다. 초보적 시장경제법규
시스템의 틀을 갖춘 상태에서 아래의 몇 개 방면에 대하여 계속하여 발
전시키고 건실히 할 것이다.

① 법치의 건설은 마땅히 시장경제체제의 기본적인 틀을 기초로 체계
적인 혁신의 주요 추진방식과 기초가 되어야 한다. 개혁의 실천과 현실
경제 사이에 나타난 문제에 대하여 단계적으로 관련 법률을 제정하고
정비해야 한다. 입법의 원칙에서 각 유형의 시장주체의 평등한 지위와
합법적 권리를 더욱 충분히 보장하여 평등한 경쟁을 보장하고 시장질서
를 더욱 정비해야 한다. 현실 경제관계에 알맞지 않은 법률과 행정법규
를 폐지하고 대폭 수정하여 법제 건설로 하여금 사회 공공이익의 요구
를 더욱 충분히 충족시켜 주고 시장경제 조건의 계약관계, 신용관계와
재산관계 등 기본 경제관계의 재정립, 정비와 규준화를 촉진한다.

② 시장경제 조건의 기본 재산제도와 신용제도를 정비한다. 헌법이
각 유형의 소유제 지위에 대한 관련 규정을 열심히 관철시키고 집행하
는 것을 토대로 주민의 합법적인 재산을 확실하게 보호하고, 시장교역
에 여러 종류의 재산권이 평등과 권리를 보장받고 법을 집행하는 가운
데 비공유제 경제에 대한 차별과 권리 침범행위를 없앤다. 사회신용체
제 건설을 힘써 강화하고 경제의 신용을 위반한 행위에 대한 법적 제재
와 징벌을 강화하며, 각 유형의 경제주체 사이의 신용관계(은행신용, 기
업신용, 중계기구신용, 개인신용을 포함)로 하여금 견실한 법률의 기초
위에서 건립되도록 하며 양호한 경제질서의 형성을 촉진하고 사회경제

의 건강한 운영을 보장한다.

③ 법체계를 정비하고 법에 따라서 집행하는 견실한 기초를 마련한다. 민법의 기본원칙과 구체적인 제도를 정비하고 구체적인 법규조례를 충실히 이행하여 행정규칙의 제정과 행정권의 행사에 기본적인 입법의 근거를 제공하고, 행정권력이 민사주체의 정상적인 활동에 대한 불필요한 간섭을 합리적으로 막아 법에 따른 집행과 법에 따른 국가건설을 더욱 충실히 실현한다. 국유자산 관리와 그 실천의 성공경험을 교훈으로 하는 기초 위에서 자산소유자로서 국가와 국유자산관리자, 주식소유자, 경영자, 사용자의 각자 권리와 책임을 명확히 하고 국유자산의 점유·사용·처벌 가운데 행위관계를 규준화한다. 관련 국유자산의 행정법규를 정비하는 바탕 위에서 때맞춰 〈국유자산관리법〉을 제정하고 국유자산의 효율적인 관리, 국유자산 유실의 방지, 또한 국유기업의 개혁을 효과적으로 하기 위하여 권위 있는 법률의 근거를 제공한다.

④ 입법과 법의 집행을 강화하고 법률의 권위를 높인다. 경제시장화 진행과정을 기본 바탕으로, 시장경제 법체계를 끊임없이 정비하는 동시에 사법에 따른 감독을 힘써 강화한다. 이러한 실행과정에서 나타나는 입법의 모순과 문제에 대한 경험을 교훈으로 삼아 규정순서에 따라 제때에 관련 법률을 수정하고 정비하며, 법을 위반하여도 조사하지 않는 불법행위에 대해 엄중히 다스리고 수정해야 하며, 위법행위에 대한 법적 제재를 강화해야 한다. 사법체제 개혁을 강화하고 사법관할과 그 법을 집행하는 과정에서 일어나는 지역보호주의 폐단을 하루속히 없애야 한다. 사법과 행정, 법의 집행 등의 수립을 강화하고 법 집행인원의 자질과 법 집행수준을 높이고 표준적인 채용제도, 탈락제도, 공민신고제도를 마련하고 정비하여 법 집행의 힘을 강화하는 동시에 법 집행행위를 엄격히 제도화해야 한다.

2. 개방형 경제운영의 실현

1) 세계경제에 전면적으로 융합되는 '개방형 발전'을 적극 추진한다

(1) 개방형 경제체제를 정비하고 세계경제 시스템에 전면적으로 융합한다

중국이 WTO에 가입한 것은 개혁을 심화하고 개방을 확대하며 국제적 지위를 높이는 데 필요할 뿐만 아니라, 경제 글로벌화의 이익을 충분히 누릴 수 있는 필연적인 길이다. 중국은 WTO의 관련 요구를 토대로 경제체제 개혁을 심화하고 경제운영 메커니즘과 국제합작을 강화할 것이다. 동시에 정부기능을 적절하게 전환하고 개방 시스템 가운데 거시적 조절수단능력을 하루속히 개발하고 발전시켜 WTO 가입에서 오는 기회를 더욱 충분히 활용하고, 개방에 따른 위험을 효율적으로 방지하여 중국의 경제가 개방 시스템 과정에서 건강하고 안정하게 운영되도록 보장한다. 이는 경제 글로벌화 이익을 충분히 받기 위한 견실한 체제의 기초를 마련하는 길이기도 하다.

(2) 국제 분업협력 시스템을 심화하고 산업구조의 모순을 완화

중국 산업구조의 현황은 다음과 같다. 낮은 부가가치, 낮은 기술의 단순한 노동집약형 과잉산업 생산능력을 가진 상태로, 높은 부가가치, 높은 기술의 지식집약형 산업생산능력은 상대적으로 부족하다. 중국이 WTO에 가입한 것을 계기로 세계의 우수한 다국적 기업들은 중국의 비교우위를 힘써 발굴하고 글로벌 전문화 분업의 협력 시스템을 재정리한다. 중국기업은 세계의 우수한 다국적기업의 글로벌 전략의 힘을 얻어 비교우위를 충분히 발휘하고 국내 산업구조의 모순을 끊임없이 해결하는 동시에 세계무대를 바탕으로 상호보완성 산업과 산업조직을 전략적으로 잘 활용하여 산업구조의 개선과 국제분업협력의 발전을 추구하며 높은 수익의 글로벌 경영을 추진할 것이다.

(3) 개방형 경제운영을 실현하고 생산요소의 불균형 모순을 해결

현재 중국의 생산요소 현황은 다음과 같다. 풍부한 노동력에 견주어 상대적으로 자본·기술·관리 등의 요소가 비교적 부족하고 취약하며 노동력의 구조를 보면 낮은 기술의 단순한 노동력이 상대적으로 과잉상 태이고 높은 기술을 가진 인재가 부족하다. 중국은 외자를 더욱 적극적 으로 흡수하고 국외의 선진기술과 경영관리 모델을 들여오며 국제적인 고급인재를 적극적으로 채용하는 등 방식을 통하여 국내의 부족한 높은 기술 생산요소 상태를 해결하고 경제의 안정한 발전을 촉진할 것이다.

(4) '해외진출' 전략과 '해외의 고급인력을 흡수하는' 전략의 결합

중국의 개방형 경제운영은 중국에 대한 외국투자기업의 투자를 대량 흡수해야 할 뿐만 아니라 투자방향도 '해외진출는' 방안을 적극적으로 추진해야 한다. 또한 전략적인 '해외진출'과 '해외의 고급인력을 흡수하 는' 것의 유기적인 결합 가운데 개방형 발전 메커니즘을 수립하고, 중국 의 경제가 다국적 운영 가운데 지속적이고 건강하며 안정적으로 발전하 도록 추진한다. 2002년 6월 말까지 중국은 6758개의 해외기업을 설립하 였고 협의한 투자총액은 132억 달러였다. 중국 기업의 투자액은 89억 달러로 대외공사 청부와 노무합작은 972억 달러의 영업액을 달성하였 으며, 2002년 6월 말 해외 노무인원은 47.5만 명에 달하였다.

2) 전 세계 구조조정의 기회를 활용하여 '전략적 발전'을 추진

(1) 비교우위를 강화하여 새로운 우위를 지속적으로 육성, 배양한다

경제 글로벌화와 신흥산업기술의 번영과 발전은 국제사회에서 대규 모 경제구조 조정을 추진한다. 그 주요 내용은 다음과 같다. 기술이 성 숙되고 비교적 안정된 대량생산형 전통산업은 생산능력의 과잉을 나타 냈다. 높은 신기술 산업의 상승세와 발전은 산업구조의 개선을 추진하고 기술경쟁을 불러일으킨다. 산업구조 조정을 추진하기 위하여 다국적 기업은 국제사회에서 기업의 합병과 인수를 강화하며 생산력 구조를 조정한다. 글로벌 경제 구조조정에 기초하여 중국은 아래와 같은 '전략적인 발전'의 기회를 맞을 것이다. 첫째, 풍부한 노동력의 비교우위와 비교적 발달된 가공·제조업을 기본으로 21세기 세계 제조업의 중심으로 될 것이다. 둘째, 높은 신기술 산업의 많은 새로운 기회를 이용하여 높은 신기술과 중국 비교우위 산업의 효과적인 연결을 제공하면서 산업구조의 '비약적 개선'을 실현하여 국제분업의 지위를 점차 높일 것이다. 셋째, 중국은 외국자본 흡수 수준의 상승세를 잘 이용하여 다국적기업으로 하여금 글로벌 경제구조 조정의 추세와 국제분업의 새로운 구조에 기초하여 중국의 경제구조 조정에 효과적으로 공헌하게 한다.

(2) 산업조직의 합작 메커니즘을 세우고 산업조직의 경쟁력을 높인다

세계의 시장경제운영 메커니즘이 날로 정비되고 있는 상황에서 국제사회에서 기업조직의 효과적인 활용은 다른 각도에서 바라보면 경영요소 자원의 이용보다 전략적 의의가 더욱 많다. 이를 배경으로 기업 사이의 우위를 상호보완하는 다국적 연맹전략은 번영과 발전을 가져온다. 기업의 경영을 간단하게 연구개발·생산·판매 등 세 요소로 나눈다면 세계의 우수 다국적기업의 경영구조는 연구개발·판매·중간유통과정 모두가 균형을 이루어 발전된 '아령형' 구조를 가져오며, 중국 대부분의 대형기업들은 중간유통만 방대하고 연구개발과 판매가 취약한 '감람형' 구조를 나타낸다. 세계의 우수한 다국적기업이 글로벌 경영전략 아래 생산제도에 대한 재정립과 생산기술을 중국에 전이시키는 전략은 중국 기업과 세계의 우수한 다국적 기업의 우위를 상호보완해주고 전략합작에 큰 기대와 가능성을 가져다준다. 중국 대형기업들의 연구개발과 수출을 강화하고 '감람형' 구조를 수정하는 것도 중요하지만 중국기업 현재의 '감람형'과 우수한 다국적기업의 '아령형' 구조의 유기적인 결합을 적절하게 적용시켜야 한다. 이러한 전략은 가장 빠른 시일 안에 중국 대형기업의 수익을 높이고 국제분업의 협력이익을 누리는 경로이다. 중국은 반드시 우수한 다국적기업과의 다국적전략 연합방식을 더욱 충분히 활용하고 국내 기업의 자산을 점차 증가시켜야 하며, 국내산업 비교우위를 힘써 발굴하고 국제경영 능력을 증가시켜 국제사회에서 경쟁력을 강화해야 한다.

(3) 다국적기업과 전략합작을 강화하고 글로벌 경쟁능력을 신속하게 강화한다

경제 글로벌화는 글로벌 시장경쟁을 날로 치열하게 하며, 신형의 경쟁구조는 관련 기업에게 국제사회에서 생산력 구조와 산업조직 구조의 합리화를 요구하며 이로써 글로벌화 적응능력과 국제화 경쟁능력을 향상시키고, 글로벌 경제구조 조정에서 다국적기업의 인수·합병을 촉진한다. 국제적 인수·합병의 투자는 한편으로 '녹지투자'로 말미암은 과잉공급과 '유혈경쟁'의 손실을 피할 수 있고 다른 한편으로는 속도가 빠르고 효율이 높은 현대경쟁의 수요에 더욱 잘 적응할 수 있다. 때문에 산업조직 구조조정의 효과적인 수단으로서 최근 몇 년 이래 세계 다국적기업들의 인수·합병이 날로 활발히 늘어났는데, 재정립과 인수·합병에 대한 투자가 국제직접투자의 주체가 되면서 전체에서 국제직접투자가 차지하는 비율이 80~90%나 되었다. 중국의 대형기업은 마땅히 세계의 우수한 다국적기업과 전략적인 인수·합병 또는 상호이익을 주는 합작을 적극적으로 연구하고 세계의 생산능력과 중국시장의 유기적인 조합을 전략적으로 실현하여 불필요한 반복투자를 피하고 이익을 합리적으로 나누어 중국기업의 현재 자산 저축량과 비교우위를 증가시키는 동시에 글로벌 경쟁력을 높여야 한다. 중국이 흡수한 다국적기업의 인수·합병의 규모는 비록 크지 않지만 점차 증가하는 추세이다. 예를 들면 2000년 중국이 다국적기업의 인수·합병 방식으로 흡수한 외자는 지난해보다 74.2% 증가하였고 그 규모는 45.5억 달러에 이르렀다.

(4) 글로벌 구조조정의 추진력에 힘입어 산업구조의 개선을 성공적으로 추진한다

현재 국제사회에서 새로운 산업구조 조정과 재정립을 진행하고 있으며, 중국의 기업은 외국자본을 이용하여 전통산업의 개혁·개조와 상품구조의 전체적인 개선을 추진하는 데 필요한 좋은 기회를 제공하였다. 최근 몇 년 이래 국제사회에서 중국으로 한꺼번에 많이 이동한 가공·제조업으로는 가전·컴퓨터·이동통신·자동차 제조가 있는데 이전과 비교하면 기술함량과 부가가치가 비교적 크게 높아졌다. 중국의 우수한 기업들은 이러한 기회들을 잘 활용하여 세계의 우수한 다국적기업과 적극적으로 전략적인 합작과 경쟁을 추진하면서 일부 신흥제조업을 발전시키고 원래의 제조업을 개조하고 기업경영구조의 개선과 업데이트를 촉진해야 한다. 중국의 부분적인 과잉생산능력과 세계시장의 흡수, 소화용량, 세계의 과잉생산능력과 중국의 확장형 시장전략을 성공적으로 실현하여 이로써 중복투자를 피하고 이익을 합리적으로 나누는 것은 중국이 세계 경제구조 조정의 추진력에 힘입어 경제의 효과적인 발전을 촉진하는 전략적인 새로운 과제이다.

3) 과학기술 전파의 메커니즘에 힘입어 산업구조이 '비약적'으로 개선

(1) 과학기술의 연구개발경쟁은 과학기술 혁신 활력을 불러일으킨다

중국은 계속하여 WTO의 일반적인 규칙과 국제투자 발전의 새로운 추세를 바탕으로 투자환경을 힘써 개선하고 외자를 이용하는 경로를 확대하여 글로벌 자본요소의 충분한 '이용', 생산력 구조의 거대한 '장소'와 경쟁활력의 충분한 '고조'를 추구할 것이다. 중국은 WTO 가입을 빌미로 치열한 시장경쟁에서 풍부한 기술실력을 가진 다국적기업들이 중국에서 기술개발을 전이하는 환경을 조성하도록 힘쓴다. 다국적기업이 중국에서 벌이는 연구개발경쟁은 중국의 과학기술혁신 활력을 크게 불러일으킬 것이다.

(2) 과학기술 전파의 새로운 메커니즘은 과학기술 비약의 기회를 제공

높은 신기술은 주요하게 풍부한 산업기술의 기초로써 대규모 연구개발을 진행하는 선진국가로부터 온다. 그러나 연구와 개발의 국제화는 인재 유동과 기술 확산을 촉진하고 발전도상국가들에게 과학기술실력의 향상을 가속화하는 새로운 기회를 제공하였다. 다국적기업은 경제 글로벌화와 산업 과학기술 전파의 매개체로서 신흥산업기술을 비교적 빠르게 발전도상국가들에게 전파한다. 거대한 잠재력이 있는 시장과 풍부한 노동력이 있는 중국은 점차적으로 다국적기업이 글로벌경영과 연구개발의 전략을 추진하는 근거지로 되었고 중국이 기술과 산업의 비약적 발전을 실현하는 데 좋은 기회를 제공하였다. 다국적 기업의 과학기술 혁신 능력과 전파 메커니즘을 합리적으로 이용하는 것은 '낮은 수준의 중복되는 연구개발'을 변화시키는 필요한 수단이며 또한 '흡수, 소화, 발전, 혁신'으로 비약적 과학기술의 발전을 실현하는 효과적인 경로이다. 동시에 국제경쟁의 압력과 강자가 살아남고 약자가 도태되는 메커니즘의 추진 아래 국내기업들의 기술교류와 연구개발의 적극성은 높아질 것이며, 지속적으로 산업기술 수준을 전반적으로 향상시킬 것이다.

(3) 과학기술혁신 메커니즘은 산업구조의 개선을 추진한다

WTO에 가입한 뒤, 중국의 시장경쟁 환경과 현재 발전하고 있는 새로운 기술혁명은 중국 산업기술의 '비약적 발전'과 산업구조의 '비약적 개선'을 실현하는 얻기 힘든 역사적 기회를 가져다 줄 것이다. 중국은 다국적기업들의 기술·연구·개발과 국제기술 전파의 거대한 작용을 전략적으로 잘 활용하여 세계 산업구조 조정을 배경으로 산업구조를 적극적으로 조정하고 개선하는 동시에 대외무역 경쟁력을 높이기 위하여 우수한 환경의 산업배경을 제공해야 한다. 수출입 구조의 유기적인 협조를 강화하고 점차적으로 대외무역구조를 '수직형'에서 '수평형'으로 바꾸고 국제분업의 지위를 끊임없이 높여야 한다. 이로써 WTO에 가입함으로써 얻을 수 있는 이익을 충분히 누리고, 수출의 '수량 증가하고 수익 증가'하며 수입의 '최저원가, 최고수익'을 추구하고 대외무역으로 하여금 산업구조의 상호보완, 상호추진 가운데서 지속적이고 건강하며 안정한 발전을 가져오게 한다.

3. 지속 가능한 발전을 실현하고 전 국민의 중산층 사회를 실현한다

1) 지속 가능한 발전을 실현하는 전략의 기반

중국공산당 16차 대표대회의 관련 내용에 따르면, 21세기 초 20여 년에 걸쳐 중국은 국민경제의 규모를 현재의 4배로 증가시키고 전 국민의 중산층 사회를 실현하는 것을 목표로 하는 발전전략을 내세웠다. 중국경제의 현 단계는 빠른 발전을 유지하는 데 필요한 유리한 조건들을 많이 갖고 있으며 그 주요 내용들은 아래와 같이 종합해볼 수 있다.

(1) 정치가 안정되어가고 경제가 발전하고 있다

현재 진행하고 있는 중국공산당 지도 아래의 다당합작(多党合作)제도의 운영이 순조롭고, 집정당과 정부의 정치·경제·문화·외교·국방 등에서 정책이 끊임없이 정비되고 성숙을 계속하고 있으며, 전체 사회운영과 정치국면이 상당히 안정되어 있고 경제의 지속적이고 안정적 발전에 양호한 정치환경을 창조하였다. 경제의 안정적인 성장을 장기적으로 유지하고 전체 경제운영이 협력적인 동시에 외국기업들의 투자가 끊임없이 확대되는 것은 이미 글로벌 자본투자가 경제성장의 핵심이 되었다.

(2) 시장경제체제를 우선적으로 건립한다

끊임없이 정비되고 있는 시장경제체제는 사회생산력을 더욱 발전시키고 경제의 지속적이고 빠른 발전에 바람직한 체제의 기초를 마련할 것이다. 중국의 경제가 직면한 모순은 개혁과 발전과정에서 점차 해결될 것이다. 개방형 경제체제의 끊임없는 정비는 '두 가지 자원, 두 가지 시장'을 더욱 충분히 이용하는 데 조건과 환경을 제공할 것이며, 중국이 경제 글로벌화의 이익을 더욱 충분히 누릴 수 있는 국제화 체제의 기초를 마련할 것이다.

(3) 경제의 글로벌화는 중국경제 발전에 큰 활력을 불어넣을 것이다

국제사회 안에서 경영요소의 유동은 중국 경영구조의 모순을 해결할 수 있는 기회를 마련해주었고 산업의 구조를 개선하는 글로벌 생산력 구조를 조정하며, 중국의 산업구조를 세계시장으로 확대시키며 경영 효율 및 수익과 기업경쟁력의 향상을 위한 규모가 큰 다국적기업들의 인수·합병과 국제적인 기업들과 전략적 합작은 중국의 산업조직 구조조정에 커다란 활력을 불어넣을 것이다.

(4) 중국경제는 거대한 성장가능성을 지니고 있다

현재 중국은 공업화의 번영·발전 단계에 있고 주민들의 생활은 당장 먹는 문제만을 해결해왔던 '삐걱거리'는 수준에서 '웬만한' 중산층 수준에 들어섰으며, 투자와 소비형태가 꾸준히 증가하고 있다. 수요와 공급, 투자와 소비의 상호협력 메커니즘을 이미 형성하였다. 주민 생활수준의 상승, 소비구조의 개선, 도시화 전략 추진, 산업구조의 고도화는 모두 새로운 경제성장을 가져오고 있다.

(5) 상품, 기술개발에 대한 무한한 잠재력이 있다

지금까지 장기적으로 중국의 경제발전을 제약하던 에너지, 교통 등의 '병목현상'이 근본적으로 개선되었고, 걸맞은 능력을 갖춘 산업경제의 기초를 마련하였다. 경제총량은 10억 위안을 넘어섰고, 국제무역량이

생산품	강철	화학섬유	칼라TV	에어컨	세탁기	냉장고
세계적 비율	15.0	23.5	25.4	50.1	23.5	21.1

생산품	1978	1980	1985	1990	1995	2000	2004
강 철	5	5	4	4	2	1	1
석 탄	3	3	2	1	1	1	1
원 유	8	6	6	5	5	5	5
발전량	7	6	5	4	2	2	2
시멘트	4	4	1	1	1	1	1
비 료	3	3	3	3	2	1	1
화학섬유	7	5	4	2	2	2	—
면	1	1	1	1	1	2	1
사 탕	8	10	6	6	4	4	3
TV	8	5	3	1	1	1	1

표 9-4 | 생산량이 세계 1위를 차지하는 중국 공업품들(단위 : %)
자료출처 : United Nations Database. "Industrial Commodity Statistics Yearbook", FAO Database

꾸준하게 확대되었으며 외화를 축척하는 능력도 강해졌다. 20세기 '90년대의 공업 총생산액은 연평균 19%의 성장속도를 실현하였고, 기술이 발전하여 비교적 안정된 시장으로 생산형의 제조업이 이미 국제사회에서 높은 자리를 차지하였다(표 9-4 참조).

(6) 생산자원이 비교적 풍부하다

과학교육으로 나라를 발전시키는 전략을 추진하면서 근로자들의 수준이 높아졌고 저수준 노동력 과잉상태가 풍부한 인재자원으로 바뀌어가고 있다. 도시·농촌 주민의 저축규모가 GDP의 약 80%에 달하고 매년 대량의 외국자본이 중국에 들어오면서 중국은 이미 세계에서 가장 크게 외자흡수를 하는 나라가 되었으며, 자본공급도 비교적 충분하다.

전 세계의 과학기술이 나날이 발전하는 흐름 속에서 이러한 기술을 국내에 적용하여 과학기술에 따른 성과도 나날이 증가하였고, 국내 과학기술 혁신능력이 증가하였다. 이로써 중국은 산업구조의 개선과 경제의 집약화 발전을 효과적으로 유지하고 있다.

물론 중국경제는 이러한 발전과 동시에 나타나는 구조모순과의 충돌, 너무 빠른 성장방식의 과정에서 나타나는 조방형 발전 등 가볍게 여길 수 없는 모순과 문제에 직면한다. 그러나 안정된 정치기초와 잠재력 있는 경제발전의 추세 속에서 지속적인 발전을 실현할 수 있으며 21세기 20여 년에 걸쳐 국민경제총량이 4배로 증가하는 전략적 목표를 실현할 수 있다.

2) 지속 가능한 발전과 경제발전을 단계적으로 실현한다

중국이 만약 체제혁신, 과학기술혁신과 구조조정에 따라 국민경제의 건강하며 안정된 지속적인 발전과 국민경제규모를 4배로 높이려는 목표를 순조롭게 실현한다면, 2020년의 GDP 총량은 5조 달러에 달하여 세계 3위로 될 것이며 1인당 평균 GDP도 4000달러에 가깝고 주민들의 생활도 더욱 높은 단계로 발전할 것이다. 20세기 후반기, 20년 동안의 세계경제구조는 구조적으로 비교적 크게 변화했다. 예를 들면 동독과 서독이 통일되었고 통일 뒤의 독일경제는 비교적 긴 구조조정을 거쳤고, 일본경제가 거의 10년 동안 침체상태에 처해 있었지만 '80년대 후반기 미국 달러에 대한 일본 엔화의 환율가치가 높은 수준을 유지하면서 일본의 GDP 성장은 여전히 빠른 속도를 유지했다. 그러므로 20세기 후반기, 20여 년에 걸친 평균성장속도가 미래 20년 경제성장보다는 이상적이지 못하였지만 만약 그와 같은 결과를 참고로 삼아 20년 뒤의 GDP와 1인당 평균 GDP를 예측한다면 그 결론은 표 9-5에서 보는 것과 같다. 경제발전의 기초 위에서 중국의 교육, 과학기술, 문화, 의료위생 등에 투입과 지출도 끊임없이 증가할 것이며, 인민생활수준과 복지수준의

국 가	1980년 GDP	2000년 GDP	1980~2000년 연평균 성장속도	2020년 예측		
				GDP	인구	1인당 평균 GDP
중 국	2,016.9	10,704.9	8.7	56,817.3	145,446.2	3,906.4
미 국	27,090.0	96,525.7	6.6	343,935.4	31,712.4	108,454.5
일 본	10,592.5	46,485.5	7.7	204,002.8	12,389.3	164,660.5
독 일	19,694.6	21,773.8	1.3	27,983.5	8,099.6	34,549.2
영 국	6,646.0	14,866.3	4.1	33,253.9	5,984.7	55,564.9
프랑스	5,373.8	14,862.9	5.2	41,107.7	6,150.0	66,841.7
이탈리아	4,499.1	12,072.6	5.1	32,394.9	5,291.3	61,223.0
캐나다	2,660.0	6,757.0	4.8	17,164.4	3,664.1	46,844.7

표 9-5 | 각 나라의 경제규모 비교(단위 : GDP는 억 달러, 1인당 평균 GDP는 달러, %)
(1) 프랑스는 프랑스와 프랑스에 속하는 Guiana, Guadeloupe, Martinique와 Reunion을 포함한다.
(2) 독일이 통일된 뒤의 경제규모에 변화를 가져와 1980년 표에 1992년의 데이터를 사용하였고 그 평균성장속도는 1992~2000년의 속도이다.
자료출처 : IMF의 관련 데이터를 근거로 계산.

전면적인 향상을 효과적으로 촉진할 것이며 전 국민의 중산층화를 달성하는 전략목표를 순조롭게 달성할 것이다.

3) 법체계를 정비하고 권익의 민주화를 충실히 할 것이다

중국의 현행 법률은 200여 종에 달하는데, 국무원이 제정, 채택하고 있는 법규가 600여 건, 지방의 인민대표대회 및 상무위원회에서 제정하고 통과한 지방성 법규가 8000여 건이다. 그것들은 하나의 유기적이고 통일된 법체계를 이룩하여 특색 있는 사회주의 법체계를 대충 형성하였으며, 법에 따라서 나라를 다스리는 데 기초를 제공하였다. 입법과정의 과학화·민주화가 끊임없이 추진되고 특히 9차 전국인민대표대회 제3차 회의에서 통과한 입법법은 입법절차를 정비하였고 입법업무를 제도화하였으며 입법의 질을 높이는 작용을 했다. 앞으로 일정기간 시행착

		1990	1995	2000	2003	2004
문화	문화, 예술 계통의 단체 (개)	2,805	2,682	2,630	2,619	2,599
	TV를 보는 인구 (%)	79.4	84.5	93.7	94.9	95.3
	신문의 총 인쇄수량 (억 부)	211.3	263.3	329.3	383.1	257.7
위생	위생기구 수량 (만 개)	20.9	19.0	32.5	29.1	29.6
	위생기구의 인원 (만 명)	490.6	537.3	559.1	527.5	535.4
	위생사업비 (억 위안)	79.5	163.3	272.2	5,684.6*	6,623.3*
체육	국가대표 운동선수 (만 명)	7,478	13,296	15,202	15,001*	16,866
	새로운 운동선수 (명)	65,540	79,436	97,011	31,469*	33,651
	등급별 운동심판 (명)	48,378	37,617	60,053	-	30,166
환경 보호	환경보호 시스템 인원 (만 명)	11.2	12.1	13.1	15.2*	15.2*
	공업폐수의 배수 달성률 (%)	61.4	66.7	76.9	88.4*	88.4*
	자연보호 면적이 국토 면적에서 차지하는 비율 (%)	7.7	8.8	9.9	13.2*	14.8

표 9-6 | 문화·위생·체육의 발전 개황
'*'는 2003년의 데이터임.
자료출처 : 《중국통계적요 2005》, 186쪽 내용을 바탕으로 정리.

오를 거듭하면서 중국은 사회주의 법체계를 발전시킬 것이며, 헌법과 헌법 관련법, 민법·상법·행정법·경제법·사회법·형법, 소송및 비 소송 절차법 등 7대 유형의 법들을 기초로, 헌법을 기본으로 삼아 민상 (民商)·형사·경제·행정·소송 등의 기본법률을 중핵으로 서로 다른 등급의 법률·법규·규정을 구체적인 내용으로 하는 법률의 틀을 끊임 없이 정비한다. 법체계의 정비를 바탕으로 국민들의 민주적 권리와 걸 맞은 이익은 더욱 충분하게 보장될 것이다.

4) 주민들의 소비가 높아지고 중산층 생활을 누린다

경제의 발전과 국민소득수준 향상에 따라 주민가계의 소비구조도 끊임없이 개선될 것이며, 소비구조의 현황과 최근 몇 년의 발전추세를 보면 교육·문화·건강·위생·체육 등의 수요도 끊임없이 확대되어 그 내용이 더욱 견실한 중산층 생활을 누릴 것이다(표 9−6 참조).

제2절 구조특징 : 구조의 수준을 개선하고 분업에서 지위를 높인다

1. 산업구조가 개선된다

1) 개방형 경쟁 메커니즘이 산업구조의 개선과 고도화를 촉진

과학기술 혁신능력을 바탕으로 개방형 시장경쟁의 압력을 극복하면서 중국의 산업구조는 끊임없이 개선될 것이다. 중국경제의 개방수준과 시장의 끊임없는 발전에 따라 시장 메커니즘의 작용은 대폭 증가할 것이며 중국시장의 산업·기업·상품은 치열한 국제경쟁으로 산업구조에서 강자는 생존하고 약자는 도태될 수밖에 없는 현상이 나타날 것이다. 금융·유통 등 서비스 영역의 독점운영을 없애고 개방을 확대하여 비교적 약한 산업의 발전을 추진하고, 이러한 전략을 계기로 국제사회에서 지위와 그 작용을 끊임없이 높이면서 제3차산업을 발전시켜 제3차산업의 약세를 대대적으로 개선한다. 지적소유권의 합리적 보호와 과학기술체제의 끊임없는 혁신은 연구개발을 더욱 충실하게 하여 상품의 질 개선, 산업의 개선을 촉진하며 전통산업의 수준을 전면적으로 높일 것이다.

그러나 점차적으로 발전해나가는 산업 감독관리 시스템과 기술경쟁 메커니즘은 환경오염이 심하고 기술수준이 낮으며 경제 수익이 낮은 산업이나 기업을 끊임없이 도태시키며 그 생산량을 줄이고 그 비율을 떨어뜨린다. 그러므로 생산능력의 구조적인 과잉을 없애기 위해 중국은 관련 법률과 기술표준을 근거로 경제·법률과 필요한 행정수단을 총동원하여 환경오염·자원낭비·안전위협·가짜상품 등 사회·경제 발전을 저해하는 상품과 기업을 없애면서 일부 쇠퇴해가는 업종과 지역, 특히 자원이 고갈되어 단일한 자원에 의존하는 도시의 산업구조를 전환시키고 전업자의 재취업과 산업구조의 개선 해결을 추진한다.

2) 글로벌한 생산력 배치의 구조조정은 중국의 산업구조를 발전시킨다

경제의 글로벌화와 신흥산업기술의 발전을 계기로, 국제사회에서 대규모 경제의 구조조정이 전면적으로 추진되고 있다. 선진국가들은 높은 수익과 신흥산업이 계속해서 앞서나가는 상태를 유지하기 위하여 자원을 높은 신기술 산업에 대량 투입하고 끊임없이 신기술을 개발하여, 비교적 안정된 시장을 가지고 있고 대량의 생산력을 갖고 있는 개발도상국가들에게 그 기술을 전이하는 전략을 펼친다. 이로써 노동력이 풍부하고 제조업 기초가 탄탄하며 큰 시장과 무한한 잠재력을 가지고 있는 중국은 다국적기업들의 투자중심국가가 될 것이며, 그러한 다국적기업들이 중국에서 생산력 구조를 확대시켜줄 뿐만 아니라 중국 전체 산업 발전 수준의 향상에도 유리할 것이다.

UN 무역회의의 〈2001년 세계투자보고〉에서 제시한 것과 같이 세계 500대 기업 가운데서 이미 약 400개 기업이 중국에 투자를 하고 있고 투자항목의 종류 수도 2000여 개에 달한다. 주요상품인 컴퓨터·전자상품·전신설비·석유화학공업 등 제조업체들은 이미 그 생산망을 중국에 확장하였다. 세계의 많은 우수 기업들은 국제 제조업기지를 중국에 세우거나 그 상품을 중국 안에서 판매하는 전략을 펼치고 있다. 예를 들면 월마트는 외주를 주어 물건을 구매하던 방식을 바꾸어 연간 판매액이 1900여 억 달러에 달하는 상품을 전부 중국 심천에 설립한 국제구매센터와 그 소속의 유통망을 통해서 구매한다.

중국은 국제적인 개방형 경제 시스템을 중심으로 운영하고 발전시키며 중국의 산업구조는 국내보다는 국제사회를 무대로 전문화한 국제분업의 협력 메커니즘을 형성해야 한다. 중국은 현재 노동력의 비교우위와 비교적 성숙한 가공능력을 바탕으로 국제 제조업의 중심이 되어야 한다. 중국은 반드시 국제화한 경제구조 조정과 국제적 생산력구조 대조정의 기회를 잘 이용하면서 노동력·제조·가공 등의 비교우위를 충분히 발휘하여 21세기 제조업의 핵심적인 지위를 확고하게 굳혀야 한다.

3) 다국적기업이 중국 산업구조의 개선을 촉진

현재 세계적 규모로 새로운 산업구조 조정과 재정립이 진행되고 있는데, 이는 중국이 외국의 자본을 이용하여 전통산업의 개혁·개조를 추진하는 데 좋은 기회를 제공하고 있다. 최근 몇 년 이래 중국에 다국적기업들이 비교적 많이 전이하고 있는 가공·제조업에는 가전제품·컴퓨터·이동통신·자동차 생산 등이 있으며 그 기술과 부가가치는 기존의 중국의 산업수준에 견주어 대부분 높다. 중국경제의 성장을 이끌고 중국 산업구조의 개선을 실현하는 고성장 산업에서는 외국기업들이 매우 중요한 작용을 하고 있다(표 9-7 참조).

중국은 이러한 기회들을 잘 활용하여 세계의 우수한 다국적기업들과 합작경쟁을 하는 과정에서 일부 신흥제조업을 발전시키고 기존의 제조업들을 재조정하고 그 수준을 높여 중국 산업구조의 업데이트를 촉진할 것이다. 예를 들면 IT 기술의 발전을 배경으로 그와 관련된 정보산업들의 발전과 산업구조를 개선하는 핵심요소로 삼아 적극적인 외국기업들의 유치와 추진을 하면서 중국의 IT 산업, 특히 하드웨어 생산능력이 비

산 업	연평균 증가 속도	외자기업의 증가액이 전 산업 증가액에서 차지하는 비율
일반 기계, 제조업	25.18	22.18
전자 및 통신설비 제조업	22.37	65.39
교통운수설비 제조업	18.61	30.84
석유·화학·공업 및 가공업	14.77	5.70
의료기 및 문화·사무용품·기계제조업	13.59	49.39
전문 설비 제조업	13.40	14.92
화학섬유 제조업	13.17	39.28
전자기계 및 기자재 제조업	12.29	34.24
음료제조업	12.21	27.86
의약제조업	11.91	24.56

표 9-7 | 1991~2000년 성장이 가장 빠른 산업과 외국기업의 증가액 비율(단위 : %)
자료출처 : 지앙샤오쥐엔(江小涓)이 쓰고 2000년에 중국인민대학출판사에서 펴낸 《중국의 외국자본경제》, 42쪽을 바탕으로 정리.

세계 순위	국가 혹은 지역	규 모	증가율
1	미 국	888,489	4.0
2	일 본	45,468	3.2
3	중 국	25,535	38.4
4	대 만	23,081	9.8
5	영 국	16,167	1.0
6	독 일	12,001	10.0
7	말레이시아	10,638	20.0
8	멕시코	10,281	20.0
9	아일랜드	10,013	8.0
10	한 국	9,925	12.0

표 9-8 | 2000년 세계 각국의 IT 하드웨어 생산규모 비교(단위 : 백만 달러, %)
자료출처 : 2001년에 일본어로 출판된 일본의 《JETRO 무역백과서》, 49쪽 내용을 바탕으로 정리.

교적 빠르게 발전하였으며 2000년에는 255.35억 달러의 생산액으로 세계 제3위로 성장하였고 그 가운데 외국기업의 비율이 47.2%를 차지하였다. 비록 중국의 내부 투자기업이라도 외국기업들의 기술을 전이받아 크게 발전하였다(표 9-8 참조).

4) 산업의 복합식 발전의 실현으로 국제분업에서 지위를 굳힌다

높은 신과학 기술산업을 발전시키는 것은 글로벌화한 경제사회에 적응하고 산업경쟁력을 높이는 데 필수조건이고, 중국이 21세기의 국제분업과 경쟁에 참여하는 전략의 기초이며, 또한 중국경제구조 조정의 핵심내용이다. 다른 한편으로는 노동집약형의 기술진보를 추구하고, 노동집약형 산업의 완벽한 발전을 유지하며 그 과학기술과 부가가치를 높이는 것은 중국이 현재 있는 풍부한 노동력 자원을 합리적으로 활용하는 데 필요한 선택이다. 또한 중국의 기본 국가정책과 비교우위의 특징에 부합하며, 구조조정 가운데서 더욱 중시해야 할 중점 가운데 하나로 되어야 한다. 높은 신기술 산업과 노동집약형 산업의 발전은 어느 한쪽을 더 중시하고 다른 한쪽을 경시하는 관계가 아니며, 서로 시장이 되고 상호보완할 수 있는 변증법적인 통일구조를 형성해야 한다. 국제사회의 경제적 구조조정의 흐름 속에서 중국은 노동력의 비교우위를 바탕으로 전통산업의 비중을 계속하여 확대할 것이며, 과학기술발전의 새로운 메커니즘에 기초하여 높은 신기술 산업을 힘껏 발전시켜 높은 신기술과 전통산업의 복합적 발전을 실현할 것이다. 이로써 국제분업의 협력 시스템 가운데서 노동집약형 산업의 절대적 지위를 확립하고 견고히 하며, 높은 신기술 산업의 비교우위와 국제분업의 협력에서 지위를 전면적으로 높이면서 국제무역조건을 개선하여 경제의 글로벌화에 따른 이익을 충분히 누린다.

2. 산업조직구조의 조정

1) 강자는 살아남고 약자는 도태되는 메커니즘이 미시경제의 체질을 강화한다

중국시장의 구조적 과잉의 모순이 차츰 드러나고, 공급부족 경제 아래 조방형(粗放型) 성장은 억제되며, 또한 발전에 장애가 되는 낙후된 관리시스템과 조방형 경영 기업들의 생존공간이 점차 축소된다. 중국의 시장화 개혁이 신속하게 진행되고 사회보장 시스템 건설이 나날이 진전되어 흡수·합병, 파산에 따른 기업의 퇴출 루트가 정비되고 있다. 중국의 대외개방이 끊임없이 확대되고 국제 시장경쟁이 날로 치열해지면서 강자는 살아남고 약자가 도태되는 메커니즘의 작용이 강화된다. 중국의 시장화 개혁의 추진과 대외개방의 끊임없는 확대는 각 유형의 산업과 기업에 큰 원동력과 동시에 큰 짐을 가져다주고, 그 기업들의 자주적인 경영소질·생존능력·경쟁능력을 높인다. 기업조직의 구조를 조정하고 기업경영 체질을 개선하기 위하여 중국은 아래와 같은 조치들을 취할 것이다.

첫째, 현대 기업제도 건설을 적절히 강화하고 기업경영 체질을 높이고 기업들로 하여금 구조조정의 활발한 주체로 되게 한다. 둘째, 국유자산 관리체제를 더욱 정비하고 국유자산을 포함한 그 재산권의 유동성을 높여 강자는 살아남고 약자는 도태되는 메커니즘을 강화한다. 셋째, 산업자본과 금융자본의 유기적인 결합 메커니즘을 마련하고 기업의 흡수·합병, 파산기업을 합병하는 데 풍부한 '자금'을 지원해준다. 넷째, 외국자본 이용방식의 다양화를 실현하고 구조조정에서 필요한 자금지원을 확대하면서 구조조정에 필요한 활력을 높인다.

2) 국제기업합작의 전략은 우수한 기업을 배출해낼 수 있다

경제의 글로벌화와 산업구조를 크게 조정하는 과정에서 일부 생산능력의 구조적 과잉모순이 점차 세계적 규모로 나타나고, 현재 확장하고 있는 중국시장을 통하여 이 과잉을 해결하도록 열망하고 있다. 그리고 선진국들은 비교우위와 경쟁력이 비교적 낮은 산업에 대해 우선적으로 기술력을 전이해주어야 한다. 따라서 산업기술이 비교적 성숙되었고 노동력의 우위가 강한 중국이 우선 최초의 투자목표로 되어야 하며, 이는 중국기업과 세계의 우수한 다국적기업의 전략적 합병·매수나 합작에 유리한 조건을 만들어왔다. 이러한 배경에서 만약 상호이익을 가져다주는 기업합작을 배척하고 적대적 과당경쟁을 전개한다면, 외국자본 도입 과정에서 낮은 수준의 중복건설과 내외자본 모두가 손해를 보게 되는 결과를 초래하게 된다.

세계의 유력한 다국적기업은 중국에서 상호보완성이 비교적 강한 기업과 전략적 인수·합병 혹은 상호혜택을 주는 합작을 적극적으로 추진하고 있고, 이로 말미암은 국제적 생산능력과 중국시장의 유기적인 결합을 전략적으로 실현하면서, 중복 투자를 피하고 이윤을 합리적으로 나눈다. 이러한 상황은 객관적으로 보면 기업의 현재 보유한 자산과 비교우위를 활성화하는 동시에 국제사회에서 경쟁력을 높이는 데 유리하며 중국 기업들로 하여금 스스로의 실력으로 우수한 세계 500대 기업에 진입할 수 있게 해야 한다.

예를 들면 해외 생산능력이 과잉상태이고 중국의 생산능력이 상대적으로 부족한 석유화학산업은 국내외 우수기업들의 생산능력과 국내판매에 필요한 상호보완된 전략적 합작 혹은 주주권 위치의 변화 등 방식으로 중복된 과잉투자와 '유혈경쟁'을 피하고 시장의 권익을 공동으로 누려야 한다. 또 다른 예를 들면 다국적기업은 규모를 확대하거나 산업기술의 전이를 필요로 하고, 중국에 걸맞은 생산능력이나 기반이 튼튼한 산업계의 유력한 기업이 있다면 인수·합병, 재편으로 연구·개발·생산·판매 등의 각 부분이 상호보완형 다국적기업으로 되어 경쟁력을 높이고 그에 따른 이익을 나눌 수 있을 것이다.

3) 중소기업의 발전은 합리적인 기업의 형태를 만든다

오랜 동안 중국은 사회화한 대(大)생산 가운데서 중소기업의 전문화한 부대적 구실을 경시해왔다. 그로 말미암아 효율적인 중소기업 지원 시스템을 수립하지 못하였고, 중소기업은 기술·제품의 성능, 품질수준 등에서 낙후하게 되었고, 전문화 분업의 협력을 기본으로 하는 사회화 대생산 요구를 만족시킬 수 없었다. 일반적으로 경영의 효율을 높이기 위해서는 대형 다국적기업의 생산 시스템이 연관생산을 하는 대량의 중소기업을 필요로 한다. 또한 그 지역이 어느 정도의 효율적인 연관생산능력을 갖추었는가를 고려하는 것은 다국적기업들이 투자지역을 선택하는 중요한 조건 가운데 하나이다. 그러나 비교적 낙후되어 있는 중국의 중소기업들의 발전은 대형기업의 연관생산의 요구를 충분히 만족시켜줄 수 없었고, 중국 산업조직의 경쟁력을 제약하고, 대형 다국적기업들의 중국투자를 제약하고 만다. 현재 중국은 이미 중소기업의 발전을 지원하는 것을 하나의 장기적인 전략목표로 삼아 중소기업 발전에 필요한 정책체계를 만드는 데 끊임없이 노력하고 중소기업의 자금난 등의 병목현상의 제약을 적극적으로 개선하여, 이로써 중소기업을 위한 좋은 기회와 양호한 조건을 제공한다. 최근 몇 년 이래 다국적기업들의 직접투자가 끊임없이 증가함에 따라 외국의 많은 중소기업들이 중국에 진출하여 대기업들에게 연관생산을 하고 있다. 중국 중소기업의 발전환경에 대한 끊임없는 개선과, 중국이나 외국의 중소기업이 경쟁과 합작을 하면서 공동 발전하는 것은 바람직한 기업환경 시스템을 형성한다.

4) 시장화 메커니즘은 산업조직구조를 전면적으로 개선한다

개혁개방 이래 중국 기업들의 조직구조에는 적극적인 큰 변화가 생졌다. 그러나 기업의 '작은 것은 전면적이지 못하고, 크고도 전면적이지 못하는' 특징[대형의 국유기업은 말할 것도 없고 소형의 국유기업에서도 생산에 필요한 설비·기술·인원·자재 등 모든 것을 기업 안에서 꾸리고, 교육·의료·복지 등 사회가 본래 해야 할 기능이나 시설을 갖추고 있는 경영방법]은 근본적인 발전을 하지 못하였고 아직도 높은 효율의 전문화한 분업의 협력 시스템과 충분한 규모의 경제를 형성하지 못하였으며, 시장경쟁력에 장해를 가져왔다. 그러므로 중국은 '큰 것을 붙잡고 작은 것을 놓아주는'[대형기업을 철저히 관리하고 소형기업을 자유화하는] 방침으로 능력과 경영성과를 높여 경쟁력이 강한 대형기업들과 기업 그룹의 육성에 힘을 쏟아 자본운영, 기술혁신, 시장개척 등에서 우위를 충분하게 발휘하도록 지원하여, 이를 국민경제의 기둥으로 삼아 국제경쟁에 참여하는 주체역량이 되게 해야 한다. 법을 정비하고 적용기준을 명확히 하는 위에 국유 중소기업을 자유화, 활성화하여 개혁, 연합, 흡수·합병, 임대, 외주경영, 주식제도, 종업원 지주제, 판매 등 여러 가지 형식으로 국유 중소기업들을 큰 시장에 진출시키고 국유 중소기업들의 발전을 하루 속히 촉진해야 한다. 중소기업을 적극적으로 지원하는 과정에서 특히 과학기술형 기업들을 '전문적이고 우수하며 특징 있는 새로운' 방향으로 발전시키고 이끌어주어 대기업과 밀접한 협력관계를 갖고 생산의 사회화수준을 높인다. 강력한 시장 메커니즘과 사회화한 분업협력의 눈부신이익은 대기업과 중소기업의 전문화 분업협력 시스템을 더욱 효율적으로 추진하고 산업조직구조의 합리화를 추진하면서 전체 산업조직의 경쟁력을 높인다.

연도	총인구	도시인구	도시화 비율	연평균 증가율	선진국가		발전도상국가	
					도시화 비율	연평균 증가율	도시화 비율	연평균 증가율
1800	9.78	0.50	5.1		7.3		4.3	
1825	11.00	0.60	5.4	0.012	8.2	0.036	4.3	0.000
1850	12.62	0.80	6.3	0.036	11.4	0.128	4.4	0.004
1875	14.20	1.25	8.8	0.100	17.2	0.232	5.0	0.024
1900	16.50	2.20	13.3	0.180	26.1	0.356	6.5	0.060
1925	19.50	4.00	20.5	0.288	39.9	0.552	9.3	0.112
1950	25.01	7.24	28.9	0.336	52.5	0.504	16.7	0.296
1975	40.76	15.64	38.4	0.380	68.6	0.644	27.2	0.420
2000	61.22	28.54	46.6	0.328	74.4	0.232	39.9	0.484

표 9-9 | 세계 도시화 속도(단위 : 억 명, %)
자료출처 : 후쑨앤(胡順連)이 쓰고 2002년에 중국공산당 중앙위원회출판사에서 출판한《중국의 도시화 발전전략》, 89, 100쪽 내용을 바탕으로 정리.

3. 도시·농촌의 이원경제구조의 모순을 해결해야 한다

1) 중국은 현재 신속한 도시화로 발전하는 단계에 있다

세계의 도시화 발전법칙에서 보면, 도시화 비율이 20%에 도달한 뒤에는 연평균 도시화 속도가 빠른 단계에 들어선다. 표 9-9에서 보여주는 것과 같이, 1925년 세계 도시화 비율이 20.5%에 도달한 이래, 도시화는 연평균 0.3% 안팎의 속도로 증가하였다. 또한 선진국가의 도시화 사례를 보면, 도시화 비율이 70%에 달하기 전 도시화 비율의 연평균 증가속도가 빨라지고 반면 도시화 비율이 70%를 초과한 뒤에는 연평균 도시화 속도가 0.2%로 느려졌다. 20세기 '80년대 전반에 중국 도시화 비율은 20%의 단계에 들어섰고 현재는 빠른 속도로 발전하고 있다.

연도	총인구			비농업 인구					시(市)	진(鎭)
	전국	도시	비율	합계	비율	시(市)	진(鎭)	향(鄕)		
1949	54,167	5,765	10.6	9,441	17.4	—	—	—	135	2,000
1957	64,653	9,949	15.4	10,618	16.4	6,005	3,091	1,522	176	—
1961	65,859	12,707	19.3	12,415	18.9	7,004	3,599	1,812	208	4,429
1965	72,538	13,045	18.0	12,122	16.7	7,087	3,083	1,952	171	4,902
1970	82,992	14,424	17.4	12,660	15.3	7,113	3,412	2,135	176	—
1978	96,259	17,245	17.9	15,230	15.8	8,405	4,039	2,786	193	2,173
1980	98,705	19,140	19.4	16,800	17.0	9,448	4,415	2,937	217	—
1985	105,851	25,094	23.7	21,054	20.1	12,250	5,721	3,083	324	9,140
1990	114,333	30,191	26.4	23,887	21.1	15,348	6,385	2,154	461	12,084
1995	121,121	35,174	29.0	285,663	23.6	20,016	7,086	1,461	640	17,532
2000	126,743	45,906	36.2	—	—	—	—	—	663	20,312
2004	129,988	54,283	41.8	37,677	29.0	—	—	—	—	—

표 9-10 | 신중국의 도시화 발전 개황(단위 : 만 명, %, 개)
자료출처 : 2000년 이전의 데이터는 표 9-9와 출처가 같음. 2004년의 데이터는《중국통계적요
2005》, 1, 39쪽 데이터를 바탕으로 계산.

2) 중국은 도시화 발전을 적극적으로 추진해야 한다

1인당 평균 GDP로 보거나 공업화율의 지표로 보더라도 중국의 도시
화 비율은 지나치게 침체되어 있다. 그러나 2001년 중국의 1인당 GDP
는 912달러 수준이어서 체너리(H. B. Chenery, 미국의 경제학자)의 도시
화 모델에 추계해보면 현재 중국의 도시화 수준은 60~63% 사이에 있어
야 하나, 2003년 중국의 도시화 수준은 겨우 41%밖에 안 되었다. 그러나
다른 나라의 정상적 경제발전의 도시화 수준보다 20% 차이가 나면서
거대한 도시화 발전공간의 잠재력을 나타냈다(표 9-10 참조). 이에 따
라 정부가 도시 시스템 규칙에 대한 계획을 강화하고 도시공간을 합리
적으로 이용하고 환경을 보호하는 등의 정책으로 인구유동, 기초시설
(인프라)건설, 사회 공공사업의 발전 및 복지 시스템 건설 등에서 시장

연도	총인구	도시화 비율	연평균 증가율	도시인구	연평균 증가한 도시인구
1980	98,705	19.4		19,140	
2000	126,743	36.2	0.8	45,906	1,338
2020	147,000	52~56	0.8~1.0	76,440~82,320	3,822~4,116
2050	158,000	64~72	0.6~0.8	101,120~113,760	3,371~3,792

표 9-11 | 중국의 향후 도시화 예측(단위 : 만 명, %)
자료출처 : 총인구 수량은 《신중국의 도시경제 50년》, 52쪽 내용을 바탕으로 작성하였고, 기타 《중국통계연감》의 관련 데이터를 바탕으로 정리.

메커니즘의 기능을 더욱 발휘하도록 해야 한다. 다만 계획경제체제 아래서 도시발전의 전통적 패턴을 벗어나 시장 메커니즘의 기능을 더욱 많이 발휘하지 않으면 도시화를 발전시키는 전략을 순조롭게 실현할 수 없다. 그리고 빠르게 도시·농촌 경제를 협조 발전의 궤도에 올려놓을 수가 없다.

3) 중국의 도시화 추진 전망

개혁개방정책에 힘입어 1980~2000년에 걸쳐 도시화 수준은 19.4%에서 36.2%로 올라갔고 평균 매년 0.84% 높아졌다. 전 국민의 중산층사회를 실현하는 목표의 확립과 현재 각 항목의 정책조치의 조정에 따라 중국의 도시화는 신속한 발전단계에 있다. 호적제도, 사회보험제도 등 개혁의 전진, 도시화 전략의 추진, 공업화의 진전은 도시화를 크게 촉진한다. 앞으로 20년은 중국의 도시화 과정을 제약해왔던 체제가 점차 사라짐에 따라 중국의 도시화는 신속하게 이루어지고 선진국가들을 추월하는 단계에 들어설 것이다. 합하면 공업화 발전을 추진하는 도시노동력의 '이끌어주는 힘', 농촌과 농업의 발전을 균등하게 추진하는 잉여노동

	도시인구 비율			도시 인구		
	1990	2000	2025	1990	2000	2025
세계 총계	45	51	65	24	32	55
선진국가	73	75	83	9	9	11
발전도상국가	37	45	61	15	23	44
중 국	26.4	36.2	약 60	3.0	4.6	약 10

표 9-12 | 국제적인 도시화 수준과 도시 인구(단위 : %, 억 명)
중국의 데이터는 저자가 예측.
자료출처 : 중국 이외의 데이터는 UN에서 편집한 《세계 도시화 전망》에서 정리.

력의 '밀어주는 힘'으로 이원구조를 점차 없애는 신형의 공업화 발전 메커니즘의 추진 속에서 21세기 20년 동안의 중국인구 도시화 비율은 연평균 0.8~1.0%로 계속해서 증가할 것이다. 그러나 2020~2050년 동안은 위에서 말한 '이끌어주는 힘'과 '밀어주는 힘'으로 도시화 비율을 감소시키고 이원구조 모순의 해결을 배경으로 중국인구의 도시화 비율의 속도는 점차 느려지면서 연평균 증가율이 0.6~0.8%로 예측된다.

이상의 예측한 결론은 표 9-11로 종합할 수 있다. 만약 낙관적으로 예측하면, 2025년의 중국 도시화 수준은 60% 안팎에 이를 것이며 대체로 UN에서 예측한 그해의 발전도상국가들의 평균 도시화 수준에 가까울 것이다. 중국의 도시·농촌의 이원경제구조의 모순도 크게 완화될 것이다(표 9-12 참조).

4. 지역경제의 협력발전

1) 도시와 농촌지역의 구조적인 모순이 서로 공존한다

중국의 동·중·서부지역 사이의 도시와 농촌의 소득차이, 농민의 소

연 도	농촌의 1인당 평균 소득이 도시의 1인당 평균소득에서 차지하는 비율		지역간 농촌 1인당 평균소득 (동부를 100으로 함)	
	1980	2000	1980	2000
동 부	54.4	43.2	100	100
중 부	49.5	40.1	77.7	61.0
서 부	44.9	30.4	69.7	50.0

표 9-13 | 도시와 농촌 사이의 지역소득 격차의 비교(단위 : %)
자료출처 : 2003년 3월에 왕샤오루(王小魯)가 쓴《중국이 현재 직면한 농민수입의 문제》《비교》를 참고로 정리.

득격차와 전체 지역별 1인당 평균 소득차이는 밀접한 관련이 있다. 농촌 인구가 절대다수를 차지하고 있는 조건에서 농촌주민들의 소득증가 속도가 느리고 도시와 농촌의 소득차이가 늘어날 때 반드시 그 지역 전체 소득증가의 속도가 느려지는 현상을 초래한다. 1978년 전국 농촌의 1인당 평균소득은 도시의 1인당 평균소득의 39%였고, 농촌개혁 성과의 확대에 따라 1985년에 그 비율은 54%로 높아졌고, 2000년에 와서는 그 비율이 36%로 내려갔다. 그 가운데 서부지역의 도시와 농촌의 격차가 더욱 두드러졌고 서부지역 농촌의 1인당 평균소득이 도시지역의 1인당 평균소득에서 차지하는 비율은 1980년 44.9%에서 2000년 30.4%로 내려갔다. 또한 1980년부터 2000년까지 서부지역의 농촌 1인당 평균소득이 동부지역의 농촌 1인당 평균소득에서 차지하는 비율은 69.7%에서 50.0%로 내려갔다(표 9-13 참조). 서부지역의 도시화 수준은 비교적 낮고 농촌 인구비율은 비교적 크며 도시와의 격차가 큰 상태에서 서부지역 농민들의 1인당 평균소득의 하강은 어쩔 수 없이 동부지역의 소득격차의 확대를 초래한다.

2) 도시·농촌 사이의 지역 구조조정은 상호보완작용을 한다

(1) 서부지역의 도시화 건설을 촉진한다

서부 대개발 전략을 실시한 뒤에, 국가는 서부의 기본 건설에 대한 투자를 강화하고 재정을 증가시키고 세금우대정책을 실시하는 등의 조치로 서부지역의 발전을 촉진하였다. 새로이 36개 부문의 중점적인 공사를 시행하고 총투자 규모는 6천여 억 위안에 달하였다. 철강, 철도 그리고 서부의 가스를 동부로 수송하고 서부의 전기를 동부에 보내며 수리건설과 간선도로 등 중대한 항목에 대한 건설의 진전이 순조롭다. '도로가 현(縣)까지 들어가고' '전기를 향(鄕)까지 수송하며' 'TV 방송이 촌(村)까지 들어가는' 등의 작업을 실시하고 있다. 생태환경의 보호와 건설력이 강화되고 농촌 고속도로, 중소형 수리건설, 사람과 가축들의 식수문제와 과학기술, 교육시설의 건설을 촉진하고 있다. 이러한 조치는 서부지역의 제2차산업, 제3차산업의 발전과 도시화 수준의 향상에 유리하며 또한 서부지역 개발과 지역 사이의 격차를 줄이는 데에도 유리하다.

(2) 서부의 생태환경 보호에 투자를 늘리고, 도시와 농촌의 격차를 줄인다

1997년부터 2002년까지 중국의 환경보호와 생태건설에 대한 투자는 5800억 위안이었으며 이는 1950년부터 1997년까지 투자한 금액의 1.7배였다. 전국 산림면적은 2787만 헥타르로 벌채를 금지하고 산림을 육성한 면적이 3153만 헥타르, 경작지를 삼림으로 한 면적이 382만 헥타르, 수분과 토양의 유실을 막은 면적이 26.6만 헥타르, 사막화를 막은 면적이 570만 헥타르였다. 특히 이러한 과정에서 가장 큰 혜택을 받은 지역은 중서부지역이었다. 생태환경 건설로 말미암아 서부지역은 아직 발달되지 않은 지역의 농민들이 중심도시로 집중하게 하는 정책을 추진하였다.

이상의 조치는 한편으로는 환경오염을 방지하고 자원보호는 새롭게 진전했으며, 다른 한편으로는 중서부지역의 환경개선과 경제발전에 공

지 역	외국투자기업들의 공업 총생산액	외국투자기업들의 수출액	수출이 공업 총생산액에서 차지하는 비율
전 국	23,464.55	9,913.60	42
동 부	21,332.37	9,648.83	45
중 부	1,557.81	201.94	13
서 부	574.37	70.30	12

표 9-14 | 2000년 지역별 외상투자기업의 수출액과 그 비율(단위 : 억 위안, %)
자료출처 : 지앙샤오쥐엔(江小涓)이 쓰고 2000년에 중국인민대학출판사에서 출판한《중국의
외국자본경제》, 42쪽을 바탕으로 정리.

헌하였고, 특히 서부지역의 농민들에게 황무지를 개간하여 경작면적을
확대시키는 동시에 생태파괴와 사회적 이익을 저해했던 악순환에서 벗
어나게 하였다. 또한 경작지를 초원과 삼림으로 개간하면서 농민소득을
안정적으로 높였고, 생태환경을 개선하여 종합적인 수익을 높이는 선순
환의 발전단계로 이끌었다.

이로 말미암아 서부지역의 도시와 농촌의 이원적인 경제구조의 모순
을 효과적으로 완화하였다. 서부개발의 추진에 따라 동부와 중서부지역
의 경제격차가 감소했고 서부의 도시와 농촌의 격차도 점점 줄어드는
추세를 보이고 있다. 서부 대개발정책, 도시화 전략과 농촌경제개발 등
의 조치는 서로 유기적으로 결합하면서 도시·농촌의 구조조정과 지역
구조조정의 유기적인 협력도 실현될 것이다.

(3) 동부지역, 외국기업의 투자가 서부지역 개발에 큰 작용을 한다

중국의 지역 경제발전을 경험으로 외국자본 등 그 지역 밖의 자본을
잘 활용하는 것은 지역격차와 조방형 경제발전을 막는 중요한 요소들
이다(표 9-14 참조). 지역 밖의 자본을 중서부지역으로 투자하는 정책
이 서부대개발 전략의 요구에 걸맞도록 적극 추진하는 것은 현존하는

원 인	선택을 주요 원인으로 하는 비례
비교적 낮은 생산원가	87
소비자와 시장	65
중소기업(보조기업)	63
현지와 주변 시장의 큰 잠재력	37

표 9-15 | 다국적기업이 중서부지역에 투자하는 주요 원인(단위 : %)
자료출처 : 사회과학원에서 편집하고 중국재정경제출판사에서 펴낸《중국의 외국기업투자의 보고(2000)》에서 정리.

동서부의 지역격차를 줄이는 데에도 커다란 의의가 있다. 외국자본을 포함한 지역 밖의 자본을 더욱 효과적으로 끌어들여 중서부지역 개발을 더욱 적극적으로 추진하기 위해 중국은 그와 관련된 정책개발을 적극적으로 모색하고 있다.

첫째, 자금투자 이동경로를 확대하고 민간자본을 인프라 건설에 투자하게 하고 서부지역의 인프라 건설과 도시화 발전을 촉진해서 동부지역과 외국기업들의 투자에 대해 더욱 많은 발전공간과 상업기회를 제공한다. 또한 서로 다른 지역의 자원과 지리적 조건을 결합하여 외국기업이 동부에서 자원개발형 산업에 대한 투자와 여행자원을 개발하는 것을 추진한다. 둘째, 서부개발에 대한 더욱 많은 외국자본 투자, 기술지원, 관련 프로젝트의 특별융자혜택 등에 노력한다. 셋째, 서부지역에서 널리 지원정책을 실시하여, 우선적으로 중서부지역의 인구가 집중한 대도시에서 서비스와 무역 등의 영역을 개방한다. 넷째, 중서부지역의 인재양성 프로그램을 강화하고 기초교육에 대한 투자를 증가하여 다양한 교류와 집중교육 등의 과정으로써 서부지역 경제관리와 공무원들의 수준을 높인다.

다국적기업에 대한 조사에 따르면, 다국적기업이 중서부지역에 투자하는 주요 이유는 낮은 생산원가, 소비자나 시장 및 관련기업이 가깝다는 것이다(표 9-15 참조). 서부개발의 진전과 서부시장의 확대에 따라 이상의 요인을 포함한 투자흡인력이 더욱 강화되고, 다국적기업의 중서부에 대한 투자는 확대될 것이며, 중서부 지역경제의 발전과 지역구조 조정에 더욱 적극적으로 공헌할 것이다.

제3절 성장요인 :
'두 가지 자원'이 추진하고 '두 가지 시장'이 이끌어준다

1. 공급요인 : '두 가지 자원'이 추진

1) 자본공급의 규모 확대

(1) 높은 자본축적률은 높은 투자율을 가져온다

표 9-16이 보여주는 것과 같이, 최근 10년 동안 중국은 지속적으로 40% 정도의 높은 투자율을 유지하였으나, 더 중요한 요인은 중국의 높은 자본축적률이 높은 투자율을 충분히 뒷받침했던 것이다. 아시아 신흥공업국가를 포함한 국제사회에서 중국의 투자율과 축적률은 높은 수준이다. 싱가포르의 자본축적률은 중국보다 높긴 하지만 그 투자율은 현재 중국보다 낮으며, 그 잉여자본이 주로 중국으로 투입되면서 중국 산업 발전에 큰 공헌을 하고 있다.

(2) 자본배분 효율의 향상

최근 몇 년 이래 중국경제의 신속한 발전과 주민소득의 상승에 따라 도시와 농촌주민의 소득과 저축액이 대폭 증가하였고, 그 규모는 중국

GDP의 약 80%였다. 자본축적을 필요로 하는 산업부문에, 어떻게 하면 가장 효과적으로 배분하는가 하는 것은, 중국이 직면한 하나의 현실적인 과제이다. 금융기구의 시장화 개혁과 경영능력의 향상은 자본이라는 자원의 배분효율 개선에 유리하다.

예컨대 아래와 같은 은행의 적극적인 변화는 이를 구체적으로 표현하고 있다. 첫째 은행 신용대출의 구조조정에 박차를 가했다. 신용대출의 분포구조에서 보면 은행 대출자금이 우수고객, 우수산업, 우수지역에 집중되는 속도가 빨라질 것이다. 신용대출의 종류에서 보면 소비금융은 줄곧 높은 신장세를 유지하고 프로젝트 융자는 새로운 발전을 가져올 것이다.

둘째, 은행자산구조 조정의 속도가 빨라지고 있다. 20세기 '90년대 중

표 9-16 | 주요 아시아 국가들의 축적률과 투자율의 비교(단위 : %)
자료출처 : 아시아개발은행

		1993	1994	1995	1996	1997	1998	1999	2000	2001	2002
중국	축적률	41.9	41.5	42.5	41.1	41.5	39.8	38.0	38.0	38.2	38.5
	투자율	43.5	40.9	40.8	39.6	38.2	37.4	37.0	37.1	37.0	37.2
	차 이	−1.6	0.6	1.7	1.5	3.3	2.4	1.0	0.9	1.2	1.3
한국	축적률	35.4	35.5	35.4	33.5	32.5	33.9	32.7	30.9	31.0	30.0
	투자율	35.1	36.1	37.2	37.9	34.2	21.2	26.7	28.7	29.0	29.5
	차 이	0.3	−0.6	−1.8	−4.4	−1.7	12.7	6.0	2.2	2.0	0.5
태국	축적률	34.9	34.7	33.8	33.5	32.5	33.2	30.1	30.0	32.8	33.1
	투자율	39.9	40.3	41.8	41.6	33.3	20.3	19.9	22.0	25.3	27.5
	차 이	−5.0	−5.6	−8.0	−8.1	−0.8	12.9	10.2	8.0	6.5	5.6
인도네시아	축적률	27.6	29.1	30.6	30.1	31.5	26.5	20.2	22.0	20.9	21.3
	투자율	29.5	31.1	31.9	30.7	31.8	16.8	12.2	17.9	15.0	17.0
	차 이	−1.9	−2.0	−1.3	−0.6	−0.3	9.7	8.0	4.1	5.9	4.3
싱가포르	축적률	46.3	48.8	50.2	50.1	53.1	52.4	51.8	49.8	51.0	52.0
	투자율	37.7	32.7	34.6	36.8	39.2	32.6	32.4	31.3	32.4	32.5
	차 이	8.6	16.1	15.6	13.3	12.9	19.8	19.4	18.5	19.0	19.5

반부터 시작한 상업은행 신용대출자산의 구성비율의 저하는 계속되었으나 증권자산의 점유율이 점차 상승하고 무이자 자산의 점유율은 떨어지고 자본수익이 높아졌다.

셋째, 수익구조 조정의 추진이 빨라지고, 중간업무, 표외업무(증권·신탁·자산관리·리스 등) 수익을 점하는 비율이 점차 상승하고 은행의 종합 서비스와 기술수준이 비약적으로 향상했다.

(3) 외국자본의 이용수준을 높인다

① 외국자본의 이용규모가 확대된다 : 개혁개방 이래 '두 가지 자원'을 적극적으로 이용하는 경제무역전략의 추진으로, 중국이 외국자본을 이용하는 규모가 급속하게 확대되었다. 매년 실제로 이용한 외국의 자본액은 1983년 34.3억 달러에서 2003년 약 550억 달러로 증가하였다. 국제자본유동의 새로운 동향과 날로 치열해지는 자본도입 경쟁에서 중국은 투자환경을 계속하여 개선하고 외국자본 유치에 더욱 큰 공간을 제공할 것이다.

첫째, 대외개방 영역을 확대하고 서비스와 무역 분야에 대한 제한을 점차 줄이며 금융·보험·전신·대외무역·상업·여행과 회계, 법률 서비스 등의 산업을 단계적으로 개방할 것이다. 서비스, 무역 영역의 개방은 중국이 WTO에 가입하면서 약속한 내용을 지키는 구체적 표현일 뿐만 아니라 경제의 글로벌화를 적극적으로 받아들이는 전략적 조치다. 왜냐하면 외국자본을 흡수하여 서비스업의 비약적인 발전을 실현하면서 시장경쟁력을 강화하고, 서비스 수준을 높이면서 투자환경을 개선하고 경제구조를 정비하는 데 유리하기 때문이다.

둘째, 투자의 경로를 풍부하게 한다. 국제사회의 다국적 투자의 새로운 추세에 적응하기 위하여 중국은 자본시장의 개방과 금융체제의 끊임없는 개선을 함으로써 자본시장의 외자 흡인능력을 높일 것이다. 자본시장의 점차적인 개방과 재산소유권 거래제도의 정비는 외국자본을 흡

연 도	1991	1993	1995	1996	1997	1998	1999	2001	2004	1991~2004
총 액	4,366	27,515	37,521	41,726	45,257	45,463	40,319	46,878	60,630	496,637
중국·홍콩	55.09	62.78	53.47	49.56	45.59	40.71	40.58	35.66	31.33	38.67
미 국	7.40	7.50	8.22	8.25	7.16	8.58	10.46	9.46	6.50	8.42
일 본	12.20	4.81	8.28	8.82	9.56	7.48	7.37	9.28	8.99	8.17
중국·대만	10.68	11.38	8.43	8.33	7.27	6.41	6.45	6.36	5.14	7.05
싱가포르	1.33	1.78	4.93	5.38	5.76	7.49	6.55	4.57	11.10	6.99
버진 제도	0.00	0.05	0.81	1.29	3.79	8.87	6.63	10.76	10.31	4.93
한 국	0.91	1.36	2.78	3.25	4.73	3.97	3.16	4.59	3.31	4.64
영 국	0.81	0.80	2.44	3.12	4.10	2.58	2.59	2.24	1.31	2.17
독 일	3.69	0.20	1.03	1.24	2.19	1.62	3.41	2.59	1.75	1.78
프랑스	0.23	0.51	0.76	1.02	1.05	1.57	2.19	1.14	1.08	1.18
기 타	7.67	8.82	8.85	8.79	10.61	12.44	13.36	16.15	19.18	13.65

표 9-17 : 중국에 대한 외국기업의 직접투자 주요경로(단위 : 백만 달러, %)
자료출처 : 《중국통계연감 2004》, 732~734쪽 데이터를 바탕으로 계산.

수하여 국내기업이 다국적 합병과 재정립을 하는 데 필요한 환경을 제공하면서, 외국자본이 국경을 넘어 다양한 방식으로 중국기업의 재정립, 개조에 투자하도록 한다.

  셋째, 외국자본이 대한 정책을 정비한다. 중국의 외국자본에 대한 정책이 끊임없이 정비되면서 홍콩과 대만 등 그 밖의 다양한 지역에서 오는 직접투자가 계속 증가하고 있고 외국기업들의 투자경로의 다원화 추세가 두드러지고 있다. 표 9-17에서 보여주는 것과 같이 중국·홍콩·대만의 직접투자의 비례는 1991년 65.77%에서 2003년 39.39%로 낮아졌고, 표에서 구체적으로 나타낸 국가와 그 밖의 다른 여러 나라의 투자비율은 1991년 7.22%에서 2003년 15.55%로 높아졌다. 위와 같은 새로운 추세는 계속될 것이고, 중국이 외국기업들의 직접투자를 흡수하는 규모가 확대되면서 중국이 외국자본을 이용하는 수준을 높이는 데 유리한 기회를 제공한다.

  ② 외국기업들의 중국에 대한 투자환경이 개선될 것이다 : 세계의 우

수한 다국적기업의 중국에 대한 투자가 증가함에 따라 외국투자기업의 산업구조와 기술구조가 점차 개선되고 프로젝트의 평균규모도 증가하는 추세이다. 예를 들면 외국기업들의 직접투자 프로젝트의 계약 베이스의 평균금액은 1985년 193.3만 달러에서 2003년 280.1만 달러로 확대되었다. 중국개방 분야의 확대와 경제시장환경의 변화에 따라 외국기업들의 투자전략이 적극적으로 조정될 것이다.

첫째, 투자의 성격이 종래의 단순한 가공형으로부터 국내시장 지향형으로 전환된다.

둘째, 투자산업이 종래의 단순한 노동집약형에서 노동·자본·기술 함량 겸비형 산업으로 전환된다.

셋째, 종래에 투자지역이 동부 연해지역에 집중되는 국부형(局部型)에서 중서부지역도 배려하는 전국형(全局型)으로 전환된다.

넷째, 투자분야가 종래의 제조업을 위주로 하는 중점형에서 유통, 금융 등 서비스 분야를 포함하는 전면형으로 전환된다.

다섯째, 투자방식이 종래의 중복투자의 공장 건설을 중심으로 하던 녹지투자형(그린 인베스트먼트)에서 기업합병, 구조조정에 따른 흡수·합병 재편형으로 전환된다.

외국기업들의 투자전략 조정에 호응하여 그 투자구조에도 그에 걸맞은 적극적인 변화를 가져올 것이다. 그러나 WTO 가입 뒤 완제품의 수입이 쉬워지면서 관세장벽을 넘는 것을 목적으로 한 직접투자가 감소하고 세계적 규모의 외자도입 경쟁이 날로 치열해가는 정세 아래서는 관련 법체계와 투자환경을 계속하여 개선해야 하고, 외자도입 능력을 높여야만 외국자본을 이용하는 수준을 계속하여 확대해나갈 수 있다.

③ 외국자본의 중국경제발전에 대한 공헌은 지속된다 : 중국은 개혁개방 뒤, 개방형 시장경제 발전 메커니즘으로 큰 경제성과를 거두었다. 다국적기업을 대표로 하는 외국기업들은 투자와 수출 등으로 중국 GDP 증가에 직접 공헌하고, 다른 한편으로는 중국의 신형 발전 메커니즘이

연도	공업생산액		고정자산투자		세금소득		대외무역	
	외자기업 생산액 (억 위안)	비율 (%)	외국기업의 직접투자 (억 달러)	비율 (%)	외교세 수입 총액 (억 위안)	비율 (%)	외국기업 대외무역 (억 달러)	비율 (%)
1990	448.95	2.28	34.87	3.68			201.15	17.43
1992	2,065.6	7.09	110.08	7.51	122.26	4.25	437.47	26.43
1994	86,494.4	11.26	337.67	17.08	402.64	8.51	876.47	37.04
1996	15,078.0	15.14	417.26	15.10	764.06	11.87	1,371.10	47.29
1998	15,532.0	27.0	454.62	13.23	1,203.0	14.07	1,576.8	48.68
2000	23,464.6	27.4	407.15	10.23	2,217.0	17.50	2,367.1	49.91
2003	43,351.7	30.6	535.1	8.03	—	—	4,722.5	55.49

표 9-18 | 외국기업이 중국 국민경제에서 차지하는 비율
자료출처 : 2000년 이전의 데이터는 조우슈리엔(周叔蓮)과 궈커사(郭克莎)가 쓰고 2000년에 경제관리출판사에서 펴낸《중국공업성장과 구조변동의 연구》, 260쪽 내용을 바탕으로 정리. 2000년과 2000년 이후의 데이터는《중국통계적요 2004》, 124, 166, 168쪽과 상무부의 관련 데이터에 따른 통계.

라는 혁신에 참여하여 중국경제의 발전에 공헌하고 있다. 중국이 WTO에 가입하면서 시티은행 등 세계의 다국적 금융기관도 중국의 금융시장에 참여했고, 금융·보험·증권 등 금융자산의 선택 루트나, 다종다양한 금융상품을 개척하고, 금융자산의 최적 배분에 기여하고 경영요소의 사용효율을 높였다. 외국의 자본을 이용하는 규모의 끊임없는 확대에 따라 외자기업이 흡수한 중국의 노동력은 매년 증가하고, 1985년 6만 명에서 2001년 671만 명으로 증가하였으며 연평균 40만 명 남짓 증가한다. 직접 또는 간접으로 외자기업과 관련된 중국의 기업들이 부대가공, 서비스 등 활동에 종사한 자, 그리고 해외의 융자나 원조를 이용한 프로젝트에 참가한 노동자를 계산에 넣으면 외자기업은 거의 2000만 명 남짓에게 취업의 기회를 제공하였다. 그리하여 그 선진 직업교육훈련으로 노동력의 자질을 끌어올렸다. 또한 국내 노동력이 제1차산업에서 제2차산업과 제3차산업으로 이동과정을 가속화하고 노동력 배분의 합리화

수준을 대폭 높였다. 중국은 계속하여 다국적기업이 반드시 중국경제발전의 새로운 메커니즘에서 중요한 주체적 작용을 발휘하도록 하고, 그에 따라 요소배분의 효율과 그 수익을 높여 증가시키고 개방형 경제발전의 새로운 메커니즘을 정비해서 중국경제의 발전에 새로운 활력을 가져다주어야 한다.

오늘날 홍콩·마카오·대만을 포함한 외국기업의 직접투자가 중국 전체 사회의 고정자산투자 총액에서 높은 비율을 차지하고 있으며, 이미 중국경제의 중요한 구성부분이 되어 새로운 경제성장의 밑거름이 되었고 중국경제발전을 위한 중요한 구실을 하고 있다(표 9-18 참조).

2) 노동력 구조의 개선

(1) 노동력 수요 주체의 다원화

개혁개방 이래 다양한 소유제 경제가 더불어 발전하는 기본경제제도가 기본 바탕이 되어 비공유제 경제가 눈부시게 발전했고, 농촌사회경제에서 비농업부문이 급속히 성장하고 시장경제 주체가 다원적으로 발전했다. 이러한 변화에 보조를 맞추어 노동력 수요의 주체와 취업구조에도 커다란 변화를 가져왔다. 도시와 농촌의 노동력 취업구조를 보면 도시의 노동력 비율은 1978년 23.69%에서 2003년 34.45%로 높아졌으나, 농촌의 노동력 비율은 상대적으로 낮아졌다. 도시에서 국유경제와 집단경제의 취업비율은 1978년 23.66%에서 2003년 10.58%로 내려갔으나 반면에 비공유제 경제주체의 취업비율은 1978년 0.04%에서 2003년 20% 남짓으로 증가하여 도시의 공유제 경제 속에서 취업의 규모를 초과했다. 농촌에서 농업 노동력의 비율은 1978년 69.26%에서 2003년 41.93%로 내려갔다. 또한 향진기업, 사영(私營)·개인경제의 취업비율은 1978년 7.04%에서 2003년 23.63%로 증가하였다(표 9-19 참조). 위와 같은 취업의 구조적 변화에서 말해주는 것처럼 개혁개방 뒤 크게 발전하고

연　도		1978	1980	1985	1990	1995	2000	2003	1978~2003 연평균 증가속도
도시·농촌의 취업총계		40,152	42,361	49,873	64,749	68,065	72,085	74,432	2.50
도시 취업 인원	도시의 총노동력 인수	9,514	10,525	12,808	17,041	19,040	23,940	25,639	4.00
	도시의 총노동력 비율	23.69	24.85	25.68	26.32	27.97	32.78	34.45	—
	국유기업 인수	7,451	8,019	8,990	10,346	11,261	7,640	6,876	−0.32
	국유기업 비율	18.51	18.93	18.03	15.98	16.54	10.46	9.24	—
	일반기업 인수	2,048	2,425	3,324	3,549	3,147	1,291	1,000	−2.83
	일반기업 비율	5.10	5.72	6.66	5.48	4.62	1.77	1.34	—
	홍콩·마카오·대만과 외국투자기업 인수	0	0	6	66	513	671	863	31.79 (1985~2003)
	홍콩·마카오·대만과 외국투자기업 비율	0.00	0.00	0.01	0.10	0.75	0.92	1.16	
	개인기업과 자영업 인수	15	81	450	671	2,045	3,658	4,922	26.08
	개인기업과 자영업 비율	0.04	0.19	0.90	1.04	3.00	5.01	6.61	—
	기타 기관 인수	0	0	38	2,409	2,074	10,680	11,978	37.66 (1985~2003)
	기타 기관 비율	0.00	0.00	0.08	3.72	3.05	14.63	16.09	
농촌 취업 인원	농촌 총노동력 인수	30,638	31,836	37,065	47,708	49,025	49,085	48,793	1.88
	농촌 총노동력 비율	76.31	75.15	74.32	73.68	72.03	67.22	65.55	—
	향진기업 인수	2,827	3,000	6,979	9,265	12,862	13,086	13,573	6.48
	향진기업 비율	7.04	7.08	13.99	14.31	18.90	17.92	18.24	—
	개인기업과 자영업 인수	0	0	0	1,604	3,525	3,816	4,014	7.31 (1990~2003)
	개인기업과 자영업 비율	0.00	0.00	0.00	2.48	5.18	5.23	5.39	
	농업 노동 인수	27,811	28,836	30,086	36,839	32,638	32,183	31,206	0.46
	농업 노동 비율	69.26	68.07	60.33	56.90	47.95	44.07	41.93	—

표 9-19 | 도시와 농촌 취업구조의 변화(단위 : 만 명, %)
자료출처 : 《중국통계연감 2004》, 122쪽 관련 데이터를 바탕으로 계산.

강대해진 새로운 타입의 경제주체는 비교적 강한 취업 흡수 능력을 보여주고 있다. 개혁개방의 끊임없는 진전과 여러 가지 소유제 경제주체의 확대와 발전에 따라 노동력 수요주체의 다원화가 계속하여 추진되고 고용력이 확대되고 있다.

연 도		1978	1980	1985	1990	1995	2000	2002	1978~2002 연평균 증가속도
취업노동력 총수		40,152	42,361	49,873	64,749	68,065	72,085	73,740	2.57
농업·임업· 목축업·어업	인수	28,318	29,122	31,130	34,177	33,018	33,355	32,487	0.57
	비율	70.53	68.75	62.42	52.78	48.51	46.27	44.06	–
제조업	인수	5,332	5,899	7,412	8,624	9,803	8,043	8,307	1.86
	비율	13.28	13.93	14.86	13.32	14.40	11.16	11.27	–
건축업	인수	854	993	2,035	2,424	3,322	3,552	3,893	6.52
	비율	2.13	2.34	4.08	3.74	4.88	4.93	5.28	–
교통·운수 우정·통신	인수	750	805	1,279	1,566	1,942	2,029	2,084	4.35
	비율	1.87	1.90	2.56	2.42	2.85	2.81	2.83	–
도매·소매 무역·음식업	인수	1,140	1,363	2,306	2,839	4,292	4,686	4,969	6.33
	비율	2.84	3.22	4.62	4.38	6.31	6.50	6.74	–
금융·보험	인수	76	99	138	218	276	327	340	6.44
	비율	0.19	0.23	0.28	0.34	0.41	0.45	0.46	–
서비스	인수	179	276	401	594	703	921	1,094	7.83
	비율	0.45	0.65	0.80	0.92	1.03	1.28	1.48	–
문화·예술·교육 ·TV방송·영화	인수	1,093	1,147	1,273	1,457	1,476	1,565	1,565	1.51
	비율	2.27	2.71	2.55	2.25	2.17	2.17	2.12	–
기 타	인수	2,410	2,657	3,899	12,850	13,233	17,607	19,001	8.98
	비율	6.00	6.27	7.82	19.85	19.44	24.43	25.77	–

표 9-20 | 주요산업의 취업인원 구성(단위 : 만 명)
자료출처 : 《중국통계연감 2002》, 122쪽 관련 데이터를 근거로 계산.

(2) 노동력 수요구조의 개선

개혁개방 이래 중국경제는 크게 변화했다. 첫째는 장기적으로 중국을 지배하던 공급부족경제에서 구조적 과잉경제로 전환되었고, 둘째는 경제성장방식이 조방형 성장에서 집약형 성장으로 전환되었고, 셋째는 산업구조의 대폭적인 개선이다.

이러한 중요한 변화과정에서 노동력 구조에도 비교적 큰 변화가 생졌다. 첫째는 경제발전요소의 확장투입형에서 요소최적조합형으로 전환되었다. 둘째, 재래산업에서 취업자 증가속도가 낮아지면서 절대수(絶對數)의 감소마저 가져왔다. 셋째는 노동력 품질의 요구가 점차 높아졌다. 표 9-20에서 보여주는 것과 같이 전체 사회 취업자 가운데 농업·임업·목축업·어업에 종사하는 취업자의 비율은 점차 낮아지면서 '90년대에 들어서는 취업자의 감소마저 보였다. 제조업에 종사하는 취업자 비율도 '90년대 중반 이후에 변화했다. 2002년의 제조업에 종사하는 취업자의 비율이 11.27%밖에 안 되었는데, 이는 1995년 14.40%보다 낮을 뿐만 아니라 1978년 13.28%보다도 낮아졌다. '90년대 중반 이후, 제조업에 종사하는 취업자의 절대수도 감소했다. 이와 달리 상업·금융·보험, 사회 서비스 등 산업의 취업자 비율은 높아졌고, 취업자의 증가율도 높은 수준을 유지하였다.

위에서 설명한 현상을 관찰하면서는 아래와 같은 두 가지 면의 변화를 주목할 만하다. 첫째, 산업구조의 개선에 따라 노동력 수요의 구조도 개선되고 있다. 둘째로 제조업의 생산액이 증가하면서 노동력 수가 감소한 것은 노동력 수요가 '수 투입형'에서 '질 중시형'으로 전환하고 있는 점을 설명한다. 이 두 가지 변화는 모두 노동력 수요구조의 개선 추세를 명확히 나타낸다. 앞으로 20년 동안 이 추세는 계속 지속되고 더욱 빨라질 것이다.

(3) 과학교육으로 나라를 일으키는 전략은 노동력 자원을 개선한다

현재 중국의 노동력 과잉 모순은 두드러지고 있다. 이러한 남아도는 노동력의 문제를 인력자원의 우위로 전환하는 것은 중국이 현재 직면한 전략적 과제이다. 중국공산당 16차 대표대회에서 명확히 제시하기를, 신형공업화의 길로 나아가고 반드시 과학기술을 제1의 생산력으로 하여 중요한 구실을 하게 하며 과학기술 진보에 힘입어 근로자들의 자질을 높여 경제성장의 질과 효율을 개선해야 한다고 지적하였다. 2001~

연 도	1990	1995	2000	2001	2004
학교 (만 개)	87.22	77.17	65.01	58.94	1,731
전문교사	961.9	1,012.8	1,107.9	1,122.4	85.8
학생모집	4,001.5	5,059.2	5,288.5	5,414.0	447.3
재 학 생	17,703.4	19,910.5	22,155.7	22,241.9	1,333.5
졸 업 생	3,467.6	3,716.5	4,826.6	4,941.2	239.1
대학원생	9.3	14.5	30.1	39.3	82.0
유치원생	1,972.2	2,711.2	2,244.2	2,021.8	11.8
교육경비 (억 위안)	659.4	1,878.0	3,849.1	4,637.7	6,208.3*

표 9-21 | 중국의 교육 발전 상황(단위 : 만 명)
'*'는 2003년의 데이터와 같음.
자료출처 :《중국통계적요 2005》, 175쪽에 따라 정리.

2020년 동안 중국은 과학발전전략을 실시하고, 정보화로 공업화를 이끈
다. 서비스업도 발전을 가속시키면서 총노동력에서 서비스업 취업인원
이 차지하는 비율이 계속하여 상승할 것이다.

많은 농업 취업자가 공업과 서비스업으로 이동하면서 농업 취업자
수가 총노동력에서 차지하는 비율이 급격하게 떨어진다. 이 과정에서
교육수준은 향상시켜야 하고 노동력구조도 개선해야 한다. 경제의 지속
적 고성장을 효과적으로 뒷받침하기 위해서는 충분한 수의 질 높은 인
적 자본이 제공되어야 하며, 이는 중국의 경제발전이 해결해야 할 역사
적 과제이다.

'90년대 과학기술교육으로 나라를 일으키는 전략을 펼친 이래 전체
사회의 과학교육사업에 대한 투입이 착실히 증가하면서 점차 과학교육
의 투입과 경제발전의 바람직한 상호협력 메커니즘을 만들어냈고 교육
사업은 양호한 발전상황을 보였다(표 9-21 참조). GDP를 4배로 증가시
키는 전략의 추진에 따라 중국경제총량은 끊임없이 증가하고 종합적인
경제실력도 끊임없이 강화하면서 사회는 교육과 인력자원개발에 대한

지원을 확대해나갔다. 2020년에는 경제총량이 4배 증가하고 만약 교육비가 GDP에서 차지하는 비율이 2000년 4.83%에서 7%로 상승한다면 중국의 공공교육 총지출은 2000년의 약 6배가 될 것이며, 이는 인력자원을 전면적으로 개발하는 데 강력한 물질적 기초를 제공하게 될 것이다. 경제발전이 교육과 인력자원 개발에 대하여 다양한 요구를 강화하는 동시에 교육과 인력자원개발에 대한 투자력도 강화한다. 중국은 경제의 지속적이고 건강한 발전을 배경으로 시장 메커니즘의 수요와 공급에 대한 합리적인 조정기능을 기초로 하여, 질 높은 노동력을 기르는 교육과 훈련기구를 창설하고 노동자들의 자질을 전면적으로 높이고 산업경제의 개선과 발전을 힘 있게 뒷받침하고 있다.

(4) 시장 메커니즘이 인적자원 개발을 가속화한다

앞으로 20년 동안, 중국은 사회주의 시장경제체제를 건전하게 하고 교육자원 배분에서 시장의 기초적 기능이 더욱 크게 발휘되도록 하여, 중국의 교육과 인적자원개발을 위하여 더욱 좋은 외부환경을 창조하며 교육과 인적자원 개발을 효과적으로 추진할 것이다.

① 시장의 자원배분 메커니즘을 발휘시켜 한정된 교육자원의 사용효율을 높인다. 특히 인적자원 개발과 교육분야에서 시장의 기능을 발휘시켜 독점을 타파하고 민주적인 경쟁 메커니즘을 받아들여 높은 효율의 교육기구는 교육자원을 흡수하면서 시장의 요구에 맞지 않는 효율이 낮은 교육기구를 점차 없애야 한다.

② 시장의 자원동원 기능을 발휘시켜 민간자원을 흡수하면서 교육과 인력개발사업에 투자한다. 현재 중국의 민간교육지출이 GDP에서 차지하는 비율은 2%도 되지 않으며, 전체 사회교육의 총지출에서 차지하는 비율은 3분의 1도 되지 않는다. 민간교육의 실제 발전상황은 서방 선진국보다 훨씬 뒤져 있다(표 9-22 참조). 그러나 중국의 민간자본은 교육과 인력자원개발에 대한 투자의 잠재력이 크기 때문에 이러한 잠재력을

발굴해야 하고 그 과정에서 교육사업을 발전시켜야 한다.

③시장의 공급과 수요의 조절 메커니즘을 잘 활용하여 인적자원 개발의 효율성과 교육의 시장경제에 대한 적응성을 높인다. 인적자원 개발의 공급과 수요는 시장수요를 만족시키고 투자 확대와 바람직한 가치를 실현할 수 있고, 경제의 발전을 가져올 수 있다. 그러나 시장수요를 만족시킬 수 없는 인적자원에 대한 투자는 교육을 받은 자가 시장경제 체제에서 생존능력과 취업능력을 높일 수 없고, 또한 투자의 확대와 발전을 가져올 수 없다. 교육은 사회의 발전추세와 시장의 수요를 만족시켜주어야 하며 시장의 공급과 수요 속에서 발전을 이끌어내지 않으면 안 된다.

3) 과학기술실력의 증강

(1) 연구개발활동이 더욱 활발해질 것이다

소비수요 구조의 끊임없는 업데이트와 국제시장의 급격한 변화에 따라, 중국 산업구조의 모순, 시장의 공급과 수요모순은 이미 경제가 발전하는 데 저해요소가 되었다. 높은 신기술(하이테크)산업을 발전시키면서 재래산업을 변화시켜 산업구조의 개선과 고도화를 추구하는 것은 중국경제의 집약화를 향한 발전을 실현하는 필연적인 선택이다. 연구개발에 대한 투자는 과학기술 수준의 기본전제이며 또한 나라의 과학기술력을 반영하는 중요한 지표이기도 하다.

표 9-22 | 2002년 민영교육의 발전 개황(단위 : 개, 만 명)
자료출처 : 교육부 관련자료에 따라 정리

기구의 종류	고등교육기구	일반중학교	특수중학교	초등학교	유치원
학교 수	1,202	5,362	1,085	5,122	48,400
학생 수	140.35	305.91	47.05	222.14	400.52

	중국		미국	일본	영국	프랑스	독일
1. 인적자원 (천 명)	(98)		(93)	(97)	(96)	(96)	(95)
연구개발 인원	755			846.5		320.8	459.1
과학자 · 엔지니어	486		964.8	577.9	146.0	154.8	231.1
연구개발 인원/ (만 명) 노동력	11			125		125	116
과학자 · 엔지니어/ (만 명) 노동력	7		74	85	51	61	59
2. 연구개발 경비 (억 달러)	(98)	(02)	(98)	(99)	(93)	(94)	(93)
연구개발 경비	66.6	126.1	2,279.3	1405.6	207.7	316.2	464.1
GDP에서 연구개발 경비의 비중	0.69	1.1	2.79	3.11	1.91	2.07	1.97
3. 연구개발 경비 원천 (%)			(97)	(99)	(96)	(96)	(96)
기 업			64.3	77.8	49.5	48.5	61.6
정 부			31.9	21.9	30.8	41.5	36.3
기 타			3.8	0.3	19.8	10.0	2.1
4. 연구개발 적용부문 (%)	(98)	(02)	(97)	(97)	(97)	(97)	(97)
기 업	44.8	60.4	74.4	72.7	65.2	61.6	67.214.8
연구기구	42.8	27.7	8.2		13.8	19.9	14.8
고등교육기관	10.4	9.8	14.4		19.7	17.2	18.0
기 타	2.2	2.1	3.0		1.3	1.3	0.0

표 9-23 | 각 나라 연구개발 상황 비교(단위 : 천 명, %)
자료출처 : (1) 국가통계국, 과학기술부, 재정부의 관련 자료를 근거로 정리.
(2) 일본총무성 통계국에서 편집하여 펴낸 《세계통계 2001》, 335쪽 내용을 바탕으로 정리.

연 도	1991	1993	1995	1996	1997	1998	1999	2000	2001	2002	2003	2004
신청량	5.0	7.7	8.3	10.3	11.4	12.2	13.4	17.1	20.4	25.3	30.9	35.4
보유량	2.5	6.2	4.5	4.4	5.1	6.8	10.0	10.5	11.4	13.2	18.2	19.0

표 9-24 | 중국특허국의 특허 신청 접수량과 특허권 보유량(단위 : 만 건)
자료출처 : 《중국통계적요 2004》, 179쪽을 바탕으로 정리.

최근 몇 년 동안 과학교육으로 나라를 일으키는 전략추진 과정에서 중국의 연구개발(R&D)에 대한 투입경비가 증가하였고, 투입규모도 1998년 66.6억 달러에서 2002년 126.1억 달러로 증가하였다. 연평균 증가율은 17.3%이고 연구개발의 투입이 GDP에서 차지하는 비율은 1998년 0.69%에서 2002년 1.1%로 높아졌다(표 9-24 참조). 2002년 말, 국유기업과 일반사업체의 각 유형의 전문기술자도 2848만 명에 이르면서 기술수준도 향상되었다. 그러나 표 9-23과 같이, 서방 선진국과 비교하면 중국은 과학기술 발전의 기초가 너무 취약할 뿐만 아니라, 해마다 연구개발에 대한 투입도 현저하게 뒤진다. 선진국가의 연구개발에 대한 투입이 GDP에서 차지하는 비율은 3% 안팎이나 중국은 이제 막 1%를 초과하였다. 그러므로 과학연구비의 출처와 사용구조도 개선되어야 하며, 과학기술혁신 시스템에서 기업주체의 구실도 강화해야 한다.

(2) '해야 할 것과 해서는 안 될 것도 있다'는 원칙 아래 '전체를 발전시키는 데 중점을 두고 돌파'를 실현한다

'크기 때문에 모든 것을 갖추고 있고, 작으면서도 모든 것을 갖추는' 전략[대형의 국유기업은 물론, 소형의 국유기업에도 생산에 필요한 설비·기술·인원·자재의 확보에 힘쓴다]을 주요특징으로 하는 기업의 조직구조와 '가로와 세로에서' 간섭[기업에 대한 기능별 행정부문의 간섭과, 각급 지방정부의 간섭]하는 구조 아래서는, 기술연구개발에서도 대부분 낮은 수준의 중복 연구를 날로 치열한 산업기술경쟁 속에서 중국 기업의 기초는 매우 취약했고 또한 능력도 한정되어서 기업은 취약성을 드러냈고 역부족을 통감했다. 중국이 세계의 선진수준을 받아들이고 추월하지 않으면 안 되지만, 선진국들이 겪어온 과정을 그대로 따르는 것은 현실적이지 못하며, 그렇게 할 필요도 없다.

그러므로 첫째, '해야 할 것과 해서는 안 될 것도 있다'는 원칙 아래 한정된 힘을 분산상태로 두는 '낮은 수준의 중복개발연구'를 될 수 있는 대로 피해야 한다. 거시적 국면에서 출발하여 견인력이 강하고 영향이 크며 그 작용의 효율이 높은 중점적인 프로젝트에 특히 힘을 쏟아 한정된 목표에 집중하고 지원을 강화해서 중요한 성과를 거두어 비약함으로써 지역의 특색이 있는 신흥 산업군(産業群)을 만들어내야 한다. 둘째, 체계적인 통합과 협력을 강화한다. 국가의 중대한 과학기술 산업화 프로젝트를 조직, 실시하고 주요 공통기술을 지역마다 널리 전파하고 응용하여 높은 신기술산업을 발전시켜야 한다. 이러한 것들은 단순한 과학기술 프로젝트가 아니고 기업·과학연구원·대학의 협력뿐만 아니라 정책책정·인재양성·자금조달, 표준과 규범, 도입과 소화, 흡수와 혁신 등 여러 방면의 사업과도 연관이 있으며 또한 이는 복잡한 시스템 엔지니어링이므로 반드시 경제·과학기술·교육·재정·금융부문의 큰 지원과 협조가 있어야 한다.

(3) '흡수하고-소화하고-혁신하는' 메커니즘을 수립

마구 흡수만 하고 그것을 원활히 소화하지 못하면서 혁신에 뒤진 것이 중국의 과학기술발전력과 이노베이션 능력이 약한 가장 중요한 원인 가운데 하나이다. 계획경제체제 아래 형성된 '가로와 세로에서' 간섭하는 관리체제는 아직도 철저히 없어지지 않았고 도입과 소화, 흡수와 혁신의 격차를 가져왔으며, 관련 이익주체를 중대한 프로젝트의 경쟁형의 중복도입에 열중하게 하여 소화와 흡수를 더욱 안 되게 했다. 체제의 폐단을 철저하게 없애지 않으면 과학기술은 경제의 구조조정에서 효과적인 구실을 할 수 없으며 '흡수하고-소화하고-혁신하는' 발전 메커니즘을 수립할 수 없다.

이와 같은 폐단을 없애기 위하여 앞으로 외국의 선진기술을 흡수하기 위해 중국이 세운 방침은 다음과 같다. 경제와 기술의 비약적인 발전을 실현하고 핵심산업의 국제경쟁력을 높이고 자주적인 연구개발과 혁신능력의 증강을 목표로, 기업을 도입과 혁신의 의사결정의 주체로 해야 한다. 또한 전략적인 열쇠가 되는 분야에는 핵심적인 영역을 우선·선진적 적용성과 선견성을 결합시켜, 하드적인 기술과 소프트적인 기술을 동시에 중요시하는 원칙 아래서 소화·흡수에 힘을 써서, 산업기술의 개선과정을 가속시킨다. 이에 따라 첫째, 행정관리체제 개혁을 진전시켜 업계와 지방(정부)에 의한 분할구조를 철저히 배격하고 낮은 수준의 중복도입의 체제적 원인을 없앤다. 둘째, 자주적인 기술과 지적소유권을 갖기 위하여 응용기술 방면의 새로운 기술을 집중적으로 흡수하여 소화하고, 흡수한 뒤에는 혁신과 후속개발을 추진한다. 셋째, 수준을 구체적으로 드러내 도입기술의 전체성을 중시해야 한다. 업종마다 기업마다에 기준을 맞춰 선진적이고 적용성도 있는 기술을 가려서, 도입기술을 충분히 장악하고 이용할 때까지 소화와 혁신을 한다. 넷째, 중국 기술의 비교우위와 전략적 필요를 바탕으로 단독개발, 자주발전의 분야를 뽑아 국내외 우위기술의 체계적인 통합에 따라 상호융합하고 동시에 새로운 기술개발 노선을 모색하여 지적소유권을 부여받을 수 있는 기술개발에 끊임없이 힘을 기울여야 한다.

(4) 다국적기업의 영향으로 중국 과학기술의 혁신능력을 강화한다

① 중국에서 다국적기업의 연구개발이 날로 활발해진다 : 세계경제와 과학기술의 글로벌화가 점점 빨라짐에 따라, 더욱 많은 다국적기업들이 중국의 과학기술 인적자원을 이용하고 중국시장을 개발하기 위하여 중국에 적극적으로 연구개발 센터를 설립하면서, 이미 중국 연구개발 시스템 가운데 중요한 구성부분이 되었다. 상무부 등 관련부문의 통계에 따르면, 2002년 8월 말까지 65개의 다국적기업들이 중국에 들어와 82개의 연구개발기관을 설립하였다. 그 가운데 31개는 《포춘》지가 발표하는 세계 500위 안에 드는 기업들이며 중국에 55개의 연구개발기관을 건립하였다.

기업 안의 연구개발기관을 설립하고 그 밖의 여러 가지 합작방식으로 과학연구기관, 대학과 합작하여 고급·정밀·첨단의 제품을 생산하기 위한 인재의 육성을 서두르고 있다. 예를 들면 2000년 말까지 청화대학에 인재교육 센터를 설립한 다국적기업은 이미 18개를 넘어섰고, 설립된 공동연구소가 4개이며, 1997년 이래 해마다 다국적기업과 합작하여 연구한 프로젝트가 평균 100개를 넘고 있다. 거의 모든 다국적기업들이 대량의 인력·물자·자금을 투입하고 내부사원 교육계획을 통하여 중국 현지 인재양성을 추진하고 있다. 2000년 말 미국의 모터로라는 1994년 중국 진출 기업이 막 운영되기 시작하였을 때, 중고급 관리직원 가운데 중국 현지인의 비율이 겨우 12%밖에 안 되었으나 현재는 중국 현지직원이 72%를 차지하고 있다.

② 다국적기업의 기술전파 메커니즘에 따라 과학기술의 비약적 발전을 추진한다 : 높은 신기술(하이테크)은 막강한 산업기술에 기초를 두고 있고 대규모의 연구개발 투자를 하는 세계의 우수한 다국적기업들에게서 온다. 그러나 연구와 개발의 국제합작 추세는 기술의 확산과 인재의 유동을 촉진하며, 개발도상국가가 자신의 과학기술 실력을 높이는 동시에 신속하게 발전할 수 있는 새로운 기회를 제공하였다. 다국적기업은 경제 글로벌화와 산업과학 기술전파의 주체로서 신흥산업기술을 비교적 빠른 속도로 개발도상국가에 전파한다. 중국은 거대한 잠재력이 있는 시장과 풍부한 인력자원에 기초하여 점차 다국적기업이 글로벌경영과 연구개발을 추진하는 전략의 근거지가 되었으며, 동시에 중국 산업기술의 비약적 발전에도 활력을 불어넣었다. 외국의 투자기업들이 협력기업에 대한 기술지원, 인재교육 등의 기술이전도 관련 기업들의 기술진보에 대해서도 중요한 촉진작용을 했다. 중국은 반드시 국제화한 과학기술 연구개발과 전파의 새로운 메커니즘을 충분히 흡수하고 소화하여 세계의 우수한 다국적기업과 전략적인 경쟁과 합작을 강화하면서 중국 산업기술의 비약적 발전을 강력하게 추진해야 한다.

2. 수요의 요인 : '두 가지 시장'이 이끌어야 한다

표 9-25에서 보는 것과 같이 대다수의 국가, 특히 선진국가의 소비지출은 GDP의 80%를 차지하고, 자본의 형성은 20%를 차지하며, 순수출의 수요는 3%를 차지한다. 중국은 개발도상국가로서 투자의 수요가 많으며, 잔고 증가를 포함한 자본형성은 약 40%를 차지하지만, 소비수요는 60%도 되지 않는다. 때문에 중국의 수요요인의 현상과 미래발전 추세를 중점적으로 분석해야 한다.

표 9-25 | 각 나라별 1인당 평균 GDP 수준과 소비수준 GDP 구성의 비교(단위 : 달러, %)
중국은 2001년 데이터이며, 브라질·아르헨티나는 1998년, 기타는 1999년의 데이터이다.
자료출처 : 일본 총무성 통계국의 《세계통계 2001》, 81~86쪽 관련 데이터를 바탕으로 정리.

	1인당 평균 GDP	정부 소비	민간 소비	자본의 형성	재고의 증가	수출	수입
중 국	912	13.2	46.6	37.3	0.7	22.5	20.3
미 국	34,047	17.6	67.4	17.3	0.5	10.6	13.4
일 본	35,715	16.1	56.3	26.2	-0.2	10.0	8.4
독 일	25,727	19.0	57.7	20.9	1.2	29.2	28.1
한 국	8,684	10.1	56.2	28.0	-1.1	42.1	35.3
아르헨티나	8,259	12.5	74.5	21.0	0.0	11.0	13.6
멕시코	4,966	10.0	68.0	21.0	2.2	30.8	32.0
브라질	4,790	17.8	63.6	19.9	1.4	7.4	10.1
이 란	3,802	13.5	63.5	22.1	-0.9	12.9	11.1
말레이시아	3,467	11.2	41.7	22.3	0.1	121.7	97.0
남아프리카	3,046	19.2	62.6	14.9	0.2	25.4	22.9
태 국	2,006	11.1	56.1	21.3	-0.6	57.2	45.7
이집트	1,321	10.1	74.2	21.3	2.8	16.0	24.4

1) 소비수요가 지속적으로 늘어난다

개혁개방 이래 정부, 농촌주민, 도시주민 등 주요 소비주체가 GDP 가운데 차지하는 소비비율의 변화는 아래와 같다.

정부 : '90년대 중반까지 정부의 소비지출의 비율이 내려갔으나 '90년대 중반 이래 아시아 금융위기에 대처하는 '적극적인 재정정책'의 추진 속에서 회복하여 성장을 두드러지게 나타냈다.

농촌주민 : '80년대 중반까지 농촌개혁의 추진과 농민수입 수준의 향상으로 농촌주민의 소비지출 비율은 급격히 상승하였지만, '80년대 중반 이후 도시와 농촌 주민의 수입격차의 확대를 배경으로 농촌주민 소비비율이 점차 내려가는 현상이 일어났다. 그러나 '90년대 전반까지는 농촌주민의 소비지출 비율은 도시주민의 소비보다 더 컸다.

도시주민 : 개혁개방 이후 도시주민의 소비수준은 안정되게 상승하였

표 9-26 | 소비주체별 소득 상황과 GDP에서 차지하는 비율(단위 : 위안, %)
자료출처 :《중국통계적요 2005》데이터를 바탕으로 계산.

연도	농촌주민 1인당 평균 순수익	도시주민 1인당 평균 순수익	GDP에서 재정수입의 비율	GDP에서 각 유형의 소비주체의 비율			
				총소비	농촌주민의 소비	도시주민의 소비	정부소비
1978	133.6	343.4	31.2	62.1	30.3	18.5	13.3
1980	191.3	477.6	25.7	65.4	31.4	19.6	14.5
1985	397.6	739.1	22.4	65.7	33.2	19.0	13.5
1990	686.3	1,510.2	15.8	62.0	28.0	21.7	12.3
1995	1,577.7	4,283.0	10.7	57.5	22.6	23.4	11.4
2000	2,253.4	6,280.0	15.0	61.1	21.7	26.3	13.1
2001	2,366.4	6,859.6	17.1	59.8	20.6	26.0	13.2
2003	2,622.2	8,472.2	18.6	55.4	18.3	24.9	12.2
2004	2,936.4	9,421.6	19.3	53.6	12.3	29.1	12.2
2005	3,255	10,493	17.2	—	—	—	—

으며 '90년대 중반 이후 그 소비비율은 농촌주민의 소비비율을 넘어서면서 가장 강력한 소비를 이끄는 주체가 되었다(표 9-26 참조).

전 국민의 중산층 사회 건설을 목표로 온갖 수단을 동원하여 취업과 소득을 확대하고 주민 생활수준을 높이는 것을 근본적인 출발점으로 한다. 앞으로 경제발전에 따라 소비가 경제성장을 이끄는 능력이 점점 강화되고, 소비가 GDP 가운데 차지하는 비율도 높아질 것이다. 그러나 각 유형의 소비주체 비율의 구조는 어느 정도 조정될 것이다.

(1) 정부가 소비에서 차지하는 비율이 현상을 유지하고, 소비의 부분적인 하강률이 나타난다

중국정부의 소비비율은 비록 미국·일본·독일 등 선진국가보다 낮지만 짧은 시일 안에 GDP에서 비율도 빠른 상승을 하지는 못할 것이다. 그 이유는 첫째, 중국의 재정수입이 GDP 가운데서 차지하는 비율이 20%도 안 되고(2002년은 18.5%), 서방선진국가의 30% 수준보다 훨씬 뒤떨어졌으며 한정된 정부의 재정수입을 사회보장 시스템 건설 등 개혁을 목적으로 하는 투자에 쓰기 위해서는 정부소비에 사용하는 부분은 한정될 수밖에 없다. 둘째, 중국은 인원을 줄이고 불필요한 기구들을 줄여나가는 행정기구의 개혁을 적극적으로 추진하고 공무원을 감원하며 행정기구의 운영원가를 삭감한다.

(2) 농촌의 주민소득 수준이 상승하고 그 소비비율은 떨어진다

농촌 주민소득 수준이 높아진 주요 원인은 두 가지다. 첫째, 농촌경제의 구조조정과 현대 농업발전에 따라 농업 노동생산율이 높아지면서 농민소득도 증가한다. 둘째, 전국의 통일된 노동력 시장의 형성과 도시·농촌의 취업 메커니즘의 개선에 따라 대량의 농촌 잉여노동력이 도시의 산업으로 이동할 것이며, 1인당 평균 경작지 면적이 확대되고 농민의 1인당 평균소득이 상승할 것이다. 농민의 소득수준이 높아지고 농민의 소비구조도 개선되며 농민의 1인당 평균 소비능력도 현저하게 증가할 것이다. 그러나 농촌인구와 농촌노동력이 도시주민으로 전환함으로써 전체 농촌주민의 소비총액은 증가하지 않으며 GDP 가운데서 비율도 낮아질 것이다.

(3) 도시주민의 소비구조가 개선되고 그 소비비율이 높아질 것이다

중국이 공업화를 계속 적극적으로 추진하는 조건에서 국제 비교우위가 있는 제2차산업이 지속적으로 발전하고 상대적으로 침체되었던 제3차산업이 크게 발전할 것이다. 제2차산업과 제3차산업은 비교적 큰 도시에 집중되고, 이로 말미암아 도시주민은 더욱 많은 취업기회를 얻게 되며 1인당 평균 소득수준도 지속적으로 상승할 것이다. 현대의 비농업 부문에 큰 발전과 도시화 전략의 적극적인 추진은 도시주민의 수를 대폭 증가시키고 더욱 방대한 도시의 소비층을 형성할 것이다. 1인당 평균 소득수준의 지속적인 상승과 소비인구의 대량 증가는 그 소비의 총규모를 크게 확대하여 GDP 가운데서 비율도 분명히 높아질 것이다.

2) 투자수요가 크게 활력을 유지한다

(1) 다원적 투자주체의 발전에 따른 투자활력의 증대

20년 남짓의 개혁과 발전을 거쳐 공유제 경제를 주체로 하여 여러 가지 소유제 경제가 함께 발전하는 기본경제제도가 확립되고 굳어져 스스로 위험을 짊어지고 손익을 부담하는 다원화한 투자주체가 크게 발전하였다. 국유경제의 고정자산투자 비율은 개혁개방 초기 80% 이상에서 2001년 50% 이하로 내려갔으며, 집단경제와 개인경제의 고정자산에 대한 투자는 각각 15%에 이르고 외국투자기업을 포함한 다른 투자주체의 고정자산투자 비율은 약 4분의 1로 높아졌다(표 9-27 참조). 국유경제가 '적절한 진보와 후퇴가 있고, 발전시켜야 할 부분은 발전시키고 그대

연도	총 계	집단경제	개인경제	국유경제	기타경제
1980	910.90	5.05	13.06	81.89	— —
1985	2,543.20	12.88	21.04	66.08	— —
1990	4,517.00	11.72	22.17	66.11	— —
1995	20,019.30	16.43	12.79	54.44	16.34
2000	32,917.70	14.59	14.31	50.14	20.97
2001	37,213.50	14.18	14.59	47.31	23.91
2004	70477.4	14.14	14.02	71.84	

표 9-27 | 투자주체별 고정자산에 대한 투자비율(단위 : 억 위안, %)
자료출처 : 《중국통계연감 2005》, 188쪽 바탕으로 계산.

로 지켜야 하는 것은 그대로 고수하는' 원칙 아래 전략적인 조정이 끊임없이 진전함에 따라 국유경제의 투자비율은 계속 낮아지고, 집단경제 · 개인경제의 뚜렷한 발전과 외국투자기업의 투자확대에 따라 각 유형의 경제주체의 투자 능력이 치열한 경쟁의 국면을 형성하여 투자의 뚜렷한 발전에 끊임없는 경쟁활력을 불어넣어 중국 투자의 지속적인 확장을 힘차게 추진한다.

(2) 자금배분의 시장화에 따른 투자효율의 개선

중국은 이미 사회주의 시장경제체제를 초보적으로 수립하였고 경제활동과 생산요소의 시장화가 현저하게 높아졌다. 표 9-28에서 보는 것과 같이, 사회고정자산 투자 가운데 국가예산 속의 투자비율은 개혁개방 전의 80% 이상에서 2003년의 4.6%로 낮아졌고, 이는 자체조달, 국내대출금 투자의 비율보다 낮으며, 어떤 해에는 심지어 외국자본의 비율보다도 낮았다. 그러나 중국 자본자원의 시장화 배분효율은 끊임없이 높일 필요가 있다.

예를 들면 은행체제 개혁이 정체되고 자금의 시장화 배분 메커니즘

연 도	국가예산 내 자금	국가예산 외 자금		
		국내 대출금	외자 이용	자체조달 및 투자
'1.5'시기	90.26	9.74		
'2.5'시기	78.30	21.70		
1963~1965년	88.11	11.89		
'3.5'시기	89.27	10.73		
'4.5'시기	82.47	17.53		
1978년	83.31	16.69		
1980년	62.49	37.51		
1982년	22.7	14.3	4.9	58.1
1985년	16.0	20.1	3.6	60.3
1990년	8.7	19.6	6.3	65.4
1995년	3.0	20.5	11.2	65.3
2000년	6.4	20.3	5.1	68.2
2001년	6.7	19.1	4.6	69.6
2004년	4.3	18.3	4.4	73.0

표 9−28 | 시기별 고정자산 투자원천의 비교(단위 : %)
자료출처 : 《중국통계연감 2005》, 190쪽 관련 데이터를 바탕으로 계산.

	투자총액	국가예산	국내대출금	외자이용	자체조달자금	기타 자금
총 계	100.00	100.00	100.00	100.00	100.00	100.00
국유경제	38.98	83.65	46.06	13.03	34.87	25.50
집단경제	14.41	12.42	7.70	15.47	18.50	6.47
농촌경제	11.79	12.19	5.77	14.91	15.58	2.48
개인경제	13.89	0.00	7.43	0.79	16.17	23.39
개인농업	5.76	0.00	1.04	0.00	9.33	1.52
주식제	22.92	3.35	29.28	7.06	23.32	33.12
외국기업 투자	4.56	0.00	4.07	38.07	3.07	3.20
홍콩·마카오·대만	4.27	0.00	4.95	25.26	2.98	6.88
기타 경제	0.97	0.58	0.51	0.32	1.09	1.44

표 9−29 : 2003년 각종 자금의 투자 흐름 구조(단위 : %)
자료출처 : 《중국통계연감 2004》, 190~191쪽 관련 데이터를 바탕으로 계산.

이 아직 건전하지 못하여 은행대출금이 각 소유제 경제 사이에서 균형을 잃고 있다. 또한 2003년에는 국유경제의 투자가 전체 투자 가운데서 차지하는 비율이 38.98%, 그러나 대출받은 상업대출은 전체 상업대출금의 약 50%를 차지했다. 집단기업의 투자비율은 14.41%였으나 상업대출금의 비율은 겨우 7.7%밖에 안 되었다. 개인경제와의 격차는 더욱 커지고 13.89% 투자비에 대하여, 은행으로부터 대출금은 전체 은행대출금의 7.43%밖에 안 되었다(표 9-29 참조). 금융체제 개혁의 끊임없는 진전에 따라 자금요소 배분의 시장화가 높아지고 투자규모를 확대, 투자효율의 향상을 위한 바람직한 체제환경을 창조해야 한다.

(3) 신흥 투자주체의 발전에 따라 투자는 더욱 활발해진다

세분화한 투자주체의 구조를 보면, 농촌 투자주체의 위치와 구실을 경시할 수 없다. 2003년 전체 집단경제의 고정자산의 투자 가운데 향진기업을 대표로 하는 농촌 집단경제의 투자는 약 4분의 3을 차지하고 있다. 농촌 개인경제의 고정자산 투자액도 전체 개인경제의 고정자산 투자의 절반 이상을 차지하며, 그 규모는 외국자본과 홍콩·마카오·대만기업의 고정자산투자 총합을 초과한다(표 9-29 참조). 도시와 농촌의 구조조정에서 농촌경제의 발전과 자원배치의 시장화 개혁이 끊임없이 진전됨에 따라 농촌경제 주체의 자체축적이 발전하고 강대해졌을 뿐만 아니라 상업은행으로부터 자금을 대출받고 주식을 발행하는 등의 방식으로 자금을 모으는 능력도 매우 커졌다. 기타 투자주체와의 경쟁과 합작의 과정에서 더욱 중요한 작용을 하면서 투자를 확대시키는 새로운 주체가 될 것이다.

(4) 외국기업들의 합병·인수·투자의 증가가 투자활력을 증가시킨다

'90년대 중기 이후 다국적기업의 인수·합병은 이미 국제사회에서 직접투자의 주된 형식으로 되었으며, 전체적인 국제 직접투자액의 약

	글로벌 FDI(외국인 직접투자)가 들어옴			중국이 실제 이용한 FDI(외국인 직접투자)			전세계에서 중국의 비중	
	들어온 총량 (A)	다국적 합병·구매 (B)	A/B×100	들어온 총량 (C)	다국적 합병·인수 (D)	C/D×100	들어온 총량 (C/A×100)	다국적 합병·인수 (D/B×100)
1991	1,981			43.66			2.20	
1992	2,015	793	39.35	110.08	2.2	2.00	5.46	0.28
1993	2,391	831	34.76	275.15	5.6	2.04	11.51	0.67
1994	2,511	1,271	50.62	337.67	7.2	2.13	13.45	0.57
1995	3,387	1,866	55.09	375.21	4.0	1.07	11.08	0.21
1996	3,390	2,270	63.23	417.26	19.1	4.58	11.62	0.84
1997	4,640	3,048	65.69	452.57	18.6	4.11	9.75	0.61
1998	6,440	5,316	82.55	454.62	8.0	1.76	7.06	0.15
1999	8,655	7,660	88.50	403.18	24.0	5.59	4.66	0.31
2000	12,710	11,438	89.99	407.15	22.5	5.53	3.20	0.20
2001	7,600	5,940	78.16	468.46	23.2	4.95	6.16	0.39

표 9-30 | 국제 직접투자 구조의 비교(단위 : 억 달러, %)
자료출처 :《2002년 세계투자보고》등 자료에 따라 계산.

80~90%를 차지한다. 중국은 외국기업들의 직접투자를 흡수하는 데서는 대국이지만 자본시장의 개방이 한정되어 있고, 기업의 합병·인수에 대한 법규와 환경이 아직 성숙하지 못한 등의 원인으로, 외국기업들의 합병·인수·투자가 전체 외국기업들의 직접투자액에서 차지하는 비율이 겨우 5% 정도밖에 안 되고 국제사회에서 직접투자 추세와 균형이 잡혀 있지 않다. 2001년 중국이 받아들인 외국기업들의 직접투자액이 전 세계에서 차지하는 비율은 6.16%였지만, 중국이 흡수한 합병·인수 투자액은 전 세계에서 차지하는 비율이 겨우 0.39%밖에 안 되었다. 이는 중국이 다국적 합병·인수형 외국기업의 투자를 흡수하는 면에서 뒤지고 있음을 설명해주고 있다(표 9-30 참조). 그러나 중국은 산업구조의 상호보완성에서나 기업경영주체의 상호보완성에서 국경을 넘어선

다국적 합병·인수·투자의 잠재력이 아주 큰 시장이다. 그러므로 관련 법규나 환경을 정비하여 자본시장 등의 합병·인수 수단이 증가함에 따라 중국이 합병·인수·투자를 흡수하는 규모는 급격히 확대될 것이며, 이는 외국자본의 이용을 확대하는 데 유리할 뿐만 아니라 중국경제구조 조정을 추진하는 데도 도움이 되며 외국의 자본을 이용하는 수준을 높이는 길이다.

3) 대외무역의 수요가 여전히 활발하다

(1) 대외무역구조의 개선으로 대외무역이 발전한다

WTO 가입은 중국이 국제시장을 향하여 나아가는 데 유리하고 대외무역 수출에 더욱 좋은 조건을 창조하고 대외무역의 수출을 유력하게 추진하게 되었다. 동시에 중국이 점차 수입의 관세를 낮추면서 될 수 있는 대로 많은 수익을 가져올 것이다. 중국의 수출입 총액은 크게 증가할 것이지만 중국 대외무역 조건은 여전히 낙관적이지 못하며, 대외무역수지의 적자로부터 오는 부담을 경시할 수 없다. 중국 산업구조의 현 상태를 놓고 보면 기술함량이 낮고 부가가치가 낮은 단순한 노동집약형 상품생산이 상대적으로 과잉상태이며 고부가가치와 높은 기술함량의 지식집약형 상품생산능력은 확실히 부족하다. 국제시장에서 많은 발전도상국들이 제공하는 낮은 기술함량의 부가가치가 낮은 상품은 점차 공급과잉이 되어 격렬한 가격경쟁을 빚으면서 그 가격 수준의 하락을 가져오는 한편, 끊임없이 새로운 분야를 개척하는 고부가가치와 높은 기술함량의 상품은 그 기술우위로 말미암아 항상 높은 이윤을 창출한다. 중국이 만약 산업구조와 대외무역구조의 비약적 개선을 실현하지 못하면, 대외무역 조건이 더욱 악화되는 심각한 상태에 빠지게 되고, 수출은 '양만 증가하고 수입은 증가하지 않으며' 수입은 '양도 증가하고 지출도 증가하는' 사태를 가져오게 되어 대외무역수지의 적자 부담은 증가하게

연도	총액	초급상품	공업제품	화학공업 상품	경방직·고무· 광석·야금상품	기계와 운수설비	기타 제품
1980	181.19	50.30	49.70	6.18	22.07	4.65	15.65
1985	273.50	50.56	49.44	4.97	16.43	2.82	12.75
1990	620.91	25.59	74.41	6.01	20.25	9.00	20.43
1995	1,487.80	14.44	85.56	6.11	21.67	21.11	36.66
2000	2,492.03	10.22	89.78	4.85	17.07	33.15	34.62
2001	2,661.55	9.90	90.10	5.02	16.47	35.66	32.73
2004	5,933.3	6.83	93.17	4.44	16.96	45.21	26.36

표 9-31 | 중국 수출구조의 동향(단위 : 억 달러, %)
자료출처 :《중국통계연감 2005》, 627쪽 관련 데이터를 바탕으로 계산.

된다.

　중국의 공업 제조업 수준의 끊임없는 향상을 바탕으로 중국수출의 상품구조는 끊임없이 개선되고 있다. 수출 총액 가운데 1차상품의 비율은 개혁개방 초기의 절반 이상에서 2003년에는 약 8% 이하로 떨어졌고, 한편 공업 완성품의 비율은 절반이 채 되지 않던 것이 2001년에는 90% 이상으로 높아지면서 구조가 끊임없이 개선되고 있다(표 9-31 참조). 공업 완성품 내부구조를 놓고 보면 기술함량과 부가가치가 비교적 낮은 경방직 등 경공업 제품의 비율이 상대적으로 내려가면서 기술함량이 비교적 높은 기계·전자제품의 수출 비율은 끊임없이 증가하고 있다. 오늘날 전기·기계설비제품은 이미 중국 수출상품 유형 가운데 성장속도가 가장 빠르고 판매액이 가장 큰 품목으로 되었다(표 9-32 참조). 중국 공업화 과정의 성공적인 추진에 따라 중국의 수출입 구조는 계속하여 개선될 것이고 국제경상항목의 수지는 평형을 유지하거나 흑자를 유지할 수 있고 중국의 대외무역은 지속적으로 건전하고 안정된 발전 추세를 유지할 것이다.

연도	기계·전자상품 수출총액	전국 수출총액에서 비율	기계·전자상품 수출액	외자기업 수출총액에서 비율	전국 기계·전자상품 수출에서 비율
1992	195.5	23.0	61.0	35.1	31.2
1993	227.1	24.7	83.9	33.2	37.0
1994	320.0	26.4	132.8	38.3	41.5
1995	438.6	29.5	206.2	44.0	47.0
1996	482.1	31.9	269.1	43.8	55.8
1997	593.2	32.5	343.3	45.8	57.9
1998	665.4	36.2	401.2	49.6	60.3
1999	769.7	39.5	464.2	52.4	60.3
2000	1,053.1	42.3	667.3	55.9	63.4
2001	1,187.9	44.6	766.6	57.5	64.5

표 9-32 | 외자기업이 중국의 수출상품구조의 개선을 촉진(단위 : 억 달러, %)
자료출처 : 상무부(商務部) 기계, 전자 수출입 회사의 관련 자료를 바탕으로 정리.

(2) 외자기업은 지속적으로 중국의 대외무역 발전에 이바지한다

우수한 다국적기업을 대표로 하는 외자기업은 계속하여 중국의 수출입 무역발전을 적극적으로 이끌어나갈 것이다. 첫째, 외국투자기업의 수출입 총액의 빠른 증가는 중국 대외무역 규모의 확장을 가속화하였다. 최근 몇 년 이래 외국투자기업의 수출입액은 지속적으로 중국 총수출입액에서 절반 이상을 차지하는 수준을 유지하였고, 외국투자기업의 수출입 무역 가운데 높은 신기술 상품이 차지하는 비율이 커졌으며, 중국의 높은 신기술 상품의 수출을 촉진하는 견인작용을 했고 수출상품구조의 개선과 고도화를 추진하였다(표 9-33 참조). 2001년 중국 대륙의 전기·기계설비제품의 수출입액은 766.6억 달러에 이르렀고, 그 가운데 외자기업의 전기·기계설비제품의 수출액 비율은 64.5%에 이르렀다. 그 밖에 다국적기업은 비교우위와 국제화 분업의 협력전략을 바탕으로 점차 생산·가공 기술을 중국에 전파하였다. 또한 대부분의 다국적기업이 중국에서 생산한 상품은 국제시장으로 폭넓게 나아갔으며 상

연도	수출입			수 입			수 출		
	전국	외자기업	비율	전국	외자기업	비율	전국	외자기업	비율
1991	1,357.0	289.6	21.3	637.9	169.1	26.5	719.1	120.5	16.8
1992	1,655.3	437.5	26.4	805.9	263.9	32.7	849.4	173.6	20.4
1993	1,957.0	670.7	34.3	1,039.6	418.3	40.2	917.4	252.4	27.5
1994	2,366.2	876.5	37.0	1,156.2	529.3	45.8	1,210.1	347.1	28.7
1995	2,808.5	1,098.2	39.1	1,320.8	629.4	47.7	1,487.7	468.8	31.5
1996	2,899.0	1,371.1	47.3	1,388.4	756.0	54.5	1,510.7	615.1	40.7
1997	3,250.6	1,526.2	47.0	1,423.6	777.2	54.6	1,827.0	749.0	41.0
1998	3,239.2	1,576.8	48.7	1,401.7	767.2	54.7	1,837.6	809.6	44.1
1999	3,606.5	1,831.3	50.8	1,657.2	858.8	51.8	1,949.3	886.3	45.5
2000	4,744.0	2,367.1	49.9	2,251.0	1,172.2	52.1	2,492.1	1,194.4	47.9
2001	5,097.7	2,591.0	50.8	2,436.1	1,258.6	51.7	2,661.6	1,332.4	50.1
2002	6,207.7	3,302.4	53.2	2,951.7	1,602.5	54.3	3,256.0	1,699.9	52.2
2003	8,509.9	4,721.7	55.5	4,127.6	2,318.6	56.2	4,382.3	2,403.1	54.8
2004	11,545.5	6,631.8	57.4	5,612.3	3,245.7	57.8	5,933.2	3,386.1	57.1

표 9-33 | 외자기업의 수출입액과 전국에서 차지하는 비율(단위 : 억 달러, %)
자료출처 :《중국통계연감 2004》, 713, 730쪽을 바탕으로 정리.

품구조와 국제연결도가 비교적 높고 수출에서 차지하는 완성품의 비율
도 비교적 크며 중국과 국제시장의 융합을 촉진했다. 예를 들면 프랑스
의 대형 슈퍼마켓 까르푸는 2000종 남짓의 식품·의복·가전제품을 중
국을 중심으로, 동남아시아에서 생산·가공하여 세계 각지의 소매상에
게 제공하며 품질이 좋고 가격이 싼 경쟁력을 확보하고 있다.

(3) 시장 다원화와 대외무역구조의 개선을 실현한다

현 단계에서 중국이 대외무역체제 개혁을 추진하는 기본목표는, 시장
경제 유통체제의 요구에 부합하고, 국가의 지속적인 발전 가능한 대외
개방 전략에 부합하며, 국가에 걸맞은 국제적인 권리와 의무의 요구에
부합하면서 국가의 합리적인 관리가 있는 자유무역체제의 틀을 수립하

국가별	수 출					수 입				
	중국에 대한 비례		2000년의 증가율			중국에 대한 비례		2000년의 증가율		
	1997	2000	세계에 대하여	중국에 대하여	공헌도	1997	2000	세계에 대하여	중국에 대하여	공헌도
미 국	1.9	2.1	11.8	23.3	0.4	7.3	8.6	18.1	22.8	1.9
일 본	5.2	6.3	15.2	30.4	1.7	12.4	14.5	23.0	29.0	4.0
EU (유럽연합 공동체)	0.9	1.0	1.4	12.8	0.1	2.0	2.5	8.4	19.2	0.4
홍 콩	34.9	35.2	14.2	20.6	6.9	37.7	42.9	19.9	18.0	7.9
대 만	0.5	2.8	21.7	65.7	1.4	3.4	4.4	26.2	37.2	1.5
한 국	10.0	10.6	16.3	29.6	2.8	6.9	7.3	27.0	25.2	1.9
ASEAN4 (동남아시아 국가 연합)	2.8	3.6	15.6	26.1	0.9	3.1	3.8	25.4	13.9	0.6
인 도	1.9	2.2	13.4	30.9	0.6	2.7	3.1	12.9	20.5	0.6
러시아	4.7	5.1	42.2	50.5	2.4	2.4	2.8	11.8	6.6	0.2
중·남아프리카	1.2	1.0	11.5	52.1	0.4	1.8	2.1	8.3	23.1	0.4
아프리카	1.5	2.5	27.8	82.5	1.4	2.4	3.5	9.3	22.9	0.7

표 9-34 │ 세계 주요 국가들의 대중국 국제무역 지표
자료출처 : 2001년에 일본어로 출판된 《JETRO 무역백과서》, 58쪽 내용을 바탕으로 정리.

는 것이다. 첫째, 시장으로 하여금 자원배분에서 기초적 작용을 하게 한다. 둘째, '대무역경제'의 발전전략을 실시하는 바탕 위에서 대외무역 경영방식과 관리방식의 시장화 전환을 실현한다. 셋째, 경제 글로벌화 이익을 전략적으로 누리고 중국의 지속 가능한 발전을 힘 있게 추진한다. 이를 위하여 중국정부의 관련부문과 대외무역 경영기업은 아래와 같은 노력을 할 것이다.

첫째, 비교우위를 발휘하고 재래시장을 견실히 하는 것을 바탕으로 신흥시장을 개척하여 대외무역의 규모를 확대한다. 둘째, 품질로 경쟁하고 과학기술로 무역을 발전시키는 전략을 견지하여 수출구조를 개선하고 수출상품의 기술함량과 부가가치를 높여 대외무역의 수익을 높인

다. 셋째, 관세제도와 무역융자제도를 정비하여 대외무역의 국제경쟁력을 높인다.

이상의 개혁조치와 대외무역 발전전략으로 중국은 현재 있는 기반과 발전 추세에 힘입어 시장의 다원화와 대외무역의 건강하고 안정된 발전을 실현할 것이다(표 9-34 참조).

참고문헌

◆ 중국어 문헌 ◆

白和金主编,《21世纪初期中国社会和经济发展战略》, 中国计划出版社, 2000.

陈力等编著,《中国国家战略问题报告》, 中国社会科学出版社, 2002.

陈吉元等著,《21世纪中国农业与农村经济》, 河南人民出版社, 2000.

国家自然科学基金委员会,《全球变化：中国面临的机遇和挑战》, 高等教育出版社, 1998.

郭克莎主编,《中国产业结构变动趋势及政策研究》, 经济管理出版社, 1999.

郭克莎主编,《工业增长质量研究》, 经济管理出版社, 1998.

胡必亮著,《发展理论与中国》, 人民出版社, 1998.

胡顺延等著,《中国城镇化发展战略》, 中共中央党校出版社, 2002.

江小涓著,《中国的外资经济》, 中国人民大学出版社, 2002.

李成勋主编,《2020年的中国》, 人民出版社, 1999.

李明星执行主编,《世界500强在华经营战略》, 广东经济出版社, 2002.

李明星等著,《中国企业集团成长研究》, 中国城市出版社, 2002.

林毅夫等著,《中国的奇迹：发展战略与经济改革》, 上海三联书店, 1994.

刘世锦等著,《中国"十五"产业发展大思路》, 中国经济出版社, 2000.

刘仲藜主编,《奠基—新中国经济五十年》, 中国财政经济出版社, 1999.

吕政主编,《从贫困走向小康—中国经济50年》, 经济管理出版社, 1999.

马洪·王梦奎主编,《中国发展研究》, 中国发展出版社, 2001.

毛育刚著,《中国农业演变之探索》, 社会科学文献出版社, 2001.

钱纳里,《发展的形式(1950~1970)》, 经济科学出版社, 1988.

尚明主编,《新中国金融50年》, 中国财政经济出版社, 1999.

宋群主编,《21世纪初国际经济格局与中国经济发展》, 人民出版社, 2001.

孙健,《中华人民共和国经济史》, 中国人民大学出版社, 1992.

王梦奎主编,《中国经济发展的回顾与前瞻》, 中国财政经济出版社, 1999.

王志乐主编,《2002~2003跨国公司在中国投资报告》, 中国经济出版社, 2003.

王小鲁,〈我国当前农民收入问题〉,《比较》, 2000. 3.

沃而特·威尔科克斯著,《美国农业》, 农业出版社, 1979.

吴敬琏,〈银行改革是当前中国金融改革的重中的重〉,《中国经济快讯》第30期, 2002.

西蒙·库兹涅茨著,《各国的经济增长》, 商务印书馆, 1985.

曾培炎主编,《中国投资建设50年》, 中国计划出版社, 1999.

张卓元主编,《20年经济改革回顾与展望》, 中国计划出版社, 1998.

赵晋平编著,《利用资与中国经济增长》, 人民出版社, 2001.

赵满华主编,《中国城乡收入差距研究》, 经济管理出版社, 1997.

赵人伟主编,《中国居民收入分配再研究》, 中国财政经济出版社, 1998.

周叔莲著,《中国经济的两个根本性转变》, 经济管理出版社, 1997.

周叔莲主编,《中国工业增长与结构变动研究》, 经济管理出版社, 2000.

周天勇著,《劳动与经济增长》, 上海人民出版社, 1994.

周小川著,《转轨期间的经济分析与经济政策》, 中国经济出版社, 1999.

周振华著,《体制变革与经济增长》, 上海人民出版社, 1998.

◆영어 문헌◆

Sung-hee jwa, *A new paradigm for Korea's Economic Development : From Government Control to Market Economy,* Palgrave Publishing Ltd, London, 2001.

Sung-hee jwa, *The Evolution of Large Corporations in Korea : A New Institutional Economics Perspective of the Chaebol,* Edward Elgar Publishing Ltd, London, 2002.

Li Jingwen, *The Chinese Economy into the 21st Century,* Foreign Languages Press, Beijing, 1997.

Raghbendra Jha, *Macroeconomics for developing countries,* Routledge, 1994.

Robert Gilpin, *the political Economy of International Relations,* Princeton University Press, 1987.

The World Bank, *THE EAST ASLAN MIRACLE : Growth and Public Policy,* Oxford Univ. Press, 1993.

John Weiss, *Economic Policy in Developing Countries,* Prentice Hall, 1995.

Kyoichi Ishihara, *China's Conversion to a Market Economy, Institute of Developing Economies,* TOKYO, 1993.

◆일본어 문헌◆

大川一司, 小浜裕久著,《経済発展論》, 東洋経済新報社, 1993.

三菱総合研究所, 日本経済新聞社編,《大予測二一世紀の技術と産業》, 日本経済新聞社, 1999.

《ジエトロ貿易白書2002》, 日本貿易振興会, 2002.

《ジエトロ投資白書2002》, 日本貿易振興会, 2002.

加藤弘之著,《中国の経済発展と市場化》, 名古屋大学出版会, 2000.

宋立水著,《アジアNIEsの工業化過程》, 日本経済評論社, 1999.

南亮進著,《日本の経済発展》, 東洋経済新報社, 1981.

渡辺利夫編,《中国の経済改革と新発展メカニズム》, 東洋経済新報社, 1991.

大野健一, 桜井宏二朗著,《東アジアの開発経済学》, 有斐閣, 1997.

李明星,〈輸出指向型工業化戦略と労働過剰経済の開発〉,《経済学研究》 第23号, 1992.

李明星,〈中国の改革開放政策と経済発展〉,《アジア交流》(日本), 1992.

李明星,〈開放型経済における労働過剰経済開発〉,《経済学研究》 第24号, 1993.

◆한국어 문헌◆

김광석 외,《한국외환과 무역정책》, 한국개발연구원, 1985.

김광석, 박애경,《한국경제의 고속성장 요인》, 한국개발연구원, 1984.

사공일,《세계 속의 한국경제》, 김영사, 1993.

좌승희,《한국의 거시경제 발전연구》, 한국개발연구원, 1994.

한국전국경제인연합회,《한국경제정책 40년사》, 1986.

홍유수,《일본의 대아시아 기술이전 전략과 한국의 대응》, 대외경제정책연구소, 1993.

옮긴이 소개

황용균

1968년 한국 부산 출생. 고려대학교 물리학과 졸업. 영국 버밍엄 대학 산업
공학 석사. 중국 길림대학 경제학 박사과정.
현 포스코차이나 연수센터장

전광표

1979년 중국 길림성 훈춘 출생. 연변과학기술대학교 국제무역과 졸업. LG
필립스 영업부 국제무역 담당.
현 포스코차이나 연수센터 전임 전문강사

정선의

1971년 한국 서울 출생. 북경외국어대학교 국제무역과 졸업. 광고기획사 정
우기획 디자인 실장.
현 북경 쿤룬 호텔 세일즈 매니저.